DELIUS KLASING

W0404532

HEIDE WILTS

Inseln jenseits der Zeit

Mit der FREYDIS durch Melanesien

Delius Klasing Verlag

Von Heide und Erich Wilts sind im Delius Klasing Verlag folgende Titel erschienen:
Weit im Norden liegt Kap Hoorn, *Mit der Segelyacht* F*REYDIS* *in die Antarktis*, 1984
Wo Berge segeln, *Mit der* F*REYDIS* *in die Arktis*, 1988
Gestrandet in der weißen Hölle, 1992
Sternstunden auf allen Ozeanen, 1994
Auf der Route der Albatrosse, 1997
Segelziele voller Wunder, *Mit der* F*REYDIS* *zu den einsamsten Inseln der Welt*, 1997
Segelabenteuer im Südpazifik, *Mit* F*REYDIS* *rund Neuseeland und ins Rossmeer*, 1999
Segeln ans Ende der Welt, *Mit der* F*REYDIS* *ins Südpolarmeer*, 2000
Inseln voller Magie, *Segeln zwischen Südsee und Antarktis*, 2002
Wilder Stiller Ozean, *Die* F*REYDIS* *vollendet ihre Antarktis-Umrundung*, 2003

Weitere Informationen: www.freydis.de

Bibliografische Information der Deutschen Nationalbibliothek
Die Deutsche Nationalbibliothek verzeichnet diese Publikation in der Deutschen Nationalbibliografie; detaillierte bibliografische Daten sind im Internet über http://dnb.d-nb.de abrufbar.

1. Auflage
ISBN 978-3-7688-2499-6
© by Delius, Klasing & Co. KG, Bielefeld

Fotos (einschl. Titelfoto): Erich Wilts
Umschlaggestaltung: Buchholz/Hinsch/Hensinger, Hamburg
Karten: Inch 3, Bielefeld
Satz: Fotosatz Habeck, Hiddenhausen
Druck: Clausen & Bosse, Leck
Printed in Germany 2008

Alle Rechte vorbehalten! Ohne ausdrückliche Erlaubnis des Verlages darf das Werk, auch nicht Teile daraus, weder reproduziert, übertragen noch kopiert werden, wie z. B. manuell oder mithilfe elektronischer und mechanischer Systeme inklusive Fotokopieren, Bandaufzeichnung und Datenspeicherung.

Delius Klasing Verlag, Siekerwall 21, D - 33602 Bielefeld
Tel.: 0521/559-0, Fax: 0521/559-115
E-Mail: info@delius-klasing.de
www.delius-klasing.de

Inhalt

Zu diesem Buch

Gerade sind wir dabei, die Vorbereitungen für den letzten Teil unserer siebenjährigen Umrundung der Antarktis abzuschließen: Von Valdivia wollen wir durch die Patagonischen Kanäle zum Kap Hoorn und von dort ein letztes Mal in die Antarktis – dorthin, wo wir sechs Jahre zuvor im Kratersee der Vulkaninsel Deception nach einer Strandung unter dramatischen Umständen zu zweit überwintert hatten *(Gestrandet in der weißen Hölle)*. In dieser Phase überrascht uns der Wissenschaftsjournalist des Magazins GEO, Uwe George – zuständig für die GEO-Expeditionen – mit der Anfrage, ob wir für eine mehrmonatige Forschungsreise durch Melanesien zur Verfügung stünden. Seine Idee: Mit der FREYDIS als Expeditionsschiff in die entlegensten Winkel der Südsee vordringen und in GEO über die Länder und ihre Bewohner berichten. Dabei soll unser Boot den »roten Faden« abgeben, ähnlich wie die SNARK in Jack Londons Erzählung *Die Reise der Snark* vor gut 100 Jahren.

Ein reizvoller Vorschlag, finden wir, doch wir brauchen Bedenkzeit: Nach dem abschließenden Antarktisbesuch (*Wilder Stiller Ozean*) wollten wir gern die Heimreise antreten und auf kürzestem Wege von der Südspitze Südamerikas über den Atlantik nach Ostfriesland zurück. Nicht nur die FREYDIS hat eine Generalüberholung dringend nötig, auch wir beide lechzen nach den Anstrengungen und Strapazen der letzten Jahre nach einer längeren Erholungspause und etwas Besinnung. Stattdesssen müssten wir nun, um den Einsatzort Noumea in Neukaledonien zu erreichen, den ganzen Südpazifik – zirka 12 000 Meilen, mehr als der halbe Erdumfang – zurücksegeln, den wir in den letzten Jahren von Neuseeland her überquert haben. Dann wäre unsere Weltumsegelung nicht, wie geplant, nach neun bis zehn Jahren zu Ende, sondern frühestens nach zwölf Jahren. Dann wäre es auch sinnvoller, die Reise über Australien und den Indischen Ozean ums Kap der Guten Hoffnung fortzusetzen. Das bedeutet aber nicht nur die anderthalb Jahre für das Projekt, sondern gleich ein zweite Weltumsegelung! Ein Entschluss von großer Tragweite, ganz besonders für mich, weil meine Mutter schon sehr betagt ist.

Aber die Versuchung ist groß, Melanesien kennen wir noch nicht: Es ist der am wenigsten bekannte Teil Ozeaniens und seine Archipele sind noch immer voller Geheimnisse. Denn mit »Südsee« ist meist nur der touristisch erschlossenere Teil des Pazifik gemeint – von Tahiti bis Tonga, von der Osterinsel bis Hawaii – und nicht die Inselwelt im Westen, in der das Archaische ungebrochen gegen die Neuzeit steht.

Zudem verspricht die Einbindung in eine Expedition unter Leitung des erfahrenen Journalisten Uwe George (»Mister GEO«) eine Erweiterung unseres eigenen Erfahrungsschatzes. Vor allem dürfte es interessant sein, den GEO-Teams bei der Feldarbeit über die Schulter zu sehen. Schließlich haben Erich und ich in den letzten Jahren auf unseren Reisen mit der FREYDIS selbst viel recherchiert und fotografiert. Daraus sind Reportagen, Bücher und Bildbände entstanden. Eine Reise durch Melanesien bietet uns sicherlich fantastische Möglichkeiten, auch dieser Leidenschaft zu frönen.

Melanesien als Segelrevier stellt besonders hohe Anforderungen an Navigation und Seemannschaft. Zum einen wegen der klimatischen Verhältnisse: Die Archipele liegen überwiegend in den Tropen, weniger jedoch in der Passatzone als im Kalmengürtel längs des Äquators mit oft unbeständigem, feucht-heißem Wetter, schlechten Sichtverhältnissen, viel Regen und Gewittern mit Böen und Sturmwalzen. Zum anderen wegen der unzähligen, oft ungenau oder gar nicht in den Karten verzeichneten Korallenriffe mit ihren tückischen Strömungen. Dazu die Hai- und Krokodil-Gewässer, in denen man trotz Hitze nicht schwimmen oder tauchen kann – auch nicht, um Unterwasserschiff und Ankergeschirr zu kontrollieren oder zu reparieren. Für solch ein Revier ist jedoch gerade die robuste FREYDIS mit ihrem aufholbaren Kiel und der 20 mm starken stählernen Bodenplatte das ideale Schiff.

Tropenkrankheiten, insbesondere die Malaria, sind verbreitet, und wir riskieren Leib und Leben, aber auch Hab und Gut durch die Bürger- und Stammeskriege auf Guadalcanal, der Hauptinsel der Salomonen, und auf der Insel Bougainville in Papua-Neuguinea.

Gedanken machen wir uns natürlich auch um die Crews. Etwaige Unstimmigkeiten zwischen den GEO-Teams und uns hoffen wir durch klare Absprachen zu vermeiden. Außerdem segeln wir schon seit Jahrzehnten immer wieder mit mehr oder weniger fremden Menschen an Bord, darunter waren auch etliche Journalisten, Fotografen und Fernsehteams. Vertraglich geregelt werden muss natürlich auch der Fall, dass wir nicht rechtzeitig – im schlimmsten Fall gar nicht – am Einsatzort sind: etwa wegen Krankheit oder Havarie auf der langen Anreise über den Pazifik.

Aber nachdem die GEO-Redaktion einer Verschiebung des Projektes um ein ganzes Jahr zugestimmt hat – diese Zeit benötigen wir unbedingt für die lange Anreise vom Kap Hoorn zum Einsatzort in Melanesien –, erklären wir einen Tag vor unserem Start in die Antarktis unsere grundsätzliche Bereitschaft dazu. Die Antwort von Chefredakteur Gaede lässt nicht lange auf sich warten: »... Sie können davon ausgehen, dass es eine hohe Wahrscheinlichkeit gibt, dass wir das Südseeheft tatsächlich angehen. Und wenn wir es angehen, so erscheint uns eine Zusammenarbeit mit Ihnen vernünftig, verheißungsvoll und nicht zuletzt auch sympathisch.« Alles Weitere soll dann im März nach unserer Rückkehr besprochen und geregelt werden.

In den folgenden drei Monaten wird das Projekt in allen Einzelheiten ausgearbeitet und in eine vertragliche Form gebracht. Außer der Terminverschiebung um ein Jahr erhalten wir zwei entscheidende Zugeständnisse: Wir können erstens auf der Expedition selbst recherchieren, fotografieren und nach einer Sperrfrist unsere Dokumentationen veröffentlichen und zweitens zu unserer Unterstützung ein oder zwei Mitsegler aus unserer Stammcrew mitnehmen. Bei den Journalisten und Fotografen sichert uns Uwe George,

selbst Besitzer einer hochseetüchtigen Yacht, segelerfahrene Teams zu, die sich aktiv an der Reise beteiligen. Das mit uns ausgearbeitete Konzept wurde, so Uwe George, von der gesamten GEO-Redaktion »in seltener Einmütigkeit vom kleinsten Mann bis zum Chefredakteur« verabschiedet.
Mit Stürmen, Riffen, Kriegen und Krankheiten hatten wir gerechnet. Aber nicht damit, dass sich in der GEO-Redaktion das Zuständigkeitskarussell dreht, während wir uns mit der Freydis in Richtung Polynesien kämpfen – und das mit gravierenden Folgen für uns. Denn unser Garant für das gute Gelingen des Unternehmens, der segel- und expeditionserfahrene Wissenschaftsjournalist Uwe George, scheidet als Projektleiter und Teilnehmer aus. Unter seinem Nachfolger wird die ganze Konzeption, die wir gemeinsam entwickelt hatten, geändert. Außerdem kommen statt der zugesagten segelerfahrenen Teams nun sechs Journalisten an Bord, die zwar viel Erfahrung in ihrem Metier haben, aber umso weniger auf einem Segelboot.

Und so beginnt für uns eine der abenteuerlichsten Reisen unserer nun bald 40-jährigen Segellaufbahn.

Vorwort

Seit vierzig Jahren segeln Heide und ich nun schon zusammen über die Meere. Davon die ersten Jahrzehnte während unseres Berufslebens als passionierte Freizeitsegler. 1990 gaben wir unsere bürgerlichen Berufe auf und sind seitdem fast ständig mit unserer FREYDIS unterwegs – immer zusammen und immer ein Team, durchlebten wir Höhen und Tiefen. Das hat uns zusammengeschweißt.

Gerade erst haben wir unsere siebenjährige Antarktis-Umsegelung abgeschlossen, da stellt sich uns eine neue Herausforderung: die Expedition mit GEO durch Melanesien. Den ersten Teil der Anreise – im Winter rund Kap Hoorn bis Puerto Montt, wo die FREYDIS vor unserer gemeinsamen Weiterreise auf einer Werft gründlich überholt werden soll, muss ich diesmal allerdings ohne Heide bestreiten: Nicht nur die vielen logistischen Vorbereitungen, die in der kurzen Pause zwischen den Mammut-Projekten von uns nicht abgeschlossen werden konnten, zwingen dazu. So bleibt Heide die ersten drei Monate in Deutschland, führt die Vorbereitungen zu Ende und kümmert sich um ihre pflegebedürftige Mutter. Wie hatte ich mich auf der eisigen Etappe um Kap Hoorn auf ein Wiedersehen mit ihr in Puerto Montt gefreut!

Endlich war es so weit: Ich konnte sie in die Arme schließen und ihr von den eisigen Tagen und Nächten, den Stürmen und der Strandung berichten. Denn wer könnte diese Erlebnisse besser nachempfinden als sie, die in der langen Zeit unseres Seglerlebens schon ein Dutzend Mal, sommers wie winters, auf der FREYDIS mit mir um diese verflixte Felsnase und durch Feuerland und Patagonien gesegelt war. Dass auch diese Kap-Hoorn-Umrundung – wie fast alle unsere vorangegangenen Reisen – dokumentiert wurde, ist ihr Verdienst.

In diesem Buch beschreibt Heide eines unserer größten Segelabenteuer – die Reise mit GEO, die am Kap Hoorn begann und nach 18 Monaten und über 16 000 Seemeilen auf der anderen Seite des Pazifik endete.

Erich Wilts

Anreise
Von Kap Hoorn nach Neukaledonien

Winter am Beagle-Kanal in Feuerland. Eis und Schnee an Deck der FREYDIS. Vorsichtig bugsiert Erich das Schiff mit hochgeholtem Schwenkkiel bei Hochwasser auf den Strand der kleinen chilenischen Garnisonsstadt Puerto Williams und wartet auf Niedrigwasser. Leider beträgt der Tidenhub nur einen knappen Meter, und so steht er ein paar Stunden später bis über die Knie im eiskalten Wasser, um die Schäden am Unterwasserschiff zu inspizieren, die wir uns auf der letzten Antarktisreise bei der Fahrt durch die harten Gletschereisfelder und durch eine Havarie in der Drake-Passage zugezogen haben. Die gröbsten Dellen im Propeller kann er mit dem Vorschlaghammer einigermaßen richten, aber das hintere Lager der Welle ist zerstört. Die Schiffsschraube arbeitet zwar noch im Vorwärtsgang; sobald jedoch der Rückwärtsgang eingelegt wird, rattert und flattert die Welle so stark, dass das ganze Schiff vibriert. Neue Lager, ja sogar eine neue Welle und einen neuen Propeller nebst Wellenkupplung und Flansch führen wir als Ersatzteile an Bord. Doch um sie zu montieren muss vorher das Ruder gezogen werden, und das ist Werftarbeit – und die nächste Werft ist gut 2200 Meilen entfernt in Puerto Montt. Schlimme Aussichten, denn auf der monatelangen Fahrt nach Norden müssen wir jeden Morgen und jeden Abend in uns unbekannten engen Ankerbuchten manövrieren – wie sollen wir das 25 Tonnen schwere Schiff ohne Rückwärtsgang zum Stehen bringen? Und wenn uns irgendwann Wind oder Strom auf Felsen oder Riffe drücken – wie sollen wir wieder herunterkommen?

Keine zwei Wochen ist es her, dass wir den Vertrag mit GEO unterschrieben haben. Gleich danach fliegt Erich nach Südamerika, um die FREYDIS betriebsbereit zu machen. Wir müssen sofort starten, denn noch trennt uns der ganze Pazifik – rund 12000 Seemeilen – von Noumea, der Hauptstadt von Neukaledonien, wo die Expedition mit den GEO-Reportern in zwölf Monaten beginnen soll. Eile ist geboten, denn die Taifunsaison erzwingt unterwegs in Polynesien eine dreimonatige Pause. Wir teilen die Aufgaben: Während ich mich in Deutschland um die Logistik kümmere, Mitsegler für die vielen vor uns liegenden Etappen anheuere und erforderliche Ersatz- und Ausrüstungsteile für die lange Reise beschaffe, wird Erich die FREYDIS mit drei Crews durch die Wasserstraßen von Feuerland und Patagonien nach Puerto Montt bringen, wo ich wieder zusteigen werde. Das längste Teilstück der Anreise, von Patagonien zu den Marquesas in Französisch-Polynesien, wollen wir zu zweit zurücklegen.

Drei seiner Mitstreiter sind uns von früheren Reisen mit der FREYDIS bestens vertraut, die anderen drei sind zwar kundige Segler, aber Neulinge an Bord. Dass wir überhaupt so schnell eine erfahrene Crew für diesen härtesten Abschnitt gewinnen konnten, verdanken wir nicht zuletzt Kap Hoorn, dem berühmt-berüchtigten Kap in unserer Nachbarschaft, das viele Segler magisch anzieht: Ganze 65 Seemeilen Luftlinie sind es bis zu diesem legendären Felsen, Wendemarke und Prüfstein über drei Jahrhunderte für Segelschiffe auf der Reise vom Atlantik in den Pazifik und in umgekehrter Richtung. Man schätzt die Zahl der Schiffe, die bei dem Versuch, das Kap zu runden, verloren gingen, auf über 800 und die Zahl der Seeleute, die dabei umgekommen sind, auf über 10 000. Aus den vielen, meist grausigen Seefahrergeschichten entstand so der Mythos vom Kap Hoorn. Nach dem Zweiten Weltkrieg wurde die Umrundung dieses Kaps zur großen sportlichen Herausforderung für Yachtsegler aller Nationen. Etliche sind verschollen, andere kamen mit gebrochenem Mast davon, nachdem sie durchgekentert waren. 1982 hatten Erich und ich bei der Rückkehr aus der Antarktis das Kap zum ersten Mal passiert und es in den folgenden 15 Jahren immer wieder aufgesucht – im Sommer und im Winter, bei Sturm und bei Flaute, nur zu zweit oder zusammen mit Crew, von Westen und von Osten her, im großen Bogen über die Drake-Passage und dicht unter Land. Auf jeder Reise fanden wir wieder ganz neue Bedingungen vor. Nie wird die Umrundung des Kaps zur Routine werden – für uns bleibt sie immer Herausforderung, Wagnis und Abenteuer zugleich.

»Es ist das 13. Mal, dass die FREYDIS ums Kap der Stürme segelt. Seid ihr abergläubisch?«, fragt Erich die Crew. Ihre Antwort: »Eigentlich nicht.« Aber Respekt vor dem Kap der Stürme ist da, natürlich auch bei ihm.

Die Rundung des Kaps wird zum Härtetest für die ganze Mannschaft: Die Entfernung sei ein Klacks, meinten die Mitsegler, noch dazu könnte man sich bei den vorherrschend westlichen Winden in Lee der Wollaston- und Hermiteninseln bis auf zehn Meilen ans Kap heranpirschen. Es müsste schon mit dem Teufel zugehen, wenn das nicht klappte!

Und der Teufel scheint diesmal tatsächlich die Hand im Spiel zu haben: Es stürmt tage- und nächtelang. Bei schneidendem Wind, Schneeschauern und Hagelstürmen muss sich die Mannschaft jede Meile zum Kap mühsam erkämpfen. Die Tage sind kurz: Die Morgendämmerung beginnt erst um 08.00 Uhr und abends um 05.00 Uhr ist es schon wieder dunkel. Jede Nacht suchen sie eine Ankerbucht auf, sichern die FREYDIS mit zusätzlichen Leinen zum Land und gehen der Reihe nach Wache, weil es immer wieder vorkommt, dass der Anker auf dem felsigen Grund ausbricht. Drei Tage dauert es, bis sie nach zähem Ringen die Caleta Martial in der Nähe vom Kap Hoorn erreichen. Hier warten sie im Schneesturm auf ihre Chance. Sie kommt am vierten Tag: Der Wind, der zuvor mit 8–10 Bft aus SW blies, dreht nachts auf NE und schwächt sich etwas ab. Aber nun weht er voll in die Bucht, die sie deshalb gegen Morgen fluchtartig verlassen. Mit zwei Reffs im Groß und in der Genua II preschen sie durch den Paso Mar del Sur und halten direkt auf die Südostecke der Kap-Hoorn-Insel zu. Die kleine Station der chilenischen Armada kommt in Sicht. Die freundliche Einladung zu einem Besuch auf der Station müssen sie ausschlagen: Der Wind legt bereits wieder zu. Die Barographenkurve fällt beängstigend, in wenigen Stunden von 981 auf 963 Millibar, und bald kratzt der Zeiger am untersten Rand der Trommel bei 960!

Nach einer Halse an der Südostecke der Kap-Hoorn-Insel segeln sie bei dem inzwischen auf Nord gedrehten Wind in Lee der Insel und rauschen in voller Fahrt nach Westen in Richtung Kap Hoorn. Um 11.15 Uhr passieren sie das Kap in 300 Metern Abstand. Diesmal greift keiner zum Fotoapparat, um den großen Moment festzuhalten, denn plötzlich kommt der Wind direkt von vorn. Nun heißt es eine sichere Bucht erreichen, bevor der Tanz richtig losgeht. Schnell ein drittes Reff einbinden – danach elendes Aufkreuzen mit Maschinen-Unterstützung gegen Strom und Wind am Westende der Kap-Hoorn-Insel. Um 14.00 Uhr laufen sie in die geschützte Bahia Maxwell ein, ankern mit 60 Metern Kette und sichern die FREYDIS mit einer Trosse zum Land. Sie haben es geschafft! Langsam fällt die Anspannung von der Mannschaft ab; der Dieselofen in der Messe bullert, der Schneesturm draußen kann ihnen nichts mehr anhaben. Sekt und ein Abendessen der Extraklasse sorgen für ausgelassene Stimmung.

* * *

Das Wetter könnte endlich ein Einsehen mit der Mannschaft haben. Doch auf dieser Etappe vom Kap Hoorn nach Puerto Natales wird ihnen wahrlich nichts geschenkt. Wieder kämpfen sie sich gegen den Wind durch die Wasseradern, Meile für Meile, Stunde für Stunde, Tag für Tag. Zwei Mal müssen sie offene Buchten überqueren und sind den hoch auflaufenden Wellen des Pazifik ungeschützt ausgesetzt. Nur sechs Meilen breit ist der Cockburn Canal, in dem der Sturm ihnen voll ins Gesicht bläst. Stundenlang kreuzen sie unter kleinster Besegelung und mit aufgedrehter Maschine gegenan – und kommen doch nicht von der Stelle. Schon wollen sie aufgeben und zurücklaufen, als sie auf den Felsen an Steuerbord die kümmerlichen Reste einer Bake entdecken, die den Beginn eines engen, klippengesäumten Nebenfahrwassers markiert, mit dem die Fischerboote den umbrandeten Eingang in den Canal Cockburn umschippern. Volles Risiko! Schwert hoch und durch! Was für ein Anblick – zum Fürchten! Noch nie hat die Crew so hohe, sich über relativ flachem Grund aufbäumende, überbrechende Seen erlebt. Jedem von ihnen schlägt das Herz bis zum Hals.

Joshua Slocum, der erste Einhand-Weltumsegler, vor genau hundert Jahren über seine Eindrücke im Cockburn Canal bei Sturm:

»Hagel und Graupeln schnitten mir in den wilden Böen ins Fleisch, bis das Blut über mein Gesicht tröpfelte … Die weißen Brecher einer riesigen See über flach unter Wasser liegenden Felsen hatten mir die ganze Nacht über Angst eingejagt … Dies war das größte Segelabenteuer meines Lebens. Gott weiß, wie ich entkam! Die Slup segelte schließlich raumschots hinter eine kleine Insel, wo sie auf ruhigem Wasser Schutz fand. Dann kletterte ich in den Mast, um die wilde Szenerie hinter mir zu überschauen. Der große Naturforscher Darwin sah vom Deck der BEAGLE auf diese Seelandschaft herab und schrieb in sein Tagebuch: ›Jede Landratte, die den Milky Way sieht, hätte eine Woche lang Alpträume.‹ Er hätte ebenso gut hinzufügen können: ›… und jeder Seemann auch!‹«

Ein Brecher erwischt die FREYDIS, läuft über Cockpit und angeleinten Rudergänger. Ein Mitsegler, der dieses Chaos gerade aus dem offenen Deckshaus filmt, kann nur noch staunen über das viele Wasser, das aus seiner Kamera herausläuft: »Das war's dann wohl«, ist sein einziger Kommentar. Als die Männer am Abend im Windschutz einer kleinen Insel ankern und wie gewohnt zusätzlich eine Leine zum Land ausbringen, haben sie wieder nur ein kleines Etmal aufzuweisen: Ganze 26 Meilen in 24 Stunden. Wenn das so weitergeht, erreichen die Mitstreiter den Flieger in Puerto Natales, der sie nach Santiago bringen soll (von dort fliegen sie weiter nach Deutschland) nie und nimmer pünktlich.

* * *

Die nächste, schier unüberwindliche Hürde erwartet die Mannschaft schon ein paar Tage später: Als sie die nach NW offene Magellanstraße passieren, legt der Wind wieder mächtig zu. In der Bahia Beaufort müssen sie umdrehen, hasten zurück in die Caleta Rachas in Lee der Isla Tamara (»Rachas« ist das spanische Wort für »Williwaws«: Fallwind-Böen über 100 Knoten!). Dort ankern sie und bringen zusätzlich zwei Leinen zum Ufer aus. Apropos Fallwinde: Wie ein Spielzeug reißt eine Böe das Dingi vom Deck und katapultiert es über 200 Meter an Land. Zwei Tage später können sie zum Glück unser flüchtiges Eigentum wieder an Bord nehmen.

Sie passieren die Angostura Kirke und laufen dann so schnell wie möglich nach Puerto Natales. Zwanzig Tage sind sie bereits unterwegs und hatten an 17 Tagen Starkwind, davon neun Tage Sturm. Wenigstens am letzten Tag könnten sich die Winde mäßigen – doch sie blasen noch einmal mit 9–10 Bft aus West, und so geht es Knopf auf Spitz. Nur knapp zwei Stunden vor Abfahrt des Flughafenbusses legen wir an der Pier von Puerto Natales an. »Punktgenau!«, freuen sich unsere Mitsegler und stürzen in der Hafenbar noch schnell ein paar Abschiedsbiere hinunter – an Bord war der Gerstensaft schon einige Tage zuvor ausgegangen. Dann treten unsere Freunde die Heimreise an – ungekämmt und ungewaschen. Und Erich überführt die FREYDIS so schnell wie möglich an einen sicheren Liegeplatz vor der Farm alter Bekannter im nahegelegenen Seitenarm des Ultima Esperanza Fjords.

Drei Tage Pause zum Verschnaufen, dann trifft die nächste Crew ein. Es ist immer noch bitterkalt. Eine Eisdecke überzieht den Fjord und auch das Deck der FREYDIS. Sie können kein Frischwasser am Steg von Puerto Natales bunkern, weil die Leitungen zugefroren sind. Also müssen sie rationieren und später unter Wasserfällen die Kanister füllen. Gleich in der ersten Nacht bricht der Anker aus: Alle Mann an Deck! Nach einer Stunde haben sie die FREYDIS wieder fest – mit Anker und mit Leine. In den nächsten zwei Wochen verbringen sie kaum eine Nacht, ohne der Reihe nach Ankerwache halten zu müssen. Am Ende des Paso Sur Oeste warten sie in einer kleinen Bucht auf günstigen Wind, denn nun müssen sie den berüchtigten Golfo de Penas überqueren. Bei SW 7–8 wagen sie sich aus der Deckung, rauschen raumschots durch die aufgebrachte See und haben zehn Stunden später auf der anderen

Seite den Leuchtturm von Kap Raper querab. Beim Anblick dieses Kaps bekommt Erich eine Gänsehaut: Vor 15 Jahren, auf unserer allerersten Reise mit der FREYDIS ums Kap Hoorn, wären wir hier im Orkan beinahe gestrandet *(Weit im Norden liegt Kap Hoorn)*. So rasch wie möglich schlüpft die FREYDIS wieder in den Schutz der Kanäle.

Nach zwei Monaten Plackerei bessert sich das Wetter allmählich und es wird wärmer. Sie glauben schon, das Schlimmste überstanden zu haben, als sie nachts auf einem scheinbar sicheren Ankerplatz in der Lagune San Rafael von Orkanböen überrascht und aufs Geröll neben dem Gletscher geworfen werden. Die FREYDIS hält in der Brandung dicht: Wieder einmal bewähren sich ihr aufholbarer Drehkiel und ihre 20 mm starke Bodenplatte aus Stahl. Zwölf Stunden später, beim nächsten Hochwasser, gelingt es der Crew, das Boot an vier ausgebrachten Ankern mithilfe von Anker- und Cockpitwinschen zurück ins tiefe Wasser zu ziehen.

Ende September, knapp drei Monate nach Aufbruch in Puerto Williams, läuft die FREYDIS bei Frühlingsbeginn in Puerto Montt ein. In der kleinen Marina del Sur, Vorposten für die Segler auf dem Sprung nach Feuerland und Kap Hoorn, legt sie an, wie schon seit vielen Monaten ohne Rückwärtsgang. »Hoffentlich das letzte Mal«, brummt der Skipper und schließt mich freudig in die Arme.

Außer der FREYDIS liegen noch drei weitere europäische Yachten hier: die große Swan PLUM III des italienischen Millionärs Valentino, der mit seiner Frau Sally und bezahlter Crew zum Kap Hoorn will, nach einer Havarie mit einem Felsen aber erst einmal auf die Hebebühne muss, um den Kiel und seine Befestigung auf mögliche Schäden prüfen zu lassen; die Kunststoffyacht FALCON des Belgiers Henri, den wir bereits neun Monaten zuvor in Puerto Williams kennen gelernt haben und längst in den Tropen wähnen. Doch er und sein Kompagnon sind im Sturm vor der chilenischen Küste nach zwei Tagen vor Erschöpfung eingeschlafen und erst in der Brandung vor Chiloe wieder aufgewacht. Ein Wunder, dass die beiden die Strandung überlebt haben und sogar ihr Schiff abbergen konnten. Schwer beschädigt wurde es noch dazu von den Chiloten geplündert, als die beiden Gestrandeten Hilfe suchten. Auch mit den Eignern der dritten Yacht, ANNA, kommen wir ins Gespräch. Willi und Hanne, ein älteres, sehr erfahrenes deutsches Weltumseglerpaar, haben in der letzten Saison den Norden der patagonischen Gewässer erkundet und wollen nun ihr Seglerleben mit einer Kap-Hoorn-Umrundung und einer Reise in die Antarktis krönen. Die Aluminiumyacht ist dafür bestens gerüstet und hervorragend in Schuss. Die Route nach Süden haben sie schon ausgearbeitet: Um schneller Kap Hoorn zu erreichen, wollen sie nicht durch die Kanäle, sondern außen an der Küste entlang nach Süden segeln. Sie fragen nach unserer Meinung und wir berichten von unseren schlechten Erfahrungen vor dieser Küste: von der dort herrschenden auflandigen Meeresströmung, von schrecklichen Stürmen aus Nordwest bis Südwest, die uns bedrohlich auf sie zu drückten, davon, dass manchmal drei, vier Tiefs in schneller Folge hintereinander aufziehen und dass wir auf unserer ersten Reise deshalb beinahe gescheitert wären.

Während wir noch auf der Werft die FREYDIS überholen lassen – das Ruder wird ausgebaut und gerichtet, die ganze Wellenanlage erneuert, das Schiff außen gesandstrahlt und gestrichen – segeln die beiden los und haben noch einen dritten Mann zur Verstärkung an Bord genommen. Dann erfahren wir plötzlich über Rundfunk von der Tragödie: Die ANNA ist auf hoher See in schweren Sturm gekommen. Bei dem Versuch, Willi am Ruder zu helfen, ist Hanne von einem Brecher über Bord gespült worden. Verschollen auf See. Wir sind geschockt und tief bestürzt.

* * *

Niemand hat sein Schicksal in der Hand. Das merken auch wir am Ende der dreiwöchigen Generalüberholung hier auf einer kleinen Werft. Nach dem letzten Antifouling-Anstrich soll die FREYDIS von den zwei aneinander gekoppelten Slipwagen (Loren) auf Schienen, auf denen ihre 25 Tonnen aus dem Wasser gezogen wurden, auch wieder hineingelassen werden. Wir bleiben beim Abslippen an Bord, um unser Boot nach dem Aufschwimmen an einem geeigneten Ort vor Anker zu legen.

Bei Niedrigwasser ist die Strecke zum Wasser hinunter ziemlich lang. »No hay problema!«, versichern die Experten, sie hätten alles im Griff. Ganz langsam und kontrolliert würden wir den Hang hinuntergleiten. Zuerst rollen wir, das Heck zum Ufer, auch ganz langsam abwärts. Als die Neigung aber zunimmt, rauscht das Kabel von der Seilwinde und wir rattern wie ein Güterzug auf Schienen den Hang hinunter. Plötzlich ein Kreischen, ein Ruck: die Bremse der Seilwinde hat gefasst. Mit einem Donnerschlag kippt die FREYDIS vom hinteren Slipwagen, der am Seil hängt, und holpert – das Heck noch auf dem vorderen Slipwagen – mit dem Bug über Sand, Steine und die Gleisschwellen, bis sie nach einer Weile zum Stehen kommt. Den Schrecken und die Angst, die uns dabei in die Glieder fahren, werde ich wohl nie vergessen! Geschockt und genervt purzeln wir mit allem, was nicht niet und nagelfest ist, durchs Boot – einschließlich der Kästen mit Hunderten von Schrauben und Muttern …

Der Maestro rennt herum wie ein aufgescheuchter Gockel: Es tue ihm leid. Die Bremsen der Kabeltrommel hätten anfangs versagt, und außerdem seien die beiden Wagen nicht aneinander gekoppelt gewesen. Natürlich fehlte auch eine Sicherung mit Ketten oder Leinen.

Um die FREYDIS wieder auf den hinteren Wagen zu hieven, wird sie im Dunkel der Nacht bei Scheinwerferlicht mit einem 50-Tonnen-Hydraulik-Stempel hochgepresst. Doch auf einem halben Meter Höhe und fast am Ende der Operation gerät das schwere Boot aus dem Gleichgewicht und knallt erneut auf den Grund. Nur durch einen glücklichen Zufall kommt der Mann, der unter dem Schiffsrumpf arbeitet, mit heiler Haut davon. Wir sind wie gelähmt, haben das Gefühl, jemand will unser Boot zerstören, unsere Reise sabotieren. So vieles könnte man dazu anführen: vom geplatzten Schlauch beim Sandstrahlen direkt neben mir, wobei teerhaltiger Sand (aus Kostengründen hatte man einfach ungereinigten Sand vom Strand genommen!) auf mich und über das ganze Deck gepustet wurde, bis zu der vollen, geöffneten Flasche Nitro-Verdünner, die Erich beim Verstauen der Dieselkanister heute Morgen an einer unzugänglichen Stelle der Achterpiek fand. Dass nicht alle Arbeiter vom Fach sind, hatten wir bereits herausgefunden: Den Verantwortlichen für den Außenanstrich etwa entdeckten wir zu unserer Überraschung in einem Restaurant als Barkeeper. Nachts mischte er Drinks, tags unsere Zweikomponentenfarben. Und wir hatten uns gewundert, wie elegant und ohne dass ein Tropfen daneben geht, er einen Pott in den anderen schüttet! Nur mit dem Streichen klappte es nicht – wie so vieles, das hier nicht klappte.

Am nächsten Morgen werden erst einmal Pflöcke unter die FREYDIS gerammt, bevor sie wieder hochgepumpt wird. Dabei wird der Sumlog-Geber eingedrückt, die Elektronik zerstört. »Jetzt zerhacken sie das Boot vor unseren Augen!«, stelle ich hilflos fest. Unsere FREYDIS, unsere große Liebe, keine Schönheit, aber treue Freundin: zerbeult, verschrammt und geschändet!

Erich sammelt stumm seine verdreckten Werkzeuge und Maschinen ein, die sich die »Experten« ausgeliehen haben, und bringt Leinen aus zum Slipwagen, damit wir später, im Wasser, nicht unbemerkt wegdriften.

Wieder sind wir an Bord, als die zwei nun zusammengeketteten Wagen unter unserem Boot mit Flaschenzügen in Fahrt gebracht werden. Die FREYDIS rollt also bei Niedrigwasser immer wieder eine kurze Strecke den Hang hinunter und wird dann jäh gestoppt. Jedes Mal hoffen wir, dass sie nicht ans Ende der Schienen rast und dort von den beiden Loren knallt. So geht das bis zehn Uhr abends. Endlich ist unser Boot im Wasser angekommen! Weil wir zwei Nächte nicht geschlafen haben, legen wir uns um Mitternacht auf die Kojen. Bei Hochwasser klingelt der Wecker, doch wir sind im Tiefschlaf und hören ihn nicht. Zwei Stunden später wacht Erich auf und rüttelt mich: »Wir schwimmen!« Zum Glück sind wir noch am Slipwagen fest. Wir starten den Motor und holen die Leinen ein. Der Alptraum scheint vorüber. Doch mit den Folgeschäden haben wir noch monatelang zu kämpfen, vor allem die Dichtungen von Borddurchlässen und Ruderlager sind von den Erschütterungen in Mitleidenschaft gezogen. Erst viel später, auf einer Werft in Tonga, können wir das Boot wieder aus dem Wasser holen und die unter Wasser liegenden Dichtungen erneuern.

* * *

Dann über See: Zum dritten Mal in unserem Seglerleben laufen wir die Insel Robinson Crusoe an, dieses einsame Fleckchen 300 Seemeilen vor Chiles Küste, voll bewegender Geschichte und Geschichten: die des schottischen Freibeuters Alexander Selkirk, der Daniel Defoe als Vorbild für seine Romanfigur diente, oder die des kleinen deutschen Kreuzers DRESDEN, der sich 1914 hier selbst versenkte, nachdem er von zwei überlegenen englischen Kriegsschiffen in diesem Versteck aufgespürt worden war, oder die vergrabener Schätze …

Nicht nur des stürmischen Wetters wegen verschieben wir unseren Aufbruch von dieser Insel immer wieder: Wir haben uns angefreundet mit den beiden Glücksrittern Bernhard und Mike aus Chicago, die überzeugt sind, den größten Schatz aller Zeiten nach vier Jahren kostspieliger (1 Mio Dollar!) Recherchen hier geortet zu haben. Unter dem Befehl Lord George Ansons sollen Hunderte von Fässern mit Gold, Silber und Edelsteinen im 18. Jahrhundert von den Spaniern geraubt und auf dieser Insel vergraben worden sein. Diesen Schatz wollen sie nun heben.

Mit der Harmonie der 600-köpfigen Inselgemeinde ist es vorbei: Befürworter und Gegner ziehen zu Felde. Nicht nur die Insel, nein – ganz Chile steht Kopf! Das beste Ausgrabungsteam des Landes ist zur Stelle, und während die Profis eine Woche lang fieberhaft messen, abstecken und buddeln, harren vom Festland eilig eingeflogene Generäle, Admiräle, Politiker, Rechtsgelehrte und Fernseh- und Zeitungsjournalisten im kleinen Inselhotel oder hautnah vor Ort der weltbewegenden Dinge. Abgesehen von Bernhard und Mike sind wir die einzigen Ausländer und ankern mit unserem Boot in der Cumberland Bucht direkt am Geschehen. Wenn die beiden vom Rummel zuviel kriegen, flüchten sie auf die Freydis und ruhen sich bei uns aus. Zu gerne hätten wir ihren Erfolg miterlebt: Erich mit schussbereiter Kamera, ich mit Mikrofon und gespitztem Bleistift. Vergeblich, nur eine Kupfermünze neueren Datums wird ans Licht befördert und die Suche nach zehn Tagen abgebrochen. Der Piratenschatz darf weiter die Fantasie beflügeln.

* * *

Die lange Ozeanpassage zu den Marquesas versprach ein schöner Passattörn zu zweit zu werden. Aber das Wetter im »la niña«-Jahr (das Jahr, das dem »el niño« folgt) macht uns einen Strich durch die Rechnung und beschert uns ungewöhnlich stürmische Winde aus häufig wechselnden Richtungen. Ein Wassereinbruch am Ruderkoker (die Dichtung am Schaft-Durchlass ist undicht) – auch diesen Schaden haben wir uns beim Fall vom Slipwagen in Puerto Montt eingehandelt – nimmt bedrohliche Ausmaße an und zwingt uns, schnellstens einen ruhigen Liegeplatz zum Abdichten zu suchen, bevor wir uns auf die lange Non-Stop-Reise wagen. Wir nehmen Kurs auf die kleine Insel San Ambrosio, ein düsterer, 500 Meter hoher Klotz mit steilen Vulkanklippen und Lavahöhlen. Doch der Schwell ist viel zu hoch und die Felsnischen sind viel zu klein für die Freydis.

Also weiter zur Insel San Felix. Weil diese aber Militärgebiet ist, müssen wir über UKW erst um Erlaubnis fragen. Sie wird erteilt, und so ankern wir in der Rada San Felix, einem überfluteten Krater mit senkrecht aus dem Meer steigenden, dunklen Wänden. Armada-Angehörige helfen uns bei der Abdichtung des Lecks. Und das Tollste: Sie laden uns ein zu einer Rundfahrt über das süßwasserlose Bimsstein-Eiland ohne Baum oder Strauch. Trotzdem ist es ein Vogelparadies: Hier brüten Hunderttausende von Tölpeln, Seeschwalben und kleinen Sturmvogelarten. Leider ziehen sich Autopisten und ein breites Rollfeld mitten durch die Kolonien. Und auch die Hunde und Katzen der kleinen Militärstation sind aus der Sicht des Naturliebhabers grausam fehl am Platz.

Dennoch dankbar für die Gastfreundschaft und Unterstützung starten wir mit neuem Mut. Doch der Passat will sich nicht einstellen, stattdessen weiterhin wechselnde Windstärken, Winddrehungen, Starkwind- und Regenböen. Zweimal fällt die Selbststeueranlage aus, einmal reißt die Schwertarretierung. Zum Glück können wir die Schäden mit Bordmitteln beheben und erreichen am 35. Tag seit Robinson Crusoe – nach unserer bisher längsten (4552 Seemeilen) Ozeanreise zu zweit – die Baie de Taahuku (Hiva Oa) auf den Marquesas.

Wir besuchen Hochebenen, auf denen Ackerbau betrieben wird, Schluchten mit verborgenen Wasserfällen, dschungel-überwucherte Heiligtümer und Relikte früherer Wohnstätten und natürlich das Grab von Paul Gauguin. Landschaftlich am großartigsten erscheint uns Fatu Hiva, wo wir zu unserer Überraschung in der Baie de Vierges die einzige Yacht sind.

So reizvoll die Inseln auch sind: Gnadenlose Äquatorsonne, hohe Luftfeuchtigkeit, immer wieder plötzlich einsetzende Regenschauer, besonders nachts, setzen uns zu: Bei jedem Guss muss man die Luken schließen, liegt dann schweißgebadet in der Koje und schnappt nach Luft; dazu die unterschwellige Seekrankheit durch die Dünung in den nur leidlich geschützten Buchten. Auf die Dauer lähmt diese Atmosphäre, macht depressiv oder gar aggressiv. Vielleicht sind wir zur falschen Jahreszeit hier, jedenfalls können wir die Schönheiten der Marquesas nicht richtig genießen. Zwar liegen wir oft in herrlichen Buchten, aber was habe ich davon, wenn die Gewässer voller Haie und die Strände voller blutdurstiger Sandfliegen sind.

Silvester verbringen wir in der weit geöffneten Baie de Hana Moe Noe auf Tahuata, die Eric Hiscock als eine der drei schönsten Ankerplätze Polynesiens bezeichnete. Unseren Geschmack trifft sie nicht: Hoher Schwell macht das Leben an Bord fast unerträglich, und wir können nicht einmal an Land. Wir flüchten.

Trotz der schlechten Wetterbedingungen erreichen wir auf der Route über die Tuamotus termingerecht die Gesellschaftsinseln, wo wir die Reise für die Kernzeit der Taifunsaison drei Monate auf Raiatea unterbrechen. Weil auch hier im Jahr zuvor ein Wirbelsturm gewütet und viele Boote zerstört hat, wollen wir die FREYDIS aus dem Wasser nehmen. Einen ganzen Tag müht sich der Inhaber der kleinen Werft, aber der Lift geht immer wieder in die Knie und droht mit ihr umzustürzen. Am Ende des Tages liegen nicht nur seine Nerven blank. Es bleibt uns nichts anderes übrig, als unser Schiffchen auf einem kaum geschützten Liegeplatz im Wasser zurückzulassen – ein sehr beunruhigendes Gefühl.

* * *

Nach drei Monaten kehren wir zurück und finden unser Boot unversehrt: Kein Wirbelsturm hat die Gesellschaftsinseln heimgesucht, und die Stegnachbarn haben freundlicherweise auf die Leinen aufgepasst.

Nun bekommen wir manchmal sogar einen Zipfel vom Passat zu fassen und hangeln uns damit durch die Gesellschaftsinseln. Unter anderem legen wir, zum dritten Mal in unserem Seglerleben auf der FREYDIS, einen Stop auf Mopelia ein, dem kleinen ringförmigen Korallenatoll mit türkisfarbener Lagune und einer palmenbesetzten Riffinsel, an der Graf Luckners SEEADLER 1917 strandete. Diesmal finden wir sie verwüstet durch einen Taifun, der im Jahr zuvor, außerhalb der Taifunzeit, darüber hinweggerast ist. Die deutsche Yacht NISOS, die sich zu diesem Zeitpunkt in der Lagune aufhielt, wurde von einer Riesenwoge aufrecht mitten in einen Palmenhain des Hauptmotu gestellt. Wie durch ein Wunder überlebten die beiden Segler: in Noumea werden wir sie kennen lernen und auch ihre NISOS – die Yacht konnte, wenn auch mit Schäden, später geborgen werden.

Auf unserem Weg liegt auch das Korallenatoll Palmerston, das zu den Cook-Inseln gehört. Wir haben es drei Jahre zuvor mit der FREYDIS schon einmal besucht und auf ihm ein Stück »Südsee« gefunden. Sein Hauptmotu hat 50 Bewohner, allesamt Nachkommen des englischen Abenteurers William Marsters und seiner drei polynesischen Frauen, und ist durch seine isolierte Lage – es gibt weder Flugplatz noch Telefon und Kontakt zur Außenwelt ist nur über Funk möglich – eine wahre Schatztruhe polynesischer Kultur geblieben, in der Gastfreundschaft über allem steht. Doch nun erleben wir die Insel im Umbruch: Von damals allenfalls drei Yachten pro Jahr ist ihre Zahl nun auf über fünfzig angestiegen. Natürlich können Segler auch weiterhin auf die Freundlichkeit und Hilfsbereitschaft der Bewohner zählen. Aber eine deutlichere Abgrenzung gegenüber Besuchern ist zu spüren und auch eine gewisse Kommerzialisierung.

Trotzdem fällt uns die Trennung wieder ungewöhnlich schwer. Das gemeinsame Abschiedsessen mit den Insulanern muss leider wegen Sturm ausfallen. Hals über Kopf verlassen wir die Insel. Einen ihrer Söhne werden wir in Melanesien treffen.

Am 5. Juni um 05.00 früh sichten wir die Insel Niue, auch »Rock of Polynesia« genannt, ein 70 Meter aus dem Meer ragender Korallenstock auf der Spitze eines gewaltigen Unterwasser-Berges: Mit 260 Quadratkilometern ist sie eine der größten Koralleninseln der Erde und mit ihren 2000 Einwohnern gleichzeitig der kleinste selbstverwaltete Staat, wirtschaftlich allerdings am Tropf Neuseelands.

Wir rollen unser Schmetterlingssegel ein und brummen ums Südkap zum Hauptort Alofi, vor dem eine Reihe neuer Moorings in der Dünung tanzt. An einer davon machen wir fest, und eine gute Landemöglichkeit fürs Dingi finden wir auch. Zwar besitzt hier niemand eine Yacht, aber es gibt einen Yachtklub mit 600 Mitgliedern aus allen Teilen der Erde, in dem auch Mary und Wally Saunders mitarbeiten, Trans Ocean-Stützpunktleiter auf Niue. Die beiden sind vor ein paar Jahren von Neuseeland gekommen, angelockt durch die Zeitungsannonce – »Own your own business in paradise!« –, und betreiben hier eine Werkstatt mit Autoverleih. Doch die Geschäfte gehen schleppend in einem Paradies, wo es weder Tourismus noch andere Erwerbsquellen gibt. Zum einen steht die Insel in fast aussichtslosem Wettbewerb zu den »Traumzielen« der Südsee, zum anderen wandern die Insulaner im arbeitsfähigen Alter wegen höherer Löhne nach Neuseeland ab.

Auf unserer Rundtour mit dem Leihwagen auf der Ringstraße um die Insel stoßen wir deshalb immer wieder auf verlassene Häuser, Hütten, ja ganze Geisterdörfer. Im Verein mit den überall verstreut liegenden Gräbern und Grabbeigaben – selbst Radios, Fernseher oder Motorräder sind darunter – geben sie dem Eiland ein schaurig-trauriges Gepräge. Wir verlieben uns trotzdem in dieses Atoll, das so gar nicht ins übliche Südsee-Klischee – flache Insel mit Lagune – passen will. Seine Vorzüge sind einzigartige Landschaften aus urtümlichen, stufenweise in Jahrmillionen durch vulkanische Kräfte angehobenen Korallenskeletten. Wir wandern und klettern durch Schluchten, Spalten und kilometerlange Areale, dicht besetzt mit bizarr verwitterten, meterhohen Korallenzacken – wie zu Stein erstarrte Tannenwälder. Doch auch Lebendes und Buntes hat sie zu bieten: Dschungel und Wiesen mit blühenden Büschen und Obstbäumen, dazu viele, viele Schmetterlinge und ein reiches Vogelleben – unser mitsegelnder Ornithologe kommt voll auf seine Kosten.

Und als es zwei Tage lang Bindfäden regnet, offenbart uns die Insel ein Stockwerk tiefer ihre Geheimnisse: Ein Labyrinth aus Nischen und Höhlen, in denen der Regen allenfalls Stalaktiten- und Stalagmiten wachsen lässt. Vom brandungsumtosten Saumriff geschützt, baden und tauchen wir zwischen neugierigen, aber äußerst giftigen Seeschlangen in kristallblauen Pools unter abenteuerlich überhängenden Kuppelgewölben.

So interessant und ungewöhnlich dieses Eiland auch ist – wieder müssen wir flüchten: Bei einer Störung des Südostpassat mit Winddrehung liegt unser Boot plötzlich mit dem Rücken zur Wand.

Für alle Unbill durch »niño«, »niña« oder Klimawandel entschädigt uns Tongas Vava'u-Gruppe, ein herrlicher Mikrokosmos aus 34 dicht beieinander liegenden, bewaldeten Inseln, verbunden durch ein Labyrinth aus Wasserarmen.

Ein Höhepunkt aber liegt noch vor uns: Eine neue Insel, 1995 entstanden durch submarine Vulkane bei Metis Shoal ca. 30 Seemeilen südwestlich der Inselgruppe. Zufällig trafen wir in Niafu ihren Entdecker, einen auf Vava'u ansässigen Neuseeländer, der von seinem Boot aus die Eruption beobachtet hatte, die mit »chucking rocks everywhere« einherging. Doch auch er kann uns nicht sagen, ob diese Insel noch existiert oder ob das Meer sie inzwischen wieder verschluckt hat. Später versuchte er sie zu betreten, doch die vulkanischen Kräfte waren noch viel zu aktiv gewesen.

Gespannt, was wir dort vorfinden, segeln wir die Nacht hindurch übers offene Meer und entdecken im ersten Morgenlicht eine Rauchfahne am Horizont: Die Insel Metis! Bei Annäherung entpuppt sie sich als stinkender Lavaklotz, rotbraun und schwefelgelb mit zischenden, spuckenden Schloten, Natürlich hatten wir davon geträumt, unseren Fuß auf dieses noch von keinem Menschen betretenen Fleckchen Erde zu setzen. Aber nun, nur wenige Schiffslängen davon entfernt und umgeben von einer brodelnden, heißen Schwefelsuppe, ist der Traum schnell ausgeträumt: viel zu heiß und viel zu giftig!

* * *

Noch ein kurzer Aufenthalt auf den Fidschis, wo wir in einem schweren Sturm Schutz finden in der Lagune von Gau, dann sind wir schon auf der Zielgeraden nach Neukaledonien.

Bis zur Ansteuerung von La Grande Terre müssen wir noch hundert lange Meilen übler Schaukelei bei raumen Winden und hoher gegenläufiger Dünung ertragen. Selbst in der Freiwache hat man zu leiden und wird zuweilen aus der Koje katapultiert. Doch dann empfängt uns, mit glutrotem Sonnenaufgang, der Canal du Havannah, und nur noch 40 Seemeilen entfernt wartet Noumea. Die Tide läuft günstig. Delfine geleiten uns ums gefährliche Komekame-Riff, laut Handbuch ein wahrer Schiffsfriedhof – und wie zum Beweis thront darauf das Wrack eines japanischen Trawlers. Auf schmalen Wasserstraßen zwischen roterdigen Inseln mit tiefgrünen, hoch aufgeschossenen Norfolk-Fichten erreichen wir die Moussel Bay, in der uns ein Wald aus Schiffsmasten entgegenwinkt. In der Marina sind Liegeplätze Mangelware, doch wir haben Glück: Schon nach kurzer Zeit weist man uns über UKW eine Lücke zu.

Nach einem Mammut-Anfahrtsweg von gut 12 000 Meilen, einer halben Erdumrundung in zwölf Monaten, auf der uns nichts geschenkt wurde, machen wir, pünktlich wie eine Fähre, in Noumea fest. Und doch ist dieser Ort erst der Beginn für das eigentliche Vorhaben. Hier erwarten wir das erste GEO-Team. Bis zu seinem Eintreffen sind es gerade noch zweieinhalb Wochen, eingeplant als Reserve, falls Verzögerungen eintreten, und als letzte Chance für Reparaturen und um Vorbereitungen zu treffen. Und schließlich brauchen wir auch mal ein paar Tage, um uns zu erholen.

Bereits beim ersten Bummel durch die Stadt wird uns klar: Hier bestimmen die Franzosen den Lebensstil. Museen, Bibliotheken, Zeitungskioske, Banken, Hotels, Restaurants, Boutiquen und die riesigen »Türme« von Renzo Piano. Nicht ohne Grund wird Noumea auch »Klein-Paris der Südsee« genannt. Zum Frühstück gibt's knusprige Croissants und Baguettes. Trotz des französischen Nationalfeiertags, heute ist der 14. Juli, »Tag der Bastille«, haben die Boulangeries geöffnete. Auf dem Markt kaufen wir frische Köstlichkeiten: Paté, Camembert, Tomaten, Salat.

Aber auch Militärparaden, Marschmusik, Versammlungen, Ansprachen und Empfänge werden uns geboten. Die Marseillaise erklingt, und über unseren Köpfen brummen Hubschrauber und brausen Düsenjäger der Luftwaffe. »La Grande Nation«, die 1853 die Inselgruppe vereinnahmt hatte – nicht zuletzt wegen ihrer Nickel- und Chromvorkommen – zeigt Stärke. Sie hat es nötig: Die »Kanaken« (menschliche Wesen) werden aufmüpfig, träumen von Unabhängigkeit.

Es ist über 200 Jahre her, dass Kapitän Cook die große Insel »Neu-Kaledonien« taufte und der junge Georg Forster, der sich zusammen mit seinem Vater, dem deutschen Pastor Reinhold Forster, an Bord der RESOLUTION befand, über ihre Bewohner schrieb: »*Sie zeigten keine Furcht oder Misstrauen, klauten nicht die kleinste Kleinigkeit und ließen die Fremden ungehindert umherschweifen.*«

Nicht weit entfernt an unserem Steg entdecken wir die NISOS mit Bobby und Gernot, die mit ihrem Boot auf der Laguneninsel Mopelia von einem Taifun überrascht und fast ins Jenseits befördert wurden. Schon längere Zeit standen wir mit ihnen in Funkkontakt und nahmen regen Anteil an der schrecklichen Geschichte, deren glückliches Ende nicht nur uns wie ein Wunder erscheint. Welche Freude, sich hier in die Arme zu schließen! Leider sind die beiden bereits in Aufbruchstimmung: Sie wollen nach Vanuatu. Na dann, au revoir auf Aneityum!

Das belgische Eignerpaar unserer Nachbaryacht warnt uns vor Guadalcanal und Malaita (Salomonen) und vor allem vor Bougainville (Papua-Neuguinea): Dort würden Stammesfehden ausgefochten, die Gegend sei extrem unsicher für Reisende. Über Grenzwelle haben sie einen Bericht aus Vanuatu in englischer Sprache gehört. Die Landessprache dort ist jedoch Bislama, eine Art Pidgin-Englisch (von port. »bicho do mar«, Seegurke). »Das klingt, wie wenn ein betrunkener Spanier mit einem betrunkenen Engländer zu sprechen versucht«, spottet Ron Paton, Skipper der WIND GYPSY. Viele Ni-Vanuatu, (Leute aus Vanuatu) verdingten sich hier als Minenarbeiter; mit ihnen könnten wir schon mal üben.

Rons Äußerung erinnert mich an das, was ich in Fletchers *Inseln der Illusion* über diese Sprache gelesen habe: »*Biche-la-mar*« sei »*eine direkte und hässliche Sprache, von den Piraten und anderem Seevolk früherer Tage geschaffen.*« Robert James Fletcher, ein Schotte, war Anfang des 20. Jahrhunderts auf den damals »Neuen Hebriden« (heute Vanuatu) als Dolmetscher am Gerichtshof des englisch-französischen Kondominiums als Landvermesser und Plantagenaufseher tätig. Auch Ron Paton ist Schotte und ein origineller Zeitgenosse. »Ein Zweig meiner Familie hat auf den Neuen Hebriden Missionsarbeit geleistet«, verkündet er – und mit gedämpfter Stimme: »Der andere Zweig brannte derweilen Whiskey in Schottland. Ich muss gestehen, ich stamme von letzterem ab.« Später kommt Ron auf einen Sprung an Bord. Wir erfahren, dass er bereits seit zwölf Jahren in Noumea lebt: Nach drei Weltumsegelungen tauschte er seinen in Holland gebauten Schoner gegen ein Stück Land und ein Haus. So ganz ohne Boot hielt er es dann aber doch nicht aus und legte sich schon bald die kleinere WIND GYPSY zu.

Früher arbeitete Ron als Agraringenieur in Südafrika, danach viele Jahre auf den Fidschi-Inseln. Südafrikanische Krügerrand besitzt er nicht, aber Kostbarkeiten aus Fidschi: Ein Sturm hatte dort ein Grab in der Nähe seines

Hauses freigespült. Mit dem Skelett kamen auch jede Menge Grabbeigaben ans Tageslicht, die Ron neben anderen Dingen noch immer bei sich hat. Jetzt, wo er alt wird, will er sich davon trennen. Er braucht das Geld. Er will noch einmal auf See. Die wertvollsten Stücke hat er bereits dem hiesigen Museum verkauft. Aber noch liegen die Kostbarkeiten in einem abschließbaren Schuppen der Marina und können dort von uns bewundert werden: etwa der vergiftete Speer, der ihn einmal um Haaresbreite verfehlte, das »Wurfholz« mit 13 Einkerbungen, für jeden Toten eine, mehrere Walzähne und wertvolle Muschelketten, Masken, Stein- und Jadewerkzeuge, Rollen voll roter Vogelfedern, die auf Fidschi und in Teilen Melanesiens ungeheuer kostbar sind, weil es die Vögel dort nicht gibt …

Am Abend klopfen wir an die WIND GIPSY. Im Salon türmen sich Stapel privater Fotos, Videos und Bücher. An der Wand fällt uns eine Kette mit kolossalem Pottwalzahn auf: »Ein Magi-Magi«, erklärt Ron lächelnd, »ein Abschiedsgeschenk meiner Leute auf Fidschi, als Dank dafür, dass ich mich nicht an ihren Töchtern vergriffen habe, wie sonst üblich bei Plantagenbesitzern.«

Auf dem Messetisch, an dem wir einen Drink einnehmen, thront neben einem Fernseher auch eine gewaltigen Holzschüssel, eine »Tanoa« aus Vanuatu, aus der einst die Kannibalen-Häuptlinge bei ihren Sitzungen Kava tranken. Mein besonderes Interesse gilt dem Buch seines missionarischen Vorfahren auf Vanuatu: *Story of John G. Paton. Thirty Years among South Sea Cannibals*,1892. Es scheint mir eine ideale Einführung in die Geschichte unseres nächsten Segelziels. In der Redaktion der Tageszeitung *Les Nouvelles Caledonnies* kann ich das Buch sogar kopieren.

Der Wind hat über Tag auf WNW gedreht und unerwartet stark aufgefrischt – laut Ron die Wirkung eines südlich von uns durchziehenden winterlichen Polartiefs. Die Sicht verschlechtert sich dramatisch und die Dünung, die übers Außenriff in die Riesenlagune gepeitscht wird, macht uns seekrank, sogar in der Marina.

Am Morgen wippen die Yachten und Stege immer noch um die Wette, und alles ist mit einer dicken roten Staubschicht überzogen, auch im Bootsinnern. Diese Panade verdanken wir den Nickelerzminen auf der Insel, dazu werden auch noch die giftigen Emissionen des Hüttenwerks frei Haus geliefert. Trotz des Wetters machen wir uns aus dem Staub, buchstäblich, und verlassen Noumea.

Der Skipper hat sich vorgenommen, Deck und Cockpit zu streichen und ein paar kleinere Reparaturen durchzuführen. Zu diesem Zweck scheint die verzweigte Baie de Pronie mit ihren vielen geschützten Ankerplätzen genau das Richtige. Doch damit, dass der Wind noch weiter zulegt, haben wir nicht gerechnet. Bei Hochwasser wird die See so unruhig, dass wir kurzentschlossen in die tiefe Baie Iré einlaufen und uns im Norden der kleinen Insel Ouen verkriechen.

Wider Erwarten erleben wir hier einen wunderbaren, ruhigen Abend: Zerfurchte Hügel aus dunkelroter, eisenhaltiger Erde erheben sich hinter einem grünen Gürtel aus verschiedenen Palmenarten und den für das Land so charakteristischen, hoch aufgeschossenen Fichten – heute »Cook Pines« genannt. In den Baumwipfeln hocken Greifvögel, am Ufer fischen Graureiher, Fledermäuse huschen übers Wasser, und am Himmel segeln Flughunde wie kleine Papierdrachen.

Zu später Stunde Funkplausch mit unserem Freund Christian, der in Neuseeland lebt und mit seiner DONELLA nach Port Vila, der Hauptstadt von Vanuatu, gesegelt ist: Gernot und Bobby seien wohlbehalten in Vila angekommen. Nun ist Christian auf dem Wege nach Erromango und Aneityum.

Nachts finden noch zwei französische Katamarane Zuflucht in der Bucht. Am Morgen nehmen ihre Familiencrews ein ausgiebiges Bad. Nach einigen Geschichten unserer Stegnachbarn in der Marina von Tigerhaien und ähnlichen Ungeheuern ist uns der Spaß daran vergangen. Wir tauchen lieber in unsere Arbeiten ein: In der Bucht liegen wir gut – kein Grund also, gleich wieder auszulaufen. Während Erich das Deck streicht, spüre ich die Brutstätten der Mehlmotten auf, die sich an Bord eingenistet haben: das Müsli! Sieben Kilo Körnerfutter mit Fleischbeilage wandern über Bord – zur Freude unzähliger kleiner Haie, die sich auf die Beute stürzen.

Am Morgen ist Christian wieder am Funk: Er liegt in der Bucht von Aneityum vor Anker. Dort sei es, »wie sich Klein-Fritzchen eine Südseeinsel vorstellt: Palmen, Sandstrand, ein kleines Eingeborenendorf«. Nun will er eine Runde tauchen, nach Langusten!

Uns macht erneut eine Passatstörung mit Starkwindböen aus NE zu schaffen. In dieser Nacht kommt die FREYDIS dem Saumriff am Ufer bedenklich nahe. Also Anker auf und in der Finsternis an die Westseite der Bucht verholen. Am Morgen ist alles grau in grau, die französischen Yachten sind verschwunden. Das Baro sinkt abenteuerlich. Erste Sturmböen bei Sonnenuntergang. Gernot am Funk: In Port Vila regnet es seit Stunden. Vanuatu liegt im Bereich eines Trogs.

Bei uns ist Ankerwache angesagt: Die erste Nachthälfte übernehme ich, die zweite macht Erich. Doch auf 15 Metern Wassertiefe über Schlick liegt die FREYDIS an 50 Metern Kette und Bügelanker wie ein Fels im Sturm. Frühmorgens pflügen Delfine durch die Bucht. Sie folgen einem Schwarm metallisch schillernder Sardinen, die immer wieder hoch in die Luft springen. Wo ist der Catcher? Natürlich wieder irgendwo in den Bordniederungen. Sardinen ade.

Wettervorhersage über UKW: 50 Knoten (Windstärke 10) aus SW.

Am Himmel ziehen dunkle Wolken auf, und bald regnet es in Strömen. Gegen Mittag dann die angekündigten Sturmböen. Draußen ist sicher die Hölle los! Noumea Radio mit den Nachrichten ist in der Bucht leider nicht zu hören.

* * *

27. Juli. Wir sind wieder in der Marina von Noumea. Auch hier haben die Yachten das schlechte Wetter abbekommen. Es setzt sich noch fort: Am Abend

heftiges Wetterleuchten im Süden und in der Nacht wieder Sturmböen aus SE. Auf den Nachbaryachten haben sich die Sonnensegel losgerissen und rund herum ächzen Leinen. Erst am nächsten Morgen beruhigt sich der Wind.

Während ich noch einmal die Proviantliste auf Vollständigkeit überprüfe, tauscht Erich die Filterpatronen vor dem Wasserhahn in der Kombüse aus. Wir haben auch eine komplette Seewasser-Aufbereitungsanlage mitgenommen, für den Fall, dass es irgendwann einmal einen Engpass geben sollte. Als Segen hat sich bisher auch die große Kohlendioxid-Flasche aus einer Brauerei in Chile erwiesen, die wir so umgerüstet haben, dass wir unsern Sprudel für lange Zeit patronen-unabhängig selbst herstellen können. Wir haben stets einen Sprudelvorrat in der Kühltruhe und können ihn nach Belieben mit Fruchtsäften mischen. Das spart Platz und Geld, weil wir keine kohlensäurehaltigen Getränke mehr kaufen und stauen müssen. In Melanesien müssen wir mit eingeschränkten Versorgungsmöglichkeiten an Nahrungsmitteln und Trinkwasser rechnen; es gibt auch keine Werften oder Spezialisten für eventuell notwendige Bootsreparaturen. Deshalb muss noch einmal alles gründlich gewartet werden. Die größten Schwierigkeiten macht uns der Anlasser. Seit Raiatea arbeitet er nicht mehr zuverlässig: Mal springt er beim ersten Drehen des Zündschlüssels an, mal erst nach vielen Fehlversuchen. Die Ursache konnten wir bisher nicht klären. Erich zieht einen Fachmann hinzu, schließlich müssen wir uns im Notfall darauf verlassen können, dass die Maschine sofort anspringt.

Der Neuseeländer David kommt an Bord und misst alles durch. Den Fehler findet er auch nicht. Stattdessen hält er uns mit Segler-Anekdoten aus der Marina bei Laune: unter anderem mit der von dem Israeli auf Weltumsegelung, der einige Zeit hier verbrachte. Er hatte eine wasserdichte Kabine auf seinem kleinen Boot, in der er sich bei schwerem Wetter auf dem Weg ums Kap Hoorn einschließen wollte – mochte sein Schiff über Kopf gehen, sooft es wollte! Der clevere Bursche hatte auch ein Gewehr, um sich überall in der Fremde Nahrung zu schießen. Die hiesigen Beamten fanden es und stellten ihn zur Rede. »Ich will eine Revolution anzetteln«, lachte er. Man steckte ihn ins Gefängnis. Als David sich für seine Freilassung einsetzen wollte, zischte Protest aus der Zelle: »Bloß nicht, ich werde hier gut versorgt!« Der Israeli hatte weder Geld noch Proviant an Bord. Einige Yachties legten später zusammen und halfen ihm nach seiner Entlassung aus der Klemme. Nonstop segelte er nach Israel zurück ...

Und was ist mit dem Anlasser? Erich muss ihn ausbauen und zur Werkstatt bringen. Dort nehmen sie ihn komplett auseinander. Er sei in Ordnung, heißt es. Erich baut ihn wieder ein. Was es auch war, nun startet er einwandfrei. Alles scheint in Ordnung. Leider ein Trugschluss – wie sich bald herausstellt.

Am nächsten Tag kommt die Vanuatu-Crew an Bord: Unser alter Freund Chris, der zu unserer Unterstützung auf der ersten Etappe mitsegelt. Erich und er sind während des Studiums jahrelang zusammen auf den Ausbildungsschiffen des »Hamburgischen Vereins Seefahrt« gesegelt, und auch auf der FREYDIS hat er uns schon auf mehreren Reisen begleitet.

Die beiden GEO-Leute, Andrian Kreye und Roman Bezjak, sind uns dagegen noch unbekannt: Ihre Teilnahme stand bei der letzten Besprechung in der Redaktion noch nicht fest. Andrian, 36, in München aufgewachsen, aber schon seit Jahren in New York tätig, ist auch Kulturkorrespondent der *Süddeutschen Zeitung*. Teamkollege Roman, 39, in Slowenien geboren, lebt in Hamburg. Er hat sich als Fotograf einen Namen gemacht, erhielt 1995 den »Deutschen Fotopreis« und arbeitet unter anderem für Zeitschriften wie GEO und *MERIAN*.

Erst einmal zeigen wir ihnen das Boot, die Rettungsmittel etc., die Achterkammer mit Toilette, die den beiden vorbehalten ist, damit sie unter sich sein können – Chris, unseren »dritten Mann«, haben wir in der Messe untergebracht, während Erich und ich die Vorschiffskammer bewohnen. Anschließend führen wir mit den beiden ein Vorgespräch über die anstehende Etappe, in der es von den Subtropen mit dem SE-Passat in die Tropen geht. Sie haben sich natürlich auf Vanuatu vorbereitet, können jedoch, was Route und Dauer der Aufenthalte angeht, frei bestimmen. Zwei Schwerpunkte ihrer Arbeit liegen allerdings fest: die Insel Tanna und die Hauptinsel Efate mit dem politischen Zentrum Port Vila, wo nach drei Wochen die Halbzeit sein soll. Beenden werden sie ihre Arbeit in den Banks- oder Torres-Inseln im äußersten Norden des Landes, wo das nächste Team zu uns stößt.

Weil Andrian und Roman noch nicht wissen, wie sie mit Boot und Seegang klar kommen, haben wir zu Anfang den kurzen Abschnitt nach Aneityum gewählt.

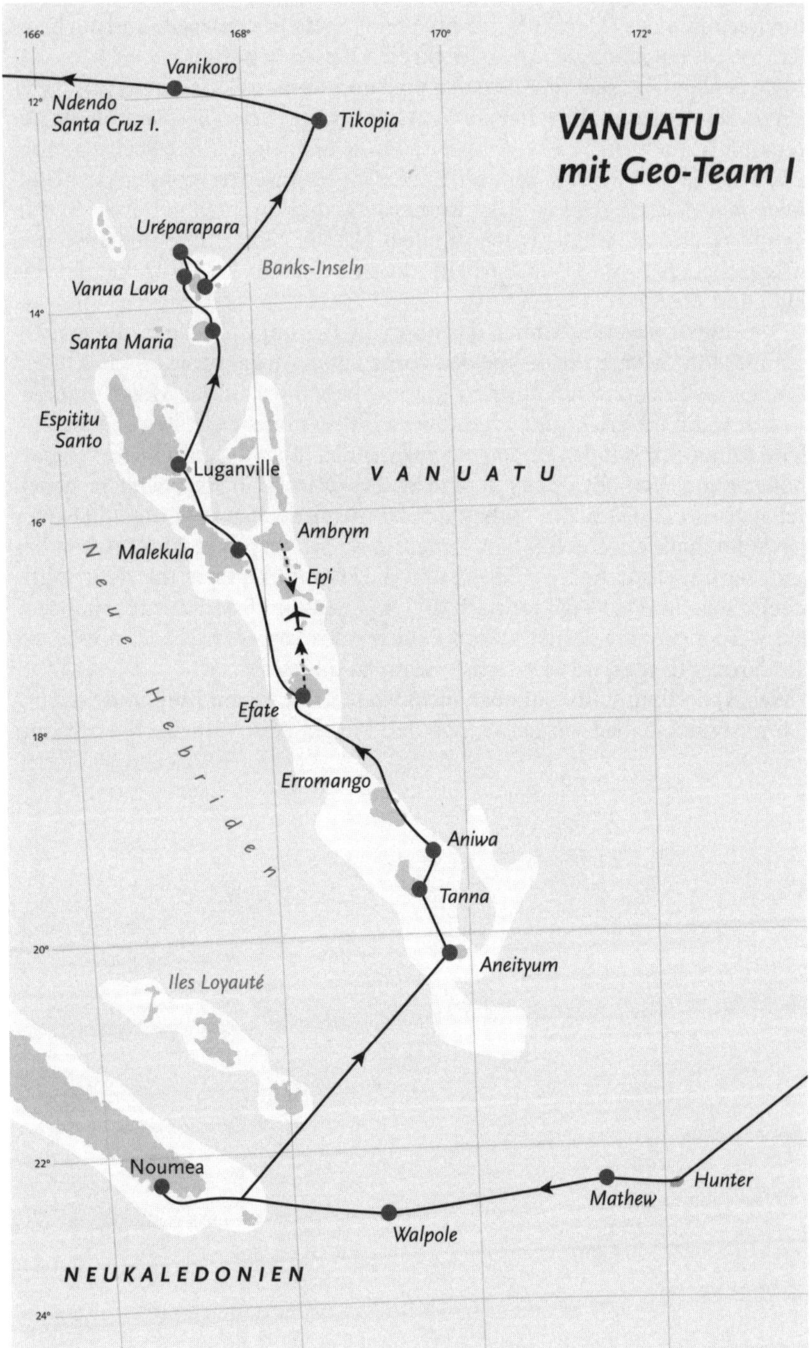
VANUATU
mit Geo-Team I
166°
168°
170°
172°
12°
14°
16°
18°
20°
22°
24°
Vanikoro
Ndendo
Santa Cruz I.
Tikopia
Uréparapara
Banks-Inseln
Vanua Lava
Santa Maria
Espititu
Santo
Luganville
V A N U A T U
Ambrym
Malekula
Epi
Neue Hebriden
Efate
Erromango
Aniwa
Tanna
Aneityum
Iles Loyauté
Noumea
Hunter
Mathew
Walpole
NEUKALEDONIEN

Durch die Inselkette von Vanuatu mit dem ersten GEO-Team

Aneityum

Aufbruch – Missionare und Teufelswerk – Gerichtsverhandlung

1. August. Vollmond. Das Baro steigt! Auch auf Aneityum hat sich das Wetter gebessert. 26 °C, erfahren wir von Christian über Funk. Gleichzeitig unterrichtet er uns von der Ankunft der UBI BENE mit Gerhard und Herta, und dass sie auch die AIDA mit Harald demnächst dort erwarten – alle drei kennen wir von Neuseeland her. Es scheint eng zu werden auf dem einsamen Fleckchen Aneityum.

Die Crew der FREYDIS ist komplett und bis auf Weiteres soll ein freundlicher Südostpassat blasen: Also, nichts wie weg! Wir starten einen Tag früher als geplant. Noch ein letztes Mal über den Markt, um Gemüse und Brot einzukaufen – die Baguettes und Croissants, ofenfrisch um sechs Uhr morgens in den Markthallen, werden mir fehlen! –, dann nehmen wir Abschied von Ron, David und ein paar anderen Seglern, verholen das Boot zum Diesel- und Frischwasserbunkern an den Außensteg und laufen aus.

Die Expedition hat begonnen. Wieder dieses herrliche Aufbruchsgefühl! Selten ist Glück so körperlich zu spüren. Ein Versprechen, eine Verheißung liegt in der Luft, geboren aus der Sehnsucht nach dem »wahren« Leben und der immer deutlicher werdenden Einsicht, dass dieses Leben ebenso schnell vorbeigeht wie eine Reise.

Bei der Wacheinteilung werden die GEOs mit einbezogen. Logbuch: Erich von 08–12 Uhr allein, Chris mit Andrian von 12–04 Uhr, Heide mit Roman von 04–08 Uhr. Die erste Nacht verbringen wir an einer Muring in Port Boisé an der Ostküste von Grande Terre und laufen am Morgen mit der Tide aufs offene Meer hinaus. Wieder nervt uns der Anlasser. Zurück nach Noumea geht nicht, wir würden Tage verlieren! Also möglichst immer frühzeitig starten, damit wir im Notfall bei missglückten Manövers noch unter Segeln reagieren können; später werden wir weitersehen …

Wir nehmen Kurs auf die Nordspitze der Loyalityinsel Maré und freuen uns über die schnellen Meilen, die wir unter Genua und Großsegel zurücklegen. Doch dann dreht der Wind auf NE und wir können den Kurs nur noch mit Motorunterstützung halten. Verbissen hackt die FREYDIS den ganzen Tag durch die aufgewühlte See. Im Boot ist es stickig und feucht: Wegen der überkommenden Brecher sind die Luken dichtgeknallt. Frischluft gelangt nur durch den offenen Niedergang im Deckshaus ins Schiffsinnere. Keine Schonzeit für das GEO-Team und auch nicht für uns. Gut, dass wir mit einem relativ kurzen Schlag (200 Seemeilen) begonnen haben. In zwei Tagen ist alles ausgestanden.

Meine Nachtwache: Schon lange ist die Enge an Land dem weit geöffnetem Chaos gewichen. Um mich herum nichts als wogende, rauschend-berauschende Nacht mit glitzernden Sternen. Mondlicht mäandert übers Wasser und für Sekunden blitzen weiße Schaumkronen auf. Dieses Meer, diese grandiose Wiege, bringt auch meine Empfindungen ins Wanken. Ich starre ins mondspiegelnde Nass. Wie hypnotisiert möchte man sich diesem Element überlassen … wenn ich springe … niemand würde es bemerken … die Selbststeueranlage hielte das Boot auf Kurs bis zur nächsten Wache … die Seekrankheit wäre ich los … die Schmerzen … alles andere auch … Tief durchatmen. Ich mache mir einen heißen Kakao. Roman ist seekrank.

Tagsüber, in einer ruhigen Stunde, nehme ich mir das britische Seehandbuch vor: Vanuatu, »das Land, das sich aus dem Meer erhebt«, umfasst die Inselgruppen der Banks und der Neuen Hebriden. Rund 165 000 Menschen wohnen auf 13 größeren und vielen kleineren Inseln zwischen 13° 00' S und 20° 30' S und 166° 30' E und 170° 30' E. Von Mai bis Oktober herrschen SE-Passatwinde vor, gelegentlich unterbrochen von Windstille, E-NE-Winden und Regen. Wirbelstürme sollen nur in der Regensaison von Dezember bis April auftreten – durchschnittlich zwei pro Jahr, ansonsten variablere Winde, Flauten und tropische Stürme.

Danach schmökere ich in *Ozeanien, die Inseln der Südsee*, 1873. Im Kapitel über die Neuen Hebriden (Vanuatu) ist zu lesen, dass auf vielen Inseln Kannibalismus herrscht. »*Die Gräuel, die hierbei vorgekommen, haben die Versuche protestantischer Geistlicher, das Christentum unter den Eingeborenen zu verbreiten, lange aufgehalten; doch sie sind nach vieler Mühe in Aneityum so gelungen, dass jetzt alle Bewohner dieser Insel Christen sind, während auf anderen Inseln dieser Gruppe das Christentum mit dem Heidentum noch im Kampfe liegt …*« Sehr beruhigend, ist doch Aneityum unser nächstes Ziel.

Jedoch nicht aus Angst sind unsere GEOs so totenblass. Die Armen befinden sich im Würgegriff der Seekrankheit. Die warme Mahlzeit wird als Zumutung zurückgewiesen. Wortlos sucht Roman nach der Wache die Koje auf. Andrian später: »*Die Zeit auf dem Meer war eine endlose Abfolge graublauer Täler, die sich unter der* FREYDIS *auftaten … Kreuzseen und Brecher hatten mit der Yacht gespielt, uns in der engen Kajüte immer wieder hart gegen die Wände geworfen, bis wir gelobten, bei unserer Ankunft den Boden zu küssen. Wie jämmerlich klein und schwach wir uns fühlten …*«

Nächste Nacht, 02.00 Uhr. Wache gehe ich allein. Wir passieren die Île Maré. Es weht unverändert von vorn. Am Nachmittag zieht von achtern eine schwarze Front auf, bringt kräftigen Südwind und unangenehme Kreuzsee. Tölpel und Seeschwalben künden bereits von Landnähe.

05.00 Uhr früh. Noch im Dunkeln tasten wir uns an der Südwestseite der Insel um ein ausgedehntes Korallenriff herum in den Naturhafen zwischen Aneityum und der kleinen palmenbedeckten Riffinsel Inyeug oder Mystery Island. Unser Leitstern ist das Topplicht der NISOS, eine der vier deutschen Trans Ocean-Yachten, mit denen wir uns hier über Funk verabredet haben.

Nach der holprigen Überfahrt genießen wir den zumindest gegen die vorherrschenden Passatwinde gut geschützten Liegeplatz. Gleich nach dem Ankern gönnen wir uns ein deftiges Frühstück und ein paar Stunden Schlaf. Anschließend melden wir uns über Iridium-Handy, wie verabredet, in Port Vila wegen der Einklarierungsformalitäten. Wir erfahren, dass in Kürze der australische Luxusliner PRINCESS STAR auf Mystery Island erwartet wird und dass die Offiziellen dann auch zu uns an Bord kommen wollen.

* * *

Für die GEOs beginnt auf Aneityum die Arbeit. Anfangs dachten wir, dass wir vieles gemeinsam unternehmen können. Aber es zeigt sich schnell, dass die GEOs am liebsten zu zweit arbeiten, wie siamesische Zwillinge, aufeinander angewiesen und voneinander abhängig. Der eine macht die Aufnahmen, der andere die Interviews, recherchiert und notiert. Zu viert würden wir viel zu massiv auftreten und kämen uns ständig in die Quere. Also verabreden wir nur einzelne Treffpunkte, besprechen die Mahlzeiten und nutzen die übrige Zeit für eigene Belange, für die Wartung der FREYDIS und um das Leben an Bord in Gang zu halten: Nahrungsmittel zu beschaffen, zu kochen oder auch nur, um die GEOs mit dem Dingi an die gewünschten Plätze zu bringen und wieder abzuholen. Jetzt zeigt es sich, wie gut es ist, Chris, unseren dritten Mann, dabei zu haben. Dadurch sind wir viel flexibler und können in wechselnden Kombination an Land gehen oder andere Boote besuchen.

Begrüßung von allen Seiten. Mittagessen auf der DONELLA: Christians Frau Hannelore verwöhnt uns mit Sushi aus Hochseefisch und deshalb garantiert ciguatera-frei. Ciguatera ist eine Fischvergiftung, die mit Fieber, Nervenlähmungen, schmerzhafter Hautempfindlichkeit, Herz-Kreislaufstörungen und lebensgefährlichen Atembeschwerden einhergeht und vom Toxin einer mikroskopisch kleinen Alge, die den Fischen als Futter dient, verursacht wird. Gestern hätten sie am Riff einen kapitalen Fisch gefangen, vor dem ein Einheimischer sie gewarnt und ein Stück davon an eine wilde Katze verfüttert habe. Heute Morgen lag die tot am Strand!

Gut gestärkt pullen wir im Dingi an Land. Im flachen Wasser liegen überall große schwarze Seegurken. Früher wurden sie als Delikatesse nach China verkauft. Sie haben diesen Raubbau gut überstanden im Gegensatz zu Sandelholz- und Kauribäumen, die nach dem Abholzen fast vollständig verschwanden. Nun forsten die Bewohner die Vulkaninsel mit »Pinia radiata« auf und beliefern damit Noumea und die Nachbarinseln.

Zwei freundliche Jungs, Jean Claude und Kenneth, suchen hübsche Muschelschalen für uns und begleiten uns zu Nachbarbuchten mit malerischen weißen Stränden und verwitterten vorgeschichtlichen Felszeichnungen von Vögeln, Fischen und Spiralen. Außer Bislama spricht Jean Claude nur Französisch, Kenneth nur Englisch, weil der eine die französische, der andere die englische Schule besucht: ein Erbe der Glaubensspaltung – Französisch für die Katholiken, Englisch für die Protestanten – und des franko-britischen

Kondominiums (von 1902 bis zur Unabhängigkeit regierten Franzosen und Engländer das Inselreich gemeinsam), das mit seinem doppelten Erziehungssystems die Menschen zumindest sprachlich in zwei Lager aufgeteilt hat. Auch nach der Unabhängigkeit hat sich daran nichts geändert.

Im Dorf Anelghowat führt uns Kenneth zu seiner Primary School. Auf dem Torbogen prangt ihr Motto: »Education brightens Nation«. Fünf Lehrer unterrichten hier 120 Kinder. Iaken Fauko, ein ernster junger Mann mit markantem Profil, lehrt Englisch, Mathematik und Umweltkunde.

Am nächsten Morgen dürfen wir am Unterricht teilnehmen. An der Tafel steht: 2 ½ + 1 ½ = ? Aber das Interesse der Schüler gilt Roman und Erich mit ihren Fotoapparaten. Zur Beantwortung unserer Fragen sind sie viel zu scheu und kichern nur. Es gibt etliche Blondschöpfe unter ihnen: eine genetische Eigenheit der Melanesier. Auch Lehrer Ibatu, ein Häuptlingssohn aus Tanna, hat hellblonde Haare. Noch augenfälliger als die Farbe sind allerdings seine taillenlangen Dreadlocks und sein wilder Bartwuchs. Ein Zeichen der Trauer: Weil sein Vater gestorben ist, darf er drei Jahre lang weder Bart noch Haare kämmen oder schneiden.

An die Schule grenzen die rußgeschwärzten Ruinen einer Kirche, die Mitte des 19. Jahrhunderts von dem Presbyterianer John Geddie, dem ersten Missionar auf der Insel, erbaut und mehrmals von den Einheimischen in Brand gesetzt wurde. Geddie hatte verboten zu tanzen, sich mit Blüten zu schmücken und Kava zu trinken (das »geistige« Getränk des Landes aus der Pfefferbaumwurzel) – alle Zeremonien hatte er als »Teufelswerk« gebrandmarkt. Doch unter Geddie wurden nicht nur Kirchen und Kapellen gebaut, sondern auch Schulen. Außerdem tat er sein Bestes, um das traditionelle Erdrosseln der Frauen und Greise zu beenden: »*Denn es war Brauchtum – ›kastom‹* (von custom*), allein beim Tod eines Mannes seine Witwe, bei dem eines geliebten Kindes die Mutter oder eine andere weibliche Verwandte zu erwürgen (weshalb jede Frau vom Tage ihrer Verheiratung an den dazu bestimmten kleinen Strick um den Hals trug), und mit ihm zu bestatten; ebenso lassen sich … besonders Häuptlinge unter feierlichen Zeremonien noch vor ihrem Tode lebendig begraben, sie halten das für eine große Ehre und verlangen es von den Ihrigen.*« (*Inseln des Stillen Ozeans*, 1875)

Etwa ein Dutzend Missionare schickte die Presbyterianische Mission auf die Vanuatu-Inseln – unter ihnen auch John Paton, dessen Buch ich in Noumea kopieren durfte. Es waren religiöse Hardliner ohne Toleranz für »heidnische« Sitten. Mit den Europäern aber kamen auch deren Krankheiten, die Tausenden von Bewohnern das Leben kostete. Erst in den letzten Jahren stieg ihre Zahl auf der Insel wieder an, auf heute 700.

* * *

Vergebens warten wir am Nachmittag am Strand auf Toni, den Neffen des Dorfchiefs. Als dessen Sekretär sei er gerade auf einer Gerichtsversammlung drüben auf der anderen Seite der Bucht, unter dem großen Banyan! Also nichts wie hinüber.

Eine erhabenere Gerichtsstätte kann ich mir kaum vorstellen als unter diesem mächtigen, ein paar hundert Jahre alten Baum. Wie Zwerge hocken die Einheimischen an seinem knorrigen Fuß: Es sind die Dorfältesten und vor ihnen Toni mit einem Schreibblock. Als er uns bemerkt, unterbricht er seine Arbeit und kommt auf uns zu. Ob wir stören, fragen wir. Nein, antwortet er, die Sitzung sei öffentlich, ließe sein Onkel, Chief Henry, sagen. Der alte Häuptling – er trägt eine Jeansjacke mit Baumwollpelzkragen und eine große dunkle Sonnenbrille – hebt grüßend die Hand und bedeutet uns, auf der Wiese bei den übrigen Anwesenden Platz zu nehmen. Er zeigt auf eine Gestalt, deren Kopf in einen Jutesack gehüllt ist – die sozusagen in Sack und Asche geht: Sie hat ein Bündel Kavawurzeln gestohlen und man verhandelt mit den Geschädigten gerade über die Strafe. Doch die Sitzung zieht sich in die Länge. Nach einer guten Stunde verlassen wir den ehrwürdigen Ort.

»Ein Chief ist ein wichtiger Mann«, erklärt uns Lehrer Iaken später. »Er muss das Gemeinschaftsleben im Dorf organisieren, Probleme lösen, Händel schlichten und Gesetzesbrecher bestrafen. Meist werden die Geschädigten mit Schweinen oder Kavawurzeln zufrieden gestellt. Nur Kapitalverbrechen müssen nach Vila gemeldet werden.«

* * *

Das Kreuzfahrtschiff PRINCESS STAR ist eingetroffen. Es liegt vor dem Riff und seine weißen Boote flitzen zwischen ihm und Mystery Island hin und her, spucken Gäste auf den Strand und dazu jede Menge Kisten und Kästen mit Proviant: heiße und kalte Getränke, Sandwiches, Würstchen, Hamburger, Orangen, Äpfel, Eiscreme und andere Köstlichkeiten. Ein befrackter Kellner reicht Begrüßungscocktails und Shrimpsbrötchen – oder darf's Bier und Kotelett sein? Die Ankömmlinge sind fasziniert von der kleinen Sandinsel, die man in wenigen Minuten umrunden kann: »Isn't it marvellous?«, schwärmen sie.

Und da der Sandstreifen gleichzeitig als Rollpiste dient, landet darauf auch der kleine Inselhüpfer der »Air Tropicana« mit den Offiziellen. Ihre Überfahrt zur PRINCESS STAR durch die bewegte See war feucht: Mit nassen Hosen klettern sie zu uns an Bord. »Big difference« sei es zwischen dem Luxus dort und der Enge auf der FREYDIS, lachen sie.

Die übrigen Yachten würden gern die Gelegenheit nutzen und ausklarieren. Doch ohne die Zustimmung von Port Vila geht hier nichts. Das Satellitentelefon unserer GEOs löst das Problem. Anschließend ist wieder Buschtrommel und Muscheltrompete gefragt. Ukulele und Flaschen-Xylophon zaubern exotische Südseeklänge, und die Schulkinder singen Willkommenslieder, alte Weisen und die heimatliche Nationalhymne: »Plante fasin blong bifo i stap, Yumi, Yumi, Yumi i man blong Vanuatu« (Wir haben viele Traditionen, wir sind das Volk von Vanuatu). Die Frauen verkaufen Muschelketten, Schnitzereien, Baströcke, geflochtene Körbe, Fächer, gewebte Matten. Die Männer schlagen Kokosnüsse auf und reichen sie den Gästen als erfrischendes

Getränk. Oder sie segeln, wie Toni, mit kleinen Touristengruppen für ein paar Dollars in ihren Auslegerbooten über die Lagune. Auch Roman, auf der Suche nach besonderen Perspektiven, nimmt die feuchte Gelegenheit wahr. Wir ziehen uns in den Palmenhain zurück; die Sonne in diesem Paradies ist gnadenlos.

Ich frage Iaken, der nur einige Nachbarinseln kennt und Vanuatu noch nie verlassen hat, was er über die Touristen denkt. »Diese Menschen verhalten sich anders, als wir es gewohnt sind«, meint er. »Sie haben eben eine andere Kultur.«

Um 15.00 Uhr ist der ganze Spuk vorbei. Die PRINCESS STAR läuft aus und die Sandinsel fällt wieder zurück in ihr »Mysterium«. Der Lehrer Iaken und Toni besuchen uns an Bord. Toni interessiert sich vor allem für unser Boot. Iaken will seinen Schülern von unseren Antarktisreisen berichten. »Wie kann man nur in so einem Klima leben?«, fragen sie beim Anschauen unserer Bildbände mit den Fotos der FREYDIS im Eis. Für die beiden, die noch nie Eis und Schnee erlebt haben, scheint das unbegreiflich.

Abschied feiern wir auf der AIDA, einer top-ausgerüsteten, wunderbar wohnlichen Yacht. Wären wir »normale« Yachties, würden wir bestimmt noch zwei Wochen mit unseren Freunden hier verbringen, so aber sind wir an den zeitlich begrenzten GEO-Reiseplan gebunden.

Schon beim ersten Morgengrauen segeln wir los, um unser nächstes Ziel, die Insel Tanna, möglichst noch bei Helligkeit zu erreichen.

Tanna

Auf den Spuren von Cook – Traditionen stellt man nicht in Frage – Krieg und Frieden

Warum gerade Tanna? In Neuseeland hatte uns Christian Fotos dieser Insel gezeigt, von der wir bis dahin noch nie etwas gehört hatten: von fast nackten, wild aussehenden Menschen, die um gigantische Bäume herumtanzten, von geheimnisvollen Magiern und Masken und einem feuerspeienden Vulkan. Er hatte von Urwäldern und Dörfern berichtet, zu denen noch nie ein Weißer vorgedrungen ist. Das schien uns wie aus einer längst vergangenen Welt. Wir konnten kaum glauben, dass es so etwas heutzutage noch gibt.

In Noumea lernten wir keinen einzigen Segler kennen, der Vanuatu intensiver bereist hatte. Deshalb suchten wir zunächst Aneityum auf, um Christian und die anderen Segler zu treffen und von ihnen Tipps und Auskünfte über die Inseln und Gewässer von Vanuatu zu bekommen. Der Austausch von Erfahrungen ist besonders wichtig, weil die meisten Seekarten dieses Reviers veraltet sind und die Seehandbücher nur wenige Informationen bieten. Wie wichtig, lässt sich schon daran erkennen, dass Christian und Hannelore vier Jahre zuvor bei Port Resolution ihre erste DONELLA verloren haben – nach

21 Jahren und über 60000 Seemeilen! Sie war eine klassische englische Yacht aus den 1930er-Jahren, ein echtes Liebhaberstück. Und sie war nicht versichert. »Es gab viele Tränen«, gestanden uns die beiden. Wer einmal gestrandet ist, wie sie und wir *(Gestrandet in der Weißen Hölle)*, der weiß, was es heißt, sein Schiff in der Fremde zu verlieren – und damit alle Sicherheit, alle Geborgenheit und manchmal sogar das Leben. Aber die beiden haben überlebt und mit einem anderem Boot einen Neuanfang gewagt.

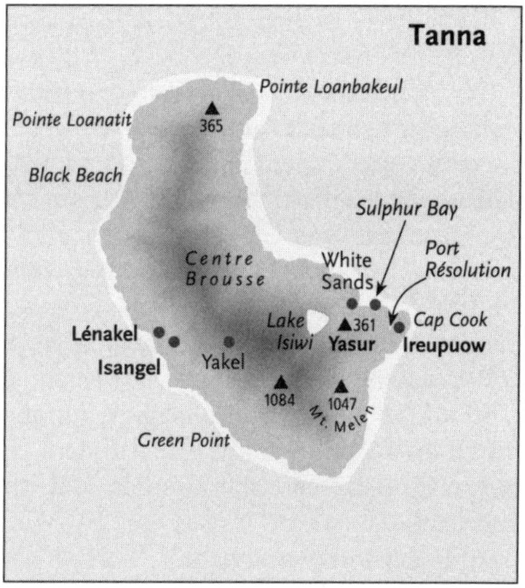

»Vermeidet es, die Bucht im Dunkeln anzulaufen«, warnte uns Christian beim Abschied auf Aneityum. Grund: Damals waren sie bei der Ansteuerung wegen widriger Winde in die Dunkelheit geraten. Laut GPS glaubten sie sich zweieinhalb Meilen vom Ufer entfernt, kollidierten jedoch bei voller Geschwindigkeit mit einem Felsen unmittelbar vor der Steilküste. Innerhalb weniger Minuten lief das Boot voll Wasser, ging aber nicht unter, weil es auf dem Riff lag. Sie retteten sich ans Ufer; wie sich herausstellte, war es nur 100 Meter entfernt. Der Skipper konnte sich zunächst nicht erklären, warum seine Navigation versagt hatte. Später besorgte er sich in der Hauptstadt Port Vila eine Kopie der Seekarte, mit der er gearbeitet hatte – es war die neueste amerikanische Karte von 1982 – und stellte fest, dass sich die Angaben von GPS und Seekarte vor dem Eingang der Bucht um mehrere Seemeilen unterschieden!

Kräftiger Ostwind bläst uns aufs Ziel zu. Der Vulkan Yasur, dessen dunkle Rauchfahne wir bereits von Aneityum aus (50 Seemeilen entfernt) erkennen konnten, macht sich immer dramatischer bemerkbar: Alle Viertelstunde hören wir ein explosionsartiges Knallen, gefolgt von gewaltigen Aschenausstößen. In den letzten Wochen soll seine Aktivität stark zugenommen haben. Auch als Kapitän Cook auf seiner zweiten Reise 1774 durch die Inselkette segelte und sie »Neue Hebriden« nannte, hatte ihm der Yasur wie ein Leuchtturm den Weg nach Tanna gewiesen.

Endlich nähern wir uns dem Eingang von Port Resolution. Wie Erich beim Vergleich von GPS-Position und Seekarte feststellt, liegt das umgebende Riff tatsächlich ganze viereinhalb Seemeilen weiter östlich als in der Seekarte verzeichnet. »Die Vermessungen stammen wohl noch aus Cooks Zeiten!«, entrüstet er sich über den Fehler, der Christians DONELLA zum Verhängnis wurde. »Da werden wohl noch mehr Yachten stranden, wenn die Karten nicht korrigiert werden!«

PS: Als ich das Buch fertig stelle, sind mindestens vier weitere Yachten auf dem Riff verloren gegangen.

Der Wind legt zu. Wir werfen den Motor an und laufen etwas östlich vom Vulkan in die nach Kapitän Cooks RESOLUTION benannte Bucht. Die GEOs, die trotz Seekrankheit an Bord mit anfassten, Ruder gingen und turnusmäßig den Abwasch übernahmen, atmen auf. Andrian: »*Die Angst vor dem Sturm wich der Angst, auf Grund zu laufen, als Skipper Erich das Boot entlang mächtiger dunkler Klippen und durch scharfzahnige Korallenriffe manövrierte. Dann endlich fiel der Anker in der stillen Lagune, und träge kam der rote Stahlrumpf der* FREYDIS *in der einsamen Bucht zu liegen – wie eine Barke Außerirdischer.*«

Wir liegen auf der Südseite der Bucht vor einer schmalen, sandigen Halbinsel, die zu einer Klippe ansteigt, auf deren Gipfel die Hütten eines Resorts durch die Bäume schimmern. Auf dem glatten Wasser angeln ein paar Männer in Einbäumen – die Zeit der Außenborder scheint hier noch nicht angebrochen.

Trotz der Korallenköpfe, die sich bei ablaufender Tide gefährlich nahe um uns herum aus dem Wasser recken, gönnen wir uns eine Mütze Schlaf.

Zwei Stunden später steht Roman mit seinen Kameras schon in den Startlöchern. Kein Wunder: Vor dem düsteren Kegel des Yasur wirft die Abendsonne ein sanftes Licht auf einen etwa 200 Meter hohen Hang. Seine rotgoldenen Sandsteinklippen kontrastieren wundervoll mit dem tiefen Grün des Dschungels am Ufersaum, aus dem feierlich weiße Dampfschwaden steigen. Ein Bild wie aus der Schöpfungsgeschichte! Dazu alle zehn bis fünfzehn Minuten dieses unheimliche Grollen und donnernde Krachen des Yasur. Auch als die RESOLUTION hier lag, war der Vulkan »*in vollem Ausbruch … Zu gleicher Zeit war die Luft mit Rauch und schwarzer Asche gefüllt, die in solcher Menge herabfiel, dass in wenigen Stunden das ganze Schiff damit bedeckt war*«, so Georg Forster. Dagegen haben wir's noch gut: Der SE-Wind bläst die Asche nach Westen von uns weg.

Das GEO-Team lässt sich mit kleinem Gepäck an Land übersetzen. Die beiden ziehen ins Resort. Dann sind sie nicht darauf angewiesen, dass wir sie jedes Mal mit dem Dingi an Land setzen, und können sich frei auf der Insel bewegen.

Auch haben sie sich auf Aneityum mit Ibatu, dem Häuptlingssohn aus Tanna, verabredet, der die Schulferien auf seiner Heimatinsel verbringt. Mit ihm wollen sie in den nächsten Tagen einige Dörfer besuchen und an einer Initiationsfeier und anderen Ritualen teilnehmen.

* * *

7. August. Eine Passatstörung kündigt sich an. Damit die FREYDIS bei der Winddrehung nicht auf die vorwitzigen Korallenköpfe gedrückt wird, verholen wir sie auf die Nordwestseite der Bucht in tieferes Wasser. Während Erich danach noch an Bord mit Chris im Maschinenraum werkelt, steuere ich das Dingi an den dunklen Strand im Südwesten der Bucht.

Hier muss es gewesen sein, wo Cook und seine Begleiter an Land gingen, wo sich ihnen »*etwa 150 Wilde näherten, die allesamt in der einen Hand Waffen, in der anderen aber grüne Palmzweige als Friedenszeichen trugen*«, wo die Mannschaft Geschenke austeilte, mit denen die Einheimischen nichts anzufangen wussten und daher ihre Gegengeschenke – Schweine, Früchte, Wurzeln – bald wieder einstellten. Und hier war es wohl auch, wo gegen Ende ihres 16-tägigen Aufenthaltes einer der Schildwachen kurzerhand einen Melanesier erschoss, der sich, so Forster, »*auf seiner eigenen Insel nichts vorschreiben lassen wollte.*«

Seitdem sind 225 Jahre vergangen. Nun sind wir es, die hier anlanden, sind wir die »Entdecker« – denn schließlich muss jeder die Welt für sich neu entdecken. Vor »Wilden« müssen wir uns nicht mehr fürchten. Wer waren sie, woher kamen sie ursprünglich? Waren es die Nachfahren der »Austronesier«, die »Lapita-Leute«, benannt nach dem Fundort charakteristisch verzierter Tonscherben in Neukaledonien in den 1950ern, die noch an vielen anderen Grabungsstätten im Pazifik entdeckt wurden – erstmalig 1908 von dem deutschen Pater Otto Meyer auf der Insel Wantom im Bismarckarchipel und später sogar auf einer der nördlichen Inseln von Vanuatu. Laut C–14 Datierungsmethode waren diese Artefakte 2400 bis 2800 Jahre alt. Die Träger dieser »Lapita-Kultur« kamen aus Südchina und Taiwan, und ihre wohl wagemutigste Wanderung aller Zeiten führte zur Besiedlung ganz Polynesiens.

Landeten sie mit ihren großen Kanus, auf denen bis zu dreißig Mann Platz hatten und auf denen sie auch ihre Pflanzen und Tiere mitbrachten, etwa auch hier? Aber von Kannibalismus ist mir bei diesen ersten großen Seefahrern nichts bekannt. Waren es also doch eher die Nachfahren der »Non-Austronesier«, die vor einigen zehntausend Jahren, als zwischen Asien und Australien noch Landbrücken bestanden, Neu Guinea besiedelten und sich später über die Inselwelt Melanesiens verteilten? Oder stammen sie von beiden Völkern ab, die sich vermischten? Genetische Untersuchungen werden das Dunkel der Vorzeit, in dem sich die Geschichte der Bewohner bis heute verliert, wohl bald aufhellen.

Wer sie auch waren, die hier als Erste landeten: Auch für uns sind diese Inseln eine ganz neue Erfahrung. Bei unserer Landung auf Aneityum, umgeben von vielen Seglerfreunden, habe ich das kaum empfunden. Erst hier wird es mir plötzlich bewusst.

Am Eingang zum Resort entdecke ich zunächst etwas Bekanntes: eine Schiffsplanke mit dem Namen DONELLA. Darüber prangt ein Holzschild mit der Aufschrift »Port Resolution, Nipikanamu Yacht Club«. Mit einem Yachtklub haben die paar Rundhütten im traditionellen Stil nicht viel gemein. Aber sie sind hübsch gelegen, umgeben von Palmen und mit Blick über den Naturhafen und über die Insel bis zum eintausend Meter hohen Mt. Melen im Südosten. In der luftigen Restaurant-Veranda unter dem ausladenden Strohdach treffe ich Jean-Louis Max Herman von »Island Safaris of Vanuatu«, französischer Tourismus-Pionier und intimer Connaisseur der Inseln, den wir später, in Port Vila, zusammen mit seiner Familie noch näher kennen lernen werden.

Hier berät er gerade die Angestellten hinsichtlich ihrer Aufgaben und Arbeiten im Resort. Mit einem Gast hatte es Unstimmigkeiten gegeben. »Sie sagen nicht gerne nein«, erklärt er mir, »das macht die Sache manchmal schwierig.«

Dann gibt er uns – Erich, Chris und die GEOs haben sich mittlerweile auch eingefunden – einen Einführungskurs in die Tanna-Welt, der mich sehr neugierig macht und für den ich ihm im Nachhinein sehr dankbar bin:

»Sie ist so vielschichtig, diese Welt«, berichtet er, »weil vieles von der alten Kultur schon verloren ging, vieles aber auch noch da ist. Du kratzt an einer Schicht und darunter findest du eine völlig andere. Allein die vielen Tabus, die sie traditionell in einem Dorf haben. Und erst die Sprachen! Vanuatu ist das Land mit der größten linguistischen Vielfalt der Erde: Die 170 000 Einwohner sprechen mehr als hundert Sprachen! Neben Bislama haben sie Umgangs- oder Lokalsprachen, die nur an einem bestimmten Ort gesprochen werden, und dann haben die Männer untereinander noch Varianten, die von den Frauen nicht verstanden werden sollen und umgekehrt. Die Realität ist viel komplexer, als ein Außenstehender sie wahrnimmt. Viele Tannesen, die sich heute Christen nennen, glauben gleichzeitig weiterhin an Geister. Dieser Glaube ist so fest in ihnen verankert … Langsam scheint ihnen auch bewusst zu werden, dass sie viele ihrer alten Traditionen durch den Druck der Kirchen für immer verloren haben, und ihr Ärger über das, was man ihnen angetan hat, wächst. Einige Kirchen waren und sind relativ tolerant gegen das Kastomwesen, andere aber stiften immer noch viel Verwirrung in den Gemeinden. Auch heute hat das Kastom viel Macht. Ihren Anhängern mangelt es an nichts, sie sind eigentlich damit glücklich. Aber wenn sie sich jetzt T-Shirts anziehen und versuchen so zu sein wie der Rest dieser vom Geld regierten Welt, dann werden sie sich bald auf der letzten Stufenleiter dieser Weltgesellschaft wiederfinden: Sie werden bitten müssen. Aber das Rad lässt sich nicht mehr zurückdrehen … Es ist wie ein Virus, verstehst du?«

Nach einem gemütlichen und informativen Frühstück wollen wir die Solfataren am Berg Yenekahi erkunden, deren Dampffahnen wir im Busch aufsteigen sahen. Eine Kostprobe der unterirdischen Thermalkraft bekommen wir bereits am Ufersaum, wo sich See- und heißes Quellwasser zu blubbernden, brodelnden Becken mischt. Die Frauen des Dorfes waschen darin ihre Wäsche und kochen ihr Essen: Taro, Maniok, Kürbis, Mais und grüne Bananen. In etwas kühleren Pools planschen ihre kleinen Kinder.

Ein schmaler Pfad führt den Hang hinauf, auf dem uns eine junge Frau begegnet, die Englisch spricht. Sie will uns begleiten: »Das ist besser«, meint sie, »denn wenn ihr vom Pfad abkommt, könnt ihr euch die Füße verbrühen.« Während wir zusammen hinaufgehen, stellt sie mir die gleichen Fragen, die mir hier alle stellen: »Hast du Kinder? Warum nicht? Ist das dein Mann? Euer Boot? Fahrt ihr damit übers Meer?«

Sie heißt Margret, erzählt von ihrer Familie, die seit einiger Zeit in Port Vila lebt. Nur ihr Großvater ist hier im Dorf geblieben. Sie kam zurück, um ihm beizustehen. Als sie 19 war, hat ihr Mann sie zu sich geholt, hinter den Hügel. Früher hatte die ganze Familie der presbyterianischen Kirche angehört, wurde dann aber John-Frum-Anhänger. (Auf diese Bewegung werde ich noch eingehen.) Vor ein paar Jahren sind sie und ihr Mann zum Bahai'i-Glauben übergetreten. Sie haben zwei Kinder, sind aber nicht verheiratet: »Mein Mann hat dem Kastom nicht entsprochen. Er hätte meinen Eltern eine Menge Schweine und Kavawurzeln für mich zahlen müssen, aber er hatte nichts.« In letzter Zeit streite sie jeden Tag mit ihm, er schlage sie. Am liebsten würde sie weglaufen, nur wohin? Wie soll sie nach Vila kommen? Sie hat sich im Hospital in Lenakel sterilisieren lassen, weil sie keine Kinder mehr will. Margret scheint froh, sich einmal alles von der Seele reden zu können. Bei mir, der Fremden, fällt ihr das leicht.

Die Leute von der RESOLUTION waren damals entsetzt über das Los der Frauen auf Tanna. »*Die Männer bezeigen nicht die geringste Achtung gegen die Weiber, indes diese auf den kleinsten Wink gehorchten und oft den Dienst von Lasttieren versehen mussten*«, schrieb Georg Forster. Auch John Paton, Rons missionarischer Verwandter, berichtet von der niedrigen Stellung der Frauen auf Tanna, den »*down-trodden slaves*«, die von den Männern geschlagen und missbraucht werden.

Die Menschen haben sich verändert, die Solfataren sind geblieben. Es ist drückend heiß und stinkt nach faulen Eiern. Der Dschungel um uns herum ist so dicht geworden, dass die Luft steht. »Vorsicht!«, ruft Margret, nach meiner Hand fassend. Auf der ockerfarbenen Erde unter unseren Füssen zeigen sich schmierige Beläge, gleich daneben ist der Boden heiß und dampft. Etwas weiter oben, inmitten von Palmen, Banyans und Farnbäumen dann eine kleine Lichtung mit einem gelblich-weißen Hügel, auf dem aus mehreren Öffnungen übelriechende Gase und Wasserdampf entweichen: der heiße Atem des Yasur.

Margret zeigt den Hang hinauf. »Da oben liegt unser Garten. Wir bauen Mais, Auberginen, Bananen, Kürbis, Limonen an. Wir haben genug ... Wollt ihr etwas davon? Da ist auch mein Mann!«, ruft sie plötzlich freudig. Wir entdecken einen kräftigen jungen Mann auf einem Acker, der in unsere Richtung winkt. Margret eilt ihm entgegen. Der Streit scheint begraben, es geht um Wichtigeres – um Tauschgeschäfte. Margret weist auf ihr verwaschenes T-Shirt und ihren langen bunten Rock: »Das ist alles, was ich besitze! Hast du vielleicht einen Rock für mich?«

Wieder an Bord wühle ich in den Schapps passende Klamotten heraus, und am nächsten Morgen gibt's einen fröhlichen Tausch gegen Inselkohl, Taro und Karotten.

Wie es wohl bei den großen Tauschgeschäften auf den Sandelholzbooten zuging? Nach Cooks Aufenthalt hatten die Insulaner wegen ihres schlimmen Rufs als wilde Kannibalen kaum Kontakt zu Weißen gehabt. Diese Aus-der-

Welt-Situation war erst beendet, als Mitte des 19. Jahrhunderts Sandelholz und Seegurken auf den Inseln entdeckt wurden. Die Händler brachten die Inselbewohner schnell auf den Geschmack ihrer Tauschwaren: Äxte, Messer, Angelhaken, Glasflaschen, Tabak, Tonpfeifen, Kleidung und Stoffe. Für ein Stück Eisen konnte man eine ganze Schiffsladung voll Sandelholz kaufen – tolle Schnäppchen! Skrupellose Händler schreckten nicht einmal davor zurück, Menschen zu kidnappen und als Tauschobjekte einzusetzen: Das funktionierte bestens, weil zwischen Tanna und Erromango ewiger Kriegszustand herrschte und die jeweiligen »Feinde« begehrt waren. Was mit ihnen passierte, scherte die Händler nicht. Enorme Profite wurden gemacht und auf Aneityum, Erromango und Tanna sogar Handelszentren eröffnet. Mit der Verknappung des Holzes boten die Händler den Einheimischen auch teure Musketen und Pulver, wodurch die Bewohner der Küste denen im Inland weit überlegen waren und die fein ausgewogene Macht auf Tanna aus der Balance geriet. Die Folge war ein schier endloser Krieg. »*Die Sandelholzhändler sind eine Klasse der gottlosesten Männer, grausam und niederträchtig, dass wir uns schämen, sie unsere Landleute zu nennen*«, wetterte John Paton.

* * *

Laut Max haben die meisten Bewohner Tannas (ca. 19 000) ihre traditionelle Lebensart, das »Kastom«, beibehalten oder sind zu ihr zurückgekehrt, wobei sie sich allerdings in vielen ihrer Rituale der modernen Welt angepasst haben. Das gilt ebenso für die Anhänger des John-Frum-Kults – wie hier stellen sie auch auf Efate und Aniwa ungefähr die Hälfte der Bevölkerung. Über diese Bewegung wusste ich nur, dass es sich um eine Art Cargo-Kult handelt. Doch im Gegensatz zum Cargo-Kult, der im Zweiten Weltkrieg entstand und dessen Anhänger glauben, dass durch Vermittlung von Geistern zu ihren Wohle große Mengen europäischer Güter als »cargo« (Fracht) in Schiffen und Flugzeugen von Übersee zu ihnen kommen werden, wurde die John-Frum-Bewegung bereits 1938 ins Leben gerufen und hatte zunächst nichts mit den Amerikanern zu tun. Der amerikanische Einfluss darauf kam erst später.

Zu diesen John-Frum-Anhängern gehören auch die Bewohner eines kleinen Dorfes in unserer Nähe. Fröstelnd hocken sie vor den Eingängen ihrer Blätterhütten und warten auf Sonne. Nach mehreren Regengüssen ist die Luft erheblich abgekühlt. Niemand hier ist auf schlechtes Wetter eingestellt: Männer tragen kurze Hosen, Frauen Wickelröcke und T-Shirts.

Wir fragen nach dem Chief. Eine junge Frau, die Englisch radebrecht, führt uns den Hügel hinauf, vorbei an einem roten Holzkreuz (Symbol des Kultes, abgeschaut im Zweiten Weltkrieg von der amerikanischen Ambulanz), ein paar alten Grabsteinen und einem glänzenden Edelstahltank, auf dem sich die Dorfjugend wie auf einem Affenfelsen niedergelassen hat und sich in der gerade durchbrechenden Sonne wärmt. »Aus der DONELLA?« Die Jugend nickt fröhlich.

Oben angelangt, spricht unsere Begleiterin mit einem älteren Mann, der

Holzstücke sortiert. »Narua, Chief«, stellt sie ihn kurz vor und eilt den Hügel wieder hinunter.

»Sori tomas, mi no toktok Inglis«, entschuldigt sich das Dorf-Oberhaupt. Er deutet mit einer Geste an, wir könnten auf einem Holzstapel Platz nehmen, und ruft seinen erwachsenen Sohn Russell, der Englisch spricht. Er will Lehrer werden und hat in Vila die höhere Schule besucht, aber nun sei diese bankrott. »Lange Zeit gab es nur christliche Schulen in Vanuatu, aber auch jetzt ist es nicht gut bestellt mit der Schulbildung«, beschwert er sich. Vater und Sohn sind nicht zufrieden mit der westlich orientierten Politik in Vila: »Einige Ideen der Europäer sind gut für uns, andere sehr schlecht! Unsere Leute wollen das Land nach eigenen Vorstellungen regieren.«

»Was würdet ihr euch von der Regierung wünschen?«

»Dass unser Dorf endlich Süßwasser bekommt! Bisher sammeln wir Regenwasser, zum Beispiel im Tank der gestrandeten Yacht. Wir besitzen zwar eine Pumpe, aber die pumpt nur schlechtes Wasser, der Brunnen liegt zu nahe am Meer.«

Russel hilft dem Vater beim Bau einer neuen Hütte. Seine Brüder sind Fischer, seine Schwestern bestellen die Gärten und kochen das Essen. Die Jüngste gesellt sich zu uns. Sie wird bald heiraten, wie es Sitte ist: »Wenn ein Mann und ein Mädchen sich einig sind und er sie zu sich nehmen will, dann handeln die Eltern den Preis für die Tochter in Kavawurzeln und Schweinen aus.« Auch der Chief bekam diesen Preis, als seine älteste Tochter mit ihrem Mann fortzog. Dafür gab er den beiden Körbe, Matten und viele andere Dinge. Als Ersatz für die Tochter muss eine weibliche Person zu den Brauteltern ziehen, meist eine Schwester des Bräutigams oder aber die erstgeborene Tochter des Paares ab dem 8. bis 10. Lebensjahr. Sie muss mit den Brauteltern leben und diese sind verantwortlich für sie. Wenn nichts dagegen spricht, darf die leibliche Mutter ihre Tochter gelegentlich besuchen und umgekehrt.

»Der Mutter ihr Kind wegnehmen, was hat das für einen Sinn?«, frage ich bestürzt. Der Chief lächelt: Traditionen stellt man nicht in Frage.

Der Abend bricht herein: Für Chief und Sohn ist es Zeit, zum Nakamal zu gehen, dem Platz im Dorf, wo sich die Männer treffen, um miteinander Kava zu trinken und die Ereignisse des Tages zu besprechen.

Alles scheint mir fast wie zu Cooks Zeiten, als Georg Forster die natürliche Freundlichkeit der Menschen lobte: »*Sie gestatteten uns, ihre Hütten zu besuchen, und ließen uns mitten unter sich sitzen, wie es sonst nur den Mitgliedern der Familie geziemt.*«

In den Augen der Europäer des 18. Jahrhunderts waren die Bewohner Tannas ein Naturvolk ohne hierarchische Strukturen und ohne Sinn für Kommerz. Doch das Bild des »Edlen Wilden«, das von den französischen Philosophen der Aufklärung verbreitete wurde, verkehrte sich schon bald ins Gegenteil: »*Verrat, Kriegs- und Mordlust gelten als ihre Hauptzüge, fast überall scheuen sich die europäischen Seeleute, das Land zu betreten, und auch die Missionare stellen sie auf eine sittlich überaus niedrige Stufe …*«, heißt es in einer geografischen Abhandlung von 1875. »*Man darf nicht vergessen, dass gerade die Bewohner der Neuen Hebriden mehr als alle übrigen Melanesier in dem letzten halben Jahrhundert von den Europäern misshandelt, von verworfenen Seeleuten bestohlen, verwundet, gemordet, in die Sklaverei geführt sind, und man wird daher die Gräueltaten begreiflich finden …*«

Der »clash of cultures« hatte das Jahrtausende alte Weltbild der Insulaner ins Wanken gebracht, sie verunsichert, gedemütigt, gespalten. Verzweifelt suchten sie einen Rückweg zu selbstbestimmtem Leben. Viele fanden es im John-Frum-Kult.

»Als ich ein kleiner Junge war, kam John Frum, um mit meinem Vater und anderen Leuten zu sprechen«, berichtet Ronnie, ein etwa 60-jähriger Dorfbewohner, ein paar Tage später während eines Gesprächs mit Andrian und mir. Dazu hatte er sich bereit erklärt, weil er verständliches Englisch spricht und »Kommodore« des »Yacht Club« ist: Es war seine Idee, die Bungalows mit Unterstützung eines Neuseeländers und anderer Ratgeber zu bauen.

»Einige Leute sagen, er war eine reale Person, andere, er war ein Geist. Mein Vater erzählte mir, dass es ein weißer Mann gewesen ist, so wie du einer bist (er blickt zu Andrian), zugleich aber doch einer von uns, denn er kannte unsere Sprache. Er hatte einen Spazierstock bei sich und trug ein weißes Jackett mit blinkenden Knöpfen. Die Leute fühlten sich von ihm verstanden, und was er prophezeite, das traf später auch wirklich ein. Er sagte, wir könnten auch Flugzeuge und Trucks haben. Damals hatte auf Tanna noch keiner von uns ein Flugzeug oder Auto gesehen. Aber dann kamen tatsächlich Flugzeuge und Autos auf die Insel. Er sagte auch, wir sollten zu unserem Kastom stehen …

Es gibt viele Dinge, die von großer Bedeutung für uns sind, etwa die Steine – ganz spezielle Steine, mit denen man vieles bewirken kann, denn sie haben magische Kräfte: Legen wir zum Beispiel bestimmte Blätter auf einen bestimmten Stein, dann wächst ein bestimmter Baum schneller oder trägt eher Früchte. Und im Garten muss man die Blätter einer Pflanze erst mit dem Stein in Berührung bringen, damit die Saat aufgeht. Aber wir dürfen die Steine nicht zeigen: Für Fremde sind sie tabu! Es gibt auch nur noch wenige, denn die Missionare nahmen uns viele und warfen sie ins Wasser. Sie waren sehr streng … – und dann kam John Frum und sagte, wir sollten unser Kastom behalten und dass er eines Tages wiederkommt und uns Reichtümer bringt, damit wir so leben können wie die Menschen in Europa … Sein Erscheinen hat die Leute hier sehr bewegt. Es gab ein großes Treffen der Bigmen auf Tanna, und das war der Beginn der John-Frum-Bewegung.«

Das mit den Reichtümern höre sich für Außenstehende etwas lächerlich an, so, als ob sie nicht arbeiten wollten, weil alles irgendwann vom Himmel fällt, meint Andrian.

Ronnie ist irritiert: »Die meisten von uns glauben an John Frum und warten. Die Christen warten doch auch auf den Erlöser. Sie glauben doch auch, dass er eines Tages kommt und ihnen das Himmelreich bringt, und halten

Ausschau nach ihm. Der Unterschied ist nur, dass John Frum wirklich bei uns war – als ein Mensch, versteht du? Seitdem viele unsere Leute aber ins Gefängnis mussten, kam er nur noch als Geist … «

»Eure Leute haben uns erzählt, dass John Frum mit 5000 Soldaten im Vulkan sitzt.«

»Mein Großvater hat mir von einem Tunnel im Vulkan berichtet, der direkt nach Amerika zu John Frum führt«, meint Ronnie zögernd. »Und als der Vulkan jetzt wieder aktiv wurde, großen Lärm machte und Feuer und Steine spuckte, haben sich die Leute geängstigt, aber sie glauben weiterhin, dass es etwas Gutes ankündigt.«

»Was hat es eigentlich mit dem roten Kreuz am Eingang eures Dorfes auf sich und wozu die Flagge der American Navy?«, wollen wir wissen.

»Das rote Kreuz bedeutet ›Erschießt uns nicht!‹, unser Dorf ist ›neutral‹. Viele meinen auch, dass es etwas mit Christus zu tun hat, weil John Frum zur Familie von Christus gehört, der gekreuzigt wurde. Die Fahne gab uns die WORLD DISCOVERER, die vor einiger Zeit in der Bucht ankerte. Tanna-Leute glauben, dass John Frum ein Navy-Mann ist, weil die Amerikaner während des Zweiten Weltkrieges eine Nachricht auf die Insel geschickt haben: Menschen aus Tanna sollten zur Army kommen. Damals wurden 1000 Leute aus Tanna von einem amerikanischen Schiff nach Port Vila gebracht, um beim Entladen der Schiffsfrachten zu helfen.«

Andrian: »Da kamen sie dann mit den von John Frum verheißenen Reichtümern in Berührung …«

»Ja …, mein Vater hat damals die Leute auf der Insel für den Transport gesammelt.«

War sein Großvater vielleicht der alte Chief, der den Missionar John Paton vor seinen Mördern versteckte, schießt es mir durch den Kopf.

»Mein Vater war der Bruder des Chiefs von Port Resolution«, erklärt Ronnie. John Paton lebte auf dem Hügel, den jetzt das Resort einnimmt, weil dort immer ein frischer Wind weht. Er zog dorthin, nachdem seine Frau und sein Kind unten am Ufer, wo die Familie anfangs lebte, gestorben waren. An der Stelle, auf der jetzt diese Restauranthütte steht – also genau hier, wo wir jetzt sind (wir sitzen auf der Veranda) – baute er die Kirche.«

»War dein Großvater Kannibale?«

»Sicher, das waren damals die meisten.«

* * *

Tannas Regenmacher hat seinen Magie-Stein weggepackt. Am Morgen weckt uns strahlender Sonnenschein. Als wir mit dem Dingi anlanden, stehen Andrian und Roman schon am Strand. Sie sind von ihrem Binnenlandausflug zurückgekehrt. Als Gäste des Aneityum-Lehrers haben sie in dessen Heimatdorf an einer Kava-Sitzung und sogar an einer Initiationsfeier teilgenommen: Viele Leute der umliegenden Dörfer seinen gekommen und an die 40 Schweine geschlachtet worden. Sie wurden mit dem Nationalgericht Laplap –

»es schmeckt genauso wie es heißt« – versorgt und nahmen an einer Kava-Sitzung teil: Die Wurzel wurde von jungen Männern zerkaut, die Masse aus Kava und Speichel in einen Reissack gefüllt, über einer großen Holzschale ausgewrungen und mit Wasser versetzt. Um nicht unhöflich zu wirken, hätten sie tatsächlich eine Kokosschale voll der schlammigen Brühe hinuntergestürzt. Als Gastgeschenke erhielten sie Nambas (Grasbüschel, die an Bastgürteln über den Genitalien hängen) und Baströckchen, die zu tragen sie sich bisher noch nicht entschließen konnten. Sogar ein lebendes Huhn hat man ihnen in die Arme gedrückt. Als sie mit dem Pick-up im Aschenfeld stecken blieben, wussten sie nicht, wohin damit. Die Bediensteten im Resort waren darum nicht verlegen: Sie kochten es noch am späten Abend für die müden Heimkehrer in die »Tanna Soup«.

* * *

Als nächstes Abenteuer (hier wird alles zum Abenteuer!) ist ein gemeinsamer Besuch in Ipeukel geplant, dem Zentrum des John-Frum-Kults an der Sulphur Bay – so genannt, weil europäische Schiffe dort einst Schwefel ausführten. Endlich ist das »Buschtaxi« da: ein offener Pick-up mit barfüßigem Chauffeur. Die Fahrt auf den unbefestigten Wegen wird für die GEOs, Erich, unseren Führer und mich auf der Laderampe zu einer schmerzhaften Angelegenheit. Doch die vorbeiziehende Kulisse entschädigt uns: dichter Wald, Baumfarne, Banyans, Palmen, Mango- und Brotfruchtbäume, manchmal verborgen unter einem dichten Teppich von Schlingpflanzen, ein paar Strohhütten, Menschen mit wilden Gesichtern, grün schillernde Tauben. Halt! Mitten auf dem Weg steht eine Kuh, als hätte sie noch nie ein Auto gesehen. Der Fahrer versetzt ihr einen Klaps mit seinem angekauten Zuckerrohr, weiter geht's.

Der Wald öffnet sich zu einer schwarzgrauen, nach Schwefel stinkenden Aschenebene, auf der sich ein ca. 200 Meter hoher Aschekegel bis hinauf zum ca. 300 Meter hohen Krater türmt: »Siwi« erklärt der Fahrer und tritt aufs Gaspedal des Pick-up. Tapfer wühlen sich dessen Räder durch Regenpfützen und frisch gefallenen Vulkanschutt – vorbei an verstaubten Kakteen, verblichenem Röhricht, verkohlten Baumstümpfen und Lavabrocken. Mitten in der Ödnis leuchtet uns eine kleine saftig-grüne Oase entgegen, ein paar zerzauste Pandanus- und Palmkronen im Aschemeer wie Schöpfe von Ertrinkenden. Zeichen der Hoffnung? Eher letzte Erinnerung.

Ausgerechnet hier wollen Roman und Erich einen Fotostop einlegen. Auch ich soll aussteigen, als Bezugsgröße vor dem Aschekegel. Im Wagen sei ich auch nicht sicherer. Nerven haben die … Krachend und donnernd spuckt der Berg schwarze Qualmsäulen, die sich am Himmel zum Wolkenungeheuern ballen. Die Luft ist voller Ruß, es hagelt Schutt und Asche. »Asche auf mein Haupt, aber bitte nicht auf die Kamera!«, zetert Erich. Wir wickeln sein Arbeitsgerät in eine Windjacke, halten uns Tücher vor Mund und Nase und kneifen die Augen zu; langsam wird die Wolke weggeweht.

Die Atmosphäre auf Siwi ist energiegeladen und das Leben lebensgefährlich. Früher galt das hier auch in anderem Sinne, denn die »Ascheebene von Siwi« war ein bevorzugter Austragungsort für die kriegerischen Auseinandersetzungen verfeindeter Gruppen. Solche Kriege waren ein wichtiges Elemente im Netzwerk von Bündnis- und Führungssystemen des tannesischen Gesellschaftslebens. Sie liefen nach festen Regeln ab und endeten stets im »Nekoviar«, einer Zeremonie, bei der für die getöteten Krieger »bezahlt« wurde mit Schweinen, Frauen und Landrechten. »*Es ging auch nicht darum, so viele Gegner wie möglich zu töten, sondern irgendeinen Mann. Wenn erfolgreich, trugen die Männer den Toten in ihr Dorf und zerlegten ihn. Teile, ein Arm oder ein Bein, wurden an befreundete Dörfer gesandt. Die Männer sangen und tanzten. Das Menschenfleisch wurde zu einem speziellen Laplap gekocht, von dem die meisten Männer des Dorfes einen kleinen Teil aßen. Die Frauen nahmen nichts davon. Auf diese Weise gedemütigt, rüstete sich das feindliche Dorf zur Konterattacke, um den Verlust zu rächen … Die Prozesse von Angriff und Gegenangriff mit der Verpflichtung, auf jedes Geschenk mit gleichwertigen Gegengeschenk aufzuwarten, ließen die Kriege theoretisch niemals enden*«, so der Ethnologe Jeremy MacClancy.

Irgendwann liefen die Kriege aus dem Ruder, entarteten zu einem anarchischen Vernichtungskampf – als Ursache werden Übervölkerung, Hungersnöte etc. genannt – mit Auslöschung ganzer Clans und anschließender Unversöhnlichkeit. Der letzte derartige Krieg fand im 19. Jahrhundert statt, mit den gerade erst von Händlern und Anwerbern eingeführten Gewehren.

Die Ankunft der Missionare fiel mitten in diese unheilvolle Zeit, und der Krieg wurde mit »christlichem Frieden« beendet. Doch territoriale Konflikte und politische Rivalitäten schwelten während der gesamten Kolonialzeit weiter und brachen am Vorabend der Unabhängigkeit erneut aus – aber davon später.

Heute wird das Nekoviar mit Toka-Tanz, Schweineschlachten und Austausch von Geschenken im Juli oder August als Symbol für Bündnis und Freundschaft gesehen. Wir überlegen, ob wir an so einem solchen »Toka-Fest« nicht irgendwie teilnehmen können.

Aber erst einmal nach Ipeukel. So gut es geht, klopfen wir uns die Asche von Haupt und Kleidern und schaukeln weiter zum Lake Isiwi, einem stillen, silbrig-glänzenden, morastigen Süßwassersee an der Nordflanke des Yasur. Im grünen Schilfsaum des schwarzen Ufers hockt eine junge Wäscherin in blutrotem Kleid, um sich herum bunte Wäschestücke zum Trocknen: Ein farbenfroher Fleck in düsterer Mondlandschaft und natürlich ein »Objekt der Begierde« für unsere Fotografen: Erich reckt sich vom Ufer aus, Roman steht mit den Schuhen im Wasser. »Wunderbar! Vielen Dank!«, winken wir. Sie lächelt stumm.

Der alte Visionär und seine Enkelin – Kampf mit der Seekuh – Alkohol hat keine Chance – Eine Oase der Ruhe – Das Tor zur Hölle

Wir erreichen die Sulphur Bay. Am Eingang zum Dorf sitzen ein paar finster blickende Männer. Wir zahlen pro Person 5 $ Eintritt und werden in unerwartet mürrischem Ton – »Now you go. Walk village!« – ins Dorf entlassen: Tanna ist voller Gegensätze!

Ein Dorfplatz, groß wie ein Fußballfeld und umgeben von Strohhütten, nimmt uns in Empfang. An Bambusmasten flattern US-Flaggen und daneben leuchtet ein rotes Kreuz. »John Frum kam aus Amerika, wie man sagt«, erklärt Moly, der Chiefsohn, der uns ein Stück begleitet. »Aus diesem Grund hissen wir die Fahnen von Amerika, von den Leuten, die uns beschützen.«

Als die Amerikaner im Zweiten Weltkrieg auf der Bildfläche erschienen, passte das genau zu deren Prophezeiungen von John Frums Wiederkehr. Ganz klar, John Frum war Amerikaner (John from America!) und kam mit seiner Armee, um ihnen das Heil zu bringen.

Mittag. Unsere Mägen melden sich. Der einzige kleine Laden in einer fensterlosen Baracke besitzt nur ein kümmerliches Sortiment: Man hat die Wahl zwischen Cornedbeef- und Fischdosen. Ich entscheide mich für Fisch. »Und wo bitte ist die Toilette?« – »Wir gehen in den Mangroven-Busch am Strand«, erklärt das Mädchen im knielangen T-Shirt hinter dem Tresen: »Links die Frauen, rechts die Männer.« Toilettenspülung bei Hochwasser: Genial!

Wir lassen uns auf der Wiese nieder. Unter einem Baum lausen sich drei Teenager. Ich frage nach ihren Namen, ihrem Alter. »Cathlene, vierzehn«, antwortet die Älteste. Sie besucht die Secundary School in Lenakel. Von Deutschland hat sie gehört: »Es liegt in Europa, aber ich kann mir nicht vorstellen, wie es dort ausschaut. Ich habe Tanna nie verlassen.« Sie will Lehrerin werden. Natürlich will sie später auch heiraten und Kinder haben.

Die Erde erzittert von unterirdischen Explosionen. Gleich hinter dem saftig grünen Buschgürtel, der das Dorf umschließt, erhebt sich schmauchend und alle paar Minuten donnernd der Yasur, der mit riesigen Pilzwolken die Sonne verdunkelt.

»Wie könnt ihr nur mit dieser Bedrohung leben?«, frage ich Cathlene.

»Wir sind daran gewöhnt«, sagt sie, entsinnt sich dann aber doch einiger Leute, die das Dorf aus Angst verlassen haben. Einige seien sogar schon getötet worden. Vor wenigen Jahren erst ein Verwandter von ihr, der einen japanischen Touristen auf den Berg geführt habe. Beide wurden von Gesteinsbrocken getroffen. Der Tourist starb sofort. Der Führer ist verblutet, weil es hier keinen Arzt gibt und sich das nächste Krankenhaus zwei Flugstunden entfernt in Vila befindet. Die Menschen setzen deshalb ihre Hoffnung nach wie vor auf die traditionelle Medizin.

»Willst du meinen Großvater besuchen, Tom Mweles?«, fragt Cathlene. »Er ist ein Führer der John-Frum-Bewegung. Jetzt ist er schon sehr alt und krank.« Sie führt mich zu einer winzigen Strohhütte, in der ein Greis, in Lumpen gehüllt und von Hustenattacken geschüttelt, vor einem qualmenden Feuer kauert. »Er hört schwer und spricht kein Englisch«, erklärt die Enkelin und schreit ihrem Großvater etwas in ihrer Sprache ins Ohr. Mit einem Lächeln hebt er die Hand zum Gruß.

»Soll ich dich untersuchen?«, frage ich. Stethoskop, Blutdruckmessgerät und ein paar Medikamente habe ich immer dabei. Tom nickt, offensichtlich erfreut, dass man sich um ihn kümmert. Viele Kinder und Jugendliche drängeln sich schwatzend und kichernd am Eingang, während ich Lunge und Herz zu beurteilen versuche: Bronchitis, Lungenentzündung, Tuberkulose, Herzschwäche? Gern würde ich Tom aus seiner verräucherten Hütte bringen, aber wohin? Im Hospital in Lenakel könnte man ihn vermutlich röntgen – zur Zeit befindet sich dort ein Volontärarzt aus Kanada. Aber dem alten Mann die beschwerliche Reise zumuten? Nein. Ich krame ein Antibiotikum und etwas gegen den Husten aus meinem Rucksack. Seine Enkelin holt Kokossaft und Wasser und verspricht, ihrem Großvater die Medizin regelmäßig zu geben. Mit ihrer Hilfe lässt er sich am Eingang der Hütte nieder.

Ich bin erstaunt, wie geistig rege der alte Mann noch ist. Mit Cathlene als Dolmetscherin beantwortet er meine Fragen und erzählt aus seiner Jugend, als alle Bewohner Nambas und Grasröcke trugen und dem presbyterianischen Glauben angehörten. »Nun sind sie Anhänger von John Frum geworden«, ergänze ich. »Die Regierung und die Missionare wollten, dass alle im Dorf zur Kirche gehen und ihren Kastom ablegen«, erklärt ein Verwandter, der französisch mit mir spricht. »Und es gab Leute im Dorf, die diejenigen anzeigten, die der John-Frum-Bewegung angehörten, und die Kommissare nahmen sie gefangen. Tom war 17 Jahre als Kokosplantagenarbeiter in Gefangenschaft auf Malo, einer kleinen Insel im Süden von Espiritu Santo. Damals gab es viele Gefängnisse auf den Inseln und viele unserer Leute waren dort eingesperrt – mais c'est une longue histoire …«

Wie jede Religion gab die Bewegung ihren Anhängern Zuversicht. Trotzdem ist dieser Glaube heute auf Tanna nur noch einer von vielen.

Vor dem grünen Mangrovensaum wartet eine Armada von Einbäumen auf ihren nächsten Einsatz, und schwarze Schweine wühlen im schwarzen Sand, auf den grellweiß die Brandung donnert. In den Hütten rund um den Dorfplatz werden Petroleumlampen gezündet. Die Nacht bricht herein, nicht nur rasch und unerbittlich wie in den Tropen üblich, sondern geradezu dramatisch: Je dunkler der Himmel, desto spektakulärer das schaurig-schöne Feuerwerk des Yasur. Verständlich, dass manche darin die Kraftdemonstration einer Streitmacht sehen: Führt doch nach ihrer Vorstellung der kürzeste »Weg« von Tanna zum Land ihrer Verbündeten durch den Yasur!

PS: Kurze Zeit nach unserem Besuch werden alle Bewohner von Ipeukel aufgrund der unberechenbaren Ausbrüche des Vulkans evakuiert.

* * *

In unserer Nähe ist die amerikanische Yacht SOURBOURGH mit Einhandsegler Don aus Seattle vor Anker gegangen. »Ich war schon mehrmals auf Tanna und habe es nie bereut«, versichert er. Diesmal sollte es anders kommen.

Die Geschichte beginnt, als ich am Nachmittag an Bord vom Resort her plötzlich lautes Gelächter höre, erregte Stimmen und immer wieder dumpfes Knallen. Ein paar Leute am Ufer johlen und klatschen Beifall. Im seichten Wasser entdecke ich einen Einheimischen, der mit der flachen Hand auf die Oberfläche schlägt, und ein großes Tier, das sich auf ihn zubewegt. Eine Seekuh? Wie ich hörte, können die Einheimischen sie rufen. Doch dieser hier scheint eher mit dem Tier zu ringen als zu spielen. Will er den Leuten weismachen, diese harmlosen Seegrasfresser seien gefährliche Tiere?

»Hast du den Dugong schon einmal gesehen?«, frage ich tags darauf einen Fischer. Erst als ich mit den Händen die Form einer Seekuh in die Luft male, scheint er zu verstehen.

»Ah, Chief Kaufis! Er ist groß und stark und zieht einen hinunter!« (»Kaufis« ist das Bislama-Wort für »cowfish«: Dugong oder Seekuh – früher auch Meerjungfrau oder Sirene genannt.) Dann reißt er theatralisch seinen Holzspeer hoch: »Ich tauche und jage überall, nur hier nicht, niemals!«

Der Stein in der Nähe des Ufersaumes fällt mir wieder ein, den die Einheimischen »Kaufis (cowfish)-Stein« nennen. Ob das auch einer ihrer magischen Steine ist? »Seine Kräfte sind nicht bekannt, nur seine Geschichte«, meint Ronnie und erzählt auf meine Bitte hin: »Meine Großmutter wusch sich am Ufer, als sie ein großes Tier sah, das auf sie zuschwamm. Sie rief ihren Mann, meinen Großvater, und sagte zu ihm: ›Bring deinen Speer und töte den Fisch!‹ Doch als mein Großvater ihn erlegen wollte, sprach das Tier zu ihm: ›Töte mich nicht, ich bin dein Namensvetter.‹ Dann verschwand das Tier, und an seiner Stelle war der Stein im Wasser. Die Leute holten ihn heraus und brachten ihn ans Ufer – dorthin, wo er jetzt ist.«

Don, der gerade mit uns zu Mittag isst, hat noch nie einen Dugong aus der Nähe gesehen.

»Wir rufen ihn«, schlage ich vor, begeistert, jemanden für dieses Abenteuer gewinnen zu können. Während Erich zum Mittagsschläfchen in die Koje verschwindet, schnappen wir uns Flossen, Schnorchel und Brillen und paddeln im Dingi zu der flachen Uferstelle vor dem Resort, wo der Seekuh-Rufer seine Kunst gezeigt hatte. Dort werfen wir den Draggen (Klappanker) und üben uns dann in gespannter Erwartung der Aqua-Telekommunikation mit Chief Kaufis. Aber statt mit der flachen Hand aufs Wasser zu klatschen, nimmt jeder von uns eine Schwimmflosse dazu. Nach einer Viertelstunde gibt Don auf und auch meine Arme werden lahm, aber ich zwinge mich weiterzumachen. Da, ein großer dunkler Fleck im Wasser … er bewegt sich auf uns zu … ein breiter Rücken zeigt sich an der Oberfläche.

»Ich werd' verrückt!«, flüstert Don, »ich muss ins Wasser!«

Don spurtet los. Ich warte lieber erst einmal ab: Das Tier kommt auch ins

Flache, das hatte ich doch gesehen. Dort, wo das Ufer steil abfällt, kräuselt sich das Wasser, schäumt plötzlich wild auf: Ein Kampf! Jetzt sehe ich Don – mit geballten Fäusten bearbeitet er den unter ihm liegenden tonnenschweren Dickhäuter, der ihn mit den Flossen umklammert. Don wehrt sich, seine Arme wirbeln durch die Luft, das Wasser spritzt meterhoch. Ausgerechnet jetzt lässt sich niemand in der Bucht blicken.

Wäre Erich doch bloß mitgekommen! Wenn ich zu Don schwimme, um ihm zu helfen, ist das möglicherweise mein Untergang, ich hätte keine Chance gegen das kräftige Tier. (Seekühe sind immerhin die nächsten heute noch lebenden Verwandten der Elefanten!) Also Kette einholen, Draggen aufholen und … Ehe ich lospaddele, ist Don frei, flüchtet hustend und prustend ins Dingi.

»Ein aggressives Vieh! Zur Hölle mit ihm!«, keucht er wütend, und als er wieder etwas zu Atem gekommen ist: »Zuerst rammte es mich, dass ich fast eine meiner Schwimmflossen verlor und mich einen Moment lang nicht richtig bewegen konnte. Und schon hatte es mich in den Fängen und meine Badehose zwischen den Kiefern – weiß der Himmel, wie es das geschafft hat! Ich konnte es einfach nicht mehr loswerden!«

Der arme Mann sieht ziemlich ramponiert aus: Seine Badehose hat einen Riss und sein Rücken ist mit blutigen Kratzspuren überzogen. Laut Homer lockten die »Sirenen« (griechisch »Umstrickerinnen«!) vorüberfahrende Seeleute durch unwiderstehlich süßen Gesang an, um sie in die Tiefe zu ziehen und damit in den Tod. Von Gewaltanwendung hat der Dichter nichts geschrieben. Noch eine ganze Weile sitzen wir stumm im Dingi, dann paddeln wir zu unseren Booten zurück.

Christian, der nach seiner Strandung in Port Resolution längere Zeit hier verbracht hatte, später am Funkgerät: »Das Tier ist tricky – es schwimmt neben dir her, lächelt dich an, und ehe du dich versiehst, hat es dich umklammert und ab geht die Post!« Christian glaubt auch den Grund für sein aggressives Verhalten zu kennen: »Der Kaufis hat sich freundlich benommen, bis Einheimische vor ein paar Jahren sein Weibchen töteten. Erst danach griff er nach Badenden.«

Gerhard von der Ubi bene schaltet sich in das Funkgespräch ein mit weiteren Details zum Thema: »Das Aas auf Tanna ist aber nur auf Männer ärgerlich, Frauen küsst es!« Na, ich will's lieber nicht ausprobieren.

* * *

Für den nächsten Morgen soll es mit dem Pick-up in ein »Kastomdorf« gehen; Dugong-Rufer Stanley, Ronnies Sohn, der sich als Führer und Vermittler zur Verfügung stellt, empfiehlt uns Yakel im Inneren der Insel. Andrian und Roman haben sich dagegen den Krater des Yasur als Ziel ausgesucht. Sie beschließen, das erste Stück bis zu einem Guesthouse mit uns zu fahren. Also holpern wir zu viert in Begleitung von Stanley und dem einheimischen Fahrer zu den Hütten vom Guesthouse. Doch sie sind verriegelt und der Weg zum Krater durch eine dicke Kette mit Schloss versperrt: Die GEOs verschieben erst einmal den Vulkanausflug und begleiten uns zur Insel-Hauptstadt Lenakel an der Westküste.

Wolken wälzen sich über die Insel, es regnet in Strömen. Wieder queren wir das Siwi-Aschenfeld, diesmal ein tückisch-weicher Aschenbrei. Der Vulkansee riecht nicht mehr nach Hölle, zu üppig war der himmlische Zuspruch. Das Gelände ist äußerst schwierig zu befahren. Doch unserem kundigen Barfuß-Fahrer gelingt es, höher gelegenen, tragfähigeren Boden zu erreichen.

Wir kommen an einer kleinen Station mit Laden und Gesundheitszentrum, an einer englischen und einer französischen Schule vorbei und überqueren dann den Gebirgszug, der sich von Süden nach Norden über die Insel erstreckt. Auf der Westseite kurven wir bei schönstem Sonnenschein zur Küste hinunter nach Lenakel, dem Verwaltungszentrum Tannas. Hier bekommen wir alle ein preiswertes, schmackhaftes Mittagessen und Andrian und Roman ihren eigenen Mietwagen.

Nur noch zu viert setzen wir die Fahrt nach Yakel fort, entlang der Westküste nach Süden bis »Black Sand«, dann ins bergige Innere. Plötzlich ist der schlammige Lehmweg zu Ende. »Wir müssen ein Stück zu Fuß gehen«, verkündet Stanley. Die Frage »wie lange« schenken wir uns. Die Inselbewohner tun sich schwer mit Zeitangaben.

Nach anderthalb Stunden Fußmarsch erreichen wir unser Ziel. Stanley geht voraus und meldet uns im Dorf. Alles okay. Ein Dorfbewohner nimmt uns in Empfang: groß, muskulös, dunkelbraun und nackt bis auf den Bastbüschel. »I am Joe«, stellt er sich vor. Als Kind hat er ein paar Jahre die englische Schule besucht.

»Woher kommt ihr? Ah, Germany!« Wo dieses Land liegt, weiß er nicht.

Am Dorfeingang stehen zwei mannshohe, aus Farnbäumen geschnitzte menschliche Figuren: Mann und Frau, die das Dorf (eine Gemeinschaft von fünf Großfamilien mit rund 100 Menschen) bewachen, »wenn wir abwesend sind«, erklärt Joe. Die Bewohner besitzen einfache, schmucklose Bambushütten aus Holz und Stroh, daneben hat jede Familie noch einen in die Erde gebauten, zyklonsicheren Unterschlupf. Wie Joe tragen alle Männer nur Nambas, die Frauen längere Baströcke, die kleinen Kinder, Pikinini, laufen nackt herum.

»Nur wenn wir an die Küste nach Lenakel gehen, ziehen wir Shirt und Hosen an. Aber das kommt selten vor, denn wir haben alles, was wir brauchen«, erklärt unser Führer stolz. »Obst und Gemüse bauen wir an und auch Kaffee und Kava: Tanna-Kava ist besonders kräftig und überall auf den Inseln und anderswo sehr begehrt.«

Er führt uns zu einem kleinen Kava- oder Pfefferbaum (Piper methysticum), dessen Wurzel für das Nationalgetränk benötigt wird.

»Yuropin (Europäer) trinken Alkohol«, lacht er, »aber Kava bringt weniger Ärger!«

Kava stimmt friedlich, das hatten wir schon gehört. Außerdem scheint Kava im Bestreben nach Unabhängigkeit und Wiederbelebung der Traditionen ein Weg zur eigenen »Identität« zu sein. Deshalb hat die westliche Droge »Alkohol« keine Chance: Vanuatu ist das einzige Land im Pazifik, in dem der Alkoholkonsum seit der Zeit vor der Unabhängigkeit stabil geblieben, ja sogar noch etwas gesunken ist.

Das tägliche gemeinsame Kava (scherzhaft »Aelan bea«, »Inselbier«, genannt) bei Einbruch der Dämmerung am Nakamal, ein streng reglementiertes Ritual, schweißt die Männer eines Dorfes zusammen. Für Frauen ist Kava verboten: Wurde früher eine Frau beim Kava-Trinken erwischt, wurde sie lebendig begraben. So streng werden Verstöße heute nicht mehr geahndet, aber das Kava-Tabu für Frauen gilt nach wie vor, auch für weiße Frauen. Wie schön für mich: Das Getränk hat mich schon auf den Fidschis alles andere als begeistert.

Kleine weiße Hühner und schwarzgefleckte Schweine laufen im Dorf frei herum. »Wir haben auch ein paar Rinder, aber wir schlachten sie nicht. Milch trinken wir nur, wenn eine Kuh gerade Milch hat«, verrät uns Joe und zeigt auf einige Feuerstellen im Innern einer größeren Hütte: »Hier kochen die Frauen, wenn es regnet und sie den Erdofen im Freien nicht benutzen können«.

Wir fühlen uns geradewegs in die Steinzeit versetzt, in eine Oase praezivilisatorischer Ruhe, stärker noch als in Ipeukel.

Mit Chief Jonson Kowia, einem hageren Greis – laut Joe über hundert Jahre alt – ist die Verständigung schwierig. Er ist schwerhörig und spricht nur Bislama und die Stammessprache der Südwestregion Tannas. Aber so viel lässt sich heraushören: Nach seiner Meinung kann nur ein Leben im traditionellen Sinne die Identität seines Volkes bewahren und ihnen eine selbstbestimmte Zukunft sichern.

Als wir die üblichen Geschenke überreichen – Kavasäckchen, String Tobacco (zusammengedrehte Tabakblätter), ein paar Vatu-Scheine –, überkommt mich ein beschämendes Gefühl, dass wir, wie die ersten Weißen, billigen Ramsch gegen Kostbarkeiten eintauschen – nicht gegen Sandelholz und Kopra, aber gegen ihre Geheimnisse.

Bald wird mir jedoch klar, dass es die Bewohner wenig kümmert, dass Besucher sie für ihre Rückständigkeit bestaunen. Mit ihrem gesunden Selbstbewusstsein erteilen sie der geld- und konsumorientierten westlichen Lebensweise eine klare Absage: »Whites have money, we have kastom!« Ich habe auch den Eindruck, dass ihre Gemeinschaft sich durch einen geradezu beneidenswerten Zusammenhalt auszeichnet. Trotzdem frage ich mich, ob es auf die Dauer klug ist, Kindern von vornherein Chancen zu verbauen und Frauen keine Alternative zur traditionell dienenden Rolle zuzugestehen.

Mitten im Dorf liegt der Festplatz, überschattet von uralten Banyans, die ihm die Würde und Erhabenheit einer Kathedrale verleihen. Mit ihren unzähligen, von den Ästen zum Mutterboden hinabreichenden Luftwurzeln, die sie ernähren und ihre tragfähigen Stämme bilden, erscheinen sie mir wie das Sinnbild der traditionellen Geschichte der Ni Vanuatu, die den Verlauf des

Lebens nicht als eine Vorwärtsbewegung sehen, sondern als ein Zurück zum Ursprung.

Wie ich dem Werk des Kulturgeographen Joël Bonnemaison (*The Tree and The Canoe*) entnahm, liegt dieser Ursprung auf dem Mount Melen – dem Berg, dessen Gipfel wir vom Resort in Port Resolution aus sehen können: Er ist »die Mutter aller magischen Steine«. Zu dieser Zeit rollten diese Steine lärmend und sich gegenseitig bedrängend über die Insel, schufen Tannas Landschaft mit Bergen, Klippen und Tälern, bildeten »Stein-Straßen« und kamen irgendwann zum Stillstand. Die Orte, an denen sie liegen blieben, überziehen seither die Insel wie ein Netzwerk. Es sind Orte mit übernatürlichen Kräften, die noch immer die Welt beherrschen. Nachts erwachen die Steine zum Leben, nehmen schattenhaft menschliche Gestalt an und wandern durch den Busch. Schlimme Krankheiten und plötzliche Todesfälle sind ihnen anzulasten. Das Mysterium des Lebens auf Tanna sind Steine. Sie sind das einzig Beständige, sind der Sitz der Geister und als »magische Steine« noch immer in Gebrauch.

Hoch oben in der Blätterkrone eines Banyan versteckt sich eine Baumhütte. »Dort wohnen die Jungen nach der Beschneidung«, erklärt Joe. »Im Alter von sechs bis zehn Jahren werden sie von einem bestimmten Mann des Dorfes auf herkömmliche Weise beschnitten. Danach müssen sie abgeschieden von der Gemeinschaft leben. Erst wenn ihre Wunden verheilt sind, dürfen sie wieder ins Dorf und schlafen fortan im Haus der Männer. Die Hütten der Frauen – Mütter und Schwestern – sind nun für sie tabu.«

Die Circumcision sei geheim, nur an dem anschließenden Fest mit Einführung der Knaben in die Welt der Männer könnten Fremde teilnehmen.

Zur Übung für solche Festlichkeiten führen sie gern ihre Tänze auf – auch für uns. Das Bühnenbild ist grandios: Wenige Sonnenstrahlen durchdringen die dichten Banyankronen, werfen schillernde Licht- und Schattenmosaike auf den festgetretenen Lehmboden und lassen die dunklen Körper der zwanzig bis dreißig Männer, die sich dort versammeln, wie Scherenschnitte erscheinen. Was wir zu sehen bekommen, hat nichts, aber auch gar nichts gemein mit den anmutigen und verführerischen Südseetänzen der Cook- oder Gesellschaftsinseln. Es sind archaisch anmutende Stampftänze – vielleicht Angriff, vielleicht Flucht imitierend –, begleitet von eintönigen, beschwörenden Gesängen und dem Rhythmus dumpf dröhnender Tamtams. Frauen mit kleinen Kindern schließen sich an, hüpfen am Rande des Reigens im Takt dazu mit. Unter den trampelnden Füssen bebt der Boden, überträgt Signale auf uns Zuschauer am Rande: Tanz als uralte menschliche Ausdrucksform, nicht gezähmt und nicht geglättet.

Kastom ist für die Bewohner aber nicht nur eine Sammlung von Tänzen, Liedern und Mythen. Es ist eine Weltanschauung, die alle Handlungen beeinflusst und das gesellschaftliche Leben durch Rituale und Tabus steuert. Die kreative Kraft, die diese Menschen in ihr »Brauchtum« gesteckt haben, um auf ihrer (560 qkm) kleinen Welt kulturell zu überleben und ein Chaos zu verhindern, erinnert mich an die immensen Anstrengungen der Menschen auf der noch viel kleineren Osterinsel, die wir 1997 mit der FREYDIS besuchten: Nie werde ich das Heer von Steinkolossen (Moai) an den Hängen des Rano Raraku-Kraters vergessen, diese stummen Zeugen eines einst blühenden Lebens in völliger Isolation von der übrigen Welt. Trotz aller Wiederbelebungsversuche ist die alte Kultur dort tot – gestorben durch die Ausbeutung ihrer Ressourcen und nachdem die Außenwelt die Insel für sich entdeckte. Auf Tanna dagegen gibt es noch Glut unter der Asche, leben noch alte weise Männer, um das Erbe ihrer Ahnen weiterzugeben.

Aus der Steinzeit zurück zur FREYDIS: Auf der anderen Seite der Berge erwartet uns wieder ekliges Regenwetter. In der Nacht läuft hohe Dünung in die Bucht: Unentwegt rollen wir hin und her und finden kaum Schlaf.

* * *

Wieder im Pick-up mit den GEOs. Tropischer Regen reißt Aschepilze über Siwi mit sich hinab: Wir sehen aus wie die Schornsteinfeger.

Unser Führer, diesmal Willi, der einheimische »assistent manager« vom Resort, bestätigt die außergewöhnliche Zunahme der vulkanischen Aktivität seit Juni im Vergleich zu den vergangenen Jahrzehnten: »Deshalb kann man nicht zum Vulkan.«

Die GEOs sind enttäuscht. Erich will sich nicht damit abfinden: Der Yasur sei nun mal eine der interessantesten Attraktionen der Insel! Führer und Fahrer erheben weitere Einwände: Ihr Clan sei gar nicht befugt, in dieses Territorium einzudringen, der Nachbarclan müsse informiert und der Zutritt bezahlt werden, und sowieso sei ein Aufstieg ganz unmöglich usw.

Auch Cooks Leute waren unzufrieden, weil sie sich nicht frei auf der Insel bewegen konnten und den Vulkan nie aus nächster Nähe zu sehen bekamen: Sie scheiterten an territorialen Hoheitsgebieten, außerdem war der ganze Yasur tabu. Unmissverständlich wurde ihnen mitgeteilt, dass sie jenseits einer bestimmten Linie Gefahr liefen, gefangen und gefressen zu werden.

Meine leisen Appelle: »Sie tun doch nur ihre Pflicht … es ist bestimmt gefährlich … lass uns lieber gehen«, nutzen nichts. Erich untersucht die Sperre, und siehe da: Das Schloss gibt nach. Die Vulkangeister sind auf Seiten ostfriesischen Eigensinns. Fahrer und Führer schicken sich ins Unvermeidliche. Der Weg hinauf zum Krater ist schon seit Wochen nicht mehr befahren worden. Selbst Willi, der vor ein paar Wochen noch mit Vulkanologen oben war, kann nicht sagen, ob man mit dem Geländewagen durchkommt. Nach den starken Regenfällen ist die Erdrutschgefahr in diesem Gebiet lockerer vulkanischer Ablagerungen besonders groß. Außerdem ist der Weg ausgewaschen und voller Rinnen und Löcher. Mühsam quält sich der Geländewagen hoch. Das Motorgeräusch wird mehrfach übertönt von Explosionen im Berg. Ascheböen fegen den Hang hinunter, Schutt und Gesteinsbrocken prasseln aufs Wagendach. Bloß jetzt kein Achsenbruch, bloß hier nicht liegen bleiben! Der Fahrer tut sein Bestes, doch einige Kilometer weiter ist die Fahrt abrupt zu

Ende. Wo der Weg war, ist nur noch Chaos: ein Gemisch aus Erde, Schutt, Steinbrocken, entwurzelten Bäumen und Büschen. Doch wer will so nahe am Ziel aufgeben, ohne wenigstens einen Blick in den Krater geworfen zu haben? Also zu Fuß weiter. »Schnell, schnell!«, treiben die Fotografen an – wegen des schwindenden Lichts und um das Risiko zu begrenzen. Wir klettern über Wälle aufgebrochener Erde und verschütteter Vegetation und stolpern hinauf zum ehemaligen Parkplatz-Gelände unterhalb des ca. 150 Meter hohen Kraterrings. Aus Rissen und Löchern dringt heißer Dampf. »Passt auf, wohin ihr tretet!«, warnt Erich. Überall liegen Gesteinsbrocken verstreut, die gewaltige Hitze abstrahlen. »Sie sind alle erst in den letzten Tagen heruntergekommen«, murmelt Willi, dem man ansieht, dass er am liebsten umkehren würde. Hatte Christian nicht über Funk geschwärmt, der Yasur sei der am besten zugängliche aktive Vulkan der Erde, ein faszinierendes, unvergessliches Erlebnis? Von wegen! Der Fußpfad hinauf zum Kraterrand ist verschüttet, nur die Spitzen der einstigen Markierungspfähle ragen noch aus der Asche. Schwefelschwaden wehen herab, nebeln uns ein, das Zittern unter unseren Füßen nimmt zu. Plötzlich ein Tosen und Röhren, wie das Atmen eines Monsters. Dann wieder ein ohrenbetäubender Knall: Die Erde bebt, als würde sie aus den Angeln gehoben. Wir ziehen den Kopf ein. Steinbomben fliegen durch die Luft, schlagen vor uns am Kraterhang auf … Wohin sollen wir flüchten?

Stille. Herabkullern glühender und dampfender Steine, Knacken und Klirren wie berstendes Glas. Schwarze Qualmwolken steigen aus dem Krater, verdunkeln den Himmel. Asche regnet auf uns herab, Ruß nimmt uns die Sicht, die Luft zum Atmen.

Bei den Insulanern galt der Berg früher als Treffpunkt der Totengeister. Sie glaubten, diese schleuderten brennendes Material aus dem Krater, wenn sie darin ungeschickt mit glühenden Steinen spielten. Mit uns scheinen sie »Russisch-Roulett« zu spielen: Weder Richtung noch Weite der herausgeschleuderten Lava-Brocken sind vorhersehbar. Selbst auf dem ehemaligen Parkgelände bedeutet das eine ständige potentielle Gefahr für uns, das beweisen die überall herumliegenden Brocken.

Doch die GEOs wollen's genau wissen, wechseln zwei Sätze und stürmen in der Verschnaufpause des Vulkans auf direktem Weg die 150 Meter hinauf zum Kraterrand. Sie kommen mir vor wie Soldaten im Krieg, mitten im Granatenhagel beim Angriff – und wollen doch nur mal schnell über die Kante gucken und vielleicht ein Foto schießen. »Ganz schön riskanter Job!«, murmelt Chris.

»Geh du aber bitte nicht!«, flehe ich Erich an. »Was sollen wir ohne Skipper machen, wenn dir etwas passiert?« Doch Erich hat seine Neugier schon gezügelt. Sein Kommentar, während er die beiden mit dem Teleobjektiv im Visier behält: »Je mehr von uns hinaufsteigen, desto wahrscheinlicher wird einer getroffen.«

»Was macht ihr, wenn der Vulkan sie tötet?«, fragt Willi besorgt. »Glowing boulders as big as trucks« (glühende Felsbrocken so groß wie Lastwagen) kämen herunter, betont er immer wieder. Klar, man geht auf eigene Gefahr hierher. Aber wer denkt dabei schon an den Tod? Und wenn man, wie die GEOs, einen spannenden und umfassenden Report liefern will, wagt man schon mal einen Blick über den Rand der Kaffeetasse. Die beiden Gipfelstürmer sind oben auf dem Grat angelangt und verschwinden aus dem Blickfeld. Bange Sekunden vergehen – oder sind es Minuten, Viertelstunden? An diesem Ort des Geschehens ist Zeit ein unbestimmter Faktor – auch für uns.

Ausgerechnet als die beiden oben sind, spuckt der Yasur aufs Neue. Schreckensszenarien von unseren Segelreisen drängen sich mir plötzlich auf: Der gigantische Eisberg in Grönland, der kenterte und auseinander brach, als ihn ein Alpinist und Crewmitglied gerade bestieg ... Der Tafeleisberg auf unserem Weg ins Rossmeer, an den sich zwei unserer Mitsegler heranmanövriert hatten, als plötzlich ein riesiges Stück von mehreren tausend Tonnen herunterbrach ...

Aber da kommen Andrian und Roman schon wieder in Sicht, stolpern Hals über Kopf den Hang hinunter, die glühenden Brocken über ihren Köpfen. Nur einen kurzen Blick konnten sie in den nebelverhangenen, ovalen, etwa 400 x 700 Meter großen Schlund werfen. Vom Donner und Aschenhagel verfolgt, treten wir alle so schnell wie möglich den Rückzug an.

Aniwa

Urwaldmedizin – Steinmenschen, Tabu-Orte und Schwarze Magie

13. August, 07.00 Uhr morgens: Wind aus Nordwest, Sonnenaufgang, ein paar Wolkenballen, sonst blauer Himmel. Die GEOs blasen zum Aufbruch. Bis auf's Toka-Fest, das sie (und auch wir) gern miterleben würden, sind sie mit ihrer Ausbeute auf Tanna zufrieden. Obwohl manches ein wenig komplizierter geworden ist, hat sich das Leben mit den beiden Reportern in den wenigen Tagen, die wir zusammen sind, schon recht gut eingespielt.

Auf dem Weg nach Efate haben wir einen Stop auf Aniwa eingeplant. Laut Max könnte dieses nur 17 Meilen entfernte Fleckchen (gerade mal so groß wie die kleinste ostfriesische Insel Baltrum), dessen Bewohner kaum jemals Besuch von Weißen bekommen, für uns interessant sein. Natürlich wollen wir hin!

Gleichzeitig mit der SOURBOURGH verlässt die FREYDIS den gastlichen Naturhafen. Draußen dreht der Wind auf Ost-Südost und frischt dazu noch kräftig auf.

Don hat mit dem Ziel Erromango das bessere Los gezogen. Die ausgebaumten weißen Segel seiner SOURBOURGH winken uns fröhlich zu, während die FREYDIS unter dichtgeknallten Fetzen im Tanna-Rhythmus nach Nordosten stampft. Achteraus wird die Insel mit der für uns unergründlichen Seele nur langsam kleiner. Erst gegen Mittag erreichen wir Aniwa.

Das dicht bewaldete Eiland besitzt eine große Lagune, die aber leider zu flach ist, um mit der FREYDIS einzulaufen. Auch an der Küste suchen wir vergebens einen geschützten Ort. Zum Ankern taugt allenfalls eine flache Korallennische am Westufer, in der wir selbst bei ablandigen Winden mit hoher Dünung rechnen müssen. Max bezweifelte, dass wir bei den derzeitigen Wetterverhältnissen die Insel überhaupt betreten können. Dass wir's können, verdanken wir unserem Ostfriesen-Skipper mit seinem lakonischen: »Erst mal schauen!« Also halten wir drauf zu.

Der Schwell in der Nische erweist sich als moderat und wir beschließen zu ankern. Doch mitten im Manöver zieht der Motor plötzlich Luft und bleibt stehen. Wir schaffen es gerade noch, den Anker zu werfen, bevor wir aufs Riff treiben. Chris bringt die GEOs an Land. An Bord stundenlanges Werkeln. Erst als Dieselfilter und -dichtungen erneut gewechselt sind, läuft der Motor wieder einwandfrei. Zu spät für uns, um noch an Land zu gehen.

* * *

Für den nächsten Tag nimmt Andrian eine »Auszeit an Bord«, er hat Rückenschmerzen und will seine Notizen überarbeiten. Also setzt Erich bei Sonnenaufgang Roman, der zur Lagune will, allein an Land. Christian, Erich und ich folgen am späten Vormittag.

Gleich am Ufer stoßen wir auf eine Gruppe junger Einheimischer, die sich um einen älteren mit rotem Stirnband schart. Das sei Ata Toro, einer der »bigmen« von der Sulphur Bay auf Tanna und Oberhaupt eines John-Frum-Dorfes auf Aniwa, teilt uns Hamis Jautu mit, ein junger Mann, der verständliches Englisch spricht und sich bereitwillig als Dolmetscher zur Verfügung stellt. Ob wir uns der Gruppe anschließen dürfen, wenn sie zum Dorf zurückkehrt, fragen wir ihn. Die Gesellschaft diskutiert eine Weile. Plötzlich hebt Ata Toro die Hand und begibt sich, ohne uns eines Blickes zu würdigen, mit seinem Gefolge auf den Weg. Nur Hamis bleibt zurück. Er wolle uns gern zum Dorf und über die Insel führen, versichert er etwas verlegen lächelnd, und so folgen wir der seltsamen Ata Toro-Clique in einigem Abstand durch den Wald.

»Das ist unser Dorf«, sagt Hamis, als wir eine Ansammlung von Strohhütten um einen freien Platz mit dem obligaten Banyanbaum erreichen.

»Und das ist unser Chief, Isak Wan«, fügt er hinzu, auf einen älteren Mann deutend, der von Ata Toro gerade in ein Gespräch verwickelt ist.

Erneut haben wir das Gefühl, dass der John-Frum-Führer nicht unser Freund ist. Doch die Gastfreundschaft siegt – jedenfalls beim Dorfchief: Er heißt uns willkommen und lässt sogar eine geflochtene Matte auf dem Lehmboden ausbreiten, damit wir uns setzen können. Wir haben unsere Bildbände dabei, um den Bewohnern von unseren Reisen zu berichten. Schon bald umgibt uns eine größere Menschentraube, und Hamis bemüht sich, unsere Erklärungen zu den Bildern zu übersetzen. Besonders diejenigen mit Eisbergen lösen erstaunte Heiterkeit aus. Manche der älteren Bewohner schauen aber auch in die Bücher und halten sie verkehrt herum. Dabei prüfen sie das

Papier mit den Fingern, ob es zum Tabakrollen taugt. Auch Medikamente und Verbandszeug haben wir mitgebracht:

»Du kannst das alles Lorry geben, dem Sohn des Chiefs«, sagt Hamis. »Er ist ›traditional doctor‹.«

Lorry, um die dreißig, nimmt das Päckchen schweigend entgegen.

»Ich bin Arzt«, stelle ich mich ihm vor, »und würde gern etwas über deine Art zu Heilen erfahren.« Er spricht mit seinem Vater, der nichts dagegen hat.

Kurz darauf begleite ich meinen Lehrmeister zum Dorfplatz. Dort wartet schon ein alter Mann mit verdickten Knien an einer Feuerstelle, über der ein Kessel mit Wasser hängt.

»Gegen jede Krankheit gibt es spezielle Blätter«, beginnt Lorry den Anschauungsunterricht. »Wenn also jemand eine Krankheit hat, hole ich die speziellen Blätter aus dem Wald und bereite daraus einen Sud.« Er wirft eine Handvoll frisches Grün ins kochende Wasser. Etwas abgekühlt, gießt er den rot gefärbten Aufguss über die schmerzenden Gelenke seines Patienten und massiert ihn sorgfältig ein. Dem alten Mann verschafft die Behandlung sichtlich Linderung. Auch die Schulter- und Brustbeschwerden seines Vaters, der vor einigen Tagen einen schweren Baum geschleppt und sich dabei übernommen hat, behandelt Lorry mit Pflanzensäften.

»Was gibst du bei Malariaanfällen?«, erkundige ich mich. Zu gerne hätte ich seine Natur-Apotheke etwas näher kennen gelernt, aber der Urwalddoktor hüllt sich in Schweigen.

»Er darf dir die Blätter nicht nennen«, flüstert Hamis. »Es ist tabu«.

Anschließend besuchen wir eine Frau mit noch relativ frischem Unterarmbruch. Lorry hat den Bruch mit Holzstöcken geschient, den Arm mit einem Blätterpolster umwickelt und einen Verband aus Stofffetzen darüber gelegt. Doch die Frau hat Schmerzen: Über Nacht ist der Arm angeschwollen, der Verband sitzt viel zu stramm. Das könnte später zu Muskel-Kontrakturen führen. Gemeinsam polstern wir den Arm erneut und fixieren ihn mit einer der Schienen und Schulter-Armbinden, die ich mitgebracht habe. Aspirin für seine Patienten versuche ich Lorry schmackhaft zu machen, indem ich ihm erkläre, dass die Substanz darin aus der Rinde eines Baumes meiner Heimat (Weide) stammt. Lorry schaut auf die Packung: »Bayer good«, lobt er mit Kennerblick und so überzeugend, als hätte man ihn für die Tablettenwerbung im Fernsehen engagiert. Aniwa ist schließlich nicht aus der Welt.

* * *

Später, von Dorfbewohnern umringt, erkundige ich mich nach ihrer Abstammung, denn wie ich von Max hörte, weist ihre Sprache viele polynesische Merkmale auf. Vielleicht gibt es eine mündliche Überlieferung mit Hinweisen auf das Land ihrer Vorfahren, wie das sagenhafte Land Hiva bei den Polynesiern. Zu unserem Erstaunen erhebt sich daraufhin eine heftige Diskussion. Ata Toro, der sich in unser »Gespräch« mit den Dörflern bisher nicht eingemischt hat, ruft plötzlich alle zu sich und hält, wild gestikulierend, eine flammende Rede, von der wir – leider – nichts verstehen. Das allgemeine Schweigen danach ist beängstigend. Welchen Stein hatte ich da ins Rollen gebracht? Später wird mir klar, dass meine Frage nach dem Land ihres Ursprungs aus seiner Sicht eine Provokation gewesen sein mag: Für ihn sind die Menschen auf den Inseln aus Steinen gemacht.

Hamis rettet uns aus der misslichen Situation, indem er sich anbietet, uns die Stelle zu zeigen, wo das Haus des Missionars John Paton stand, der 1866 nach Aniwa wechselte. Wegen seiner rüden Missionsmethoden war er von Tanna vertrieben worden und hatte sich bei der britischen Regierung darüber beschwert. Sie ließ ihn mit einem Kriegsschiff nach Port Resolution zurückbringen und die umliegenden Dörfer bombardieren – damals die gängige Praxis, um »wilde« Inseln zu befrieden.

Wir verabschieden uns von Chief Isak und Lorry und folgen Hamis durch den Dschungel. Die schwüle, feuchtigkeitsgesättigte Luft nimmt mir fast den Atem. Auf einem Hügel mit ein paar überwucherten Mauerresten halten wir an: »Das ist alles, was von Patons Haus übrig geblieben ist.«

Die Ruinen erscheinen im düsteren Licht des Dickichts fahl, unwirklich, wie verwunschen.

»Es ist ein alter Tabu-Ort«, haucht Hamis, als müssten wir auf der Hut sein. »Hier ließen sie Mr. Paton sein Haus bauen. Dann konnten sie ihn töten, weil er das Tabu gebrochen hatte.«

»Hast du keine Angst mehr vor den alten Tabus?«

Hamis schüttelt den Kopf: »Ich bin Presbyterianer.«

Diese Aussage scheint die Ungereimtheiten in seinem Verhalten zu den übrigen Bewohnern zu erklären. Aber es gibt noch einen gewichtigeren Grund:

»Die Leute hier haben meinen Vater durch Schwarze Magie getötet … Dazu nimmt man ein Kleidungsstück oder ein paar Haare des Opfers und macht einen Zauber darüber … Es ging um Geld für den kleinen Flugplatz; die anderen wollten es haben, aber das Land gehörte meinem Vater.«

Wie verabredet sind wir um 12.00 Uhr wieder an Bord und zum Auslaufen bereit. Doch wo bleibt Roman? Erst kurz vor Dunkelheit kehrt er, zutiefst niedergeschlagen, zurück: Zwei seiner drei Kameras sind dahin! Am Ende eines erfolgreichen Arbeitstages in der Lagune ist er über einen Korallenblock gestolpert und samt Fotoausrüstung ins Wasser gefallen. Erich bietet ihm eine seiner eigenen Kameras an, aber Roman ist auf »Leica« fixiert. Jetzt zeigt sich der Vorteil des Satellitentelefons: Von Bord aus ordert er in Deutschland auf schnellstem Wege Ersatz direkt nach Port Vila auf Efate.

Efate

Ventilator oder Golden Kauri – Wichtige Begegnungen – Menschenfresserei und Bœuf Bourguignon – Die Orgie der Jungfrauen

Das GPS zeigt 115 Seemeilen nach Efate. Wir setzen Großsegel und Genua und laufen zügig nach NW.

Andrian in GEO: »*Wachwechsel. Verschlafen steige ich die Leiter ins Cockpit hinauf. Der Wind weht scharf aus Südost und die* FREYDIS *schlingert durch die Finsternis. Mit einer Tasse Pulverkaffee setze ich mich hinter das Steuerrad. Der Autopilot hält Kurs, die Segel sind vertäut(?). Der Geschwindigkeitsmesser zeigt sechs Knoten, das Tempo einer gemächlichen Fahrradfahrt. Es bleibt nicht mehr zu tun, als Ausschau zu halten, ob sich ein Schiff nähert, was in dieser Gegend des Pazifik recht unwahrscheinlich ist, und darauf zu achten, ob der Wind dreht und der Autopilot neu eingestellt werden muss. Das Schlingern des Schiffes im Dunkeln verwirrt. Es gibt keinen Orientierungspunkt, keinen erkennbaren Horizont, nur die Sterne am Himmel, doch sie sind zu klein, um ein Raumgefühl zu schaffen. Ich erkenne die Täler nicht, in die das Schiff eintaucht, nicht die Brecher, die über die Reling schwappen. Auch das Zeitgefühl schwindet. Wie in Hypnose starre ich auf den Kompass, sehe zu, wie die Nadel mit jedem Wellenschlag um ein paar Grad verrutscht und wie der Autopilot sie wieder langsam ins Lot bringt. Ein nicht enden wollender Kampf des Bootes gegen die See.*«

In Luv segeln wir an Erromango vorbei – backbord querab im Mondlicht die Cooks Bay, wo der große Kapitän vor 225 Jahren an Land ging. Die gespenstische Nacht und das ewige Meer entheben auch mich der Zeit. Die Erlebnisse Cooks und seiner Begleiter steigen aus der Erinnerung in mir auf: Pfeile schwirren durch die Luft, es hagelt Speere, Wurfgeschosse. Er wird in einen Hinterhalt gelockt. Beim Rückzug töten seine Männer einige Eingeborene. Später tauft er den düsteren Ort »Traitors Head« (Verräter-Kap).

Ich fröstle und ziehe mir eine Jacke an. Dann hole ich das Vorsegel dichter, kontrolliere den Kurs der Selbststeueranlage und schaue auf die Uhr: Eine Stunde noch bis Wachwechsel.

Mitternacht. Nordostwind fünf Bft. An Steuerbord erkennt man den kleinen Landkrümel Vété Manung. Endlich darf ich in die Koje.

15. August, Sonntag: Verheißungsvoller Morgen, Sonne, blauer Himmel. Die Wassertemperatur ist seit Tanna von 24 auf 26 °C gestiegen und auch die Luft ist deutlich wärmer. Voraus liegt Efate, drittgrößte Vanuatu-Insel, als gebirgiger grüner Klecks auf dem Wasser.

Mit seiner Vision einer europäischen Kolonie beim Anblick Efates hatte Georg Forster recht behalten. Ebenso jedoch mit seinen Zweifeln an der Wohltäterschaft der Kolonisten, jedenfalls was die anschließenden zwei Jahrhunderte angeht, denn nach den Sandelholzhändlern kamen die Menschenhändler ins Land: Anwerber von Arbeitern für die Baumwoll-Plantagen auf Fidschi, die Zucker-

und Baumwollplantagen Australiens und die Nickelminen Neukaledoniens. Vierzig Jahre lang dauerte diese »Sklavenjagd« auf den Inseln: Die Bewohner gingen oft nicht freiwillig, sie mussten schuften wie Sklaven, viele starben.

Diejenigen, die zurückkehrten, hatten viel von der Welt da draußen erfahren und eine neue Sprache mitgebracht: Pidgin. Fortan verständigten sich auch die Stämme, die alle eine eigene Sprache besitzen, untereinander auf diese Weise. Unabhängig vom Salomon- oder Neu-Guinea-Pidgin entwickelte sich Ni Vanuatu-Pidgin oder Bislama zu einer eigenen, heute von allen Bewohnern gesprochenen Sprache.

Mittags haben wir Pango Point steuerbord voraus, eine flache, vorgeschobenen Landzunge mit Leuchtturm, die uns den Weg in die weit geöffnete, hufeisenförmige Mele Bay weist. Weiter innen liegt Vila Bay, umgeben von steilen, bewaldeten Hügeln mit weißen Holzhäusern hinter Kaskaden von Bougainvillea. Ein wunderschöner Naturhafen: »der beste der ganzen Südsee«, schwärmen Kenner. Dreißig bis vierzig Yachten haben sich hier versammelt, und auch wir finden noch einen guten Platz an einer Muring nahe der »Waterfront«.

Unsere GEOs stehen schon unter Dampf. Kaum ist das Boot vertäut, drängen sie an Land und ins Hotel, für sie die bessere Basis für Kontakte und Recherchen als das Boot. Denn im Herzen Vanuatus sind sie gefordert, zunächst auf der Jagd nach Terminen »beim Staatspräsidenten und anderen Honoratioren und mal sehen, was sich sonst noch so ergibt!«

Skipper und Crew lassen es eher langsam angehen mit einem kleinen Bummel durch die Stadt: Vila, Regierungssitz und wirtschaftlicher Mittelpunkt des Archipels, ist der typische, etwas schmuddelige Südseeort, ein wildes Gemisch tropischer und europäischer Baustile, in dem am Sonntag die Bürgersteige – so es denn welche gibt – hochgeklappt sind. Positiv an diesem ersten Abend in der Metropole: ein tellergroßes T-Bone-Steak im »Waterfront Bar & Grill«, mit Blick auf die Yachten und Charterboote im Hafen.

Am Morgen klaren wir die FREYDIS auf und erledigen die üblichen Arbeiten an Bord nach einer längeren Reise: Wasser und Diesel bunkern, Wäsche waschen, Geldwechseln, Provianteinkauf. Banken, Reiseagenturen, duty free shops, Cafés und Restaurants liegen überwiegend an der parallel zur Waterfront verlaufenden »Kumul Hayway«- benannt nach den Kumul-Streitkräften Papua-Neuguineas, welche die Rebellion 1980 auf Espiritu Santo zerschlugen. (Auf diese skurrile Geschichte werde ich am Ort des Geschehens noch zurückkommen.) Hier finden wir auch einen Laden, in dem wir die uns noch fehlenden Seekarten der Region bestellen und eine topografische Landkarte der Insel kaufen können.

Auf dem Markt finden wir ein reiches Angebot an frischem Gemüse und Früchten. Aber auch Muscheln, Halsketten, Armreifen, geschnitzte Keulen, Speere etc. lassen mein Sammlerherz höher schlagen. Während Erich den vollgepackten Rucksack mit Esswaren an Bord bringt, mache ich mich auf die Suche nach Ersatz für einen defekten Bord-Ventilator. Im Chinesenviertel gibt es eine Menge Kramläden, aber auch kleine Handwerksbetriebe, Restaurants,

Take-aways und eine vietnamesisch katholische Kirche »Porte Du Ciel«: Zeugnisse fernöstlichen Lebensstils von Nachfahren eingewanderter Chinesen und Vietnamesen, besonders aber ihrer unternehmerischen Fähigkeiten.

Neben allerlei »made in Hongkong« gibt es dort auch einen passenden Ventilator. Und nicht nur das: Ich entdecke sogar eine Golden Kauri, die »Blaue Mauritius« des Muschelsammlers! Diese Seltenheit zu finden sei wie den Jackpot knacken, hatte Hannelore auf Aneityum versichert. Und hier liegt sie für 50 $ zwischen chinesischer Seife und Spitzenunterwäsche!

Mit der Grandezza des echten Snobs lasse ich den »Lottogewinn« liegen und nehme den Ventilator. Meine Muscheln finde ich lieber selbst – am Strand.

In Vila treffen wir auch Max wieder und sind bei ihm zum Mittagessen eingeladen. Nach Vanuatu kam Max 1994. Die Familie wollte gern in den Südpazifik und suchte den idealen Ort. Er sollte gute Schulen für die Kinder bieten, aber auch die Möglichkeit, ein eigenes Geschäft aufzubauen. »Als wir hörten, dass es auf Vanuatu sowohl englische als auch französische Schulen gibt und das Land äußerst steuergünstig für Investoren ist, stand Vanuatu rasch für uns an der Spitze. Wir haben unsere Entscheidung nicht bereut. Die Leute sind freundlich und es gab keine Probleme mit der Agentur: Du musst 5 Millionen Vatu (40 000 $) investieren, dann kannst du jedes Geschäft eröffnen, von dem du glaubst, dass es genug Geld bringt, um dein Leben zu finanzieren.«

* * *

Auf der Restaurant-Terrasse der Waterfront sorgt das Duo »Stan und Cora« von der deutschen Yacht AMBLER für die richtige Untermalung des »relaxed tropical lifestile« – so der Slogan für den Bluesrhythmus im Land, der von Reiseagenturen kreiert wurde. Die beiden verdienen sich als Jazz-Musiker ihren Lebensunterhalt – Stan mit Keybord und Nat King Cole-Gesang, Cora mit verführerischen Saxophonklängen. Ein Jahr später werden wir sie wiedertreffen, mit ihrem Boot auf Mauritius und Reunión.

Die ganze Nacht regnet es; unser längsseits angebundenes Dingi ist am Morgen randvoll mit Regenwasser und wird zu Captain's Badewanne. Wir liegen direkt in den Kalmen. Eigentlich zählt man die Monate Mai bis Oktober zur trockenen Jahreszeit mit Temperaturen zwischen 25 und 30 °C und beständigem Südostpassat. Aber ein verlängertes »La Niña«- Jahr bringt alles durcheinander, das wird uns auch in der hiesigen Meteo-Station bestätigt.

Man muss das Wetter positiv sehen: Es eignet sich hervorragend zum Besuch des »Cultural Centre« auf dem Hügel, einem großzügigen Komplex mit elegant geschwungenem Dach inmitten gepflegter, palmengesäumter Rasenflächen und Banyans neben dem protzigen Parliament House.

Oben angekommen bricht die Sonne durch die Wolken, und plötzlich entdecke ich doch noch Vilas Charme: nicht in den baulichen Kraftakten, die einen Hauch von Kultur und Weltläufigkeit in den verschlafenen Ort bringen sollen, sondern in einigen bougainvillea-umflorten Kolonialstilhäusern mit herrlichem Blick auf den Hafen und auf unser rotes Schiffchen.

Im Kulturzentrum findet gerade ein »Pazifisches Treffen« statt. Teilnehmer aus ganz Ozeanien sind zu Besuch, besprechen kulturelle und ethnologische Probleme und erarbeiten gemeinsame Programme: Einer der Vortragenden ist der Honorar-Kurator des Museums, Kirk Huffmann, Ethnologe aus Oxford, der von 1973 bis vor kurzem in Vanuatu lebte und forschte und von dem Max behauptet, er sei der absolute Vanuatu-Experte, vor allem was Geschichte und Kastom angeht.

Kirk Huffmann, Mitte fünfzig, holt sich gerade eine Tasse Kaffee aus dem Automaten. »Welcome!«, lacht er gut gelaunt, als ich hinzutrete, mich als Eindringling zu erkennen gebe und kurz die Umstände meines Aufenthaltes in Vanuatu schildere. Bei echten Engländern haben »boatpeople« einen Stein im Brett. Er freut sich über mein Interesse an seinen Forschungen, und wir vereinbaren ein Treffen für den kommenden Abend. Glücklich über diese Bekanntschaft kehre ich eilig an Bord zurück, denn heute verlässt uns Chris, unser dritter Mann. Sein Urlaub geht zu Ende und er fliegt zurück nach Deutschland. Ich will seinen Abschied nicht versäumen.

* * *

Als Ersatz für Chris trifft am nächsten Morgen Ulrich ein, der schon mit uns auf der FREYDIS in Australien war. Während Ulrich den »Jet-lag« an Schlaf nachholt, sind Erich und ich mit Überholungsarbeiten am Motor beschäftigt.

Abends mit Erich und Ulrich im Taxi nach »Nambatu«, einem Ortsteil im Süden Vilas. »Number Two« war ursprünglich eine von drei im Zweiten Weltkrieg von den Amerikanern hier errichteten Radarstationen – dieser Name ist auf Bislama erhalten geblieben. Dort haben wir uns im »L'Houstalet«, Vilas ältestem französischen Expat-Restaurant (Expats = Expatriates, gemeint sind die zugereisten Weißen) mit Kirk Huffman verabredet.

Laut Ulrich schaut er genauso aus, wie er sich einen Wissenschaftler Englands zu Beginn des 20. Jahrhunderts vorstellt: »Safari-Hemd, Shorts, weiße Socken bis zu den Knien, Kinnbärtchen, Schal umgeworfen.« Bald sitzen wir zusammen in einer hübschen Glasveranda und brüten über der Speisekarte – sie bietet auch gebratenen Flughund. Keine Experimente! Die geistige Kost, die uns Kirk serviert, wird exotisch genug: Es geht um Mythologie, Ahnenkult, Rituale, Zeremonien, aktuelle Politik und Tourismus in Vanuatu.

Gebannt folgen wir seinen Berichten über das Land, das auch für ihn ein einzigartiges Phänomen ist: Denn obwohl von den 600 000 Menschen, die auf der Inselkette lebten, bevor die Weißen kamen, Ende der 1920er nur noch 40 000 übrig waren, haben 113 unterschiedliche Sprachen und all diese kulturellen Eigenheiten überlebt. Endgültig untergegangen sind nur wenige Kulturen. »Das ist eine der größten, wenn nicht die größte, Kultur-Überlebensgeschichte der Welt! Die Regentschaft des Kondominiums glich einer Komödie. Vor allem dienten ihre Einrichtungen nicht der eingeborenen Bevölkerung, sondern nur den Expats: Rechtmäßig existierten die Ni Vanuatu bis zur Unabhängigkeit 1980 überhaupt nicht.«

Heute besuchen immerhin etwa 70 % kurzzeitig eine Schule. Zur Weiterbildung muss man nach Vila. Dadurch werden die Leute geradezu gezwungen, ihre Insel zu verlassen und in die Stadt zu ziehen, wo sie eine Unterkunft brauchen und einen Job, um sich verpflegen zu können. Und das, obwohl sie auf ihrer eigenen Insel mehr als genug von allem haben.

Kirk: »Das ist die Methode der modernen Welt, Armut in einem Land zu erzeugen, das keine Armut kennt: Hier in Vila haben wir bereits die ersten Anzeichen davon.«

Während wir »Bœuf Bourguignon« verspeisen, fällt mir das Bild *Cannibal Feast on the Island of Tanna* von Charles Gordon Frazer (1891) ein, das mich im Kulturzentrum so faszinierte. Kirk hält es für eine Fundgrube ethnografischer Details.

»Es zeigt die Szenerie eines Tauschrituals zwischen zwei befreundeten Gruppen in der Resolution Bay und macht deutlich, wie hoch ritualisiert der Kannibalismus war: Man brachte fünf Opfer auf Bahren, wovon einige verzehrt wurden.«

Kannibalismus in Vanuatu sei ein heikles Thema. »It's secret stuff!« Man dürfe nichts übertreiben oder falsch beurteilen und schon gar nicht überheblich werden. Schockierend sei, dass wir Weißen die Ni Vanuatu jahrzehntelang als wilde Kannibalen beschimpften und dabei die europäische Seite des Kannibalismus einfach vergaßen.

»Dabei leugnen wir Ethologen nicht, dass Vanuatu lange Zeit ein Kannibalenland war – in zwei Arealen des Landes ist der Kannibalismus sogar noch frisch im Gedächtnis. Tatsache ist aber auch, dass Kannibalismus auf Tanna und Malekula eher selten war: Nur 28 Familien hatten auf Tanna das Recht, Menschenfleisch zu essen. Dass sie Weiße verzehrten, ist nicht bewiesen. Doch obwohl Kannibalismus nur ein ganz kleiner Teil der Ni Vanuatu-Kultur war, haben Missionare und andere Reisende gerade diesen nachdrücklich betont und das Volk in einem schlechten Licht dargestellt. Wenn viele Ni Vanuatu uns heute als Atombomben-Leute bezeichnen, so stimmt das doch auch nicht. Die Kultur der Menschen hier hat weit mehr zu bieten als Menschenfresserei!«

Von mir aus hätte dieses »Essen« die ganze Nacht dauern können. Kirks Erfahrungsschatz ist unerschöpflich und seine Freude, uns die Menschen dieses Landes näher zu bringen, spürbar. Er fühlt sich ihnen nicht nur aus wissenschaftlichen Gründen verbunden, sondern aus echter Zuneigung. Leider ist der Abend sein letzter in Vanuatu für diesmal; sein Flug ist bereits gebucht.

* * *

Es regnet in Strömen. Schwärme kleiner phosphoreszierender Fische springen aus dem Wasser, als wir zur Waterfront übersetzen. An der Pier landet ein Big Game Fishing Boat seine Tagesbeute an: Wahoo, Maimai und Gelbflossentunfische. Im »Waterfront Café«, Vilas Nachrichten- und Kontaktbörse, treffen wir uns mit den GEOs. Bisher haben sie nur Termine beim Ministerium für Fischerei und beim Abgeordneten des John-Frum-Kultes: Ausweichtermine, bis sie zum Staatspräsidenten vordringen, ihre Chancen stünden gut. Leider können wir nicht dabei sein.

»Wird alles sehr journalistisch aufgezogen,« meint Roman.

Andrian: »Wir mussten eine Menge Fragebögen ausfüllen und sogar die Zahl der in GEO erscheinenden Artikelseiten angeben. Wenn die Zahl nicht eingehalten werden kann, müssen die Seiten als Werbeannoncen für Vanuatu verwendet werden – knallhartes Business machen die daraus!«

Abends an der Theke hat Andrian bereits die Bekanntschaft von »Franz«, alias Dr. Franz Xaver Schmolleri, dem österreichischer Piloten, Arzt, Rennfahrer und Weltumsegler gemacht, den uns Christian über Funk empfohlen hatte, falls wir zum Toka-Fest nach Tanna fliegen wollten. Später setzt sich Franz noch eine Weile zu uns an den Tisch und erzählt aus seinem nicht nur flugtechnisch bewegten Leben. Auch in die Geheimnisse des Toka-Fests weiht er uns ein: Seit er nach Vanuatu kam, habe er noch keines ausgelassen … »Ein ungeheures Fest, das im Niemandsland stattfindet. Stellt euch vor: 2000 Leute, die drei Tage lang mitten im Busch tanzen, essen, schlafen – unvorstellbar! Es gibt sogar freien Sex in der ersten Nacht – allerdings nur in dieser einen Nacht, sonst herrschen strenge Sitten.« Und mit Seitenblick auf Roman: »Als Fotograf musst du aufpassen!«, lacht er, »500 Frauen außer Rand und Band, da kommst du mit blauen Flecken heraus und hast deine Jungfernschaft verloren. Keiner darf eifersüchtig sein, sonst töten ihn die Geister … Wenn die Männer ankommen, tragen sie einen drei Meter hohen Bambusstock, g'schmückt mit weißen Hühner- und an der Spitze mit schwarzen Falkenfedern, die ›Kweriya‹, in der Tanna-Sprache bedeutet das ›Falke‹, Herr des Himmels. Mit diesem Ehrenzeichen kommen sie herein, drei Schritte nach vorn, zwei zurück usw. … Beim Tanz gibt es keine Musikinstrumente, keine Flöten, keine Trommeln – nur Gesang, Trampeln der Füße, Klatschen der Hände …«

Weitere Details interessieren hier nicht. Nur so viel: Anschließend seien die Chefs monatelang damit beschäftigt, Hochzeiten zu arrangieren wegen der eintretenden Schwangerschaften. Vorher politisch verfeindete Gruppen seien plötzlich verwandt und befreundet.

»Natürlich geht es beim Toka auch um Yams«, fügt er hinzu, »der Tanz ist eine Lobpreisung der Fruchtbarkeit ihrer Yamsgärten. Dabei ziehen sie mit speziellen Toka-Stöcken symbolisch die Geschenke an sich, die ausgetauscht werden. Yamswurzeln, Schweine … Unter Gesängen werden riesige, auf Holzgestellen gefesselte und geschmückte Schweine herangetragen und dann zu Tode geknüppelt: das ›Blut des Vergessens‹ fließt, eine religiöse Handlung. Anschließend werden die toten Schweine zu einer ›Straße des Friedens‹ aufgereiht, denn das Fest markierte früher das Ende eines Stammeskrieges, danach herrscht eitel Friede und Freude … Beim nächsten Mal ist das andere Dorf dran …«

Unseren Reportern ist jetzt klar: Dieses Fest ist ein absolutes Muss für sie. »Früher war es schwierig, den Termin dafür zu bekommen«, meint unser Informant. »Der Chief hat ein Schwein geschlachtet, hat die Leber herausgenommen, aufgeschnitten und gesagt: ›Alle Zeichen stehen schlecht!‹ Dann wurde der Termin wieder abgeblasen. Oft ging es hin und her. Heute wird das Fest in der Zeitung annonciert und findet dann auch pünktlich statt, Eintritt 8000 Vatu.«

Nur Andrian und Roman werden später mit Franz zum Toka-Fest nach Tanna fliegen: Es wurde in Yakel ausgerichtet, dem Kastomdorf, das wir besucht haben. Ihre Berichte weichen allerdings von Franzens Erzählung etwas ab, vor allem fällt kein Wort über die ominöse erste Nacht.

Der Kava-Trip – Mit der Cessna zum Feuerthron der Ahnengeister – Auf den Spuren einer Meerjungfrau – Abschied mit Hindernissen

Am Nachmittag treffen wir uns mit Andrian und Roman wieder an der Waterfront. Andrian hatte einen Termin beim John-Frum-Beauftragten: »Ein sehr interessanter Mann, rollt beeindruckend mit den Augen und spricht äußerst theatralisch über alle John-Frum-Angelegenheiten.« Fürs Gesundheitswesen sei er auch zuständig, käme aber schnell ins »Schwimmen«.

Und nun zum aktuellen Teil: Kalvai Moli, der Herausgeber und Chefreporter der hiesigen Zeitung, will mit uns allen einen Zug durch die Kava-Bars machen. Weil sie um 16.30 Uhr öffnen und um 21.00 Uhr bereits wieder schließen, müssen wir los. Einige Bars seien besonders »in«, so Kalvai. Für uns habe er aber vor allem solche ausgewählt, die mit Kava-Mühlen arbeiten und statt gebrauchter Kokosschalen gespülte Glasschüsseln verwenden. »Mangelnde Hygiene hat schon mehrfach zu Hepatitis geführt.«

Das Kavatrinken begann vor etwa 4000 Jahren im Norden von Vanuatu. Damals haben die Inselbewohner die Pflanze domestiziert. Seitdem wurden mindestens 85 Kava-Sorten gezüchtet. Das Getränk wird in vielen Gesellschaften des Pazifik geschätzt: von Papua-Neuguinea über den Nordosten Polynesiens bis nach Hawaii, auf Wallis und auf Futuna, auf Samoa, Tonga und den Fidschis.

Kurz vor Sonnenuntergang fahren wir mit unserem Journalisten in einen Vorort zu »Ronnies Kava Bar«: »Hier verkehrt die High Society, Diplomaten, Parlamentsabgeordnete etc.«, erklärt Kalvai. Die Leute tränken dort Kava, um zu entspannen, nach der Arbeit, oder wenn sie Probleme hätten mit der Familie und dem Beruf.

»Vor ein paar Tagen hatte ich selbst Ärger und trank 15 Schalen«, verrät er uns. »Danach konnte ich nicht mehr gehen und musste nach Hause getragen werden. Denn im Gegensatz zu Alkohol macht Kava nicht betrunken, sondern beruhigt die Nerven und führt zur Erschlaffung der Muskulatur.«

Die »Bar« ist ein durch hohe grüne Hecken abgegrenztes Areal. Die Gäste sitzen auf Bänken unter freiem Himmel und scheinen in Gedanken versunken.

Es herrscht eine geradezu feierliche Stille – sieht man einmal ab von den Spuckgeräuschen, die dem »Trinkgenuss« nicht gerade förderlich sind. Dunkle Gestalten stehen an einer überdachten Theke, an der auch wir für fünfzig Vatu ein Glasschüsselchen des frisch zubereiteten trüben Getränks bekommen. Das Zeug schmeckt noch widerlicher als auf Fidschi. Ein pelziges Gefühl im Mund erinnert an die Spritze beim Zahnarzt! Ich beschließe mit der »Anästhesie« erst einmal auszusetzen, schließlich werden wir noch andere Bars besuchen.

Eine Gruppe Ni Vanuatu trifft ein, darunter auch eine Frau! Sie stellt sich mit ihrer Schüssel abseits, trinkt mit dem Gesicht zur Hecke.

»Als Honneur an die Tradition«, erklärt unser Führer.

Kurz darauf hält ein schwarzer Wagen vor dem Eingang. Die getönte Scheibe wird heruntergelassen, eine Hand ergreift die eilig gereichte Schüssel.

»A member of Parliament«, flüstert Kalvai. Die Leidenschaft zu dieser Art von »Dämmerschoppen« zieht sich durch alle Chargen der Bevölkerung. Selbst vor Missionaren soll sie nicht Halt gemacht haben.

Außerhalb, auf neutralem Boden, sehe ich auch den polynesischen Typen mit der bis zur Taille reichenden, üppigen Mähne, den tätowierten Beinen und ringförmig gewachsenen Schweinezähnen an den Armen wieder, der mir schon in der Bar auffiel. Er heißt Salomon, kommt aus Tahiti und hat eine kleine Firma, die Noni-Extrakt (auch eine Tropenpflanze, der man medizinische Kräfte zuspricht) zu Pillen presst. Außerdem handelt er mit Kava und anderen wirksamen Pflanzen aus dem Busch. Vanuatu Kava werde zu 80 % exportiert, vor allem nach Papua, aber auch an die pharmazeutischen Industrien in Amerika und Europa verkauft.

»Ich arbeite hier mit den Inselbewohnern zusammen. Wir glauben an die Macht natürlicher Medizin!« Morgen fliegt er nach Amsterdam, wo er auf einer Ausstellung seine Produkte zeigt. Die Globalisierung ist auch in Melanesien angekommen.

In Bar Nr. 2 – »Miki's Nakamal« – ist die Atmosphäre weniger abstoßend, man sitzt in kleinen Gruppen. Der entspannenden Wirkung auf meinen Rücken zuliebe überwinde ich mich zu einem weiteren Schüsselchen. Auch Erich, Ulrich und die GEOs versuchen erneut ihr Glück. Wieder dieses kalte, betäubende Kribbeln im Mund. In meinem Magen dreht sich ein Mühlstein. Von wegen entspanntes Wohlgefühl bei feierlichem Schweigen: nichts als Übelkeit und schwere Zunge!

Als Nächstes karrt uns Kalvai zum »Bijou«: »Wenn die Glieder schwer werden, lässt die Fahrtüchtigkeit nach und man tritt schon mal zu spät auf die Bremse«, gibt er zu. Doch bei ihm sei noch alles okay, beruhigt er uns und plaudert dann ein wenig aus dem Nähkästchen der Regierungsaristokratie: Etwa, dass nicht alle Nakamals lizensiert sind, also Steuern zahlen. Auch das »Bijou« nicht: Der Besitzer, Sekretär des Landwirtschaftsministers, hat eine Frau und zwei Freundinnen zu unterhalten – die Steuern würden ihn glatt in den Bankrott treiben.

Im Vergleich zum schlichten Ambiente der vorigen Bars ist das »Bijou« mit seinen kleinen Separés geradezu ein »Luxusschuppen«. Zufällig ist der Inhaber anwesend. Er nickt Kalvai zu und spendiert jedem von uns eine doppelte Schale Kava zu 100 Vatu. Ich muss sie ausschlagen, mir ist hundeübel. »Nichts Ungewöhnliches bei Neulingen«, lächelt Kalvai.

Nach dem Zug durch die Bars sitzen wir noch ein Weilchen im »Waterfront«: Die GEOs löffeln lustlos ein Süppchen, Ulrich kämpft mit einem »steak au poivre«, Erich und ich sind nur noch zur Gesellschaft da. An Bord muss ich mich übergeben, und noch am nächsten Morgen fühlen wir uns elend. Dem Kava lasten wir auch an, dass Erich seine Regenjacke irgendwo liegen ließ.

PS: Kava erlebte auch in Deutschland einen Boom – der Wirkstoff Kavain wurde Bestandteil vieler rezeptfreier Beruhigungsmittel. Inzwischen hat sich die Euphorie gelegt: Mehrere Fälle von Lebererkrankungen nach Einnahme solcher Präparate, bewogen das Bundesinstitut für Arzneimittel und Medizinprodukte, das pflanzliche Psychopharmakon 2002 vom Markt zu nehmen.

* * *

Von der Hafenpier aus balancieren wir über einen schmalen Holzsteg an Bord der BIG ISLAND, dem zyklonsicher vermurten Segelboot, mit dem sich Franz vor acht Jahren in Vila niederließ. Sein Zuhause ist zwar immer noch das Schiff, aber seine Arbeit hat er in die Luft verlegt: Franz ist Pilot im Air Club Vila. So kann er seine Neigungen vereinen: seine Faszination für Technik, seine Liebe zur Natur und seine Abenteuerlust.

Unsere Abenteuerlust zieht uns zu den Vulkanen. Doch Franz winkt ab: Das Wetter sei viel zu schlecht für einen Flug: »So wie heuer war's noch nie. An Stellen, wo üblicherweise 150 mm Niederschlag gemessen werden, sind's jetzt 650!« Wir sollen warten, bis die Sicht wirklich gut ist, sonst hätten wir nichts davon.

Wenige Tage später plötzlich Passatwind und Sonne. Erich, Ulrich und ich eilen zu Franz. Von den drei kleinen Maschinen, die ihm zur Verfügung stehen, entscheiden wir uns für eine Cessna 182 mit kräftigem Motor und drei Sitzplätzen für Passagiere.

Franz hat bereits viele Fernsehteams und Vulkanologen zu den Vulkanen geflogen. Den großen Krater auf Ambrym könne man zwar auch in vier bis fünf Stunden Fußmarsch erreichen, aber die brodelnde Lava im Inneren des Kraters ist vom Rand aus lange nicht so schön sehen wie vom Flugzeug. Er ist auch schon oben auf dem Aschefeld gelandet (nur erlaubt, um Wissenschaftler abzusetzen), doch dann sind es immer noch anderthalb Stunden zu Fuß bis zum Kraterrand.

Sonntag. Das Wetter verspricht das »Blaue vom Himmel« herunter, vor allem beste Sicht! Also gleich mit Franz zum »Bauerfield International Airport«. »International« klingt für das Provinz-Rollfeld etwas vollmundig. Wie es hier wohl um die Wartung der Flugzeuge bestellt ist? Kann man dem einmotorigen Hüpfer trauen, und vor allem diesem Lebenskünstler-Piloten mit den zum kleinen Pferdeschwanz gebundenen Haaren und dem T-Shirt mit der Aufschrift »Air Franz«? Rien ne va plus – hinein in die Heuschrecke!

Ulrich und ich nach hinten, Erich nach vorn, neben Franz, der fragt: »Soll ich deine Tür ausbauen, dann kannst du besser fotografieren.«

»Nein!«, rufe ich entsetzt: »Unseren Skipper wollen wir behalten.« In der Nacht hatte ich geträumt, wir flögen direkt über den brodelnden Magmatöpfen des Ambrym. Plötzlich wird Erich bei Schräglage samt Kameras, Fototasche, Objektiven etc. aus dem Flugzeug katapultiert!

Also: Anschnallen und Kopfhörer aufsetzen, damit wir trotz Motorenlärm mitkriegen, was der Pilot sagt. Erich will mir ein Zeichen geben, wenn er fotografieren will: Dann soll ich die Fensterklappe anheben. Nachdem die Cessna vollgetankt ist und alle Sicherheitschecks durchgeführt sind, starten wir.

Ich bin sehr gespannt auf die Vulkane dieses Archipels, die mit dem Yasur zu den mächtigsten der Erde gehören. Sie liegen am Rand der Pazifischen Platte, die gegen die Indoaustralische Platte drückt, sich verhakt, verkantet, über sie schiebt und dabei glühende Spalten öffnet. Davon zeugen jedes Jahr Tausende von Erdbeben, die zu einer langsamen Anhebung der Inseln und explosivem Vulkanismus führen. Immer wieder bilden sich neue Vulkane, die zur Meeresoberfläche aufsteigen und vielleicht einmal zu Inseln werden. Die bestehenden sind auch nur ein paar Millionen Jahre alt, geologisch gesehen sehr jung im Vergleich zur 4500 Millionen Jahre alten Erde oder auch nur zum Zeitabschnitt, in dem die Dinos ausstarben (vor 65 Millionen Jahren).

Dinos hat Vanuatu nicht mehr zu bieten. Aber auf der Insel Epi können wir einer Seekuh »Guten Tag« sagen, falls nach der Vulkanbesichtigung noch Zeit dafür bleibt. Immerhin hat diese Tierspezies auch schon ihre 50 Millionen auf dem Buckel! Im Gegensatz zu dem Raufbold auf Tanna soll das Epi-Tier lammfromm sein.

Doch erst einmal geht's über die Wasserkaskaden von Mele im Norden von Efate: glitzernde Pools, kleine Katarakte und ein Wasserfall, der eine zwanzig Meter hohe Felswand hinabstürzt. Quellen mitten im tropischen Regenwald, aus dem die wuchtigen Banyan-Kronen so weit nach oben ragen, dass ich schon befürchte, wir könnten auf unserem Tiefflug daran hängen bleiben. Doch die Cessna hebt rechtzeitig die Nase und nimmt Kurs auf Havannah Harbour, den amerikanischen Flottenstützpunkt im Pazifik-Krieg, heute ein Taucherparadies mit Korallengärten und weißen Sandstränden.

Linker Hand nun die kleine Insel Eretoka, auf der laut Überlieferung einst ein einflussreicher König namens Roy Mata lebte, der auch über die Bewohner von Efate regierte. Als er starb, soll eine große Totenfeier mit Tänzen und Opfern stattgefunden haben; seine nächsten Verwandten wurden mit ihm begraben und dazu noch jeweils ein Mann und eine Frau eines jeden von ihm regierten Clans. Der Bestattungsort wurde anschließend für »tabu« erklärt: Wer ihn betrat, werde sterben, hieß es. Ein französischer Archäologe beschloss jedoch, an dem genannten Ort zu graben. Er fand eine Menge Skelette, darunter das eines Mannes und einer jungen Frau zu seinen Füßen, eingerahmt von weiteren Skeletten in einer separaten Grube. Nach der Karbondatierung hatte das Begräbnis im Jahre 1265 n. Chr. stattgefunden. Ergebnisse, die dafür sprechen, dass es sich um das Grab Roy Matas und seiner Gefolgschaft handelt.

Weiter huscht der Schattenriss unseres Fliegers übers silberne Meer zu steil aufsteigenden, gebirgigen Inseln wie Emae mit terrassenförmigen Gärten oder dem Cook Riff, eine bei Niedrigwasser teilweise trockenfallende Korallenmauer – weiße Krümel im blauen Ozean.

Man kann bis zur Insel Epi schauen, das soll sehr selten sein. Später taucht in südöstlicher Richtung Tongoa mit seinen erloschenen Vulkankegeln auf. Die beiden Inseln waren bis um das Jahr 1500 eine große Insel. Eine gewaltige Eruption mit der doppelten Exlosionskraft des berüchtigten Ausbruchs von Krakatau (1883) riss sie auseinander und hinterließ zwischen den beiden Landresten (Epi und Tongoa) einen Krater von elf Kilometern Durchmesser. Das stimmt mit der traditionellen Überlieferung der Insulaner überein, die von einem verheerenden Erdbeben in Verbindung mit einem Vulkanausbruch berichtet, der vor mehreren hundert Jahren hier stattfand und bei dem zahllose Menschen umkamen. Auch das Andenken eines Mannes wird darin gewahrt, der diese gigantische Naturkatastrophe überlebte: Er hatte sich auf eine der Nachbarinseln retten und später zurückkehren können, um die Neubesiedlung Tongoas zu organisieren. Ähnlich wie im Falle des Roy Mata fanden Archäologen sein Grab im Norden Tongoas – Todeszeitpunkt ca. 1560 n. Chr. Dass diese »Kuwae-Legende« (Kuwae war der Name des explodierten Vulkans auf der großen Insel) auf Tatsachen beruht, erkannte man erst in den 1960er-Jahren, als der unterseeisch gelegene Krater zwischen Epi und Tongoa entdeckt wurde, der auch heute noch ständig aktiv ist.

Einem kalifornischen Forscher gelang es sogar, weltweite Klimaveränderungen für diese Zeit nachzuweisen – ausgelöst durch hochgeschleuderten Aschestaub, der die Sonne nachhaltig verfinsterte. Er fand Schwefelsäure in Bohrkernen arktischen und antarktischen Eises und schmale, frostgeschädigte Jahresringe in alten Bäumen Europas und Chinas; dazu passten Berichte in alten Chroniken von blutroten Sonnenuntergängen und Missernten. All seine Ermittlungen wiesen auf das Jahr 1453 hin: das Jahr, in dem Konstantinopel von den Osmanen erobert wurde und die Verteidiger unter ungewöhnlichen Regen- und Hagelstürmen im Frühjahr zu leiden hatten.

So paradiesisch friedlich liegen die Landfleckchen unter uns im blauen Meer – und ausgerechnet sie sollen zum Untergang des Byzantinischen Reiches beigetragen haben?

Eine dichte Wolke hüllt uns plötzlich ein wie ein weißer Sack und stößt uns unsanft hin und her.

»Da stecken ein paar Turbulenzen drinnen«, erklärt unser Pilot und hat alles im Griff.

Die wiederkehrende Klarheit bringt eine großartige Überraschung: Vor uns liegt ein fast ebenmäßiger Vulkan im glitzernden Wasser wie ein Schokoladenpudding auf blauem Tablett. Erich greift nach der Kamera. Der Luftzug durchs hochgeklappte Seitenfenster macht mich wieder blind.

Franz: »Das ist der Lopevi, einer der aktivsten Vulkane von Vanuatu! Ein gewaltiger Berg von 3500 Metern Höhe, der sich 1500 Meter aus dem Meer reckt.«

Beim Vorbeisegeln hatte Kapitän Cook 1774 vermerkt: »*Ein Berg in der Form einer Pyramide … anscheinend nicht aktiv.*« Doch die seit 1863 durchgeführte Beobachtungen brachten seinen wahren Charakter ans Licht: Ausbrüche alle 15 bis 20 Jahre, besonders verheerend 1960, als sich nach einer Explosion mit einer 10 000 Meter hohen Staubwolke auch glühende Gase vom Gipfelkrater über den Hang wälzten und alles Leben vernichteten. Trotz der ständigen Bedrohung lebten hier Menschen, und für einige Zeit gab es sogar eine anglikanische Mission. Doch die heftigen Eruptionen ließen nach und nach alle Bewohner fliehen.

Über den Vulkan zu fliegen ist verboten – erst vor einigen Wochen fand ein explosiver Ausbruch statt. Auch 1998 kam es zu heftigen Eruptionen, zuletzt im März 1999. Sie zerstörten das bis dahin perfekte konische Profil des Bergs. Dunkle Aschefelder und gerade erst erkaltete Lavastraßen ziehen sich an seinen Flanken hinunter zum Meer – dazwischen, vor allem im unteren Drittel, saftig grüne Buschteppiche.

Die Sicht wird schlechter: »Vom Ambrym«, erklärt Franz. Gleich darauf erhebt sich der 700 Meter hohe Gipfel aus dem Wasser. Neben Yasur und Lopevi der Dritte im Bunde der aktivsten Vulkane des Inselbogens. Er schmauchte schon zu Cooks Zeiten: »*Bei Tagesanbruch erhoben sich zwei dicke Rauchsäulen, die wir für den Ausstoß irgendwelcher Vulkane hielte … Gegen zehn Uhr entdeckten wir, dass sie aus einem Stückchen Erde aufstiegen, das die Eingeborenen ›Ambrym‹ nannten.*«

Während der letzten zwei Jahrhunderte wurde die Insel von mindestens acht großen Eruptionen heimgesucht. 1913 zerstörte die Lava sogar ein Hospital der presbyterianischen Mission. R.J. Fletcher, damals als Landvermesser auf Ambrym: »*Die Zeit reichte noch gerade für einen tollkühnen Rettungsversuch. Nach meiner Berechnung musste uns die Lava in einer Stunde, vielleicht auch eher, erreichen. Ich befahl, die Zelte abzubrechen, alles in Säcke zu verstauen und in Richtung B aufzubrechen. Die Eingeborenen glaubten, ich sei verrückt, denn seit Samstag war dort das Feuer heruntergekommen. Aber mit Waffengewalt trieb ich sie vorwärts … Bislang war nur ein schmaler Lavastrom bis nach unten durchgedrungen. Indem wir, bis an den Hals im Wasser, durchs Meer wateten und ein bisschen schwammen, kamen wir daran vorbei. Das Meer war furchtbar heiß … Der Strand war knöcheltief mit Asche bedeckt, dazwischen tote, gekochte Fische, Schildkröten, Vögel mit verbranntem Gefieder … Die Eingeborenen, mit denen wir sprachen, erzählten von schrecklichen Vorfällen auf den Stationen der Weißen, es habe Tote gegeben … Langsam gab ich die Hoffnung auf, jemals von hier wegzukommen. Jede Nacht hielt ich selbst Ausschau nach einem zufällig vorbeikommenden Schiff, aber dieser Zufall ereignete sich erst am Mittwoch … Ich feuerte alle neun Schüsse aus meiner Winchester. Und wirklich kam die Barkasse heran …*«

Während der letzten größeren Eruptionen in den 1920ern und 1950ern wurden viele Bewohner evakuiert. Doch die meisten kehrten zurück: Heimat bleibt Heimat, auch wenn's dort spuckt und knallt. Heute leben wieder 8000 Menschen auf der Insel.

Unsere Cessna brummt über zerfurchte Hänge, über erkaltete, metallisch changierende Lavaflüsse und aschebedeckte Plateaus, die ausschauen wie riesige Landebahnen. Schwefelgeruch liegt in der Luft. Plötzlich endet die Mondlandschaft, und vor uns gähnt ein kollossaler, von Wolkenmassen gefüllter Krater. »Die Caldera des Ambrym hat einen Durchmesser von zwölf Kilometern. Sie entstand bei Eruptionen vor rund 2000 Jahren«, tönt's durchs Mikrophon. Wie bestellt, steigen die Wolken auf und geben den Blick frei ins Bodenlose.

»Ready for adventure?«, fragt der Pilot. Wir nicken, mehr schicksalsergeben als abenteuerlustig. »Dann haltet euch mal schön fest!«

Franz drückt aufs Gas. Die Cessna legt sich in die Kurve. Mein Magen wird zu Stein. Vom Kraterrand geht es geradewegs ins Erdinnere: Abgründe gähnen uns entgegen, backsteinrot, tintenschwarz – gigantische, ineinander verschachtelte Grate, Schlünde, Cañons. Darin eingebettet kleinere Vulkankegel mit zwei glutroten Töpfen: die aktiven Schlote »Maroum« und »Benbow« in direkter Verbindung mit der Magmakammer. Wie glühende Augen eines Ungeheuers leuchten sie durch die Aschefahnen, Dampfsäulen und Nebelschwaden, die himbeerrot aus dem Krater steigen. Nähmen sie plötzlich Gestalt an wie der sagenhafte Geist aus der Flasche – es würde mich nicht überraschen.

»Bei den Einheimischen gelten die feuerspeienden Schlote als Sitz der Ahnengeister«, dröhnt es aus dem Kopfhörer. Wer sagt's denn: Geister!

Unter uns liegt die gebirgige, tiefgrüne Insel Epi. Wir steuern die Nordostecke der Insel an: Lamen Bay, unseren Treffpunkt mit der Seekuh. Der Grasstreifen am Ufer soll das Rollfeld sein! Franz zieht eine Schleife, um sich zu vergewissern, dass keine Kinder darauf spielen, dann Sinkflug über Korallenriffe, türkisfarbenes Wasser, den Uferpfad. Mit einem Freudenhüpfer setzt die Cessna auf. Eine typische Südseebucht empfängt uns: Palmenhaine, Busch, Seeufer, ein paar Strohhütten – das »Paradise Sunset Resort«, 1996 unter australischer und neuseeländischer Regie gebaut. Ein paar Insulaner ohne geschäftsmäßiges Gebaren lächeln uns entgegen. Ob wir etwas essen wollten, fragen sie, die Frauen vom Dorf würden uns eine Mahlzeit kochen. Und vorweg einen Drink vielleicht? Wir sind die einzigen Gäste.

Aber zuerst wollen wir zur Seekuh. Unsere neuen Freunde lächeln verständnisvoll: Vor einer halben Stunde wurde »Kaufis Lizzi« noch beim Atemholen gesehen, gar nicht weit vom Strand entfernt. Im Handumdrehen sind Erich, Ulrich und ich mit Schnorchelausrüstung im Wasser, schwimmen auf getrennten Kursen hinaus in die große Bucht, um der braven Lizzi – trotz des weiblichen Namens ein männlicher Dugong – auf die Spur zu kommen. Kaum dreihundert Meter von Ausgangspunkt entfernt, entdecke ich Einkerbungen im Meeresboden, als sei dort ein kleiner Traktor gefahren. Hundert Meter weiter zeichnet sich voraus ein großer Schatten ab. Das Wasser ist trübe. Plötzlich überfällt mich ein mulmiges Gefühl. Mit einem Mal wird mir klar, dass ich keine Waffe habe, dass Erich und Ulrich weit entfernt sind und nicht einmal meine Hilferufe hören. Ist der Dugong diesmal wirklich ein freundlicher Zeitgenosse? Und vor allem: Ist es überhaupt eine Seekuh, oder was bewegt sich da vor mir? Kann es auch ein Krokodil, ein Hai sein? Auf den benachbarten Salomonen gibt es große Salzwasserkrokodile und gleich auf der Nachbarinsel Malekula jede Menge angriffslustiger Haie. Regungslos bleibe ich an der Oberfläche liegen, doch die Strömung treibt mich auf den Schatten zu. Plötzlich erkenne ich eine Fluke wie die eines Wals ... nein, kein Wal. Jetzt bin ich sicher: Es ist die Fluke einer Seekuh, einer Gabelschwanz-Sirene. Das muss »Lizzi« sein, die Friedfertige. Ob sie mich schon entdeckt hat? Ich bin kaum drei Meter über ihr. Seelenruhig durchwühlt sie mit ihrer breiten Schnauze den Grund nach Nahrung. Gerade will ich aufatmen, als sie plötzlich wie ein Zeppelin nach oben schwebt. Ehe ich flüchten kann, liege ich auf ihrem breiten, borstigen Schweinerücken und kurz darauf Kopf an Kopf mit ihr. Sie schnappt nach Luft und schenkt mir dabei ein bezauberndes Lächeln. Und obwohl ich weiß, dass es nur anatomisch bedingt ist, wird mir doch warm ums Herz. Dieses Lächeln hat schon andere zum Fantasieren angeregt: Die Mannschaft von Christoph Kolumbus in der Neuen Welt hielt Seekühe sogar für Meerjungfrauen. Nicht minder abenteuerlich sind die wissenschaftlichen Erkenntnisse über diese Meeressäuger: Ihre Spezies soll bereits vor rund 50 Millionen Jahren in der Alten Welt, im Gebiet des damaligen Tethys-Meeres (ein Rest davon ist das heutige Mittelmeer) entstanden sein und von den gleichen urtümlichen Huftieren abstammen wie die Elefanten.

Ich rufe Erich und Ulrich herbei. Begegnungen mit freilebenden Tieren wie Delfinen und Walen sind beglückende Erlebnisse. Voller Enthusiasmus nehmen wir deshalb auch dieses Rendezvous wahr, tauchen immer wieder hinab zu der sanften, behäbigen »Meerjungfrau« und fotografieren sie mit unserer kleinen Unterwasserkamera aus allen Blickwinkeln. Ab und zu schwebt sie durchs Wasser, nur ein wenig gestützt auf ihre paddelförmigen Vorderflossen. Ihre Schwimmtiefe können diese Tiere (sie werden bis zu drei Meter lang und über 400 Kilogramm schwer) durch den Füllungsgrad der Lungen regulieren, die sich so weit über der Leibeshöhle nach hinten erstrecken, dass ihre Körper im Wasser horizontal liegen.

Lizzis freundliche Gelassenheit lässt sich aber sicher nicht nur durch einen trägen Stoffwechsel erklären, wie Experten behaupten – schließlich habe ich ihren gewalttätigen Bruder in der Resolution Bay kennen gelernt. Dugong Lizzi ist an menschliche Besucher gewöhnt. Selbst gelegentliche Berührungen bringen ihn nicht aus der Ruhe. Sein Harem, fünf oder sechs Weibchen und die Jungtiere (alle zwei bis drei Jahre gebären sie ein oder zwei Junge und ihre Schwangerschaft dauert 13 Monate), ist dagegen sehr scheu.

Zu Recht! Meerjungfrau oder nicht – der englische Pirat William Dampier (1651 bis 1715) verpflegte seine Leute mit Bootsladungen voll Seekuh-Fleisch. Später wurden die Tiere in großem Stil kommerziell genutzt. Heutzutage werden sie meist Opfer von Bootsschrauben, ersticken in Stellnetzen oder verhungern, weil ihre Weidegründe zerstört sind. Weltweit gelten sie als bedroht. Sogar in Vanuatu hat man die Jagd auf sie verboten. Noch bis vor Kurzem hatte man sie in der Lamen Bay – »Lamen« heißt jagen – mit dem Speer getötet, sie in Netzen gefangen oder erstickt, indem man ihre Atemlöcher verstopfte.

Nachdem Lizzi genug gefressen und wohl auch von unserer Begeisterung genug hat, schwebt er würdevoll davon und verschwindet im Dunkelblau des Ozeans ...

Mittlerweile haben die Frauen des Dorfes in der Restauranthütte ein Essen für uns zubereitet: Fisch, Hähnchen, Taro-Chips, Yams, Süßkartoffeln. Gekocht wird auf dem Herd eines vor ein paar Jahren in der Bucht gestrandeten amerikanischen Schiffes. Aus ihm stammt auch die Hängematte an den Bäumen, in der wir's uns bequem machen, und das große Steuerrad, das zusammen mit einem Anker aus dem Zweiten Weltkrieg die maritime Wanddekoration stellt. Wir genießen die Ruhe. Im Dorf gibt's kein Auto, kein Telefon, kein Radio, keinen Fernseher – keinen Strom für Nervensägen.

Erst nach Sonnenuntergang landen wir wieder in Vila. An Bord fallen wir todmüde in unsere Kojen. Es war ein langer, aufregender, aber unvergesslicher Tag.

* * *

Am Morgen entdecke ich einen jungen Einheimischen im Motorboot über die Bucht flitzen: Unverkennbar trägt er Erichs bereits schmerzlich vermisste Regenjacke. Er hat sie gefunden und gibt sie anstandslos zurück. Ein T-Shirt als Finderlohn nimmt er gern an.

Nun aber steht der Aufbruch bevor. Um 18.00 Uhr Lagebesprechung mit den GEOs: Roman hat seine Ersatzkameras erhalten. Andrian war wegen seiner Rückenschmerzen beim Chiropraktiker. Der sprach von »kritischem Zustand« und »sechs Wochen ausspannen«. An Bord kommen will Andrian erst einmal nicht mehr. Auch ich bin überzeugt, dass die abrupten, unkontrollierten Schiffsbewegungen auf See, durch die der Rücken selbst in der Koje nicht zur Ruhe kommt, seine Misere verschlimmern. Doch Andrian und ich sind nicht die einzigen Angeschlagenen: Roman klagt über Halsschmerzen, Erich plagen eiternde Mückenstiche. Die Bordapotheke wird geplündert: Zäpfchen, Penicillin, Verbandszeug muss her – traurige Tropen! Trotz seiner momentanen körperlichen Verfassung will das GEO-Team mit Franz zum Toka-Fest nach Tanna fliegen und erst danach zur Insel Espiritu Santo. Also werden wir allein nach Malekula und anschließend nach Espiritu Santo segeln, wo wir uns wieder treffen. Kontaktadresse: Hotel »Santo« in der Inselhauptstadt Luganville.

23. August: Wasserbunkern, Provianteinkauf – zwischendurch noch ein Sprung zum Vulkanologischen Institut. Denn auf Ambrym gab es gestern

wieder ein starkes Erdbeben: Auf Pentecost stürzte die Kirche ein und eine neu erbaute Straße wurde verschüttet. Menschen seien nicht zu Schaden gekommen. Dann das Boot aufklaren zum Auslaufen.

Als wir das Sonnensegel zusammenpacken, fällt uns der schwere Stahlbügel zum Verschließen des Niedergangs über Bord und geht auf vierzig Meter Tiefe! Nun können wir den Eingang ins Boot nicht mehr verschließen. Vergeblich versuchen wir das wertvolle Stück mit dem Draggen zu angeln. Es ist schon Mittag, als wir endlich aufgeben und den Anker lichten. Noch ein letzter Blick auf die uns schon ans Herz gewachsene Insel, dann folgt der nächste Schrecken am Ausgang der Bucht: Mit lautem Getöse rumpelt der Kiel über eine Untiefe. Zum Glück kommen wir wieder frei.

Bis Banam Bay zeigt das GPS 98 Seemeilen. Wir setzen Segel. Am Nachmittag frischt der Passat plötzlich auf. Bei Einbruch der Dunkelheit haben wir Starkwind aus Ost und Regenböen. Weil ich nicht vorgebeugt habe, zwingt mich die Seekrankheit auf die Koje. Ulrich notiert: »*Von wegen Südseesegeln! Das glaubt mir wieder keiner, dass ich hier bei grauem Himmel, Regen, Wind 6 bis 7 Bft und bewegter See unterwegs bin.*« Um 21.00 Uhr kommen wir in die Abdeckung von Epi. Querab von Cape Forelands drehen wir bei. Wir wollen ein paar Stunden warten und dann bei Tagesanbruch in die Banam Bay im Süden von Malekula einlaufen.

Wie ein dunkler Schatten liegt Epi vor uns – ruhig, undurchdringlich. Auf meiner Wache überprüfe ich alle zwanzig Minuten auf dem Radar den Abstand zur Insel. Nach einer Stunde sind wir zu dicht an die Küste getrieben, und so laufe ich wieder ein Stück hinaus auf die See. Wetter weiterhin »zum Kotzen«. Ulrich schließt die Heckluke. Zuvor hatte er sie einen Spalt geöffnet und bekam in seiner Koje prompt eine Ladung Salzwasser ins Gesicht. Gegen Mitternacht lässt der Wind etwas nach, die Front zieht durch. Plötzlich klare Sicht: Ein fast voller Mond bricht hinter den Wolken hervor. Ich atme tief, bin wieder okay und kann die aufwühlende Stimmung genießen: »*Mond! Mond! Wie die Wellen kühlen, wie die Winde wühlen in den dunklen Mähnen der Nacht!*«, kommen mir Clemens Brentanos Worte in den Sinn.

Malekula

Banam Bay – Erich der Kinderschreck – Tänze, Tabus und Tourismus – August(e) der Starke

Ab 01.00 Uhr nehmen wir unter Genua und Großsegel wieder Fahrt auf. Als der Morgen dämmert, liegt die Südspitze Malekulas, zweitgrößte Insel des Archipels, vor uns. Wir passieren die tiefe Bucht, die Cook am 22. Juli 1774 bei stürmischem Wetter ansteuerte und Port Sandwich (nach seinem Vorgesetzten, Earl of Sandwich) nannte. Er kam von Norden und erreichte die Insel vor Erromango und Tanna: Am Ufer hatten sich viele Bewohner versammelt und winkten mit grünen Zweigen. Einige eilten zu ihren Kanus und fuhren den Landungsbooten der Engländer entgegen. Unentwegt riefen sie »Temar« (Ahnen), weil sie die hellhäutigen Fremden für ihre wiedergeborenen Vorfahren hielten. Georg Forster über dieses erste Treffen: »... *Ein Mann gab seinen Bogen und Köcher einem anderen in Verwahrung, kam unbewaffnet an den Strand und reichte uns zum Zeichen der Freundschaft die Hand. Darauf ließ er ein Ferkel herbeibringen und übergab es dem Kapitän ... Fast alle anderen Völker haben aus Schamhaftigkeit zur Bedeckung des Körpers Kleidung erfunden, hier aber waren die Geschlechtsteile der Männer nur mit Zeug umwickelt und aufwärts an einen Gürtel aus Borke gebunden, mithin weniger verhüllt als sichtbar gemacht und gänzlich gegen die guten Sitten.*« Bereits zwei Tage später lief Cook enttäuscht wieder aus. Er hatte keinen näheren Kontakt zu den Bewohnern finden und keinen Tauschhandel mit ihnen treiben können: Geschenke wie Medaillen und Nägel, so beliebt bei den Polynesiern, waren ihnen unbekannt und interessierten sie nicht. »*Sie sind absolut verschieden von allen anderen, die wir bisher sahen, und sie sprechen eine andere Sprache*«, notiert er im Logbuch.

In der Morgendämmerung schlängeln wir uns ein paar Seemeilen weiter nördlich um Korallenköpfe herum in die Banam Bay. An Land erkennen wir ein paar Hütten, vor denen gerade eine roststrotzende Fähre anlegt: Menschen eilen auf sie zu, um Waren von Bord zu holen. Wir ankern mitten in der Bucht, frühstücken, klaren in aller Ruhe das Boot auf und gönnen uns ein paar Stunden Schlaf.

* * *

Am Nachmittag erster Landgang: Der schon betagte Chief Saitol und dessen Sohn John Eddie nehmen uns in Empfang. John Eddie ist Manager des »Talivu Saitol Resort«. Auf einem Schild in der Nähe lesen wir:

HEFAH SAR CULTURE CLUB »Small Nambas«
To promote understanding between people
custom dancing, gift exchange, pig killing feast – welkam.

John Eddie begleitet uns zum kleinen Dorf, direkt am Ufer der Bucht. Wie alle Küstendörfer der Insel wurde es um die Wende des 19. zum 20. Jahrhunderts unter dem Einfluss christlicher Missionare gegründet; früher lagen die Siedlungen gut versteckt im Inselinneren. Ein alter Co-op-Laden am Weg stammt aus der Zeit, als das Land hier eine große Plantage war; alle halbwegs ebenen Flächen wurden damals mit Kokospalmen bepflanzt. Aber auch heute stellen die Bewohner noch Kopra her: Gerade hat sich ein altes Kopraboot vors Riff gelegt und sein flaches Beiboot an den Strand geschickt. Von allen Seiten eilen Männer mit prall gefüllten Säcken auf dem Rücken aus dem Busch und beladen es.

Im Dorf wird gearbeitet: Frauen kürzen mit Buschmessern den Rasen um den Dorfplatz und um die Strohhütten. Kleine Kinder laufen nackt herum, Schweine suhlen sich in Schlammpfützen.

Ulrich: »Zwei kleine Jungs nehmen meine Hand ›I like you, I like you very much‹, sagen sie und schauen mich mit großen Augen an. Kinder schenken mir dauernd Muscheln, berühren meine Arme, meine Beine. Und als ich mich auf einem Stein niedersetze, streicht mir ein Bewohner über den Kopf. Irgendwie sind die Leute hier unglaublich naiv. Wie lange noch?«

Die »Small Nambas« – ihren Namen erhielten sie nach ihrer männlichen Minimalbekleidung – tragen nun Hosen und Shirts im Alltag und geben gegen Entgelt einen kleinen Einblick in ihre Kultur. Doch der Umgang mit Besuchern ist für sie noch keine Routine: Wir spüren echtes Interesse, Liebenswürdigkeit und das Bestreben, alles richtig zu machen, aber auch große Unsicherheit und Erwartung.

Im Gegensatz zu Ulrich, der sehr jung wirkt, ist Erich mit seinem Vollbart hier der große Kinderschreck, jedenfalls bei den kleineren. Kaum haben sie ihn erblickt, fangen sie an zu heulen und verstecken sich hinter ihren Müttern. Um Kontakt bemüht, zeigen wir unserer Bildbände. Allmählich legt sich die anfängliche Scheu der Bewohner und sie unterhalten sich mit uns, einige auf Englisch, andere auf Französisch: Natürlich hätten sie am Sonntag das Erdbeben gespürt.

»Wir hatten große Angst. Am nächsten Tag hörten wir, dass es von Ambrym ausging.« Etwa ein Mal pro Monat zittere der Boden. Vor ein paar Jahren und früher habe es auch starke Beben gegeben, mehrere Meter hohe Tsunamis zerstörten die Küstendörfer. »Die angebundenen Schweine ertranken, die Menschen konnten ins Landesinnere fliehen. Zwei Generationen lang lag die Kultur brach.«

Wie fast alle Inseln des Landes wächst auch Malekula ständig, weil es durch die vulkanischen Kräfte angehoben wird. Die Südküste ist deshalb auch noch nicht durch Erosion geglättet, sondern besonders im Osten noch erheblich zerklüftet.

Wir besuchen die kleine Presbyterianer-Kirche, die auch als Schule dient. Während des Unterrichts wird viel gesungen und erzählt. »Das Geld für Papier, Bleistifte und Bücher fehlt«, sagt die Lehrerin, die selbst nur die ›Primary School‹ besucht hat. Doch das größte Hindernis für jeden Außenstehenden ist die Sprache: Allein auf Malekula gibt es dreißig verschiedene Stammessprachen – laut Kirk die Insel mit der größten linguistischen und kulturellen Vielfalt.

Eine Chancengleichheit mit Schülern der »zivilisierten« Welt wird es für diese Kinder nicht geben. Warum auch! Wer sagt denn, dass sie auf ihre Weise nicht auch ein erfülltes Leben leben können? Artig stellen sich die Kleinen zum Gruppenfoto auf und singen uns zum Abschied ein Lied.

Wir tauschen im Dorf noch ein T-Shirt gegen ein paar Bananen und Pampelmusen und schlendern dann, von einer Schar Kinder begleitet, zurück zum Dingi.

Abends schallt wildes Geheul und Getrommel zu uns herüber: Sie üben, denn sie haben uns ein Kastomfest versprochen.

* * *

Den ganzen nächsten Tag großes Programm mit Kastomtanz und Laplap-Zubereitung (das Traditionsgericht). Alle im Dorf sind sehr engagiert: Die Frauen raspeln Kokosnüsse, Maniok-, Yams- und Tarowurzeln vor den Hütten, pressen die Flüssigkeit aus der Raspelmischung, verteilen sie auf Taro- oder Bananenblätter und belegen sie mit allerlei Grünzeug, kleinen Zwiebeln, Muscheln vom Riff und Corned Beef. Zum Schluss werden die Fladen mit Kokosmilch beträufelt, die Blätter darüber gefaltet und mit Pandanusstreifen zu einem flachen Paket verschnürt.

Die Männer sorgen fürs Herdfeuer, reiben mit einem kleinen Stock so schnell gegen einen Ast, dass sich der um ihn herumgelegte Kokosbast entzündet, setzen damit aufgeschichtete Holzscheite in Brand, in deren Glut sie mehrere große und kleine Steine erhitzen. Dann graben sie ein Loch, legen die großen Steine hinein, die Laplap-Pakete darauf und kleine Steine darüber. Zuletzt wird der Erdofen mit Blättern und Koprasäcken abgedichtet. Nach dem Tanz wird das Gericht fertig sein.

Allgemeiner Aufbruch zum traditionellen Tanzplatz: Auf dem Weg dorthin begleiten wir die beiden Schwestern der Lehrerin, die Zwillinge Juliette und Atlene, die etwas Französisch sprechen. Sie haben ihre Kleider gegen traditionelle Röcke aus getrockneten Pandanus- und Bananenfasern eingetauscht, zu deren Fertigung sie etwa eine Woche gebraucht haben. Wir sind fast am Ziel, als von hinten plötzlich ein Truck mit Vollgas anbraust. Hals über Kopf flüchtet das Fußvolk in die Büsche und der Fahrer hat seinen Spaß. Hier gilt noch das Recht des Stärkeren, kein Problem bei einem einzigen Auto im Umkreis von hundert Kilometern.

Der Tanzplatz der Männer – auch sie haben inzwischen traditionelle Kleidung, Borkengürtel und »kleine Nambas«, angelegt – ist von dichten, hohen Hecken umgeben. Ihre Tänze sind tabu für Frauen, ausgenommen für weiße. Alle anderen Verbote gelten auch für Fremde. Ulrich: »Zum ersten Mal werde ich mit einem Tabu-Ort konfrontiert. Wie ein Schießhund passt einer der Einheimischen auf, dass wir den Tanzplatz erst nach Aufforderung von Chief Saitol betreten und markierte Grenzen nicht überschreiten …«

Während der Vorbereitungen fühle ich mich ein wenig, als stünde ich in voller Kleidung am Nacktstrand. Dabei stört mich weniger die ungleiche Garderobe als dass diese Menschen ihre Geheimnisse preisgeben und wir ihnen außer Geld nichts bieten.

Dann hält Chief Saitol, bunte Federn im krausen Haar, eine Willkommensrede. Mit Blüten geschmückte Tänzer legen jedem von uns eine Palmblätterschleife um den Hals – all das ist sehr persönlich gehalten und zeigt kaum Professionalität. Den Auftakt zum Tanz geben der Chief und die Dorfältesten am Rande des Platzes mit kleinen Bambusschlitztrommeln, die sie sich umgebunden haben. Und schon wirbeln die Männer im vorgegebenen Rhythmus, begleitet von den eigenen urtümlichen Gesängen und dem Rasseln der Nussschalen um ihre Fesseln, hüpfend und stampfend über die Lichtung. Nach jedem Tanz verschwinden sie im Nakamal (Zeremonienhaus), vor dem bunt bemalte, aus Holz geschnitzte Gestalten – die »Bubus« – Wache halten. Nach wenigen Minuten erscheinen sie mit neuer Maske: grünen Blätterkleidern, Vogelgesichtern, Spitzhüten oder auch mit Pfeil und Bogen oder Speer, auf diese Weise in Buschgeister, Dämonen oder Krieger verwandelt, je nach der traditionellen Bedeutung des Tanzes bei Initiation, Hochzeit, Aufstieg in einen höheren Rang oder Krieg.

Zum Teil sind die Tänze wild und kämpferisch mit kraftvollen Sprüngen und drohenden Gebärden. Was uns heute für ein Foto willkommen ist, war vor wenigen Jahrzehnten noch blutiger Ernst. Fletcher 1912: »*Die Insel Malekula … ist heute so kannibalisch wie vor hundert Jahren. Noch in diesem Jahr haben die Inselbewohner zwei mit Maschinengewehren, Handgranaten … bewaffnete Strafexpeditionen der Regierung in die Flucht geschlagen und etliche Angehörige der weithin berühmten New Guinea Police … getötet und gefressen …*

Letzten Sonntag fielen sie über einen ganz harmlosen Pflanzer her, töteten und verspeisten ihn und zogen sich dann mit sechs seiner Arbeiter in den Busch zurück, wo sie diese bei lebendigem Leibe aßen …«

Nach der Aufführung weist uns der Aufpasser nochmals auf die Tabu-Zonen hin: bloß keinen »faux pas« auf dem Weg zum Tanzplatz der Frauen. Zwei Trommlerinnen schlagen den Takt, und etwa dreißig Tänzerinnen unterschiedlichen Alters in Grasröcken und mit schwarz bemalten Gesichtern singen und hüpfen, einander gegenüber, auf der Stelle. Die meisten blicken dabei zu Boden. Nur Atlene, Juliette und Mary, die hübsche 19-jährige Tochter von Chief Saitol, stecken sich gegenseitig mit Lachen an, lachen sich die Scheu von der Seele.

Nach Beendigung wirken sie alle fröhlich und gelöst, frischen ihre Bemalung auf, schwärzen auch ihre Kinder noch ein wenig an und posieren für Erichs Kamera.

»Was bedeutet der Tanz?«, frage ich unseren Sittenwächter.

»Der Tanz sagt: Ihr dürft uns anschauen, aber wir sind tabu für euch. Unsere Frauen tragen jetzt auch ›culottes‹ (Unterhosen).«

Hier an der Küste, wo die »Small Nambas« seit vielen Jahren an den Besuch von Kopra- und anderen Händlern gewöhnt sind, haben sich ihre althergebrachten strengen Sitten etwas gelockert. Die Menschen wollen teilhaben an den modernen Errungenschaften, wollen Geld verdienen. Inzwischen haben sie auch begriffen, dass ihre Ressourcen und Naturschönheiten geschützt werden müssen und dass Ökotourismus eine gute Alternative ist zum Ausverkauf ihrer Wälder. Deshalb unterstützen sie ihn und bauen Resorts – und tragen »culottes«.

»Ist doch eine tolle Möglichkeit für die armen Leute hier, ein wenig Geld zu verdienen!«, finden zwei australische Werbefachleute, die im Auftrag findiger Tourismusmanager hier gerade alles fotografisch unter die Lupe nehmen und uns Yachties als Touristen-Dummies anheuern, um in den noch leer stehenden Resorthütten zu posieren.

Bisher haben sich nur wenige Globetrotter nach Banam Bay verirrt. Das merken wir an dem unvoreingenommenen und liebenswürdigen Verhalten der Menschen uns gegenüber. Sobald wir anlegen, eilen Kinder und Erwachsenen herbei, um unser Dingi zu tragen, uns zu begleiten, und das nicht nur, damit wir keine Tabus verletzen. Die Menschen bringen uns eine Freundlichkeit entgegen, die man in touristisch erschlossenen, vielbesuchten Gebieten nicht mehr unbedingt in dieser Form findet. Man hat Zeit zum Plaudern, freut sich über ein Lächeln. Die kulturzerstörende Devise »time is money« hat noch keinen Einzug in das Leben der Bewohner gehalten. Nach wie vor ist der Rang des Mannes in der Gemeinschaft das erstrebenswerte Element.

»Um ein hochrangiger Mann zu werden oder als reicher Mann zu gelten, musst du in Malekula regelrecht Bankrott machen«, erklärte uns Kirk in Vila. »Du musst deinen ganzen Besitz verteilen: Schweine, Muschelgeld, Kultgegenstände; nur dann bis du ein »reicher Mann« und wirst als solcher auch geachtet.«

Noch sind die Tänze in allen Details authentisch. Doch sie haben einen sakralen Hintergrund und können nicht unablässig wiederholt und missbraucht werden, ohne ihre Kraft zu verlieren. Ich wünschte, die Bewohner könnten die richtige Balance bewahren zwischen traditionellen Werten und moderner Welt.

Was mich aber wirklich traurig stimmt, ist die Gewissheit, dass mit steigenden Besucherzahlen diese Menschen natürlich nicht verschont bleiben von den drei klassischen Stadien der Gastgeber-Reaktion: anfänglicher Euphorie folgt Gleichgültigkeit und schließlich Ärger. Wir haben das große Glück, im ersten Stadium hier zu sein. Doch die Saat ist bereits ausgebracht, der Weg zum kommerziellen Tourismus geebnet. Die Agenten haben an alles gedacht und den Chief beraten: Übernachtungen im Resort und jede Veranstaltung muss »angemessen« bezahlt werden. Also zahlen wir 150 Vatu = ca. 10 US $ für Tänze, Laplap etc.

Laplap? Nach dem Tanz sitzen wir bei strömendem Regen unter einem Blätterdach auf Matten und teilen uns das fertig gebackene Nationalgericht, das uns die Männer auf Palmwedeln reichen. Sogar Ulrich, nach der Kavaprobe in Port Vila noch immer misstrauisch, ist angenehm überrascht. Die dazu gereichten Trinkkokosnüsse versöhnen ihn endgültig mit den einheimischen Produkten. Und das Beste: kein Abwasch danach, nur das Erdloch muss zugeschüttet werden! *»Diese Leute mögen vielleicht rohe Wilde sein, aber über das Kochen haben sie sehr vernünftige Ansichten …,«* schrieb Fletcher in seinen Briefen. *»Auf den Geschmack eines Laplap aus zerriebenenem Yams oder Maniok mit Schweinefleisch könnte ein Restaurant seinen Ruf gründen …«*

Die ideale Nahrung also? Ni Vanuatu sind schlank. Adipositas wie bei uns oder auf den touristisch erschlossenen polynesischen Inseln ist so gut wie unbekannt. Die Gene allein schaffen das sicher nicht. Hauptverantwortlich ist die Kost: Es gib keine Snacks, keine süßen Getränke, kaum fettes Fleisch – Schweine werden nur zu festlichen Anlässen geschlachtet –, dafür Fisch, Muscheln, Gemüse, Obst, Nüsse. Und auch diese Nahrungsmittel kann man nicht einfach im Supermarkt kaufen, sondern muss sie den Gärten abringen oder unter hartem Einsatz in der freien Natur finden. Und weil Yamsknollen viel Fluor enthalten, haben die Bewohner meist schöne weiße Zähne.

Apropos Zähne: Bevor wir zur FREYDIS aufbrechen, spricht mich Auguste an, ein etwa 70-jähriger, rüstiger »Ältester«. Von Chief Saitol hat er erfahren, dass ich Ärztin bin. Er fragt, ob ich ihm einen Zahn ziehen könne. Seit Tagen könne er nichts essen. Er hält mir eine Zahnextraktionszange hin, die wohl noch aus dem Zweiten Weltkrieg stammt. Früher sei er Sanitäter gewesen und habe selbst viele Zähne gezogen. Aber den eigenen – er deutet auf einen kariösen Eckzahn – könne er nicht ziehen und auch kein anderer hier. Ich vertröste ihn auf morgen und verspreche, dann auch nach den Kranken im Dorf zu schauen.

Nach etlichen heftigen Regengüssen legt sich ein stimmungsvolles Licht auf die Bucht. Wie gerne hätten wir den Abend bei Windstille im Cockpit genossen. Doch nun überfallen uns die Moskitos und mit ihnen das Schreckgespenst Malaria. Wir breiten Netze über Luken und Niedergang und verschanzen uns im Boot.

Auch wenn man in den Tropen wohl oder übel mit vielen kriechenden und fliegenden Zeitgenossen leben muss, an Moskitos werde ich mich nie gewöhnen. Ebenso wenig an die Kakerlaken, denen nicht einmal unsere Kojen heilig sind. Konsequent meiden sie nur die Fallen aus Chile, die ich an strategisch günstigen Stellen für sie aufgestellt habe. In meiner Not greife ich zur chinesischen Giftkreide, die mir Bobby in Noumea als »todsicher« pries. Vielleicht respektieren sie wenigstens die mit ihr markierten »Tabu-Zonen«.

* * *

Nicht zu glauben: Es gibt sie noch, die Sonne! Die tiefhängende graue Wolkendecke der letzten Tage hat sich verzogen und einen makellos blauen Himmel hinterlassen. Als wir ins Dorf kommen, führt man uns ins »Haus der Frauen«: eine große düstere Hütte, in der sich nichts befindet außer einem Stapel geflochtener Matten, die auf den sauber gefegten Boden ausgelegt werden, damit wir uns darauf niederlassen können.

Bald ist der Raum voll besetzt: Frauen, Mütter mit Kleinkindern stellen sich vor, später auch Männer. Sie klagen über Rücken- und Gelenkbeschwerden nach der Kopraernte oder leiden an infizierten Verletzungen, Malariaanfällen, Hautpilz, Bronchitis, Tbc … Meine diagnostischen Möglichkeiten sind begrenzt: Ich habe nur Stethoskop, Blutdruckapparat, Thermometer, Ohrenspiegel dabei und muss mich weitgehend auf meine Sinne verlassen. Immerhin kann ich Wunden versorgen, Medikamente und Ratschläge geben. Wirklich traurig, dass so viele Bewohner an Malaria erkranken. Die wirksamen Medikamente sind entweder zu teuer oder erreichen sie nicht. Der Ausweg wäre eine erschwingliche Impfung, doch die ist bisher nicht in Sicht.

Zuletzt ist Chief Auguste an der Reihe. Wortlos reicht er mir die schwere Zange. Er ist wild entschlossen: Ein Ende mit Schrecken ist ihm lieber als ständige Pein. Hoffentlich bekomme ich den Zahn überhaupt heraus, manchmal braucht man viel Kraft dazu. Erst einmal will ich betäuben.

»Keine Spritze!«, wehrt sich der Patient.

»Wie du willst, aber es kann weh tun …« Ich lasse einen Dorfbewohner seinen Kopf halten und seinen Rücken mit den Beinen stützen. Natürlich tut's weh, auch wenn es nur ein schon etwas wackliger Eckzahn ist. Ein Ruck, und ich halte ihn in der Zange. Während ich aufatme, springt Chief August wie von einer Tarantel gestochen auf und rennt aus der Hütte. Nach einer Viertelstunde kommt er zurück, bedankt sich unter Freudentränen und nimmt gerne noch ein Schmerzmittel. John, einer der Dorfbewohner, der sich über uns Fremde meist gern ein wenig lustig machte, ist plötzlich erstaunlich freundlich und respektvoll. Jugendliche reichen uns Trinkkokosnüsse und helfen uns, das Dingi zum Wasser zu tragen. Auch Ulrich ist wieder bei uns. Er hat einen Dschungelmarsch zu einem Wasserfall auf dem Hügel gemacht und ist begeistert.

Der obligate nachmittägliche Regenguss prasselt aufs Deck. Danach zeigt sich gleich wieder die Sonne, sogar mit einem wunderschönen Regenbogen über der Insel! Am Abend lassen wir uns ein Gulasch aus Vila-Fleisch schmecken, lesen oder hören den Wellen zu, die leise ans Ufer plätschern.

Ulrich: »Eine tolle Nacht: die ruhige Bucht, der Himmel voller Sterne, der Vollmond hinter der Landspitze und der Schatten der Insel, der langsam Konturen bekommt …«

Am Tag vor unserer Abreise besuchen wir noch einmal Chief Saitol. Wir finden ihn auf der Veranda seiner Hütte im Kreise von Verwandten. In der Nacht hatte er einen Malaria-Anfall und schaut noch recht mitgenommen aus. Aber nicht deshalb hat sich die Familie um ihn versammelt, sondern weil ein Fest vorbereitet werden soll. Vor vier Jahren ist Saitols Frau gestorben und im letzten Jahr ein naher Verwandter. Nach den kastomgerechten hundert Tagen Trauer kann Saitol in Kürze seinen Bart abnehmen, den er während dieser Zeit hat wachsen lassen. Dann treffen sich alle Verwandten und Bekannten zum Totenfest.

»Wenn ihr nach Mala segelt, sucht Chief Emil auf, meinen Schwiegersohn. Sagt meiner Tochter Jenny, sie möge zur Feier kommen.« Versprochen!

Am Nachmittag nähert sich ein Kanu mit Saitols Tochter Tousil und seinen beiden Schwiegertöchtern Mera und Luywies. Sie bringen Geschenke: Papayas, Mangold, Karotten, Eier … Ich krame Kleinigkeiten heraus, doch sie sind nicht auf Tausch aus.

»Wollt ihr das Boot anschauen und etwas trinken?« Sie klettern an Bord. »Nice«, sagen sie und bewundern vor allem unsere Kojen und den Gasherd.

Saitol trifft etwas später an Bord ein: Er hat eine infizierte Wunde am Fuß und kann nur noch humpeln. Begleitet wird er von Kems, einem der Dorfältesten, der kurzatmig ist. Ich soll sie verarzten. Nie werde ich vergessen, wie die beiden alten Männer sich andächtig durch die FREYDIS bewegen und immer wieder aus tiefster Seele murmeln: »Bot is nambawan!«(boat is number one). Und ganz bestimmt auch nie die herzlichen Worte, die Chief Saitol beim Abschied für mich findet: »Du hast unsere Wunden versorgt und uns so viel gegeben; und wir haben nichts für dich. Ich gebe unser Herz, es ist immer mit dir.« Das warme Lächeln dieses weisen alten Mannes berührt mich tief.

Wala

Durch den Geisterwald in die Steinzeit – Vertreibung aus dem Paradies – Botschaft für die Big Nambas

28. August. Bei absoluter Windstille laufen wir am Morgen unter Motor dicht an der grünen Ostküste Malekulas entlang. An Steuerbord begleitet uns in der Ferne die Vulkan-Silhouette von Ambrym. Schon früh am Nachmittag erreichen wir unser Ziel, die kleine Insel Wala, nur zwei Meilen vom Bigland (Malekula) entfernt. An ihrer Südseite ankern wir vor ein paar bougainvillea-umrankten Bungalows, dem Resort – derzeit ohne Gäste.

Weil es so viele Tabupfade und -orte gibt, will Laurent, der Enkel des früheren Chiefs, uns übers Eiland führen. Dazu muss er alle Ahnengeister besänftigen, deren Gebiete wir durchqueren. Entsprechend außerirdisch ist der Preis, den er verlangt.

»Nehmen eure Ahnengeister denn Vatu?«

»Nein, aber man muss ihnen vielleicht ein Schwein opfern, und das muss man kaufen«, rechtfertigt Laurent die Forderung. Es gehe auch billiger, ohne das Okay einiger wichtiger Geister, aber dann kann er uns auch nicht alles zeigen. Schon allein aus Zeitgründen entscheiden wir uns für die Befriedung der ganzen Geisterschar.

Bald darauf winden wir uns durch einen düsteren, modrigen Urwald mit hohen Banyans, Brotfruchtbäumen, Palmen, Bambusgestrüpp und Schlingpflanzen. Der Hauch eines Windstoßes, der Schein eines verirrten Sonnenstrahls, das Auftauchen klebriger, pelziger, langfingriger Pflanzenteile, ein Rascheln im wuchernden Unterholz, rätselhafte Vogelschreie aus fernen Baumkronen, Schmetterlinge, die wie vom Himmel fallen und durchs Blätterwerk torkeln, erfüllen ihn mit geheimnisvollem Leben. Ein Geisterwald!

Fletcher: »*… die Neuen Hebriden … besitzen einen unbeschreiblichen Zauber, eine Entrücktheit, die mir … das Herz zu verzehren beginnt.*«

Im Inneren der Insel bauen sich die steinzeitlichen Ruinen eines Dorfes vor uns auf (erst die Missionare, die im 19. Jahrhundert auf die Insel kamen und am Strand siedelten, überredeten die Einheimischen, in ihre Nachbarschaft zu ziehen): Tanzplatz, Nakamal, Pig-Killing-Place etc. Familien lebten nicht zusammen: Frauen schliefen abseits in eigenen kleinen Hütten … die Speisen der Männer bereiteten sie gesondert zu, nahe dem »Haus der Männer«, das für sie tabu war …

Vor einem mächtigen Banyan, in dessen undurchdringlichem Geflecht aus Luftwurzeln wir die Reste zweier mannshoher Schlitztrommeln entdecken, bleibt Laurent plötzlich stehen: »Hier leben die Geister und Zwerge«, erklärt er leise, als fürchte er, sie zu wecken. »Sie hüpfen durchs Geäst und weinen oder lachen: Wenn sie lachen, wirst du Glück haben; wenn sie weinen, wird jemand sterben!« Nach einer Schweigeminute will er mit den Geistern seiner Ahnen sprechen. Sagt's und verschwindet hinter dem gewaltigen Banyan.

»Da wär' ich jetzt gern Mäuschen,« flüstert Ulrich.

Nach zehn Minuten ist Laurent zurück: Er hat mit seinem Geist gesprochen, und der ist einverstanden, dass wir hier sind. Aber alles, was er, Laurent, uns jetzt mitteile, sei »very confidential« und müsse ein Geheimnis bleiben.

»Hier an diesem Banyan wurden alle ›bigmen‹ – auch mein Großvater – begraben. Nicht in liegender Stellung wie normale Tote, sondern im Sitzen und nur bis zum Hals: Nach sieben Tagen wurde der Kopf abgetrennt und zum Friedhof für die Großen Männer gebracht, dem heiligen Aufbewahrungsort ihrer Schädel.« Wenn wir diesen Ort sehen wollten, müssten wir 1000 Vatu extra zahlen, weil die Geister dann ein weiteres Opfer verlangten. »Ein kleines Schwein wird vielleicht genügen.«

»Ganz schön geschäftstüchtig, diese Geister«, mokiert sich Ulrich.

Doch ich insistiere: »Und was macht der Geist mit einem lebenden Schwein?«.

»Erst einmal ruft man den Geist, und wenn es irgendwo in den Blättern raschelt, weiß man: Da ist er! Dann nimmt er das Schwein und verschwindet«, erzählt Laurent so unschuldig, dass ich ihn unmöglich für einen coolen Abzocker halten kann.

»Du sagst, du bist Presbyterianer. Trotzdem glaubst du an Geister?«

»Ja, ich glaube an beides. Mein Großvater war Chief dieses Dorfes und ist damals zur Mission gegangen. Er hat mir all unsere alten Bräuche mitgeteilt und auch wie man die Geister ehrt. Mein Vater ist wieder zum Kastom zurückgekehrt, und auch ich verehre die Steine, die Geister, die Vorfahren. Aber ich verehre auch den Gott der Missionare. Wir müssen unsere eigene Kultur bewahren, verstehst du?«

Waldbewohner Laurent sieht alles, hört alles, riecht alles, weiß alles zu deuten: Blumen als Kopfschmuck, Blätter als Armbänder; die weißen fürs Volk, die roten für Bigmen. Er reicht mir eine Parfümblüte: »Nur für ›ladies‹!«, erklärt er und auch wofür oder wogegen die anderen Blüten und Blätter gut sind: Wunden, Hautkrankheiten, Schmerzen, Nierenstörungen etc., und wie die Fischgift-Pflanze wirkt:

»Legt man ihre Blätter auf ein fischreiches Gewässer, so treiben die Fische bald an der Oberfläche und sind leicht zu fangen. Sie sind nicht tot, sondern werden rasch wieder munter, wenn man die Blätter wegnimmt.« Nur er kenne all diese Pflanzen, weil sein Vater sie ihm gezeigt habe. Ich hätte gern die Namen der Medizinpflanzen aufgeschrieben und ein paar Blätter zum Trocknen mitgenommen. Aber Erichs Geduld ist erschöpft …

Wir erreichen das Meer auf der anderen Seite. Ein Felseinschnitt am Ufer war der Ort der Circumcision:

»Hier saß der auserwählte Mann, der sie durchführte, und auf der anderen Seite die 12-jährigen Jungen«, berichtet der Chief-Sohn. »Der Mann machte ein großes Feuer und führte die schmerzhaften Schnitte mit einem über den Flammen erhitzten Bambusmesser durch. Die Jungen hatten große Angst und auch ihre Eltern, aber niemand sprach darüber. Nach der Beschneidung schickte der Mann die Jungen in den Busch, bis die Wunde geheilt war. Hatte ein Junge überlebt, brachte er ihn zurück zu seinen Eltern. Wenn nicht, holte er die Frucht einer bestimmten Orangensorte und warf sie in ihr Anwesen. Dann wussten sie, ihr Kind war tot, und stellten keine Fragen mehr. Früher starben viele Kinder. Als der weiße Mann kam und die Leute Flaschenscherben und später Stahlmesser zum Schneiden verwendeten, wurden es weniger.«

Eine Felsspalte weiter und wir sind an dem schauerlichen Ort, an dem Menschen verspeist wurden. Sein Großvater habe hier noch einen Gefangenen vom Bigland (Malekula) verzehrt: ein rituelles Mahl. »Aber diesen Teil unserer Kultur mussten wir aufgeben«, fügt der traditionsbewusste Enkel an.

Ziemlich erschöpft erreichen wir nach drei Stunden wieder unseren Ausgangspunkt, zahlen die abgemachte Summe und legen noch ein paar Scheinchen drauf.

»Ganz schöne Plagegeister, diese Ahnen«, brummt Erich. Ich glaube allerdings, dass Laurent tatsächlich an alle, deren Land wir betreten haben, einen Tribut zahlen muss; auf Tanna war es nicht anders.

* * *

Eine Yacht geht neben uns vor Anker, die MIZ MAE, keine Unbekannte für uns: Ihr deutscher Skipper Thomas und seine neuseeländische Freundin Nicola segelten drei Jahre lang kreuz und quer durchs Vanuatu-Archipel, und Nicola schrieb einen Führer für Segler über ihre bevorzugten Ankerplätze, den auch wir benutzen. Doch es gibt keine fröhliche Begrüßung.

Am Abend kommen die beiden auf ein Bier zu uns an Bord und berichten von ihren deprimierenden Erlebnissen. Auf der Suche nach einem Revier, um sich als Charterfahrer niederzulassen, schien ihnen Vanuatu bestens geeignet. Von der Inselgruppe und ihren Bewohnern waren sie so angetan, dass sie sich in Luganville auf Espiritu Santo eine Existenz aufbauten: Vor sechs Monaten eröffneten sie ein Restaurant und eine Segelmacherei und stellten sich als Stützpunktleiter des Segelvereins Trans Ocean, bei dem auch wir Mitglieder sind, zur Verfügung. Doch nun sei alles aus. Schwer bedroht von Einheimischen, einer Art Mafia, hätten sie dort keine Zukunft mehr gesehen und deshalb Hals über Kopf ihre »Zelte« abgebrochen. Den Hausrat haben sie ins Boot gestopft; sie wollen ihn hier verhökern und dann nach Neuseeland segeln. Wir sind bestürzt und ratlos.

Mein Vanuatu-Bild hat einen Riss bekommen. Obwohl ich weder Thomas und Nicola noch die Umstände des Geschehens auf Santo näher kenne, hat die Trauer und die Angst der beiden meine Sympathie für dieses schöne wilde Land getrübt. Die Belagerung der FREYDIS durch die Einheimischen geht mir heute ziemlich auf die Nerven. Jedenfalls entschließen wir uns, Franz und den GEOs über Funk mitzuteilen, dass wir nicht mitfliegen werden zum Toka-Fest nach Tanna. Unser Programm mit den nächsten GEO-Teams ist noch groß genug. Wir können kein zusätzliches Risiko eingehen, indem wir die FREYDIS in Luganville unbeaufsichtigt liegen lassen, auch wenn wir dadurch ein Highlight tannesischer Kultur verpassen.

Doch für gedrückte Stimmung ist nicht die Zeit: Ulrich hat Geburtstag. Am späten Nachmittag holen uns Nicola und Thomas zum Kava-Trinken ab.

»Am Geburtstag Kava!«, stöhnt Ulrich.

Kurz darauf sitzen wir mit vier bis fünf Einheimischen auf Holzplanken unterm Strohdach im dämmrigen Schein einer Petroleumlampe und schlürfen andächtig unsere Schälchen Kava. »Plötzlich empfinden ich die Atmosphäre als sehr entspannend und angenehm … «, lächelt unser Geburtstagskind.

»Getting native«, hätten die alten Kolonisten gesagt.

* * *

Am Morgen setzt uns ein junger Mann, Maliorere, im Aluboot zum Bigland über, wo wir im dichten Busch die »Big Nambas« besuchen wollen – einst ein äußerst kriegerischer Stamm, der sich lange dem Einfluss der Missionare widersetzte –, um Saitols Tochter Jenny die Nachricht ihres Vaters zu übermitteln. Wir bleiben zunächst am Strand, denn unser Führer hält es für besser, uns anzukündigen. Nach einer guten Stunde kehrt er zurück:

»Sie erwarten euch!«

Auf dämmrigem Pfad folgen wir ihm durch den Busch. Dröhnen von Trommeln und wilder Gesang dringt an unser Ohr – je weiter wir vordringen, umso lauter und unheimlicher. Dann der alarmierende Ruf einer Tritonmuschel. Plötzlich öffnet sich der Busch zu einer sonnenbeschienenen Lichtung, umgeben von Strohhütten unter Bäumen: das Kastomdorf Amel Boas mit Tanzplatz, »Natsaro«. Bigman Emil, alias Talivou, Mitte dreißig, heißt uns in französischer Sprache willkommen. Neben dem »Big Namba« trägt er als Zeichen seines hohen Ranges auch einen ringförmigen Eberzahn um den Hals, Federn im Haar und andere Accessoires. Während wir Jenny, seiner ungewöhnlich hübschen und charmanten Frau im knielangen Grasrock, die Botschaft ihres Vaters überbringen, wird ein kleines Fest mit Essen und Kastom-Tänzen für uns vorbereitet.

Chief Emils Vater ist Zeremonienmeister und Choreograf mit zwei großen Tamtams vor sich: In der einen Hand eine grüne, in der anderen eine braune Kokosnuss, schlägt er mal mit der grünen die höhertönende Trommel, mal mit der braunen die tiefertönende: mit der einen den Takt angebend, mit der anderen den Einsatz. Besonders der »Kanutanz«, bei dem etwa ein Dutzend Männer, darunter Talivous halbwüchsiger Sohn, zu einem Kanu formiert über die Lichtung hüpfen, ihre bunt bemalten Tanzpaddel in die Luft stechen und von der Überfahrt zu den Nachbarinseln singen, ist schön anzusehen.

Die Tänze wirken nicht so kriegerisch und besser eingeübt als in Banam Bay – dafür auch nicht mehr so urig. Anschließend werden Geräusche mit Hilfe einer Muschel nachgeahmt und Zaubertricks vorgeführt, die nur Bigmen beherrschen. Sie lernen sie von ihren Vätern – vielleicht, um sich damit beim unwissenden »Volk« Respekt zu verschaffen.

Am Ende der Vorführung stellen sich die Tänzer in einer Reihe auf. »Sie erwarten eine Beurteilung«, flüstert uns Maliorere zu. Weil sich unser Bislama und auch unser Französisch in Grenzen hält, wird's nur eine kurzes »Merci beaucoup« und »très impressionant!«

Auf der Fahrt zurück nach Wala frage ich unseren Führer Maliorere, ob er nicht auch Kastom-Mann sein möchte. Er schüttelt den Kopf. Er wolle ein modernes Leben führen. Das reize ihn mehr, als nach Art seiner Großväter zu leben. Am liebsten ginge er wieder nach Vila, wo er schon einmal gearbeitet hat, auch wenn dort alles, was er hier umsonst hat, viele Vatus kostet. Er und seine Familie sind katholisch, aber natürlich glauben sie an die Geister der Ahnen und fürchten ihre Rache. Sie opfern ihnen deshalb auch regelmäßig, etwa um eine gute Ernte zu bekommen: »Aber Gott oder Geist«, lächelt er kompromissbereit, »die Hauptsache, man lebt nach den Geboten.«

Am Abend frischt der Passat stark auf. Beim Abschiedsessen mit Nicola und Thomas dreht sich die Unterhaltung wieder um die Ereignisse in Santo, die Flucht der beiden und um die Zukunft Vanuatus: Kann der Übergang vom Kolonialismus, noch dazu vom Kondominium, zur Demokratie überhaupt reibungslos funktionieren bei Menschen, die geradenwegs aus der Steinzeit in die Moderne katapultiert werden? Ihre alten Kastom-Strukturen zerbrechen und neue demokratische sind noch nicht gefestigt. Auch was sie über die Salomonen – unser nächstes Ziel – und Papua-Neuguinea berichten, stimmt uns nachdenklich: Wir hören von Kriminalität der schlimmsten Sorte, von immer noch praktiziertem Kannibalismus auf einer der Inseln, von abgeholzten Wäldern, leergefischten Gewässern, großen Salzwasserkrokodilen und ganz besonders alarmierend: von schweren Unruhen und Bürgerkrieg. Alles wenig verlockend.

Espiritu Santo

Vom Luxusliner zur Tauch-Attraktion – Million Dollar Point – Pilgerstätte – Kokosnuss-Frieden

31. August. Bei leichten ENE-Winden schaukeln wir an weiteren kleinen Eilanden vorbei und nehmen endlich Kurs auf den Südosten von Santo, größte Insel des Archipels mit der Hauptstadt Luganville, in der wir das GEO-Team wieder aufpicken wollen.

Der Wind frischt auf und dreht vorlich. Erich und Ulrich reffen. Eine unangenehme, hackige See empfängt uns in der zehn Seemeilen breiten Wasserstraße zwischen Malekula und Santo, benannt nach dem französischen Entdecker Louis Antoine de Bougainville, der sie 1768 mit LA BOUDEUSE und L'ETOILE überquerte und damit bewies, dass »Austrialia del Espiritu Santo« eine Insel ist. Der spanische Seefahrer Pedro Fernando de Quirós, der 162 Jahre vor ihm (1606) als erster Europäer in diesen Gewässern segelte, hatte sie irrtümlich für einen Zipfel des lange gesuchten südlichen Kontinents gehalten.

Bougainville bereiste vorwiegend die nördlichen Inseln des Archipels. Cook dagegen, der sechs Jahre nach ihm (1774) die Wasserstraße passierte, widmete seine Aufmerksamkeit den südlichen Inseln, die er hervorragend beschrieben und kartografiert zurückließ.

Gegen Mittag laufen wir in den Segond Channel, eine Wasserstraße zwischen der Südküste von Santo mit Luganville und der Insel Aore, wo wir einen Blick auf den von Nicola und Thomas empfohlenen Liegeplatz vor dem Resort werfen. Wegen der vielen anstehenden Besorgungen legen wir die FREYDIS dann aber doch ans Ende der Stadt vor das »Australian Beachfront Resort«. Dort finden wir guten Ankergrund nahe einer Flussmündung neben zwei englischen Yachten – ansonsten sehen wir nur wenig Schiffe. Kaum vorstellbar, dass Luganville während des Zweiten Weltkrieges wegen seiner strategisch günstigen Lage nahe den Salomonen das Hauptquartier der US Navy für deren Operationen im Ost-Pazifik war, dass Hunderte von Schlachtschiffen und Versorgern hier lagen. James Michener, damals Freiwilliger bei der US-Marine: *»1942 landeten wir Schiffe an einem dichten Dschungelrand, der sich sogar bis auf den Ebbstreifen vorschob. Zwei Monate später hatten wir eine blühende Stadt mit 100000 Einwohnern. Santo hatte mehr öffentliche Einrichtungen als manche amerikanische Stadt …«* (*Das gute Leben oder Rückkehr ins Paradies*)

Unser abendlicher Orientierungsbummel durch die zweite Hauptstadt des Landes ist ernüchternd: Eine nichtssagende, langgezogene Hauptstraße … Läden mit Gartengeräten, Gaslampen und Tauchartikeln, Videoshops, eine Markthalle mit Obstständen; der empfohlene Schlachter ist »drei Meilen« entfernt: Beim Einkauf sind Taxen unentbehrlich. Ulrichs Resümee: »Ein verschlafener Wildwestort.«

Wetterleuchten, Starkwind- und Regenböen, und dazu liegen wir auf Legerwall! Erst jetzt fällt uns das Wrack auf, das ganz in unserer Nähe seine Nase aus dem Wasser streckt. Schlimme Nacht mit Ankerwache und wenig Schlaf.

»Sauwetter!«, brummt Erich am Morgen. Noch immer bläst kräftiger, auflandiger Wind, und dazu regnet es Bindfäden. Wie soll man die Einkäufe erledigen? Sorgen machen uns auch der unverschließbare Niedergang und das Dingi, das wir unbeaufsichtigt am Ufer zurücklassen müssen. Das Beiboot einer der englischen Yachten hat schon Beine bekommen! Über UKW fragt deren Crew an, ob wir sie mitnehmen; die zweite Yacht würde die Boote im

Auge behalten. Und fürs Dingi wüssten sie einen sicheren Platz. Wer sagt's denn: Gemeinsam sind wir stark!

Der Chinese gibt auf jede volle Konservenkiste 10 %. Wir stapeln schon mal einige mit Gemüse am Hintereingang des kleinen Ladens neben unserem Dingi, das wir hier deponieren können. Völlig durchnässt erreichen wir das »Hotel Santo«, eine Oase mit Swimmingpool, Bar und Restaurant, und erfahren, dass Roman und Andrian noch nicht eingetroffen sind. Also per Taxi weiter zur Bank, zur Post, zum LCM Supermarkt und »Nambawan Butcher«.

Rindfleisch gehört zu den wichtigsten Exportprodukten Vanuatus. Reiche Plantagenbesitzer importierten früher die besten Rassen als »Rasenmäher« auf den Kokosplantagen. Die Tiere gedeihen prächtig, bekommen weder giftiges Futter noch Medikamente, und ihr Fleisch ist tatsächlich »number one«.

* * *

»So ein Wetter wie in den letzten Jahren, haben wir hier noch nicht erlebt,« beteuert John Courtney Marsters, Barkeeper im Resort, am Nachmittag. »Letzte Weihnachten hat uns sogar ein Zyklon heimgesucht und einen Riesenschaden angerichtet, Gärten und Pflanzungen weggespült. Jetzt müssen alle Boote ab Ende November ihre Liegeplätze verlassen, sonst drohen bei Rettungsaktionen zusätzlich 2000 $ Strafe.«

Wie sich herausstellt, gehört John zur Familie der Marsters auf Palmerston, jenem paradiesischen Fleckchen im Cook-Archipel, das wir auf unseren Segelreisen mit der FREYDIS durch den Pazifik mehrfach besucht (zuletzt auf den Weg nach Noumea) und dabei seine Bewohner, die Marsters, ganz besonders ins Herz geschlossen haben. Wie erwähnt, stammen alle Familien-Mitglieder, ob sie nun auf Palmerston, den übrigen Cook-Inseln, Neuseeland oder sonst wo leben, von dem Schiffszimmermann und Kesselschmied William Marsters aus Birmingham und seinen drei polynesischen Frauen ab. William war ein Abenteurer, der mit einer Walfangflotte zum Kap Hoorn fuhr, auf den kalifornischen Goldfeldern sein Glück suchte und 1863 als Verwalter auf das unbewohnte Südsee-Atoll Palmerston kam.

Seine Kinder zog er mit Bibel, Disziplin und harter Arbeit auf. Sie wurden tüchtige und gefragte Seeleute, die alle Fertigkeiten beherrschten, um auf einer einsamen Südseeinsel zu überleben. Auch Nachfahre John Courtney scheint da keine Ausnahme zu sein: Er wurde in Rotorua auf der Nordinsel von Neuseeland geboren und arbeitete dort später eine Zeit lang als Holzfäller. Weil ihm das Klima im Winter zu kalt war, ging er schon bald nach Melanesien, wo er sich auf Vanuatu und den Solomonen bei einer Abholz-Kompanie verdingte. »Aber heute sind es nicht mehr nur die Sandelholzbäume, die gefällt werden. Die Malaysier und Chinesen legen mit den Bulldozern ganze Wälder um. Dabei will ich nicht helfen.« Nun jobt er an der Bar und hilft, nebenan Hallen für eine neue Kokosöl-Fabrik aufzubauen.

Welcher Zufall: John war vorher Barkeeper bei Thomas und Nicola! Zu ihrer Vertreibung meint er nur: Wenn Thomas immer da gewesen wäre, hätte es nicht so weit kommen müssen. Das Problem sei, dass eine Frau in Vanuatu nichts zu sagen habe. »Eine Frau kann hier kein Restaurant führen …«

* * *

Ulrich will die vorübergehende Wetterbesserung für einen Tauchgang zum Wrack der PRESIDENT COOLIDGE auf dem Grund des Segond Channel nutzen. Obwohl er seit Cairns, Australien, vor fünf Jahren, nicht mehr getaucht ist und auch dort nie über zwanzig Meter tief (»… und da fängt die COOLIDGE doch erst an!«) meldet er sich mutig bei der örtlichen Tauchbasis an. Am Abend geht er ungewöhnlich früh in die Koje, um fit zu sein.

Die PRESIDENT COOLIDGE (22000 Tonnen und 200 Meter), ein Passagier-Luxusliner aus den 1930ern, wunderschön und hochgepriesen, wurde im Zweiten Weltkrieg zum Truppentransporter umgerüstet. Die Passagiere waren keine Kreuzfahrer mehr, sondern 5000 Soldaten. Wer hätte damals daran gedacht, dass sie im Segond Channel versenkt würde – noch dazu durch »freundliche«(amerikanische) Minen, auf die sie infolge eines Missverständnisses lief. Die Mannschaft hatte Glück im Unglück: Als die Minen den Schiffsboden aufrissen, gab der Kapitän Order, das Schiff aufs Ufer zu steuern, und als es fünfzig Meter davon entfernt auf die Riffkante lief, es sofort zu verlassen. Zwei Leben nahm die PRESIDENT COOLIDGE trotzdem mit sich, als sie sank.

In zwei Teile gebrochen liegt sie heute auf zwanzig bis siebzig Metern Tiefe und wird noch immer bestaunt, nun als das »größte und bestzugängliche Wrack der Erde«: Man soll durch Aufenthaltsräume, Decks mit Geschützen, Lastern, Jeeps und vielen persönlichen Ausrüstungsgegenständen schwimmen können.

Am Morgen wird Ulrich im Geländewagen abgeholt, auch wir Schnorchler dürfen mit. »Wenn das Wasser nicht zu bewegt ist, könnt ihr den Bug des Schiffes sehen«, ermutigen uns die Tauch-Experten.

Die Fahrt bringt uns aus der Stadt an einen Strand am Segond Channel, vor dem südöstlichen Santo. Dort waten wir alle zusammen durch hüfthohes Wasser bis zur Boje und ziehen dann die Flossen an. Ulrich verschwindet mit der kleinen Gruppe schwer bepackt mit Sauerstoffflaschen in den Fluten der Tiefe. Er hat bessere Chancen als wir, denn das Wasser ist trübe und die Strömung stark. Immer wieder tauchen Erich und ich an der Kette hinunter – doch wir sehen nur schemenhaft die Umrisse des Bugs. Ein großer Schatten schwimmt mehrmals an uns vorbei. Ist das etwa »Boris«, der handzahme, 150 kg schwere Zackenbarsch, den man oft in der Nähe der Stahlkette von der Tauchboje zum Wrack antreffen soll ?

Ulrichs erster Tauchgang mit einem Langustenfischer aus Perth (Australien) diente hauptsächlich der Orientierung und der Probe auf seine Tauchtauglichkeit, die sich als sehr gut erweist. Sein zweiter Tauchgang folgt am nächsten Morgen mit Tauchführer David, einem Einheimischen. Ulrich schwärmt:

»Ein tolles Gefühl, über diesem riesigen Wrack in blau-schwarzer Umgebung zu schweben … Unter uns wieder der Bug und die oben liegende Steuerbordseite des Rumpfes … auf Deck zu Rostklumpen verbacke Munition und anderer Schrott. Wir schweben übers Vorschiff, wo die Flak postiert ist … Ich werfe einen Blick ins Ankerschapp, dann durch eine rechteckige Öffnung in einen Raum mit Kanonen und anderen Dingen … entdecke eine Schreibmaschine, kaum noch als solche zu identifizieren. Wir tauchen ab zum Promenadendeck mit Geschützen und ABC-Masken, schwimmen entlang, können nach unten ins Schiff blicken … Ich erkenne ein paar weiße Schüsseln, erst später wird mir klar, dass es sich um ehemalige WCs handelte. Zurück zur Brücke und abwärts ins zweite Cargohold. In einem Nebenraum steht Geschirr, recht gut erhalten … Dann tief hinab ins Innere des Schiffes. Wir sehen Reifen, Reste von Fahrzeugen … gleiten durch eine Seitenluke … Es ist richtig finster. Überall rostiges Kriegsmaterial … Weiter ins erste Cargohold, auch dort Kanonen, Fahrzeuge, Reifen … Fischschwärme bewohnen das Wrack. In einem Nebenraum kann man das offene Wasser als blau schimmernde Stille im Schwarz erkennen: ein tolles Bild … Ich folge den Lichtern Daniels, tauche wieder an den umlaufenden Verstrebungen entlang, deren Abstand voneinander ich schlecht abschätzen kann … Ich bleibe mit dem Bein hängen, stoße seitlich und oben an … Alles ist von Rost befallen, mit Korallen und Algen besetzt. Wir sehen einen Jeep, auf dessen Windschutzscheibe man quasi im ›Staub‹ schreiben kann. Die Szenerie hat etwas Groteskes …«

* * *

Nach diesem Abenteuer setzen uns die freundlichen Australier dort ab, wo die Amerikaner am Ende des Zweiten Weltkriegs Tausende Tonnen Ausrüstungsgüter ins Meer gekippt haben – am »Million Dollar Point«. Darüber James Michener: »*Am Ostende der Insel gab es eine riesige Korallengrube, in die Abfälle geworfen wurden. Bei Kriegsende wurde alles bewegliche Material in diese Grube gekarrt, Traktoren, neue Jeeps, Erdbewegungsmaschinen, Ambulanzen, einfach alles … Sie bauten … eine Rampe in die See hinaus, und auf die fuhren sie das ganze rollende Material. Dann stellten sie die Zündung an, die riesige Raupe kroch weiter, im letzten Moment sprangen die Fahrer ab, und die riesigen Dinosaurier der modernen Industrie, fast nur neues und hochwertiges Gerät, stürzte in die See … Danach herrschte Friedhofsstille. Der ganze Reichtum war versenkt. Vergeudet.*«

Als Schnorchler kommen wir hier voll auf unsere Kosten: Vom Strand bis 35 Meter Tiefe ist der Meeresboden übersät mit Bulldozern, Kränen, Jeeps, Flugzeugmotoren, Batterien, Reifen, Schrauben, Werkzeugen und Coca Cola-Flaschen … ein riesiger Unterwasser-Schrottplatz. Im dämmrigen Licht dieses irreal anmutenden Raumes erscheinen die Relikte – von grünen, langfasrigen Algenteppichen überzogen und von den Wellen blubbernd und gurgelnd umspült – schockierend verfremdet. Doch der museale Schrott hat auch neues Leben begünstigt: Ein künstliches Riff ist daraus entstanden, bewohnt von Tausenden von Fischen.

* * *

Während Ulrich seinen zweiten Tauchgang absolviert, wollen wir nach Fanafo, einem Dorf auf der Hochebene – einst das Hauptquartier der »Nagriamel«-Bewegung. Deren Ziel war es, das Buschland, auf das die weißen Siedler einen Anspruch erhoben, wieder in den Besitz der Einheimischen zurückzuführen. Gegründet wurde sie Anfang der Sechzigerjahre von Jimmy Stevens, einer schillernden Figur des Südpazifik, schottisch-tonganischer Abstammung, der zu hohen Häuptlingsehren gekommen war. Daneben propagierte er auch die Rückkehr zu den Stammestraditionen. Das Santo-Buschvolk verehrte ihn als neuen Moses, und als der Ruf nach nationaler Unabhängigkeit 1970 lauter wurde, fand seine Bewegung in ganz Vanuatu (insgesamt 150 000 Einwohner) über 20 000 Anhänger. Auch die John-Frum- und Kastom-Leute von Tanna schlossen sich ihr an.

Klug und talentiert, aber unerfahren auf politischem Parkett, verfing er sich im Intrigennetz der Kolonialmächte: Während den englischen Protestanten auf Santo vor allem Stevens Polygamie missfiel – zwanzig Frauen soll er gehabt haben –, unterstützten die Franzosen, die einen dominierenden englischen Einfluss befürchteten, seine antibritische Partei. Kurz vor der Unabhängigkeit (27. Mai 1980) marschierte Steven mit seinen Pfeil- und Bogenkriegern in Luganville ein und rief die Unabhängigkeit von Santo aus: Es war der Auftakt zum »Kokosnuss-Krieg«.

Die nach Luganville gesandten britischen und französischen Truppeneinheiten sahen tatenlos den Plünderungen der Rebellen zu. Eilig hinzugezogene Papua-Neuguinea-Einheiten hatten dagegen weniger Skrupel, auf unbewaffnete Eingeborene zu schießen. Auch einer von Stevens' Söhnen wurde durch ihre Granaten zerfetzt, als sie auf Fanafo vorrückten. Stevens selbst landete im Gefängnis. Nach zehn Jahren kam er bei der generellen Amnestie 1991 wieder frei, verstarb aber drei Jahre später.

Was ist aus Fanafo geworden? Wir fragen in der neuen kleinen Agentur nach dem einheimischen Fremdenführer, der uns für eine Fahrt dorthin empfohlen wurde.

»Der will nicht mehr nach Fanafo«, erklärt der französische Inhaber. »Er und seine Gäste sind dort unerwünscht. Die Bewohner streiten sich um Landrechte und um das Geld, das die Weißen bringen. Erst wollten sie Touristen, nun wollen sie keine mehr und haben die Unterkünfte wieder abgerissen. Aber versucht es trotzdem, man weiß nie, wie man empfangen wird.«

Der einheimische Taxifahrer Karl erklärt sich bereit, uns dorthin zu bringen. Unterwegs entdecken wir wieder Kriegsrelikte – diesmal verfallene Werftgebäude, zugewachsene Wellblechschuppen und Tunnel –, aber auch ein neues, von den Japanern finanziertes Wasserwerk, erstaunlich kultivierte Kaffee-, Kakao- und Obst-Anbaugebiete und Kokosplantagen mit den gepriesenen Rindern. Ausladende Banyans und andere herrliche Bäume ziehen an uns vorüber; Karl kennt sie alle, ob »Blauwasserbaum, dessen Holz das Wasser blau färbt« oder »Natangurapalme, deren Samen als vegetabiles Elfenbein zum Schnitzen dienen. Große Waldflächen sind jedoch überzogen mit

»American Vine«, einer Pest, eingeführt im Zweiten Weltkrieg als schnellwachsende Tarnpflanze. Nach etwa zwanzig Kilometern holpriger Straße erreichen wir mehrere Gruppen von Hütten.

»Fanafo war zu Lebzeiten Jimmys ein einziges größeres Dorf. Nun ist die Siedlung zerfallen und jedes kleine Dorf hat einen eigenen Chief«, erklärt Karl.

Geradezu idyllisch mitten im Wald liegt Jimmy Stevens' Anwesen. Vor dem Holztor am Eingang sind ein paar beeindruckend hohe Kauris und Nadelbäume »aus Europa« postiert. Dahinter erkennen wir eine ältere, untersetzte Frau auf dem Weg durch einen Garten voller Obstbäume und blühender Sträucher zu einigen Strohhütten. Sie zögert, als sie uns sieht, kommt dann aber doch langsam zum Tor und öffnet es einen Spalt. Wir seien zu spät, sie habe nur zwei Stunden geöffnet, meint sie. Doch dann nickt sie uns freundlich zu und lässt uns passieren.

»Das ist Jenny, Jimmy Stevens' ›Erste Frau‹«, stellt uns Karl die Grabwächterin vor.

Um in die Grabhütte zu gelangen, müssen wir unter gekreuzten Harpunen hindurch, die mit den Blättern des heiligen Nagria- und Namale-Strauches geschmückt sind, dem Symbol für die Nagriamel-Bewegung: »A sign of peace«, erfahren wir. Drinnen ist eine Art Altar aufgebaut mit einem verblassten Schwarzweißfoto und einem »von einer Frau aus Amerika« gemalten Ölbild des Verstorbenen. Darunter paradieren zahlreiche knöcherne Schweineschädel mit beachtlichen ringförmigen Hauern um eine mit Natangura-Nüssen geschmückte Kastom-Axt.

»Alles Hermaphroditen, die er selbst getötet hat!«, flüstert Jenny. (Zwitterschweine gelten hier als besonders wertvoll.) »Insgesamt hat er 570 Schweine getötet!«

Der Sarg steht auf einem Podest, das Erdloch ist nur mit Blumen gefüllt. »Damit Jimmys Ideen entweichen können; sein Werk ist noch nicht vollendet.«

»Hundert Tage haben wir getrauert. Die Männer haben die Bärte wachsen lassen und ich habe alles gemieden, was Jimmy gern aß: Reis, Bananen, Taro, Suppen … alles. Erst danach habe ich wieder normal gegessen«, berichtet sie.

»Waren deine Einschränkungen freiwillig?«

»Nein, die Speisen sind in dieser Zeit für Frauen tabu! Jimmy hatte viele Frauen. Eine schaute nach seiner Kleidung, eine bereitete ihm das ›kai kai‹ … Wir lebten alle in einem Haus und haben zusammen gearbeitet: Mal war er mit der einen, mal mit der anderen zusammen, am häufigsten mit mir … Jimmy war anders als alle anderen«, schwärmt sie. »Er lebte nach unserer Sitte und hatte Visionen. Er konnte sehen, was die Zukunft bringt …«

Die zweite Hütte – sie wird gerade renoviert – ist das Nakamal. Als seine Frau darf sie diese Hütte betreten. Andere Leute müssen ein Schwein schlachten oder dafür zahlen, wie wir. Am Eingang ein handgemaltes Schild: »*Jimmy Moli Stevens, President of Nagriamel Custom*«, und neben einem Konterfei des Verstorbenen die Frage: »*What will be the answer to the right of Blacks within the next coming generation and after my death?*«

»Wenn die Hütte fertig ist, gibt es eine ›pig killing ceremony‹«, verkündet Jenny und begleitet uns zum Tor. Wir geben ihr die »donation«: 2x1000 Vatu.

Auf dem Rückweg machen wir noch einen Schlenker zu einem Deutschen, den es vor über dreißig Jahren als Schiffselektriker nach Luganville verschlagen hat, wo er seitdem lebt. Weil er wegen Seekrankheit nicht an Bord kommen will, hat Erich den Anlasser, der uns nach wie vor mit seiner Unzuverlässigkeit quält, ausgebaut. Heinz will ihn sich gleich anschauen, dann können wir ihn morgen wieder abholen.

Abends trudeln überraschend Roman und Andrian ein. Wegen des schlechten Wetters haben sie ihren Aufenthalt in Malekula verkürzt und drängen auf baldige Weiterreise nach Gaua in der Banks-Gruppe. Das kommt ziemlich überraschend für uns. Deshalb stellen wir mit ihnen gemeinsam einen Plan auf für die noch ausstehenden Besorgungen und legen den Start auf morgen Nachmittag.

Banks-Inseln

Vom Nakamal direkt in die Hip-Hop-Szene – Vergnügliche Tropen – Die verkaufte Braut – Seekrankheit und böse Träume

4. September. Bevor wir zum Auslaufen bereit sind, muss noch einiges abgeholt und im Dingi zum Boot gebracht werden: das Fleisch vom »Nambawan« und vom Chinesen die zwanzig Brote, die er für uns gebacken hat, und ebenso die zwei bereitgestellten Kisten mit frischem Obst und Gemüse; außerdem mit dem Taxi 300 Liter Diesel in Kanistern von der Tankstelle und 300 Liter Wasser in Kanistern vom Resort. Während die FREYDIS seeklar gemacht wird, fahre ich mit Karl noch einmal zur Werkstatt: Der Anlasser-Motor sei ok, meint Heinz, ebenso das Relais. Vielleicht ein Massefehler, deshalb hat er die Farbe abgeschliffen. Doch auch das zeigt keine Wirkung. Mit dem Fehler müssen wir weiterhin leben. Erst nach der Melanesien-Reise wird ein findiger Australier bei der Werftüberholung in Townsville das Geheimnis lüften. Eine Steckverbindung im Kabel zwischen Armatur und Hauptmaschine, gut verborgen hinter der Holzverschalung, ist im Laufe der Jahre korrodiert. Als Konsequenz werden wir die gesamte Motorelektrik erneuern lassen.

Um 19.00 Uhr »Anker auf«, unter Radarkontrolle bei Dunkelheit durch den Segond Channel, dann an der Ostküste von Santo entlang nach Norden. 65 Seemeilen sind es bis Gaua, der zweitgrößten Insel der Banks-Gruppe. Alle drei Stunden Wachwechsel. 21-24 Uhr Erich allein, 00-03 Uhr Ulrich mit Andrian.

Um 03.00 Uhr beginnt meine Wache mit Roman. Das Meer ist ruhig wie selten. Noch haben wir Santo nicht hinter uns gelassen: An Backbord öffnet sich die Big Bay, wo Quirós im Mai 1606 mit drei Schiffen vor Anker ging und sich am Ziel seiner Träume wähnte: dem lang gesuchten Südland. An Land ließ er aus Holz eine Wehrkirche und eine Niederlassung, »Nueva Jerusalema«, bauen, Prozessionen und eine Jubelfeier anlässlich der Kolonisation des vermeintlichen Kontinents durch Spanien abhalten. Der Siedlungsversuch scheiterte kläglich. Ausschlaggebend war das brutale Vorgehen seiner Leute gegen die Insulaner, mit denen sie eigentlich Freundschaft knüpfen sollten. Desillusioniert segelten die Mannschaften nach fünfzig Tagen aus der Bucht, während ihr kranker Kommandant in seiner Bordkabine schlief …

Dieses erste Zusammentreffen von Europäern und Bewohnern des Archipels erscheint umso trauriger, als Quirós ein feinfühliger Mensch und in seiner Einstellung zu Bewohnern fremder Länder seiner Zeit weit voraus war: *»Man soll die Bewohner dieser Regionen nicht an ihren eigenen Bedürfnissen messen …; sie sollten vielmehr gesehen werden als Menschen, die ihr Leben mit geringsten Mitteln möglichst angenehm zu meistern suchen, im Gegensatz zu uns, die wir uns zermartern und erschöpfen auf der Suche nach dem Überfluss«*, schreibt er in seiner *Eighth Petition to the King of Spain.*

Die FREYDIS läuft unter Motor durch die Dunkelheit. Die ganze Nacht und auch noch am Vormittag absolute Flaute. Dann plötzlich ein Windhauch aus Ost. Eilig setzen wir den Blister und gleiten – ein leises Rauschen des Windes in den Segeln – durch die spiegelglatte See. Am Nachmittag haben wir die fast runde, gebirgige Insel Gaua in Sicht, die Quirós »Isla Virgen Maria« taufte. Bei Annäherung präsentieren sich die steil abfallenden Hänge an der Südostseite in bestechenden Farben: sattgrüner Wald und weißer Sandstrand an tintenblauem Meer. Roman zückt die Kamera zur rechten Zeit. Kurz darauf prasselt ein Regenguss aufs Deck. »Frontdurchgang«, schreibt Erich ins Logbuch.

* * *

Gaua gilt als einer der gefährlichsten Vulkane Vanuatus: Nur eine dünne Felsschicht trennt die Magmakammer vom schwefelhaltigen Kratersee Letas am Fuß des 800 Meter hohen Mt. Garet. Ein kleiner Riss, und es kann ein zweites Krakatau geben, warnen Experten. Etwas mulmig ist einem hier schon, auch wenn im Augenblick nichts raucht oder knallt.

In der Losalava Bay an der Nordostküste finden wir hinter einem breiten vorgelagerten Korallenriff einen einzigartigen Ankerplatz: Wir hören das Dröhnen der Brandung und liegen doch ruhig und geschützt – zumindest, solange der Passat nicht stürmt. Übermütig springen wir ins glitzernde Nass und sind umgeben von Schwärmen bunter Fische.

Danach begrüßen wir Chief Andrew und Sohn Wilton im Dorf Namasari: Außer Strohhütten und einer Kirche besitzt es auch ein Hospital, jedoch ohne Arzt, ein Ausbildungszentrum für junge Männer, doch ohne Ausbilder, und eine Schule, deren Schulgeld viele Eltern nicht aufbringen können. Die moderne Welt gibt es allenfalls per Video: Wiltons Freunde haben originelle Muster in ihre kurzen Schöpfe rasiert.

»Kastom?«, frage ich neugierig. Verlegenes Lächeln: »Nur aus einem Video kopiert.« Ein bemerkenswerter Sprung: Vom Nakamal direkt in die Hip-Hop-Szene.

Am nächsten Morgen lassen sich Roman und Ulrich von Wilton und dessen Bruder zum Kratersee führen. Der Skipper begnügt sich mit einem Vierzig-Minuten-»walk to the big Banyantree«. Andrian und ich hüten die FREYDIS.

Verdreckt und verschwitzt kehren die beiden nach sieben Stunden an Bord zurück. Ulrichs Resümee klingt ernüchternd: »Für mich war die Tour wichtig, sonst wäre ich womöglich noch auf die Idee gekommen, eine Dreitagestour zu unternehmen. Ab dem Banyan war kein aufrechter Gang mehr möglich. Die Schlingpflanzen, die einen festhielten und immer wieder zu Fall brachten, und das ganze Holz am Boden ... Die kleinen Eingeborenen haben mit der Machete den Weg nur so weit freigehackt, dass sie selbst durchkamen. An einer Quelle haben wir eine Pause eingelegt – ich hätte mich in den Matsch legen können, so fertig war ich! Stattdessen pflanzten wir einen Baum am Wasserloch, wie es ›kastom‹ ist! Wir bekamen einen Zweig in die Hand gedrückt, den wir in die Erde steckten. Nach Aussage unserer Führer wachsen sie zu Bäumen. Aber hier wächst wohl alles an, was grün ist. Im Busch ist alles Pflanze; man kann sich nirgends festhalten, alles reißt und knickt weg unter Last.«

»Und was gab es am Ende zu sehen?«

»Einen See, sonst nur viel, viel Busch, nichts zu fotografieren. Roman war ganz schön sauer: ›Man muss wissen, wo man hingehört, ich gehöre nicht in den Busch‹, hat er geknirscht. Den ganzen Weg umsonst in gebückter Haltung! Auf dem Rückweg passierten wir eine Hütte, wo wir Trinkkokosnüsse bekamen und der Besitzer uns erzählte, der Ort sei von einem ›Teufel‹ besessen gewesen. Erst nachdem Kastom und Missionare gemeinsam zum Einsatz kamen, sei er nun weggezogen oder tot.«

Am Abend gibt es auf der FREYDIS ein Abschiedsmenue mit allem, was Bordküche und Bordbar zu bieten haben, denn morgen werden uns Andrian und Roman verlassen. Nachts heftiges Gewitter, langrollendes Donnern, auflandiger Starkwind und Regenböen. Um uns herum nichts als brausende, tosende Finsternis. Die Kette rumpelt, die Wassertiefe schwankt beim Schwojen zwischen zehn und dreieinhalb Metern. Die scharfkantigen Korallenköpfe und das Riff in unserer Nähe machen uns große Sorgen. Im Radar ist die schmale Passage ins offene Wasser zu erkennen. Wir behalten sie ständig im Auge und lassen die Maschine laufen, um schnell reagieren zu können. Doch der Anker hält.

Früh am Morgen setzen wir die beiden an Land und nehmen Abschied voneinander. Weil das einzige Auto im Dorf defekt ist, müssen sie die zwei Kilometer zur Flugpiste zu Fuß zurücklegen. Kein Spaziergang für den schmerzgeplagten Andrian – zwei Bewohner tragen deshalb sein Gepäck.

Sechs Wochen waren wir zusammen – für sie wie für uns eine ganz neue Erfahrung. Obwohl Andrian durch sein Rückenleiden und Roman durch Seekrankheit gehandicapt waren, haben sie uns an Bord nach Kräften unterstützt. Insgesamt ist die Reise für alle gut gelaufen – auch im Hinblick auf das Rohmaterial für die GEO-Redaktion. Aus Port Vila werden wir einen letzten Gruß von den beiden erhalten: eine Harpune, die sie der Folgecrew für uns mitgeben – »gegen die Krokodile!«

* * *

Christian von der Donella meldet sich über Radio aus Noumea: miserables Wetter von Fidschi über Neukaledonien bis Vanuatu; sogar auf den Cooks weht's mit vierzig Knoten! Erst auf den Salomonen soll's besser sein.

Nun sind wir zu dritt: Bis wir das zweite GEO-Team und unsere beiden Mitsegler für die Etappe durch die Salomonen-Inseln in Port Patteson (Vanua Lava) – dort gibt es einen kleinen Flugplatz – in ein paar Tagen an Bord nehmen, wird Ulrich noch bei uns bleiben. Wir beschließen, die Zeit für zwei Abstecher zu nutzen, die uns interessant erscheinen: zur Waterfall Bay im Westen von Vanua Lava, der größten Insel (331 qkm) der Banks-Gruppe, und zur nordwestlichsten Insel der Banks: Ureparapara.

09.00 Uhr Anker auf. Am Himmel kreisen Flughunde und über die Hügel steigt eine kleine weiße Wolke. Während Gaua langsam achteraus verschwindet, schälen sich vor uns die Berge von Vanua Lava aus dem Dunst. Ulrich, zufrieden: »Südseesegeln, wie ich es mir vorgestellt habe: Wind 4 bis 5 Bft, Sonne, dunkelblaues Wasser und zu Mittag Frikadellen.«

Aus der nachmittäglichen Trägheit reißt uns wieder ein spektakulärer Anblick. Majestätisch hohe, sattgrüne Uferwände bauen sich vor uns auf und ein Doppelwasserfall (Sarah Falls) funkelt im Busch wie ein Rohdiamant: Waterfall Bay! Ein einmaliger Ankerplatz. Wieder hat der Skipper die richtige Nase gehabt.

Auch in der Abendsonne an Land erweist sich die Dschungelszenerie als außerordentlich schön: Umrahmt von alten, knorrigen Bäumen rauscht der Zwillingswasserfall von den Felsklippen und verteilt seinen schäumenden Überfluss auf zahllose brodelnde Becken, bevor er ihn ins Meer entlässt. Am Ufer spielen Kinder, und Frauen legen ihre Wäsche zum Trocknen auf die warmen Steinbrocken. Ein fröhliches Treiben, das ansteckt: »Echt stonewashed«, freut sich Ulrich über das wieder erscheinende Blau seiner salz- und schlammverkrusteten Jeans in einem der Bassins. Auch wir selbst lassen uns die Salzkrusten vom Körper waschen: Schon lange habe ich mich nicht mehr so wohl gefühlt!

Den ganzen nächsten Vormittag verbringen wir auf dem Riff, das bei Niedrigwasser größtenteils trockenfällt, beobachten, wie aus kleinen Löchern die Brandung faucht, und entdecken Miniatur-Grotten mit leuchtend blauen Fischen, Seesternen und schwarz-gelb gebänderten, giftigen Seeschlangen.

Bewohner des Dorfes – es liegt auf einem Felsplateau über den Sarah Falls und ist von unten nicht zu sehen – bringen Körbe mit Inselspezialitäten (Obst, Gemüse, frisch gefangene Süßwasser-Garnelen), die gegen T-Shirts und Vatu an Bord gereicht werden.

1

1 *Eisiger Auftakt: im Winter um Kap Hoorn.*

2 *Inselhopping in den Marquesas.*

3 *Puerto Montt: Generalüberholung der* FREYDIS *vor ihrer Pazifiküberquerung.*

2

3

4

5

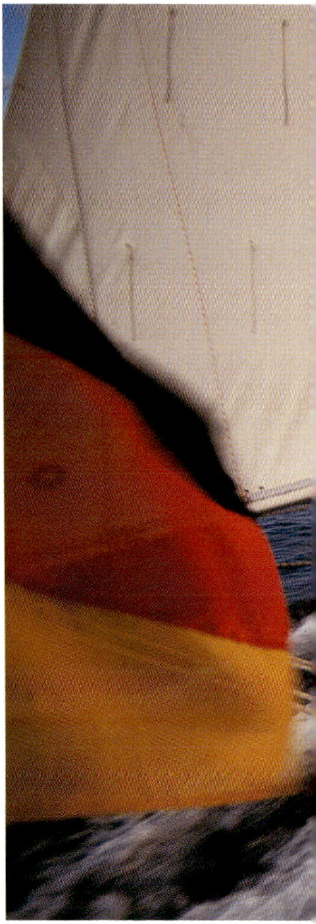

6

7

8

9

4 Robinson Crusoe: Wanderung über die Insel auf der trockenen Leeseite.

5 Robinson Crusoe: Der größte Schatz aller Zeiten soll hier gehoben werden.

6 Niue: in einer Korallengrotte.

7 Fidschi: Landfall im Morgengrauen.

8 und 9 Tonga: »Meer«-Schweinchen beim Muschelsuchen und als Festbraten.

10

11

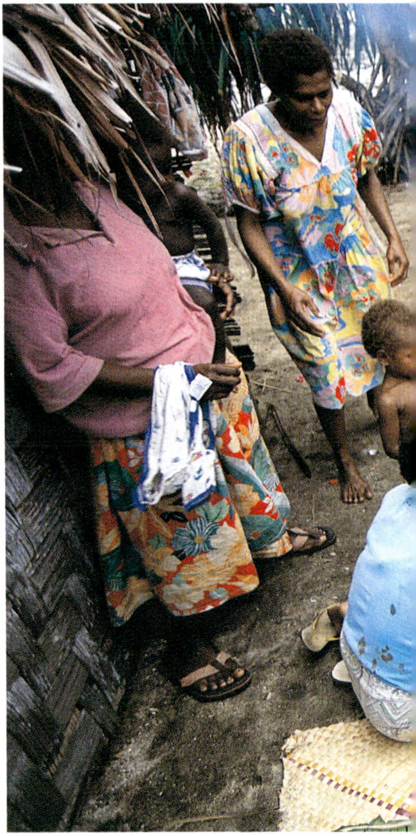

12

13

10 Aneityum: Roman fotografiert Toni auf der Rifflagune.

11 Unser erstes GEO-Team: Kameramann Roman Bezjak und Journalist Andrian Kreye.

12 Malekula: fröhlicher Tauschhandel.

13 Espiritu Santo: Erich und Ulrich schaffen Proviant an Bord, eine schweißtreibende Arbeit.

14 Banam Bay, Malekula: Frauen bereiten das traditionelle Essen (Laplap) für uns zu.

15 Tanna: Interview in Yakel mit dem betagten Chief Jonson Kowia, Visionär und strikter Anhänger des Kastom.

14

15

16 Malekula: Inselbewohner mit traditionellem Kopfputz.

17 Eine Seekuh (Gabelschwanz-Sirene) nimmt mich beim Luftholen Huckepack.

18 Kanutanz auf Malekula: Hier sind die Tänze noch ursprünglich und nicht zur Touristenattraktion verkommen.

16

17

18

19

20

21

19 Banam Bay, Malekula: Meine Sprechstunde im Frauenhaus ist gut besucht.

20 Tanna: kleiner Markt im Schatten eines großen Banyan.

21 Vanua Lava: Frauen des Dorfes waschen in der Waterfall Bay.

22

23

24

22 Tanna: Wäscherin am Lake Isiwi am Fuße des hochaktiven Vulkans Yasur.

23 Fanafo auf Espiritu Santo: Zu Jimmy Stevens' Grabstätte führt uns seine »Erste Frau«, Jenny.

24 Banam Bay, Malekula: Chief Saitol und einige Dorfbewohner besuchen uns an Bord.

Ganz wild aufs Tauschen ist auch der 12-jährige Chiefsohn Andrew, der gestern mit seinem Freund an Bord kam. Für ein paar »kokonat« gaben wir ihnen eine »Wundertüte« mit Bonbons, Stiften, Luftballons und Verbandspflaster – einige klebten sie sich sofort auf ganz unversehrte Stellen. Für noch mehr Garnelen opfere ich diesmal sogar meine Schirmmütze mit solarbetriebenem Ventilator. »Echt cool sieht er damit aus«, findet Ulrich, als der kleine Kerl voller Stolz mit seiner neuen Errungenschaft davonpaddelt.

Am Abend gibt's auf der FREYDIS »aelan cabis« (Inselkohl) und Garnelen satt: So sind Tropen auszuhalten!

* * *

Mittags verlassen wir die Bucht, schaukeln unter blassblauem Himmel, kleinen Passatwölkchen und freundlichem Sonnenschein an der üppig grünen Westküste weiter nach Norden. In wenigen Tagen werden wir Vanua Lava wiedersehen – dann die Ostseite. Bei leichten vorlichen Winden nehmen wir Kurs auf die 15 Meilen entfernte Insel Ureparapara.

Nachmittag. Erich und Ulrich gehen Wache. Ich sitze im Cockpit, blicke auf die kabbelige See und die langsam näher kommende Insel. Ich stelle mir vor, wie es wohl war, als Kapitän William Bligh auf seiner Fahrt im offenen Boot nach Timor (1789) die Inselgruppe entdeckte – er segelte auch an Ureparapara, der nordwestlichsten Insel vorbei – und sie »Banks« nannte nach dem Botaniker, der Cook auf seiner ersten Reise begleitet hatte. *»Der Anblick der Inseln vermehrte nur noch das Elend unserer Lage. Wir starben fast vor Hunger und hatten Überfluss vor Augen, aber ein Versuch, uns Hilfe zu verschaffen, wäre zu gefährlich gewesen.«* (*Meuterei auf der Bounty*)

Für uns ist der Landfall auf den Inseln kein Wagnis mehr auf Leben und Tod, aber doch ein aufregendes Abenteuer. Ureparapara ist ein nahezu runder, 800 Meter aus dem Meer ragender, erloschener Vulkan mit eingebrochenem, von der See geflutetem Zentralkrater an seiner Nordostflanke. In diesem Krater liegt die Bucht, die wir ansteuern.

Auf dem zwei Seemeilen langen Weg hinein haben wir tatsächlich das Gefühl, als segelten wir direkt in den Vulkanschlund. Zu beiden Seiten hohe grüne Hänge und schwarzer Fels, am Ufer Mangroven und am Ende Sandstrände und ein Strohhütten-Dorf unter Palmen. Wolkenschleier an den steilen Berghängen verleihen der Insel ein entrücktes, geheimnisvolles Aussehen. Kanus kommen uns entgegen, zeigen uns den Ankerplatz. Erich ins Logbuch: »16.00: Ankern auf zehn Metern Tiefe im Inneren der Lorup Bay. Stecken fünfzig Meter Kette, da auflandige Böen. Position: 13°32,5'S, 167°20,5'E. Das erste Mal auf dieser Reise, dass die Insassen der Auslegerkanus sich an der Seereling festhalten und alles ›in Augenschein‹ nehmen und betatschen, was da so an Deck herumliegt. Fortan müssen wir auf unser Eigentum aufpassen!«

Chief Nicholson, Ende dreißig, klettert an Bord: »Welcome to my island!«, verkündet er fröhlich mit einem voluminösen »Visitor's Book« in der Hand. Wir sind müde von der Fahrt, wollen ihn aber nicht vor den Kopf stoßen und raffen uns zu einem kleinen Plausch über die Insel auf. Auf Wunsch könne er für uns Tänze oder ein Fest ausrichten, strahlt Nicholson, und seine großen Flügelohren wippen. Oder falls wir auf den Gipfel der Caldera wollten, einen Führer schicken. Und wie wär's gleich mit einem Abendessen? Seine Frau kocht Langusten, ein gutes Laplap ... Klingt vielversprechend.

Ulrich hält sich im Hintergrund: »Der Chief trinkt Kaffee, blättert ungeniert in unseren Büchern und rülpst alle dreißig Sekunden. Der Typ gefällt mir nicht besonders.«

Nicholson legt uns nochmals das Gästebuch ans Herz. Uns stockt der Atem, als wir darin den Eintrag von Fritz und Therese Messerli (ATHENE III) entdecken: »*We enjoyed this place...*«, schrieben sie vor wenigen Monaten. Schon an ihrem nächsten Stop, Utupua, verwandelte sich die Welt für sie in einen Alptraum: Dort wurde der Skipper von einem Krokodil getötet.

Nach dem Abendessen sitzen wir noch eine Weile in Gedanken versunken im Cockpit. Auf dem Riff bewegen sich Lichter – die Bewohner fangen Langusten.

* * *

Der Morgen taucht die Bucht in ein stimmungsvolles Licht. Am Strand ist noch niemand zu sehen. Wir setzen zum Dorf Lesereplag über, wo uns Chief Nicholson seine Familie vorstellt: Frau Melody, vier Kinder und seine Mutter May. Besonders stolz ist der Chief auf sein Büro: eine kleine Hütte mit Stößen alter Zeitungen und, seit zwei Wochen, Solarstrom-Telefon! Das hebt sein Ansehen: Vor neun Jahren ist er zum »Nasara-Chief« (Dorfchief) gewählt worden und könnte nach zehn Jahren zum »Paramount Chief« aufsteigen.

»Aber Paramount Chief war hier noch niemand und ich glaube kaum, dass ich der erste sein werde«, meint er bescheiden. Der allerhöchste Rang sei der »Womotschela« (das Auge der Sonne), aber der sei fast unerreichbar.

Nicholson führt uns durchs Dorf, vorbei am neuen »Gemeinschaftshaus«, gepflegten Strohhütten, einem »Kindergarden« und einer »Primary School« mit mehreren Strohhütten als Klassenzimmer, in denen dreißig Kinder von zwei Lehrerinnen unterrichtet werden. Eine von ihnen, Lilian, spricht gut verständliches Englisch: Sie hat in Vila die »Teacher Training School« besucht und ist nach einem Praktikum auf anderen Inseln zu ihrer Heimatinsel zurückgekehrt und hat geheiratet.

»Mein Mann arbeitet als Fischer. Er kaufte mich auf traditionelle Weise«, berichtet Lilian. »Dass ich Lehrerin bin, hat unser Zusammenleben geprägt. Mein Mann schaut zu mir auf, stellt mich auf keine geringere Stufe als sich selbst. Er folgt meinem Rat und hilft mir bei der Arbeit für die Schule. Das ist bei uns nicht die Regel. Nur wenn du eine Ausbildung hast, wirst du als Gleichberechtigte behandelt. Doch wir verstehen uns gut und haben drei Kinder. Ich verdiene 3500 Vatu im Monat (etwa 25 €). Zusammen mit dem Verdienst meines Mannes können wir uns vieles leisten.«

Eine Brücke führt über einen kleinen Fluss zum oberen Dorf inmitten blühender Gärten: Kinder spielen mit bunten Papageien, Frauen schälen Gemüse, raspeln Kokosnüsse für die Zubereitung des Essens oder waschen ihre Wäsche im Bergbach, der weiter oben zu Badepools aufgestaut ist. An einer Palme hängt ein Metallrohr mit Klöppel. »Wenn die Männer baden und eine Frau passieren will, muss sie das Rohr schlagen, damit sie keine anstößigen Szenen sieht«, erklärt uns der Chief.

Nach dem Dorfbummel setzen wir uns an einen großen Tisch vor Nicholsons Hütte und besprechen mögliche Aktivitäten. Wir fragen, ob wir am üblichen Dorfleben teilnehmen dürfen – vielleicht auch an einer Familienfeier.

»Vor einer Woche hatten wir hier eine Kastom-Hochzeit, ein großes Fest! Da hättet ihr hier sein sollen!«, meint der Chief bedauernd. Die nächste Trauung sei erst für den kommenden Monat geplant. Der Bräutigam arbeite noch, um das Brautgeld zusammenzubekommen: Auf Ureparapara liegt der Spitzenpreis bei 25 000 Vatu (rund 170 €). In diesem speziellen Fall koste die Braut allerdings nur 9000 Vatu, weil sie bereits vier Kinder von ihrem Partner hat und ohnehin mit ihm zusammenlebt. Dazu kommen noch 4000 Vatu für ein Schwein, 1000 für Kava, 3000 für Yams und Taro.

Im Vergleich zu den Preisen in der Banam Bay – 80 000 Vatu für die Braut, vier Schweine und noch einiges mehr – scheint uns das spottbillig. Aber woher soll das Geld auch kommen? Die Insel besitzt keine Flugpiste, und die einzige Verdienstmöglichkeit ist Kopra – eine Tonne Kopra bringt 25 000 Vatu. Schnitzer gibt es zwar, aber kaum Gäste, die etwas kaufen.

Erich und ich haben denselben Gedanken: »Könnte man die Hochzeit nicht vorverlegen? Wir würden gern etwas beisteuern. Daran könnten das erwartete GEO-Team und auch wir teilnehmen. Aber auch die Brautleute würden davon profitieren: Es gäbe also nur Gewinner.«

»Zu spät, zu spät!«, regt sich der Chief auf. »So vieles muss vorbereitet und gekauft werden … Unmöglich, das alles so schnell zu beschaffen – leider ganz unmöglich!«

Doch unser Angebot lässt ihm keine Ruhe: Er will noch mit den Mitgliedern des »Village Council« beraten. Der Vater des Bräutigams gibt ohne Zögern seine Zustimmung. Den Namen seiner zukünftigen Schwiegertochter darf er bis zur Hochzeit nicht nennen. Nicholson verrät ihn: »Sie heißt ›Unity‹ (Einigkeit).«

Als wir am Nachmittag wieder anlanden, ist Chief Nicholson in Hochstimmung: »Alle sind dafür«, eröffnet er uns und stellt uns den Dorfrat vor, einige ältere Männer und Frauen, die uns alle die Hand reichen und freundlich begrüßen. Die nächste und schwerste Hürde sei Father Barnabas, der anglikanische Geistliche, ohne dessen Segen es hier keine Hochzeit gibt, auch keine Kastom-Hochzeit.

Barnabas wohnt einen Tagesmarsch entfernt in einem kleinen Dorf an der Außenseite des Kraters. Der Chief will sofort einen Läufer losschicken, um den Geistlichen zu fragen, ob er den langen Fußmarsch noch einmal auf sich nehmen und die Trauung am kommenden Sonntag vornehmen will.

Ulrich notiert: »*Es ist nicht zu fassen: Wir verschieben hier mal eben eine Hochzeit und zahlen den Brautpreis! Ich komme mir schon sehr komisch vor, für ein paar Fotos so ins Leben zweier Menschen beziehungsweise des Dorfes einzugreifen. Die Dorfbewohner müssen uns für vollkommen plemplem halten. Wir verlassen das Dorf in einer Mischung aus Ausgelassenheit und Freude über den ›Deal‹ – und berechtigten Zweifeln, ob das Fest auch wirklich stattfinden wird …*«

Wir segeln zurück zur Insel Vanua Lava, um an ihrer Ostküste die GEOs und Mitsegler für den zweiten Abschnitt an Bord zu nehmen. Der »Ernst des Lebens« beginnt von Neuem.

* * *

Nordostwind – voll auf die Nase, dazu ruppige See. Mühsam stampfen wir Meile für Meile durch die stockfinstere Neumondnacht. Der Wind hat stark aufgefrischt, als wir uns unter Radar in die Nordbucht (Nawono Bay) von Port Patteson tasten. Angestrengt halten wir Ausschau nach Brechern, die Riffe oder Untiefen anzeigen. Denn die Karte ist äußerst vage.

Erste Regen- und Starkwindböen fegen über uns hinweg. Nach einem eiligen Ankermanöver liegen wir einigermaßen geschützt. Während draußen das Chaos ausbricht, essen wir in Ruhe zu Abend. Doch der Wind legt noch zu. In der Nacht attackieren uns die Sturmböen. Erich steckt noch einmal zwanzig Meter Kette. Gegen den endlosen Regen aber sind wir machtlos; bald tropft es durch mehrere Fenster und Luken – Sonne und Salzwasser haben die Silikondichtungen mürbe gemacht. Auch meine Koje schwimmt. Wir schlafen kaum. Ulrich macht sich Sorgen wegen seines Rückfluges. Die Landebahn soll nur eine Graspiste sein …

Der Morgen bringt eine weitere Überraschung: Die elektrische Ankerwisch hat ihren Geist aufgegeben, nicht einmal der Notbetrieb über Hand funktioniert noch; die Feder ist gebrochen. Das heißt wieder einen ganzen Tag Arbeit! Zunächst aber bleibt den beiden Männern an Bord nichts anderes übrig, als den 35 kg schweren Bügelanker an der 50 Meter langen Kette, keuchend und fluchend, über Hand zu bergen. Als das geschafft ist, verholen wir die FREYDIS zur Südbucht von Port Patteson.

»Hier sieht man mehr Wracks auf Riffen als fahrende Schiffe!«, staunt Ulrich. »Ob Zyklone dafür verantwortlich sind?«

Der Regen hat viel Schlamm in die Bucht gespült und ihr Wasser in eine trübe Brühe verwandelt. In einer der Flussmündungen verfolgen wir durchs Glas einen »Kampf der Giganten«, erkennen ab und zu eine Flosse, oder ist es das Paddel eines Dugongs, der Schwanz eines Krokodils? Hier sollen zwei große Salzwasserkrokodile leben, die einzigen Exemplare einer größeren Population, die der verheerende Zyklon 1972 übrig ließ.

Wir ankern vor dem kleinen Ort Sola und versuchen über Funk Father Barnabas auf Ureparapara zu erreichen, kommen aber nicht durch. Also bei strömendem Regen an Land zum Funkgerät im Government Office.

Father Barnabas sieht leider unlösbare Probleme: »Jede Vermählung muss 14 Tage vor dem Termin öffentlich angeschlagen und bei der Kirche gemeldet werden, sorry …«

Plötzlich schaltet sich die Stimme der Staatsmacht in den Fall ein, der »Assistent Secretary General« für die Provinz Torba (Torres- und Banks-Inseln) löst das Problem mit einem einzigen Satz: »Die Hochzeit kann stattfinden.«

Im »Stadt-Dorf« Sola finden wir neben Verwaltungsgebäuden, Guesthouse, Kirche, Schule, Post Office und Bank auch einen Co-op-Laden. Dort kann man Fischdosen, Reis und Alkohol kaufen, aber kein Brot. Das gibt es nur, wenn Mehl mit dem Schiff kommt.

Nachmittags großes Hallo unserer Mitsegler. Peter, 55, Rechtsanwalt, und Erwin, 68, Schiffsingenieur a. D., kommen an Bord. Sie kennen sich aus, sind beide schon mit uns auf der FREYDIS gesegelt: Peter durch Patagonien, Erwin um Kap Hoorn. Um 15.00 Uhr Treffen auf dem Hügel im anglikanischen Zentrum mit Father Luke. Der Pastor – er begrüßt jeden von uns mit Handschlag und freundlichen Worten – ist Ende fünfzig, Vater von sechs Kindern und hat in seinem Leben schon viele Ämter bekleidet. Er war Minister, Parlamentsmitglied, Kirchenoberhaupt und Gesundheitsberater von den Banks und Torres, Staatssekretär von Vanuatu etc. Zudem ist er Besitzer dreier Resorts. Für einen Mann Gottes ist Father Luke recht geschäftstüchtig!

Er übergibt uns einen Brief an Chief Nicholson, den er »my son« nennt. Wir sind überrascht.

»Ich war erster Offizier auf Ureparapara und ich war jung und hübsch, und so ist es eben passiert«, lächelt er. »Meine Frau weiß davon, Nicholson besucht uns häufig.«

Ob wir wüssten, dass morgen »Women's Day« sei. Nach der Messe gebe es ein Essen, an dem auch wir teilnehmen könnten, und anschließend Kastom-Tanz, diesmal nur von den Frauen.

Unsere Mitsegler bringen ihr Gepäck an Bord. Nach dem Abendessen großer Erfahrungsaustausch: Die beiden haben auf ihrem Flug Zwischenstopps in Vila und Luganville eingelegt.

* * *

11. September. Unser Freund Ulrich, immer hilfsbereit und dazu noch gut gelaunt und zu Späßen aufgelegt, geht von Bord. Schade! Wir werden ihn vermissen! Derselbe Flieger, der ihn entführt, bringt das neue GEO-Team, Michael Stührenberg und Pascal Maitre, für die Reportage über die Salomonen. Michael, 49, lebt als freier Reporter in Paris. Nach dem Studium an der Sorbonne unterrichtete er als Buschlehrer in Afrika. Für GEO berichtete er schon aus fast allen Gegenden der Erde. Pascal, 47, arbeitet als Fotoreporter für internationale Magazine und Zeitungen und wurde bereits mit dem renommierten »World Press Photo Award« ausgezeichnet.

Pascal lernen wir erst hier kennen, während wir mit Michael bereits ein persönliches Gespräch in der Redaktion hatten. Für ihn stand damals schon fest: Kameramann würde sein langjähriger Mitstreiter und Freund Pascal sein.

An Bord beziehen die beiden die Achterkammer. Dann folgt die übliche Schiffs- und die Sicherheitseinweisung, verbunden mit einer Aufklärung über Seekrankheit und dem Angebot an Bord erprobter Medikamente dagegen. Die beiden beschließen, erst einmal abzuwarten. »Für den Fall, dass euch übel wird und ihr es nicht mehr schafft bis zur Toilette, nehmt einen Eimer mit nach unten.«

Nach der Ausklarierungszeremonie durch zwei Beamte aus Luganville stechen wir kurz nach Mittag in eine ziemlich hackige See, Wind spitz von vorn. Natürlich werden die GEOs seekrank. Und natürlich hat Pascal keinen Eimer mitgenommen. Stattdessen erleichtert er seinen Magen gründlich über die Polster im Salon und legt sich dann in seine Koje. Mit Zäpfchen werden die beiden ruhig gestellt. Wir ärgern uns über die vollgekotzten Polster: Wie sollen wir den Gestank jemals wieder loswerden?

Bei Einbruch der Dunkelheit, um 18.00 Uhr, ankern wir wieder an unserer alten Stelle in Ureparapara. Pascal, von den Toten auferstanden, erscheint an Deck: »Ah, c'est mieux maintenant!«

Totenstille in der Bucht, niemand zu sehen – selbst auf Chief Nicholson warten wir an diesem Abend vergebens.

Erst am nächsten Morgen kommt er im Kanu. Bedauernd teilt er uns mit, dass aus der geplanten Hochzeit doch nichts wird. Nicht wegen Father Barnabas, der sei wie verabredet über den Berg gewandert und augenblicklich im Dorf, sondern weil ein Schwerkranker in der Familie des Hochzeitspaares mit dem Tode ringe. Später im Dorf bedauert der Pastor zutiefst, dass die Hochzeit abgeblasen ist. Aber sowohl er als auch Nicholson weichen aus, als ich sie nach dem Kranken frage.

»Er hat böse Träume, redet wirres Zeug … ein Junge von zwanzig Jahren, sonst nie krank.«

»Hatte er einen Unfall? Kann ich ihn sehen?« Die beiden wissen, dass ich Ärztin bin.

»Das geht leider nicht. Die ›witch doctors‹ erlauben es nicht.«

Während Barnabas zur Kirche eilt, um die Sonntagsmesse zu lesen, bohre ich weiter. Doch der Chief schüttelt den Kopf: »Ich verstehe gut, dass du uns helfen willst, aber du kannst nichts tun, so schrecklich das ist! Du kannst mir glauben, wenn ich zu entscheiden hätte, würde ich sofort mit dir zu dem Kranken gehen.«

»Willst du nicht mit deinem Vater in Sola sprechen?«, frage ich in der Hoffnung auf ein erlösendes Machtwort des ehemaligen Gesundheitsbeauftragten. Vergeblich.

»Mit ihm habe ich bereits gesprochen. Er kann nichts tun«, seufzt Nicholson. Düstere Choräle schallen zu uns herüber und unterstreichen die gedrückte Stimmung.

Als die Messe, an der auch unsere Mitsegler teilnehmen, zu Ende ist, suche ich Father Barnabas in seiner Hütte auf. Als ich noch einmal auf den Kranken zu sprechen komme, winkt er ab.

»Our kastom!«, brummt er achselzuckend und eilt aus der Hütte.

Erst jetzt bemerke ich eine jüngere Frau auf einer der Holzpritschen – Lilian, die Lehrerin, und wie ich nun erfahre, Tochter von Father Barnabas. »Warum schweigen alle? Weshalb kann ich den Kranken nicht sehen? Gibt es ein Tabu? Haben wir etwas falsch gemacht?« Sie schüttelt den Kopf.

»Die Jugendlichen trinken Brennspiritus – das ist das Problem!«, presst sie heraus. »Sie mischen ihn mit Fruchtsäften.«

»Vergällter Alkohol? Woher haben sie das Zeug?«

»Es kommt mit dem Handelsschiff. Wir brauchen es zum Anzünden und Reinigen der Petroleumlampen. Manche Leute setzen Alkohol auch mit Hefe an und vergären die Fruchtsäfte. Immer wieder gibt es dadurch Tote. Auch auf der letzten Hochzeitsfeier hat einer zu viel davon getrunken. Aber wir können nichts tun; es ist eine Angelegenheit der Familien.«

Wahrscheinlich könnte auch ich nichts mehr tun. Doch nicht der Methylalkohol selbst ist giftig, sondern seine Abbauprodukte. Sie führen zu Nervenschäden, Blindheit oder gar zum Tod. Man versucht zunächst, den Abbau zu verzögern, indem man normalen (Äthyl-)Alkohol zu trinken gibt, der dieselben Abbauenzyme benötigt und sie dadurch teilweise blockiert. Ist es dafür zu spät, kann nur noch die künstliche Niere helfen. Aber wo ist die nächste?

Nicholson schaut noch einmal mit dem Kanu vorbei und bringt das bestellte Obst und Gemüse. Zum Schluss drückt er die Hand des Skippers »Wir werden euch nie vergessen. Und ich bin ganz sicher, eines Tages werdet ihr wiederkommen.« Mit dem Gästebuch, in das wir uns eingetragen haben, will er abziehen. Michael hat noch eine Frage: »Warum bist du nicht in die Kirche gegangen?«

»Keine Lust«, brummt der Chief und paddelt davon.

06.00 Uhr morgens: Ohne elektrische Winde müssen wieder »alle Mann« mit anfassen, um den Anker aus dem schlammigen Grund auszubrechen. Anschließend setzen wir das Großsegel und laufen langsam unter Motor aus der Bucht. Mit Ureparapara verlassen wir Quirós' »Austrialia del Espiritu Santo«, Cooks »Neue Hebriden« und Bougainvilles »Große Zykladen«: Wir verlassen Vanuatu, ein Land voller Widersprüche und skurriler Geister, »in dem alles möglich ist, aber nichts je geschieht«, wie es ein Expat einmal ausdrückte – ein Land der Visionäre und Propheten, in dem schwarze Magie, Hexenglauben und uralte Mythen lebendig sind wie eh und je – ein Niemandsland zwischen den Kulturen im Aufbruch zur Moderne, ein Land mit einem langsamen Pulsschlag und den zufriedensten Bewohnern, denen wir je begegnet sind.

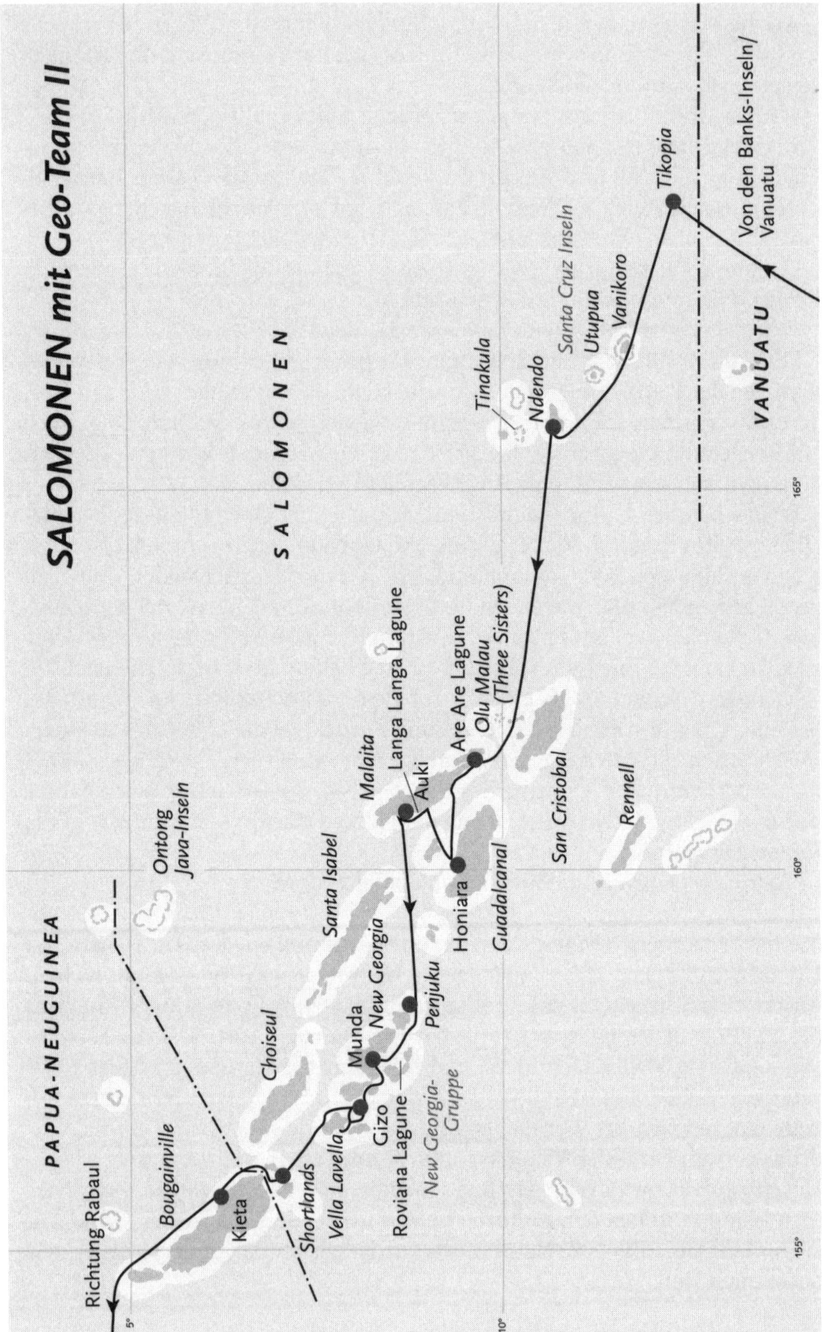
SALOMONEN mit Geo-Team II
PAPUA-NEUGUINEA
SALOMONEN
VANUATU
Richtung Rabaul
Bougainville
Kieta
Shortlands
Vella Lavella
Roviana Lagune
Gizo
New Georgia-Gruppe
Choiseul
Munda
New Georgia
Penjuku
Santa Isabel
Ontong Java-Inseln
Malaita
Langa Langa Lagune
Auki
Honiara
Guadalcanal
Are Are Lagune
Olu Malau (Three Sisters)
San Cristobal
Rennell
Tinakula
Ndendo
Santa Cruz Inseln
Utupua
Vanikoro
Tikopia
Von den Banks-Inseln/
Vanuatu
5°
10°
155°
160°
165°

Durch den Salomonen-Archipel mit dem zweiten GEO-Team

Tikopia

Segelreise in die polynesische Vergangenheit – Zu Gast beim Chief – Paradies ohne Ausweg – Weisheit der Wilden – Das Gelage

Bei leichten Südostwinden und ruhiger See macht die FREYDIS unter Großsegel und Genua schnelle Meilen. Erich teilt die Wachen für die Nacht ein: von 18.00 bis 21.00 Uhr sind Erich und Michael dran, von 21.00 bis 24.00 Uhr Pascal und ich und von 00.00 bis 03.00 Uhr Peter und Erwin.

Vor uns liegen die Salomonen, drittgrößter Archipel im Südpazifik, der sich knapp südlich des Äquators über 1000 Meilen bis Bougainville in Papua-Neuguinea erstreckt. Er umschließt 992 Inseln, von kleinsten Korallenatollen bis zu 120 Meilen langen Vulkangipfeln. Seine Bewohner sind überwiegend Melanesier, die wie auf Vanuatu keinen gemeinsamen Ursprung haben und sich im Laufe der Zeit auf den einzelnen Inseln unterschiedlich entwickelten. Entsprechend sind um die neunzig Sprachen bekannt. Eine Minorität stellen die Polynesier (nur 2 %!), die sich weit weniger voneinander unterscheiden und sich alle sprachlich verstehen, egal auf welcher Insel im Pazifik sie leben. Sie sollen in den letzten tausend Jahren von Tonga, Samoa, Fidschi und umgebenden Inseln, vertrieben durch Übervölkerung oder Kriege, gekommen sein. Sie fanden unbewohnte Inseln oder sie besiegten und vermischten sich mit der Urbevölkerung.

Hauptsächlich auf den »Außenposten« ließen sie sich nieder – im Süden auf Rennell und Bellona, im Osten auf Ontong Java, Rotuma, den Duffs, Anuta und Tikopia. Polynesien ist deshalb nicht nur »Französisch-Polynesien«, also Tahiti, Bora Bora, Moorea etc. Polynesien sind auch die polynesischen Enklaven in Melanesien wie Tikopia, unser nächstes Ziel: ein Pünktchen auf der Karte.

Aber was für ein Pünktchen!

Fernab von Schifffahrtswegen und ohne attraktive Handelsgüter blieb das kleine Eiland Tikopia bis zur Mitte des 20. Jahrhunderts von Besuchern so gut wie unbehelligt und ohne Kontakte zu anderen Kulturen, abgesehen von ihren eigenen gelegentlichen Kanureisen zu den nächstliegenden Inseln. Als die Briten 1898 das Protektorat über die Salomonen übernahmen, wurde es zu seinem Schutz für Arbeiter-Anwerber ebenso wie für Reisende gesperrt.

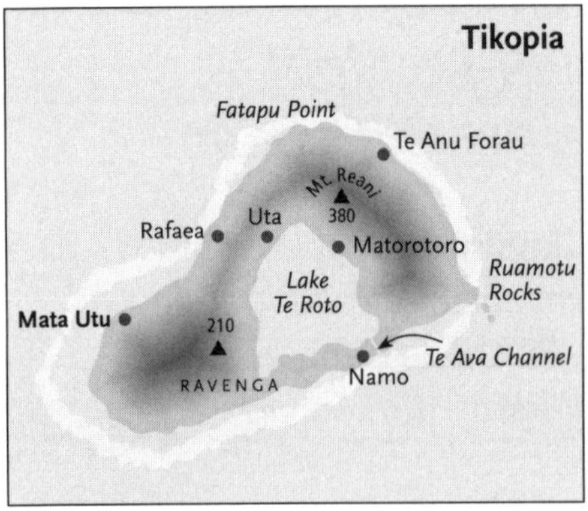

Eine Genehmigung erhielt lediglich 1910 Pastor W.J. Durrad, der zwei Monate auf Tikopia verbrachte, und 1928/29 der Anthropologe Raymond Firth aus Neuseeland, der ein Jahr lang das Leben dort studierte: Er fand die Insel »*nahezu unberührt von der Außenwelt*«.

Auch als Firth 1952 zurückkehrte, war die Bevölkerung noch immer nicht vollständig zum Christentum übergetreten, und ein kleiner Teil praktizierte weiterhin die traditionellen Riten. Selbst 1983 sah er das wesentliche Gerüst an Werten und Einrichtungen noch in Funktion.

Obwohl eigentlich wissenschaftliche Werke, waren seine Bücher für mich vor allem wegen seiner warmherzigen Beschreibungen der Menschen und des Alltags auf Tikopia eine große Freude. Dabei erschien mir die Gesellschaft mit ihren kaum der Vergangenheit angehörenden Sitten und Ritualen so exotisch fern, und nun war diese geheimnisvolle Welt plötzlich in greifbarer Nähe.

Bereits am Ende von Peter und Erwins Wache verwandelt sich das Pünktchen zu einem weißen Fleck auf dem Radar-Display. Kaum noch eine Seemeile entfernt, drehen wir bei und warten auf den Tag. Plötzlich ist sie da, unsere Insel: ein dunkler Schatten im Morgengrauen.

Wir nehmen wieder Fahrt auf und steuern eine flache Einbuchtung im schmalen, lagunenlosen Riff an: einzige Ankermöglichkeit an der windabgewandten Seite. Aber auch dort finden wir kaum Schutz. Um vor Anker das Schaukeln in der Dünung erträglich zu machen, tasten wir uns durch eine schmale Passage ins Korallenlabyrinth und ankern etwa 300 Meter vor dem Strand.

* * *

Wie soll ich bloß meinen Bericht über dieses Eiland beginnen, das so anders ist als alle bisher von uns mit der FREYDIS besuchten?

Wie soll ich diesem Hort alter polynesischer Kultur und wahren Kleinod im Pazifischen Ozean auch nur in Ansätzen gerecht werden? Ich hatte das Privileg, mich ein paar Tage dort umschauen zu dürfen – aber was sind ein paar Tage für eine solche Insel?

Vielleicht als Märchen, im Sinne von etwas Außergewöhnlichem, Abenteuerlichem. Etwa so: Es war einmal eine Insel, die kaum je einer besuchte, die aber wunderschön war. Sie hatte weißgoldene Strände, an denen grüne Bäume ihre Schöpfe im Passatwind wiegten. Sie hatte einen alten Vulkan, dessen Krater einen ruhigen, fischreichen Süßwassersee umschloss und an dessen fruchtbaren Hängen beste Nahrung wuchs. Auf dieser Insel herrschten vier stolze »Könige« einträchtig über ein Volk, das ihnen treu ergeben war. Niemand musste Not leiden, frieren oder hungern, niemand war einsam und allein. Und suchten doch hin und wieder böse Geister die Insel heim, so stand einer dem anderen bei und zusammen waren sie stark …

We the Tikopian nannte der Anthropologe Firth sein erstes Buch. Ein Titel, der dem tief verwurzelten »Wir-Gefühl« der Bewohner entspricht, ihrem ausgeprägten Zusammenhalt in allen täglichen und nicht alltäglichen Lebenssituationen. Ist Tikopia eine »Insel der Seligen«? Sind seine Bewohner etwa die »glücklichen Wilden«?

Was sollen die Spekulationen; ich schreibe einfach, was ich gesehen und erlebt habe.

* * *

Trotz der frühen Stunde legt ein Auslegerkanu mit zwei Insulanern vom Strand ab und geht wenig später längsseits an der FREYDIS. Es ist John, Sohn von Chief No 2, dem die Dörfer an der Westseite unterstehen. Er spricht ein gut verständliches Englisch. Michael und Pascal hängen über der Reling, bieten Zigaretten an und erhalten erste Informationen über diese Insel, die ihnen vielleicht den »Stoff, aus dem die Träume sind« liefern könnte. Unterdessen bringen wir das Dingi zu Wasser. Dann geht's im Schlepptau des Tikopianers an Land, um uns beim Häuptling zu melden. Nur Erwin und Peter bleiben einstweilen noch an Bord.

Am Ufer typisches Südsee Ambiente: weiße Sandstrände mit Casuarinen und Callophyllumbäumen, ein paar hochgezogene Kanus. Hinter grünen Büschen eine Gruppe von Blätterhütten in gepflegten Gärten, dann ein freier Platz mit großer Hütte – unverkennbar die des Häuptlings. Ihr Palmblätterdach berührt fast den Boden. Der Hütteneingang darunter ist so gut versteckt, dass ich ihn erst entdecke, als John, alias Rangifuri, auf eine Öffnung deutet, durch die ein Mensch wohl gerade passt. »Sie ist so niedrig, damit sie rasch geschlossen werden kann, und ›for respecting‹ (aus Gründen des Respekts),« kommentiert er. Denn es gilt als unhöflich, in voller Größe vor dem Chief zu erscheinen. Niemand darf den Kopf höher tragen als er. Sitzt der Chief, müssen auch die Leute in seiner Umgebung sitzen. Die Schuhe ziehen wir vor dem Eingang aus und schlagen die Füße ein paar Mal aneinander, um den Sand zu entfernen.

Was uns in der Hütte erwartet? Erst einmal muss ich, Kopf voran, ins düstere Unbekannte kriechen.

Geschafft! Ich befinde mich im ungeteilten, geräumigen Innern von vielleicht 6 x 12 Metern Bodenfläche und großenteils Stehhöhe. In der Mitte hockt mit gekreuzten Beinen Ariki Tafua, alias Chief No 2 oder einfach Edward, auf den überall ausgelegten geflochtenen Matten: ein übergewichtiger Mitfünfziger mit grauer Mähne, bekleidet mit einem Lendentuch aus ungefärbter Borke und darüber ein »lavalava« (Wickelrock aus bunt bedrucktem Stoff). Nacheinander rutschen wir auf Knien zu seinem »Thron«, nennen unsere Namen und unser Herkunftsland. Er gibt uns die Hand und weist uns mit freundlicher Geste einen Platz zu.

Etwas abseits sitzt seine Frau Nau Tafua, von Michael als »*eine Hünin mit kantigem Schädel und gigantischen Brüsten*« beschrieben und tatsächlich eine stattliche Person. Sie trägt einen Rock aus Borke und ist fast kahl geschoren.

Wir bewundern die Hütte mit den soliden, in die Erde gerammten Pfosten. »Auf der Insel folgen alle Hütten dem gleichen Bauprinzip«, erklärt der Häuptling. »Dadurch bietet sie den Taifunwinden wenig Angriffsfläche.« Wie sein Sohn spricht er gut verständliches Englisch.

Michael und Pascal haben GEO-Magazine mit eigenen Reportagen mitgebracht, die sie dem Chief zu Füßen legen. Doch dieser hüllt sich in Schweigen, was ich als Ausdruck aristokratischen Verhaltens deute. Davon unbeeindruckt trägt Michael die Bitte vor, mit Pascal einige Tage im Dorf wohnen zu dürfen, um das Leben auf der Insel kennen zu lernen.

Ariki Tafua lässt sich von John eine Kalebasse mit Pfeife und Tabak vom Längsbalken der Hütte herunterreichen. Von den Dachsparren – einer davon soll die Spiere eines havarierten Schiffes sein, das die Insel zu Reparaturzwecken aufgesucht hatte – hängen auch Körbe mit Angelzeug, Fischernetzen, Holzschüsseln, Matten, Werkzeug, Wurfpfeilen etc. und in Rindenbast gehüllte, zylinderförmige Pakete wie zum Trocknen aufgehängte Würste – merkwürdig! Die Moskitonetze über den Schlafmatten im Hintergrund der Hütte erscheinen mir wie Traumgespinste.

Nach einer gespannten Pause dann die erlösende Antwort: »Ihr seid meine Gäste und wohnt in meinen Hütten.« Michael bedankt sich für das großzügige Angebot und fügt hinzu, der Chief möge uns doch in die Gebräuche der Insel einweihen, damit uns keine Fehler unterlaufen, und falls doch, sie mit unserer Unwissenheit entschuldigen.

»John wird euch alles erklären und euch führen!«, beruhigt ihn der Chief und heißt dann auch »Te Ariki te vaka Erich« (Kapitän Erich) und seine Frau willkommen. Dass wir aufs Boot aufpassen müssen und deshalb lieber an Bord bleiben, kann er gut verstehen. Als er jedoch erfährt, dass wir schon viele Jahre damit unterwegs sind und ich meine hochbetagte Mutter zu Hause zurückgelassen habe, fragt er mit ernstem Gesicht: »Und wer ist bei ihr?« Erst als ich versichere, dass meine Schwester sich in unserer Abwesenheit um sie kümmert, ist mein Ruf gerettet. Ariki Tafua nickt zufrieden, zündet sich die Pfeife an und gibt gleich die erste Tikopia-Benimm-Lektion: »Um Respekt zu zollen, müsst ihr euch rückwärts entfernen!« Niemand darf dem Chief den Rücken zuwenden. Damit ist die Audienz beendet.

Draußen führt uns John zu einer schwarzen Holztruhe und einem von Pandanusmatten bedeckten Erdhügel neben der Hütte: das frische Grab der erst kürzlich verstorbenen Großmutter, daneben das etwas ältere des Großvaters und vorigen Ariki. Vor einem Jahr soll er an Altersschwäche gestorben sein – obgleich Michael eine etwas heroischere Variante zu Ohren kam, nämlich dass er mit Rücksicht auf seinen schon über fünfzigjährigen Sohn eine

Art Selbstmord beging, indem er sich heimlich mit dem Schraubenzieher durch einen Backenzahn stach und die Wunde faulen ließ. Erst nach seinem Tod konnte Edward Ariki werden – das Privileg des Erstgeborenen.

Manche Leute sollen auch heute noch ihre nächsten Anverwandten in ihren Hütten bestatten, als Ausdruck der Verbundenheit. Die Vergangenheit ist auf Tikopia gegenwärtig, sie lebt im Gedenken an die Ahnen, in mündlichen Überlieferungen und weiterhin praktizierten Ritualen.

Das Leben auf der Insel ist inzwischen erwacht. Überall begegnen uns freundliche, hilfsbereite Menschen. Sie sind gut gewachsen und machen einen gesunden, kräftigen Eindruck. »*Es wird wohl die einzige Insel der Welt sein, wo noch naturwüchsige Polynesier leben …*«, so der Schweizer Ethnologe Felix Speiser, der 1910 die Insel kurz besuchte. Auch uns erscheinen die Bewohner groß und kräftig; ihre Hautfarbe ist heller als die der meisten Melanesier und ihr oft asiatisch geschnittenes Gesicht verrät ihre polynesische Abstammung. Zumindest äußerlich ähneln sie den Bewohnern Französisch-Polynesiens und den Maori in Neuseeland.

Die Männer, die früher ihr Haar lang wachsen ließen, tragen es heute überwiegend kurz – lange Haare galten den Missionaren als Rückfall ins Heidentum. Verheiratete Frauen dagegen sind kahl geschoren. Kinder laufen nackt herum. Junge Leute tragen Lavalavas, Shorts, T-Shirts oder was sie gerade zur Hand haben, Frauen auch Kleider, ältere Männer vereinzelt noch traditionelle Wickelröcke aus Borke. Alle Bewohner gehen barfuß, ob über weiche Sandwege oder über Korallen, Muscheln und Wurzelgestrüpp: Ihre Füße sind so unempfindlich wie unsere in Trekking-Sandalen.

Bis zum Abend bleibt noch Zeit, um durch dicht bepflanzte Hänge, die sich am Strand vor unserem Ankerplatz erheben, auf einen Sattel im Kraterrand zu steigen. Oben überrascht uns ein großartiger Insel-Rundblick: im Westen der Strand von Faea und das Riff mit der FREYDIS, im Osten der ruhende Kratersee und in der Ferne die Küstenzone mit einer Sandbarre und zwei Felspyramiden darauf. Eine fünf Quadratkilometer kleine Welt inmitten blauer Unendlichkeit – genau so, wie Firth es beschrieben hat: »*Der alte Kratergipfel erhebt sich von der Oberfläche des Ozeans … eine hohle Schale, alt, zerbeult und moos-überzogen mit einem gebrochenen, unregelmäßigen Rand, dessen eine Seite sehr viele Lücken aufweist, und im Innern teilweise voll Wasser.*«

* * *

Während Michael und Pascal an Bord rasch ein paar Sachen zusammenpacken und sich gleich wieder an Land absetzen lassen, um eine Hütte neben der des Chief zu beziehen, lockt es mich ins kühle Wasser: Heute ist die Luft drückend schwül. Laut Handbuch soll Tikopia mit Temperaturen zwischen 25 und 29 Grad das ganze Jahr über eher die Ausnahme unter den Santa Cruz-Inseln mit ihrem feucht-heißen, ungesunden Klima sein. Das Vergnügen währt nicht lange: Eine schwarze Front zieht am Himmel auf und treibt mich wieder an Bord.

Eilig tragen wir die auf dem Vordeck von Erich und Erwin in Einzelteile zerlegte Ankerwinsch ins überdachte Cockpit, schließen die Luken im Salon, stecken noch mehr Kette, überwachen GPS, Radar und Echolot, starten den Motor und halten uns für alle Fälle auslaufbereit.

Starkwind- und Sturmböen fegen auf uns herab und der Himmel öffnet die Schleusen. Die FREYDIS schwoit über Korallenstöcke hinweg, das Echo schwankt zwischen 4 und 14 Metern. Beim Schnorcheln konnte ich zwar feststellen, dass sich der Anker gut in den Sand eingegraben hat. Trotzdem sind wir beunruhigt: Ist das nur eine Passatstörung oder droht Schlimmeres? Wir haben doch erst September. Von Ende April bis November bläst der Passat; von November bis April wehen Monsunwinde, dann bilden sich Taifune in der Korallensee und nehmen auf ihrem Weg nach Süden an Gewalt zu, sodass sie in Neukaledonien und den Fidschis gewöhnlich mehr Schaden anrichten als auf den Salomonen. Doch mit der Klimaerwärmung scheint sich die Zeit der Winde zu ändern und die Stärke der Taifune zuzunehmen: In den letzten Jahren haben sie auch auf den Salomonen schwere Schäden angerichtet und zahlreiche Menschenleben gefordert.

Nach anderthalb Stunden ist der Spuk vorbei. Die Sonne scheint wieder, die Luft hat sich abgekühlt. Erich und Erwin widmen sich erneut der Ankerwinde. Im Getriebe ist die Feder einer Klinke gebrochen. Mit einem Stück Stahldraht gelingt es Erwin, sie zu ersetzen. Die Winde funktioniert wieder. Das Glück ist mit dem Tüchtigen!

* * *

Am Nachmittag geht's wieder an Land zu Ariki Tafua. Am Strand planscht uns, vor Aufregung und Freude fast überschnappend, eine fröhliche »Gang« von Kindern entgegen. Lachend, johlend und schnatternd bemächtigen sie sich unseres Dingis samt Außenborder, das gleich darauf, über ihre Köpfe gestülpt, als betrunkener Tausendfüßler den Strand hochtaumelt in den Schatten der Bäume und dort seine Füße wieder verliert. Nun kämpfen die Kleinen darum, wer an unserer Seite gehen darf; fassen uns und einander bei den Händen, bieten sich an, unsere Kameras und persönlichen Dinge zu tragen. Sie lachen und wetteifern mit überwältigenden Charme um unsere Aufmerksamkeit, schenken uns Muscheln und scheinen so glücklich über unseren Besuch, dass uns allen das Herz aufgeht.

Vor der Chiefhütte hören wir ein dumpfes »Tock, Tock, Tock« … »Was ist das?«, frage ich John. »Meine Mutter fertigt Stoff für Kleidung.« Kurz darauf entdecken wir Nau Tafua, wie sie mit gewaltigem hölzernen Schlegel auf einem ambossartigen Holzpflock einige Streifen von Rindenbast, die sie zuvor in Meerwasser eingelegt hatte, zu Bahnen zusammenstampft. Auf Tikopia wird nicht der in Polynesien übliche Papiermaulbeerbaum zur Textilherstellung benutzt, sondern der »Mami«-Baum der Santa Cruz-Inseln.

Mittlerweile haben sich Peter und Erwin bereits beim Betelnuss kauenden Chief vorgestellt: »Wir wurden empfangen von einem ca. 200-kg-Sumo-

Ringer mit blutroten Zähnen, als hätte er gerade ein Wild gerissen«, amüsiert sich Peter. Michael übergibt unser gemeinsames Geschenk: eine neue Coleman Petromax-Lampe aus Bordbeständen.

»You got my dreams!«, freut sich der Gastgeber und stellt uns einigen Anwesenden vor, mit denen wir in einer größeren Runde zusammensitzen. Es sind Mitglieder des »maru« (Mund des Chief), seine Leibgarde, die er unter den engsten Verwandten auswählt. Sie sorgen für sein Wohlergehen, verbreiten seine Anordnungen, informieren und bewachen ihn und sichern im Konfliktfall auch die Reviergrenzen. Heute tragen die »maru« allerdings keine Waffen mehr.

»Auf Tikopia leben keine Fremden«, erklärt Edward. »Alle Leute sind Clan-Mitglieder der vier Chiefs.«

Aus einem schmalen Schränkchen, einziges Mobiliar der Hütte, in dem auch ein kleiner Radioapparat und eine Thermoskanne verwahrt sind, nimmt John einige Fotos heraus und reicht sie uns.

»Raymond Firth hat sie von meinen Vorfahren gemacht«, berichtet sein Vater.

Zeit und Hitze haben ihre Fotos ebenso vergilben lassen wie das des Herzogs von Edinburgh, der kurz vor seinem Einzug in den Buckingham-Palast Tikopia einen Besuch abstattete, oder die Reproduktionen der Stiche von Dumont d'Urvilles Besuch mit der Corvette L'Astrolabe im Februar 1828, um nach dem Schicksal der La Pérouse-Expedition zu forschen.

Der Chief wedelt sich mit seinem großen Pandanusfächer Kühlung zu. »Ja, wir haben einige Gegenstände aus den Schiffen von La Pérouse auf unserer Insel gehabt. Heute ist nichts mehr übrig, mit Ausnahme dieses Hakens.« Er deutet auf ein schmiedeeisernes Gerät am Längsbalken, das ich mir gut vorstellen kann in der Takelage eines solchen Schiffes. Hier hat es jedenfalls wieder einen ehrenvollen Platz gefunden.

Er besitze nur noch sehr wenige Erbstücke seiner Vorfahren. Das meiste fiel der Christianisierung zum Opfer, als der anglikanische Bischof in einem »großen Begräbnis« anordnete, jegliches »Teufelswerk« zu vernichten. Viel verschwand auch als Grabbeigabe, wurde an Anthropologen verkauft oder ganz einfach von der Zeit dahingerafft.

Wir erkundigen uns, ob wir die anderen drei Chiefs kennen lernen können. Edward nickt: Morgen fände ein großes Fest mit Bazar auf der anderen Seite der Insel statt mit »school fund raising« in der Kirche, verkündet er, in jungen Jahren selbst Lehrer auf der Insel.

»Ein solides Bauwerk aus Stein ist dort geplant. Das Geld dafür kommt aus aller Welt«, lächelt der Ariki, sicher nicht ganz ohne Hintergedanken. Das sollten wir uns auf keinen Fall entgehen lassen, denn bei dieser Gelegenheit könnten wir seinen Kollegen unseren Respekt erweisen.

»Er schätzt uns richtig ein«, so Peter, »neugierige Touristen mit einem Profi-Team, das einiges über die Insel wissen will und damit Geld verdient – also muss auch für ihn und seine drei Kollegen etwas herausspringen.«

Aber warum sollte er uns auch aus purer Gefälligkeit sein lebendiges Museum öffnen, das Vermächtnis seiner Ahnen, das er und seine Leute unter Mühen und Entbehrungen hüten? Die Insel ist sein Trumpf und seine Lebensgrundlage. Für uns und das GEO-Team wiederum ist die Gastfreundschaft der Bewohner unverzichtbar.

Über die Gastgeschenke an die Chiefs werden wir uns rasch einig: An Bord haben wir noch einen Kanister mit zwanzig Litern Petroleum gebunkert. Der wird an sie aufgeteilt. Über einen Obolus für den Fond wollen wir später beratschlagen.

Essenszeit: Auf Knien rutschend oder in geduckter Haltung bringen die Maru ein paar Petroleumlampen und damit Licht in die Hütte und servieren ihrem Oberhaupt und seinen Gästen das Mahl. Zu Trinken reicht man uns Wasser aus einer der Bergquellen, in denen sich das Regenwasser sammelt, das in der porösen Lava aufgesaugt wird. Diese Quellen speisen auch die Leitungssysteme zu den Dörfern – ein Rotary-Projekt, das von einem Schullehrer aus Neuseeland, der einige Jahre auf Tikopia verbrachte, ins Leben gerufen wurde.

Statt Teller und Besteck erhalten wir Palmblätter und rohe Taroscheiben und dann den ersten Gang: in halbierten Kokosnussschalen im Erdofen gegarten »Pudding«, eine Mischung aus Papaya-, Bananen- und Süßkartoffel-Stücken in Kokosnusscreme. »Schmeckt besser, als befürchtet«, flüstert Erwin. Den anschließenden Maniokbrei rührt er nicht an, dafür aber den »Papageienfisch vom Riff«: in Bananenblätter gehüllt und im Erdofen gebacken verschmäht ihn keiner von uns – wenn nur die vielen Gräten nicht wären!

Fast jeden Tag wird Fisch aus dem See oder aus dem Meer gegessen, Fleisch dagegen nur selten, auch wenn einige Bewohner neuerdings ein paar Schweine oder Hühner halten.

Kava-Zeremonien wie auf Vanuatu sind hier längst Vergangenheit. Es gibt überhaupt keine berauschenden Getränke auf der Insel, stattdessen kaut man Betel und raucht Tabak in Pfeifen, Frauen ebenso wie Männer.

»Und was trinkt man in Gesellschaft?«, erkundigt sich Peter.

Er trinke alles, was ihm angeboten werde, lacht Edward: »Yachties brachten Kavawurzeln mit und eine Flasche Whisky. Kava schmeckte scheußlich! Erst nach dem Mixen mit Whisky war es trinkbar.«

Michael bricht eilig auf: Im Nachbardorf wird ein Totentanz zelebriert. Pascal, der das Abendlicht für seine Arbeit nutzen wollte, hat einen Boten zu ihm geschickt. Auch wir verabschieden uns und versprechen, morgen recht früh wieder da zu sein, um die Messe in Ravenga nicht zu versäumen.

In der Abenddämmerung begegnen wir älteren, betelkauenden oder pfeiferauchenden Frauen, die mit Holz- und Pandanus-Blätterbündeln auf dem Rücken von ihren Gärten zurückkehren. Hier ist niemand arbeitslos oder gar von der Arbeit ausgeschlossen, weil er zu alt ist.

Mit einem kleinen Bummel am Strand in Begleitung von Kindern – einige haben zahme Tölpel und Seeschwalben als Maskottchen mitgebracht – lassen wir vier den Landgang ausklingen. Zurück an Bord, sinken wir todmüde in die Kojen.

* * *

Doch mit dem Schlaf ist das so eine Sache: Meine Gedanken kreisen um den Haken in Ariki Tafuas Hütte. Die Aura der verschollenen französischen Expedition umfängt mich, als lebte ich zu Peter Dillons Zeiten, des irischen Handelsplatz-Suchers, der Tikopia 1813 mit dem Calcutta-Schiff HUNTER anlief. Fasziniert von der Schönheit der Insel und der Freundlichkeit ihrer Bewohner, die »*niemals zuvor Europäer gesehen hatten*«, verließen drei Aussteiger sein Schiff: Martin Bushart (wahrscheinlich Burkhardt oder Buschart), ein Deutscher aus Stettin, mit seiner aus Fidschi stammenden Frau und einer der indischen Seeleute, Joe genannt. Dillon setzte seine Reise also ohne die beiden Männer fort, mit denen ihn viele gemeinsam bestandene Abenteuer verbanden.

In der Absicht, sie wieder aufzupicken, steuerte er dreizehn Jahre später erneut die Insel an, fand sie dort aber glücklich eingebunden in die Inselgemeinschaft und entschlossen zu bleiben. Trotzdem sollte sich Dillons Abstecher als Glücksfall erweisen, denn beim Wiedersehen fiel ihm eine silberne Degenscheide in Joes Besitz auf. Außerdem berichtete Bushart von feinsten Stücken »*französischer Manufakturware*« aus Schiffen, die auf einem »*etwa zwei Tage entfernten Eiland, das sie Vannicolo nennen*«, gestrandet waren. Dillon zog den richtigen Schluss: Die verschollenen Schiffe des Monsieur La Pérouse mussten auf der Nachbarinsel gescheitert sein.

Zusammen mit dem Deutschen und einem Tikopianer segelte er nach Vanikoro und konnte das Schicksal der französischen Expedition endlich klären: Die Schiffe BOUSSOLE und ASTROLABE waren 1788 vor Vanikoro gestrandet und gesunken.

Ob wir dort noch etwas von den Wracks sehen können? Erst nach Stunden finde ich endlich Schlaf.

* * *

Ein wunderschöner Morgen, um diese Insel zu erkunden! Um 07.00 Uhr rudern wir an Land und marschieren in Begleitung von Joseph und Steve, dem Schwager und dem jüngsten Bruder von Ariki Tafua, zur Südostseite der Insel, dem Herrschaftsgebiet der übrigen drei Häuptlinge.

Glaubten wir bisher noch, Tikopia sei, wie andere Inseln Melanesiens, überzogen von dichtem tropischen Regenwald, so erkennen wir nun die Täuschung: Ursprünglichen Wald gibt es nur noch an den steilen Hängen des Mt. Rani. Im Übrigen ist der fruchtbare vulkanische Inselboden bedeckt mit einer von den Bewohnern sorgfältig nach ihrer Eignung und Nützlichkeit ausgewählten und in Jahrhunderten zusammengestellten, einheimischen oder importierten Pflanzengemeinschaft: Den Kronenbaldachin über der Insel bilden Kokos-und Sagopalmen, Brotfrucht-, Mandel-, Kastanien- und Nussbäume. Darunter wachsen Betelpalmen, eine Apfelbaumart und die Mami-

Bäume, die den Rindenbast liefern (nicht die sonst in Polynesien üblichen Papiermaulbeerbäume, sondern Antiaris oxicaria); unter diesen wiederum gedeihen Bananenstauden und an den Bäumen hochkletternder Betelpfeffer und ganz unten Yams und eine den trockenen Bedingungen angepasste Taro-Sorte. In baumlosen oder sumpfigen Gebieten gibt es zudem noch offene Gärten. Die Nutzung ist intensiv, denn das dicht besiedelte kleine Eiland muss nicht nur satt werden, sondern auch Überschuss erwirtschaften, um Dürreperioden und Taifunschäden zu überbrücken.

»Das Land gehört den vier Chiefs«, erklärt uns Joseph die Besitzverhältnisse der »Gärten«: Sie verteilen es an die Familien, in denen immer der älteste Sohn die Gärten bekommt – Joseph hat sieben. Brüder und Schwestern helfen die Gärten zu bestellen. Gibt es keinen Sohn, fällt das Land an den Chief zurück, der es neu vergibt. Ihm steht auch ein Viertel der Ernte seines Clans zu: Tikopia ist ein »Vaterland«, ein Patriarchat.

Auf unserem Marsch wird die dichte Vegetation gelegentlich unterbrochen von einigen Hütten. Dann liegt der Kratersee vor uns, der etwa ein Viertel der Inselfläche einnimmt. In Ufernähe ist er flach und mit Schilf und Seerosen bedeckt, erreicht aber zum Zentrum hin beachtliche Tiefe (60 bis 80 Meter). Er beherbergt einige dem Brackwasser angepasste Fischarten und eine kleine Entenkolonie. Unsere nähere Bekanntschaft aber suchen nur Schwärme von Fliegen und blutrünstige Moskitos, die zum Glück keine Malaria übertragen (Tikopia ist frei von dieser Geisel), deren Stiche bei uns aber meist Ausgangspunkt von tiefen, eiternden Wunden sind.

Wenigstens in dieser Beziehung sind wir wenig später, an der windzugewandten Küste, wo die großen Brecher anrollen, gut aufgehoben. Dort führt uns Steven über eine Sandbarre zwischen Kratersee und Meer, die sich über die Jahrhunderte hinweg auf dem Riffwall aufgebaut hat: 1606 fand Quirós – er war der erste Europäer, der *»das kleine Vulkaneiland ›Tucopia‹«* in Augenschein nahm – hier noch eine große offene Bucht; bei d'Urvilles Besuch 1828 war sie bereits endgültig verschlossen. Doch auch dieser Wellenbrecher ist machtlos gegen schwere Stürme und Taifune: Sie peitschen das Meer einfach über die Barre hinweg, versalzen Gärten und spülen Behausungen fort – die Reste mehrerer Hütten, abgeknickte Palmen und ein angeschwemmtes, zerbeultes Aluminiumboot zeugen davon.

Auch kein Fels in der Brandung, sondern lediglich auf Sand gebaut, ist die Kirche, ein nüchternes, ebenerdiges Stein- und Zementgebäude, das einzige auf der Insel. Weil es für die Gemeinde zu klein geworden ist, hat man kurzerhand die ganze umgebende Lichtung zum heiligen Ort mit Redeverbot erklärt. Eine leere Gasflasche und eine Eisenstange dienen als Glocke. Die Gläubigen, die in der Kirche keinen Platz mehr finden, kauern nach Geschlechtern getrennt an den Mauern: junge Leute in bunten Lavalavas, mit Pudelmützen, Hüten, großen Bastfächern und Schirmen, alte, hagere Gestalten in Borkenkleidung, Männer mit verblassenden Tätowierungen, Frauen mit schlaffen Brüsten und Grasbüscheln um die Hüften, mit Blüten, Blätterzweigen und Blechpfeifen in den Ohrläppchen, eine junge blonde Frau mit weißer Haut: »te moke« (Albino), sagt Steven.

Unter einem großen Brotfruchtbaum steht Michael, Notizbuch und Stift in Händen. Pascal hat sein Stativ vor dem Eingang der Kirche inmitten der Gläubigen aufgebaut und dokumentiert, wie sie, in Reih und Glied stehend, von Father Clement, dem anglikanischen Pastor, das Abendmahl empfangen. Meine Gedanken gehen zurück zu Pater Maurice auf Mangareva (eine der Gambier-Inseln), der zu mir sagte: »Die Polynesier sind ein gläubiges Volk, jeden Sonntag gehen sie zur Messe und zum Abendmahl. Doch in Wahrheit sind sie fromme Heiden mit ein wenig christlichem Lack darüber; bei jeder passenden Gelegenheit feiert der alte Aberglaube ein fröhliches Auferstehen.«

Am Himmel über uns schweben weiße Feenschwalben und schwarze Flughunde wie Engel und Teufel. »Engel« werden hier verspeist, »Teufel« als übernatürliche Geschöpfe verehrt. Glauben ist eine Sache des Gefühls.

Die Schule von Ravenga ist im selben Gebäude wie die Kirche untergebracht. Nach dem Gottesdienst drängen die Leute in die Klassenräume, wo die für den Basar gespendeten Waren auf den Schultischen ausliegen: Matten, Borkenstoff, Puddings, Tabakblätter, Bananen, Gemüse, Lavalavas, Fisch, Öl etc. Wer nicht mehr hineinpasst, verhandelt durch Türen und Fenster. Nach zwei Stunden sind die Tische leer.

* * *

Wir sitzen noch eine Weile mit Steven, alias Pa Vakimaru, Mitte vierzig, dem jüngsten Bruder des Chiefs, zusammen. Eigentlich ist er mit seiner Familie in Vanikoro zu Hause. Dort gibt es eine polynesische Niederlassung, die Ariki Tafua untersteht. Nach Tikopia kam Steven nur zurück, um Vater und Mutter noch einmal zu sehen. Doch nun, nach ihrem Tode, muss er mit Frau und Kindern die Insel, Freunde und Verwandten, wieder verlassen, denn er muss die negativen Auswirkungen eines ungehinderten Bevölkerungswachstums mittragen.

Dabei war man sich schon seit Langem der begrenzten Ressourcen auf der kleinen Insel bewusst und hatte mit radikalen Methoden vorgebeugt: Heiraten und Kinder zeugen war nur dem ältesten Sohn einer Familie erlaubt und auch ihm erst ab dem 35. Lebensjahr. Alle anderen durften sexuelle Affären haben, aber keine Kinder. Abtreibung und Kindstötung waren selbstverständlich. Doch dann ging die Saat der Missionare auf: Jeder konnte auf Tikopia heiraten und Kinder bekommen. Die Bevölkerungszahl stieg drastisch. Die britische Kolonialregierung sandte Nahrungsmittel, neue Pflanzen und Gebrauchsgüter; das steigerte zwar die Produktivität, konnte aber dem drohenden Hunger nur ungenügend entgegenwirken. Einziger Ausweg blieb die Umsiedlung auf weniger bevölkerte Inseln.

Die vier Häuptlinge gründeten deshalb »settlements« auf verschiedenen Inseln und bestimmten, dass jede Familie mindestens einen Sohn dorthin schickt. Die Bevölkerungszahl sank. Aber die unliebsame Folge dieses Aderlasses junger Männer ist bis heute ein Überschuss junger Frauen: Nur eine von dreien kann dort einen Mann finden.

* * *

Mit Häuptling Edward pilgern wir zu seinen drei Kollegen (Ariki Kafika, alias Chief No 1, Ariki Taumako, alias Chief No 3 und Ariki Fangarere, alias Chief No 4), deren Dörfer, ungeachtet ihrer ständigen Bedrohung durch Wind und See, ebenfalls auf der Sandbarre liegen. Wir füllen unseren Zwanzig-Liter-Kanister Petroleum, genau gedrittelt, in Bierflaschen um und lassen uns in den herrschaftlichen Hütten nieder: Sie ähneln sich, sind jedoch alle etwas kleiner als Ariki Tafuas und variieren ein wenig in der Ausstattung – etwa bei den unterm Dach gestauten persönlichen Utensilien. All diese fremden Dinge wecken mein Interesse. Wenn nur die üble Kriecherei nicht wäre, wenn man sich nur auf den hübschen Matten ausstrecken könnte! Stattdessen muss ich, wie es verheirateten Frauen hier geziemt, mit nach vorn gestreckten oder zur Seite geschlagenen Beinen auf dem Boden hocken und dabei auch noch lächeln!

Alles läuft recht förmlich ab: Fragen werden oft nur zögernd und teilweise für uns unverständlich beantwortet, was ich auf den Betelkonsum zurückführe und darauf, dass nicht alle Chiefs neben der eigenen Sprache auch das Salomon Pidgin beherrschen. Sie lassen sich von Edward, ihrem offiziellen »Sprecher«, über alles unterrichten.

In jeder Hütte werden wir mit »Erfrischungen« bewirtet. Ariki Fangarere versorgt uns gar mit Betelnüssen. Für Ariki Tafua ein willkommener Anlass, uns in die Kunst richtigen Betelkauens einzuweihen – dem »Herz« jeden gesellschaftlichen Anlasses auf der Insel.

»Man muss die Schale der Nuss mit den Zähnen aufbeißen und ein Stück Fruchtfleisch davon mit einem Blatt des Betelpfeffers zerkauen, dann im Mund ein wenig Kalk aus verbrannter Koralle dazumischen.« Die beiden Experten reichen mir die notwendigen Utensilien und verfolgen mit Wohlgefallen meine Anstrengungen, auch diese Südseenuss zu knacken. Als sie aber mit glänzenden Augen, blutrote Brühe sabbernd – eine Folge der Zutaten-Mischung – auf mich einreden, kommen sie mir vor wie leibhaftige Vampire. Ich spucke das Zeug lieber wieder aus. Was bleibt, ist ein fruchtig-schlammiger, beißender Geschmack und ein pelziges Gefühl im Mund durch die Gerbsäure.

Zum Verständnis: Die hühnereigroße »Nuss« ist der Samen der Betelpalme Areca catechu und enthält das Alkaloid Arecolin, das ähnlich wirkt wie das Fliegenpilzgift Muscarin. Beim Kauen mit den Blättern des Betelpfeffers, die ihrerseits ätherische Öle freisetzen, entfaltet sich eine euphorisierend-stimulierende Wirkung, die auch Herztätigkeit und Verdauung fördert. Wie ich mir habe sagen lassen, empfindet man ein angenehmes Gefühl von Leichtigkeit; Hunger und Müdigkeit gehen zurück. Allerdings macht es abhängig und ruft, in großen Mengen gekaut (bis zu neunzig Nüsse täglich) einen starken Rauschzustand hervor. Nebenwirkungen sind nicht nur der areca-rote Mund und Zahnkaries, sondern auch chronische Entzündungen im Mundbereich, die zu Krebs führen können.

Drogen im Paradies? Stimmt etwas nicht an unserem Bild der Inselbewohner? »*Die Welt ist so klein für sie und das Leben so einfach, sie sind so glücklich in diesem unbekannten Winkel der Erde, der ihren Wünschen genügt ...*«, schrieb d'Urville-Begleiter Sainson romantisierend. Und auch wir sehen während unseres kurzen Aufenthaltes eigentlich nur die Sonnenseiten dieses Lebens.

»Die Kinder scheinen völlig ausgeglichen, keine Aggressionen, gehen gerne zur Schule, lachen, baden, spielen den ganzen Tag«, staunt Peter. »Aber auch die Erwachsenen scheinen konfliktfrei. Ein geschriebenes Gesetz gibt es sowieso nicht und aus Honiara lässt man sich nichts sagen ...«

Doch so harmonisch uns hier auch alles erscheint: Jede Gesellschaftsform hat ihre Hoffnungen und ihre Ängste. Dem Anthropologen Firth, der längere Zeit auf der Insel lebte, blieben die Schattenseiten – Eifersuchtsdramen, Ehekrisen, Streit um Land, Ehre, Glauben – nicht verborgen. Dass ein paradiesischer Landkrümel auch zur Zwangsjacke werden kann, haben wir schon auf anderen Eilanden erfahren. Denn so segensreich der Zusammenhalt einer Gemeinschaft auch sein mag: Er begrenzt zwangsläufig den Freiraum des Einzelnen. Firths Selbstmord-Statistik von 1929 bis 1951 zeigte eine beträchtlich höhere Freitodrate als in westlichen Ländern – 53 gegenüber 10–30 auf 100 000 hochgerechnet. Hängen, Ertrinken, bis zur Erschöpfung rudern, von der See vernichtet, von Haien gefressen werden: Solche »Kurzschluss«-Reaktionen sind seltener geworden; der Fortschritt hat die Welt der Tikopianer vergrößert und damit auch die Möglichkeiten auszuweichen – nicht in den Tod, sondern auf eine andere Insel.

Uns erzählte man von einem »Massen-Selbstmord« von Frauen auf Tikopia. Auf unsere vorsichtige Nachfrage hin gab uns selbst Steven nur zögernd Auskunft und wollte sich in den Zahlen nicht festlegen, aber schließlich liegt diese Geschichte auch schon über sechzig Jahre zurück. Es ging um eine schwangere junge Frau, Tochter eines hochrangigen Mannes, die aus Scham und Verzweiflung zusammen mit ihren Freundinnen den Tod auf See wählte. Vater ihres ungeborenen Kindes war der bereits verheiratete Bruder eines damaligen Chiefs. In der Befürchtung, ihr Liebhaber könnte von den Männern ihres Clans getötet werden, hatte sie seinen Namen nicht preisgegeben und sich lediglich einigen Freundinnen anvertraut. Diese versuchten zwar, die Unglückliche von ihrem Vorhaben, sich zu ertränken, abzubringen. Weil sie aber immer tiefer ins Wasser ging, folgten sie ihr aus enger Verbundenheit in den Tod.

Dieser Exodus lässt mich nicht so schnell los: Wie viele mögen daran beteiligt gewesen sein? Dreißig oder gar sechzig, wie Michael hörte? Bei Firth suche ich Klarheit: Seinen Recherchen zufolge gab es sechs Selbstmorde und fünf unfallbedingte Todesfälle bei den Rettungsversuchen. Der Vater des Ungeborenen musste die Insel auf Nimmerwiedersehen verlassen.

Mein Märchen hat einen Riss.

* * *

In Hütte No 3 steht auch ein kleiner Schrank. Darauf liegt *The Work of the Gods in Tikopia*, das Buch, in dem Firth die traditionellen Rituale beschreibt, wie sie 1952 noch von der heidnischen Bevölkerungsgruppe praktiziert wurden.

Die Ariki sind stolz auf die Kultur ihrer Ahnen und froh darüber, dass Raymond Firth ihre alten Rituale dokumentiert und gewürdigt hat, bevor die Missionare sie verboten. Er genießt bei allen Bewohnern hohes Ansehen: »Firth war mehrmals auf unserer Insel«, erklärt Chief Taumako, und seine freundlichen Augen strahlen: »Er hat sogar Ahnentafeln angelegt, nun stecken wir Fächer dazu, wenn jemand gestorben ist.« Auch unser Chief freut sich: «Er ist nun schon sehr alt, schickt aber immer noch Geld!«,

Michael lässt sich das Buch reichen und blättert darin: »Warum habt ihr das alles aufgegeben, wegen der Kirche?«

»Kann sein«, brummt Edward, dessen Großvater 1928 als erster Chief mit seinem Clan zum Christentum übertrat.

Inzwischen haben die Ariki und ihre Clans begriffen, dass die Kirche nicht, wie sie damals glaubten, die offizielle Haltung des *»europäischen Staates und seiner weißen Bürger«* vertritt. Die christliche Religion ist für sie nicht mehr die fremde, alles beherrschende Macht, der sie ihr Leben bedingungslos unterordnen müssen. Sie haben ihre Selbstachtung wiedergefunden und stehen zu ihrer Vergangenheit. Sie leugnen nicht einmal mehr, dass ihre Großväter die drei katholischen Priester, die noch vor den anglikanischen Missionaren auf die Insel kamen, kurzerhand erschlagen haben.

»Sacred canoes?«, fragt Michael, weiter in Firth' Buch schmökernd.

»Die heiligen Kanus wurden alle mit der Zeit oder durch Zyklone zerstört«, antwortet Edward.

»Und warum baut ihr keine neuen?«

»Weil wir nicht genug dicke Bäume haben.«

Das hatte ich auch auf der Osterinsel gehört, zu der wir vor ein paar Jahren mit der FREYDIS segelten. Dort haben sich die Menschen buchstäblich den Ast abgesägt, auf dem sie saßen: Der immer stärkere Bevölkerungsdruck hatte dort ausgedehnte Rodungen ihrer Gärten zur Folge. Das führte zur Bodenerosion, schließlich zum Raubbau und Kahlschlag. Irgendwann waren die letzten Bäume gefällt ... Ohne Holz aber ließen sich ihre großen Steinskulpturen nicht mehr transportieren und auch keine Kanus mehr bauen. Dadurch konnte man nicht mehr auf See zum Fischen oder um neues Land zu suchen. Es war der Niedergang einer langen Seefahrertradition – und nicht nur das: auch der Untergang eines ganzen Volkes und seiner Kultur. Blindheit für die Zusammenhänge in der Natur hatten dort zum ökologischen Desaster geführt.

Tikopia dagegen hatte eine andere Strategie verfolgt, und damit war der Insel auch ein anderes Schicksal beschieden:

Um 900 vor Chr. von Lapita-Leuten besiedelt, war sie zunächst keine Ausnahme: Ihre Pioniere brannten den Wald ab, um ihr Gemüse zu pflanzen, überfischten die Küstengewässer und rotteten die dort brütenden See- und Landvögel aus. Als Ersatz intensivierten sie die Schweinezucht. Nach den ersten tausend Jahren deutete alles auf eine baldige Erschöpfung von Wasser und Erde.

Die kleine Insel war zwar dank seiner bis ins 20. Jahrhundert reichenden Kanu-Segelreisen nie so vollkommen abgeschnitten wie die Osterinsel, sie hätte aber ein ähnliches Ende genommen, wenn den Bewohnern nicht die glückliche Lösung ihres Konfliktes mit der Natur gelungen wäre – nicht über Nacht, sondern in einem Jahrhunderte dauernden Prozess. Um 1200 n. Chr. gaben sie die Brandrodungen auf, düngten ihre Gärten mit Kohleresten aus ihren Erdöfen, sicherten die Dünenketten und bepflanzten die Insel nach und nach mit einheimischen und importierten Obst- und Nussbäumen. Denn obwohl es in geschichtlicher Zeit kaum Kontakt zur Außenwelt gab, hatten die Bewohner durch ihre Seefahrt doch genug Kenntnisse, um von anderen Insel neue Pflanzen, Techniken und Materialien einzuführen. Es war der Beginn des für Tikopia so typischen Etagen-Anbaus, der heute fast die gesamte Insel überzieht.

In diese Zeit fällt auch der abrupte Kulturwandel durch die Ankunft von Polynesiern, deren eigenständige Kultur sich im Gebiet von Samoa und Tonga unter den Nachfahren der Lapita-Leute, die einst auch Tikopia besiedelten, entwickelt hatte. Aber schon vor dieser Zeitenwende waren immer wieder verschiedene Pflanzen und Tiere wie Schildkröten, Haie und Rochen mit Tabus belegt worden. Dadurch konnten sich die Beständen erholen. Und noch heute kennen die Bewohner solche Tabus. Im 18. Jahrhundert keulten sie ihre gesamten Bestände an Schweinen, weil diese die Inselvegetation zerstörten – archäologische Ausgrabungen bestätigen die mündliche Überlieferung.

Bedenkt man die wichtige Rolle der Schweine in der melanesischen und polynesischen Gesellschaft als Geschenk- und Tauschobjekt, so war das ein schwerer Entschluss. Klug und weitblickend war er allemal: Die moderne Agrarwissenschaft hält Schweine für ausgesprochen ineffiziente Nahrungskonkurrenten. Zudem gab es genug Ersatz: unerschöpfliche Fischgründe, Wildgeflügel, guten vulkanischen Boden und genug Regen.

Und noch etwas: Sie führten die schon erwähnten drastischen Maßnahmen zur Geburtenbeschränkung ein: Zölibat, Abtreibung, Kindstötung, um den Bevölkerungszuwachs zu stoppen.

Als sich Anfang des 20. Jahrhunderts plötzlich die Außenwelt in die inneren Angelegenheiten der Insel einmischte, hatte man dort bereits eine stabile Lebensgrundlage aufgebaut. Doch die Missionare predigten gegen die »unmenschlichen« Maßnahmen bei der Geburtenkontrolle, und die Abschaffung führte zu den erwähnten Folgen: Überbevölkerung und Aussiedlung.

* * *

Aber ich muss noch einmal zurückkommen auf die Kanus, die aus Mangel an großen Bäume auf der Insel nicht mehr gebaut werden können. Einen mindestens ebenso wichtigen Grund hat Ariki Tafua dabei nicht erwähnt: Die Einstellung der Tikopianer zur Seefahrt hatte sich geändert unter dem Einfluss der Missionare, die diese Überseereisen, auch außerhalb der Taifunzeit, für viel zu riskant hielten. Laut Firth blieben mehr als die Hälfte der Reisenden auf See, andere starben in der Fremde an Krankheiten. »*Doch die Seelen der Gegangenen suchten die Verbliebenen heim und so entschieden die Alten in den 30er-Jahren des 20. Jahrhunderts, die Jungen nicht mehr in die Geheimnisse der Navigation einzuweihen.*« Schließlich untersagten auch die Kolonialregierungen in den 1960ern die traditionelle Art des Handels und Reisens und führten Geldwirtschaft und Regierungsschiffe ein. Heute ist man deshalb auf das Motorschiff aus Honiara angewiesen und lebt im Grunde isolierter als zu Quirós Zeiten.

Bei den Kanus, »te puke«, handelte es sich um die leichtere, schnellere Variante der polynesischen Doppelrumpfboote: »*Es sind Auslegerboote, die ähnlich wie die Piroguen gebaut sind*«, so Speiser 1913. »*Das eigentliche Boot ist ein ausgehöhlter Riesenstamm, der wieder überdeckt wurde, damit er sich nicht füllen kann. Die Passagiere befinden sich nicht auf dem Bootskörper, sondern auf der Brücke, die Boot und Ausleger verbindet … Diese ist etwa 1 ½ Meter über dem Wasser, hat eine genügende Fläche, um im Notfall vierzig Mann zu fassen. Ein kleines Häuschen darauf bietet Schutz vor Regen und dient als Schlafraum. Man benutzt zum Fortbewegen in erster Linie Segel, die aus Palmbast verfertigt sind, zweispitzig, mit schön geschweiftem Rande. Die Segel können an beiden Enden des Bootes befestigt werden, sodass man jeden Wind benutzen kann, doch ist es nicht möglich, gegen den Wind zu segeln … Zum Steuern dienen lange Ruder mit breiter Schaufel.*«

Während in den übrigen Südsee-Regionen das Wissen über Bootsbau und Navigation im Zuge der Europäisierung verloren ging, war das steinzeitlich anmutende Bild der »te puke« noch lange im Pazifik zu bewundern.

Pazifikforscher David Lewis, Schüler fast aller polynesischen »Kapitäne«, die noch »nach den Sternen« zu segeln vermochten, interviewte im Rahmen seiner Recherchen auch die Tikopianer Rafe und Tupuai: Rafe war nicht mehr von den Älteren »systematisch trainiert« worden, sondern hatte ihnen heimlich als Kind zugehört. Ebenso heimlich war er später mit einem gestohlenen 27-Fuß-Kanu von Tikopia nach Vanikoro und zu den Banks gesegelt. Tupuai, der die Strecke Tikopia – Anuta und zurück gesegelt war, erklärte Lewis die Bedeutung der Wellenreflektion an Küsten, denen man sich nähert, und wie wichtig es vor allem bei unsichtigem Wetter ist, sie zu erkennen.

Auch wenn die meisten dieser »Kapitäne« inzwischen verstorben sind, so haben sich David Lewis und andere Forscher doch dafür eingesetzt, dass ihr Wissen um Navigation und Schiffbau erhalten bleibt und mit ihm der spirituelle Unterbau ihrer Kultur.

1993 segelten David Lewis und Mimi George, Anthropologin an der Universität Hawaii, mit diesem Anliegen zur Insel Taumako, wo sie noch einen der großen Navigatoren, Chief Koloso Kaveia, trafen, eine Schlüsselfigur navigatorischer Vergangenheit. Kaveia war kein Fremder für Lewis: Fast ein Vierteljahrhundert zuvor (1969/70) war er auf der Gaffelkutter-Reise sein Steuermann gewesen. Nun war Kaveia über achtzig Jahre alt – höchste Zeit, seine Kenntnisse über traditionellen Schiffsbau und Navigation vor seinem Tod an seine Enkel weiterzugeben. Dazu musste er ein neues »te puke« für sein Volk bauen. Ein Traum, den zu verwirklichen ihm die beiden Wissenschaftler helfen wollten. Ihr Einsatz hatte Erfolg: 1997 war das erste »te puke« auf Taumako fertig und seine Hochseetüchtigkeit erprobt; auf traditionellem Kurs hatte Paramount Chief Kaveia es zu den Reef-Inseln gesegelt und damit begonnen, den jungen Taumakern das von ihren Ahnen überlieferte Wissen über Schiffbau und Navigation zu vermitteln.

Auf Hawaii mit der FREYDIS 2006, wo wir auch Mimi George kennen lernten, haben wir uns ein »te puke« angeschaut, das kürzlich von den Taumakern im Rahmen eines kulturellen Austauschprogramms gebaut worden war: Zu Recht können die Insulaner stolz sein auf ihre Seefahrer-Geschichte; und warum sollte es in Zukunft auf den Inseln nicht Traditionsvereine von begeisterten Seglern geben, die nach alter Väter Weise auf diesen Booten segeln, ähnlich denen, die auf Tikopia ihre traditionellen Tänze oder den Umgang mit alten Waffen pflegen?

Doch bei aller Achtung, die ich für die Schiffsbaukunst der Außenposten-Polynesier habe: Man kann das Rad der Zeit nicht zurückdrehen! Ich sehe diese neu erbauten alten Boote nicht mehr als wiederbelebte zeitgemäße Transportmittel zwischen den Inseln, sondern eher als eine Hommage an frühere, heroische Zeiten, ähnlich den »Repliken« hawaiianischer Doppelkanus oder den Wikingerbooten.

Apropos heroische Zeiten auf Tikopia: Das Ritual der »Sacred Canoes« diente in erster Linie dazu, die Götter und Ahnen um eine gute Reise und einen guten Fischfang zu bitten. Dazu mussten auch die Werkzeuge zu ihrer Herstellung mit den Geistern in Kontakt gebracht werden. Diese »Heiligen Objekte« lagen in einem kleinen Korb und wurden nur mit äußerster Sorgfalt zu dem Ritual aus dem Tempel geholt. Es waren Schraubenschnecken, mit denen man Löcher ins Holz bohrte. Eines Tages aber wurden sie ersetzt: ein Stück Holz mit Eisennägeln war angespült worden, wahrscheinlich von der Planke eines frühen europäischen Schiffes im Westpazifik. Dieses Strandgut war für Tikopia der erste Schritt von der Steinzeit zur Eisenzeit, ähnlich wie der Eisenhaken in Tafuas Hütte. Sowohl an den Nägeln als auch am Haken hängen nicht nur abenteuerliche und dramatische Geschichten, sondern eine ganze technische Revolution! Denn erst mit den Relikten aus den Wracks kam das neue, gewichtige Tauschobjekt »Eisen« auf den Markt der Salomon-Inseln und brachte den einschneidenden Wandel von Muschel- und Steinwerkzeugen zu solchen aus Eisen. Für Nachschub, wenn auch schleppenden, sorgten später die Walfänger und Sandelholzhändler.

Aber das ist Vergangenheit, das Ritual der »Sacred Canoes« wurde auf Tikopia genauso aufgegeben wie viele andere Rituale. Nur diejenigen ohne Bezug zum alten Glauben werden weiterhin praktiziert und sind für alle Bewohner obligatorisch. So auch die Initiation, der sie große Bedeutung für die Gemeinschaft beimessen, weil der Junge dadurch erstmalig lernt, sich den Gesetzen der Insel zu beugen. Auf Tikopia gibt es keine Cirkumcision, nur eine Inzision: Schrecken genug für die Jungen. Einer der Gefeierten dieser kürzlich stattgehabten Zeremonie ist unter den Kindern, die uns in fröhlicher Schar zurück nach Faea begleiten.

* * *

Müde, voller Salz- und Sandkrusten erreichen wir Mata Utu: Jetzt eine heiße Dusche, ein kalter Drink, das wär's! Doch wir sind zu Gast bei Ariki Tafua mit seinen drei Kollegen. In der Hütte wurden die Seitenwände teilweise entfernt, damit die Dorfbewohner an dem Treffen teilhaben können. Die Inselaristokraten haben sich bereits auf den Matten niedergelassen. Ein Bild harmonischen Südseelebens im fantastischen Licht- und Schattenspiel der Blätterwände. Eine Sternstunde für Pascal, der vis-à-vis des Quartetts höchst konzentriert seine Gerätschaften aufbaut. Erich muss sich aufs Zuschauen beschränken, Berufsfotografen sind sensibel …

Alle vier Ariki tragen ihr Haar lang, so lang, wie es eben wächst. Sie sind unversehrbar, unantastbar, ihnen darf buchstäblich kein Haar gekrümmt werden. Auch in ihrer Kleidung – Borkenrock, darüber ein bunter Lavalava mit Palmbastgürtel – unterscheiden sie sich kaum voneinander. Dass nur Ariki Tafuas und Kafikas Brust mit großen silbernen Kruzifixen geschmückt sind, hat keine Bedeutung. Die Zeiten, als die Kirche für Disharmonie unter ihnen sorgte, sind vorbei: Auch wenn das Christentum den Chiefs die Mittlerrolle zwischen Volk und Göttern aberkannte, so sind ihre Autorität und ihr Ansehen beim Clan doch unangefochten. Nach wie vor gilt: »Alle Macht dem Chief.«

Nicht einmal die Regierung in Honiara schafft es, gegen den Willen der Chiefs etwas auszurichten: »Manchmal kommt ein Politiker nach Tikopia, um sich mit uns zu beraten. Aber nur wenn wir ein Gesetz gut finden, nehmen wir es auch an«, versichert Edward. Dann fassen sie Beschlüsse wie den Anfang der 1980er-Jahre, die Salomonen-Regierung anzuerkennen, oder den, keine Steuern zu zahlen, mit welchem Geld auch? Andererseits haben sie wegen ihrer geringen Zahl aber auch keine kräftige Stimme und erhalten kaum Unterstützung.

Doch so einträchtig die Ariki auch auftreten: Mündliche Überlieferungen und archäologische Recherchen zeugen nicht nur von Harmonie in Tikopias Siedlungsgeschichte. Sie berichten auch von Kriegen, etwa nach Rückschlägen und Einbrüchen durch ökologische Veränderungen wie bei der Wandlung der Meeresbucht in einen Brackwassersee. Damals verschwanden wertvolle Fischgründe und Muschelbänke. Folgen, die vor allem die Clans der drei Chiefs Kafika, Tafua und Taumako zu spüren bekamen, die sich als letzte Zuzügler im Innern der Bucht angesiedelt hatten. Nach vergeblichen Verhandlungen um mehr Land übernahmen sie gewaltsam das Gebiet des alteingesessenen Nachbarstammes, Nga Ravenga, und löschten ihn aus. Nur wenige Generationen später, um den Beginn des 18. Jahrhunderts herum, attackierten sie die Mitglieder eines weiteren Stammes, Nga Faea, die daraufhin in ihren Kanus den Tod auf See suchten. Einziger Überlebender war der Sohn des Ariki Faea. Er wurde später der erste Ariki Fangarere. Heute haben die vier Chiefs nur noch einen gemeinsamen Feind: Naturkatastrophen.

Michael erkundigt sich, ob sie von ihren Ahnen eine Entstehungsgeschichte der Welt übernommen haben. Doch die Häuptlinge wollen nicht so recht damit herausrücken und widmen sich lieber aktuelleren Dingen: Wie viel wir für den Schulfond gedacht hätten, fragt Edward im Namen seines Kollegen Ariki Kafika. »Wir spenden hundert Dollar in Vatu.« Ob wir auch etwas hätten für den Inselfond? Michael ist genervt von dem durchschaubaren »Zirkus«. In seiner Arbeit hofft er über den Priester weiterzukommen.

Als Herr vieler Kokospalmen lässt sich unser Häuptling (wir zählen uns bereits zu seinem Clan) beim Festschmaus nicht lumpen: Seine Maru tragen neben Pudding und Fisch sogar »masi« auf, fermentiertes Gemüse aus der Silo-Konservierung: Jeder Überschuss an Taro, Yams, Brotfrucht, Sago oder Mehlbanane wird in Bananenblätter gewickelt, und in Gruben eingelagert bleibt es durch Fermentierung ein bis zwei Jahre genießbar; eine Technik, die ihre Ahnen mitbrachten. Das Taro-Gemüse, das man uns vorsetzt, eine grünliche Paste, soll vor sechs Monaten vergraben worden sein und erinnert im Geschmack an Hüttenkäse.

Als Pascal Erich endlich freie Bahn zum Fotografieren gibt, ist das Licht weg und die Arikis hocken schläfrig vor den Fischgräten und stopfen sich ein Pfeifchen. Ariki Tafua entgeht trotzdem nichts: »Ariki te vaka«, ruft er Erich zu, »wir machen noch ein Fest!«

Selbstbeschränkung als Überlebensstrategie – Parfüm für die Götter – Privatsprechstunde – Hoher Besuch an Bord – Passatstörung – Abschied

Wir werfen einen Blick in die provisorische Schule von Faea, eine rote Wellblech-Baracke. An der Tafel eines Klassenzimmers lesen wir: »Dienstag, 14. September … Factories make a lot of things … They unsually sell the things they make to people who own shops or stores … These shops sell the things to people or customers … chain of production … of bread …«

Abstrakte Dinge aus einer fernen Welt: Auf Tikopia gibt's weder Fabriken, noch Läden, noch Brot.

Mit ein paar Schülern, mit Joseph und dem einheimischen Lehrer Winfred sitzen wir noch im Schatten der Bäume. Hier soll sich allabendlich eine

Gruppe von Leuten treffen, um traditionelle Tänze zu üben. Doch ist zur Beleuchtung des Tanzplatzes ein Generator nötig, wie es sich die Gruppe wünscht? Winfred ist dagegen. Fern unserer Konsumgesellschaft mit ihren negativen Auswirkungen auf menschliche Beziehungen kann ich seinen Standpunkt sogar verstehen: War doch Selbstbeschränkung um der eigenen Unabhängigkeit Willen seit jeher die Devise der Insel, noch dazu eine sehr erfolgreiche: Durch diese Selbstbeschränkung ist das Leben auf Tikopia bisher noch weitgehend unabhängig vom Geschehen in der großen hektischen Welt, geht alles noch seinen gewohnten Gang, egal ob die Weltwirtschaft boomt oder stagniert, egal ob der Preis fürs Barrel Öl steigt oder fällt, ob es einen Schwarzen Freitag gibt oder einen Rosenmontag, ob Krieg oder Frieden herrscht. In zeitloser Gelassenheit ruht das Eiland in sich selbst und führt seinen eigenen Überlebenskampf.

Tikopia ist deshalb heute weiter »aus der Zeit« als alle bewohnten Inseln, die wir in den letzten Jahren mit der FREYDIS besucht haben. Flugzeuge sind hier noch immer etwas, das zu einer anderen Welt gehört.

Wie schon vor zwei Jahrtausenden ist Nahrungsbeschaffung und -zubereitung der hauptsächliche Lebensinhalt. Vielleicht gab es deshalb hier auch nie einen »Cargo-Kult« wie auf einigen Salomonen-Inseln. Firth: »*Die Tikopianer sind eine zu gut gefestigte Gemeinschaft, … zu pragmatisch in ihrer Einstellung zum Erwerb westlicher Güter durch Arbeit und Tausch, als dass sie sich irgendwelchen fantastischen Vorstellungen hingäben, dass Flugzeuge oder Schiffe ihnen eine Spezialfracht bringen würden …*«

Noch versorgt keine dicke Nabelschnur die Insel. Es gibt weder Zeitung noch Fernsehen oder Funkkontakt zur Außenwelt – genauso wenig wie ein Resort, Restaurant oder einen Laden. Es gibt kein Motorrad, auch kein Motorboot, weder Kühlschrank noch Generator. Einziges Wellblechgebäude ist die Schule, einziger Zementbau die Kirche in Ravenga, einzige Maschine eine Singer-Nähmaschine: ganzer Stolz von Stevens Frau und bald wieder mit ihr auf Vanikoro.

Die Kontakte zur Außenwelt sind eher sporadisch. Da ist der Versorger aus Honiara, eine Yacht, ganz selten einmal ein größeres Touristenschiff; da treffen gelegentlich ein paar Politiker ein, findet ein Austausch mit der Diözese statt; vielleicht nimmt die Tanzgruppe an einer der großen Polynesienfeiern teil; und da sind, überschaubar noch, die Migranten: junge Leute, die für einige Zeit auf Nachbarinseln arbeiten.

Dass ihre »Weisen« die modernen Errungenschaften heute ablehnen, beweist eine Weitsicht, die schmerzlichen Verzicht verlangt. Denn natürlich würden sie die Annehmlichkeiten gerne nutzen, wissen aber genau: Sie machen süchtig und sind gefährlich. Abgesehen davon, wie soll man sie bezahlen? »John macht sich viele Gedanken über die Zukunft, wenn er einmal Ariki sein wird«, erklärte Michael nach einer Unterredung mit dem Chiefsohn. Denn vor allem auf den Schultern der Chiefs ruht die Kultur der Tikopianer, das »We the Tikopia«.

Doch der Wandel ist unaufhaltsam: Das uralte Leben auf der Insel wird nicht bleiben, wie es ist: in paradiesischer Unschuld – sprich Schuldenfreiheit. Firth: »*... man kann nur hoffen, dass die folgende Phase nicht die kulturelle Unterbrechung und den fortschreitenden Verfall der Bevölkerung bringen wird, der die tragische Erfahrung anderer polynesischer Völker war ...*« Was bliebe denn auch übrig von Tikopias Kultur, wenn jeden Abend die bunte Welt der Videos durch die Hütten flimmerte? Und was bliebe von den Zivilisationsgütern übrig, wenn Taifune über die Insel fegen und alles zerstören?

Während wir in Josephs Hütte einen »Pudding« essen und die Tanzpaddel bewundern, die er für die traditionellen Tänze schnitzt, hören wir von Ferne dumpfes Trommeln. Schnell zurück zum Tanzplatz. Dort haben sich im dämmrigen Licht von Petroleumlampe und Mondenschein etwa hundert junge Männer und Frauen, nach Geschlechtern getrennt, in dichten Reihen hintereinander aufgestellt. Im aufpeitschenden Rhythmus großer Schlitztrommeln proben sie ihre alten Lieder und Tänze, die uns eintönig und wenig mitreißend erscheinen. Wir dürfen zuschauen, aber nicht fotografieren.

In der Nacht trifft die norwegische Yacht FELICE ein, direkt von den Fidschis. Die jungen Leute, zwei Männer und eine Frau, wollen erst einmal gründlich ausschlafen. Am Morgen in der Chiefhütte weiß Edward schon Bescheid: »Das sind gute Fischer, hoffentlich bringen sie Angelhaken mit!« Kaum gesagt, sind Crew und Angelhaken auch schon da, letztere sogar in Großpackung.

* * *

Peter ist Hobby-Kunstsammler. Sein Haus in Heidelberg ist mit Masken und Kunstgegenständen aus den von ihm bereisten Ländern geschmückt. Auch von Tikopia will er etwas mitnehmen, aber was und wo soll er es kaufen? Das Verhältnis der meisten Bewohner zum Handel ist noch erfreulich »unschuldig«: hölzerne Nackenstützen, Perlmutt-Angelhaken und Pandanusmatten werden ausgekramt. Zuletzt verhandelt Peter mit Joseph, der schon auf mehreren Inseln war und diese »Unschuld« etwas verloren hat. Es geht um eine der gebräuchlichen schlanken Holzschüsseln, »te kumete« (kleines Kanu) genannt, sowie um ein Tanzpaddel, einen Fächer und vor allem um eine Hochzeitstruhe mit Brautpreis, einem Bündel Tikopia-Geld. Denn auch Tikopia hat eine eigene Währung, »te kafa«: Ein etwa zwanzig Zentimeter langer, aus Kokosnussfasern geflochtener Strang, den nur Männer fertigen dürfen. Peter schwankt ob der saftigen Preise: Soll er nicht doch besser die Turmeric-Backform nehmen, die Chief Tafua ihm für 80 US$ überlassen würde? Sie ist aus einem ausgehöhlten Ast gefertigt und enthält ein Farbpulver von ritueller Bedeutung, gewonnen aus der Turmeric-Pflanze (Gelbwurz, Curcuma longa). Es wird auf den Körper aufgebracht als »Parfüm der Götter«.

Der Fertigungsprozess des Farbstoffes ist ein noch heute praktiziertes Ritual, das mehrere Tage in Anspruch nimmt: Viele Schritte sind erforderlich und zu jedem Schritt gehören Tabus. Hat der Chief – nur ihm und einigen seiner Leute ist die Farbherstellung erlaubt – etwa die Nahrungsregeln oder die Trennung der Geschlechter missachtet oder seine Toilette am Strand verrichtet statt im Meer, so fällt der Farbbrei in Krümeln aus der Backform und die neugierigen Zuschauer lachen ihn aus: Er hat die Tabus verletzt. »Eine Blamage«, versichert Ariki Tafua schmunzelnd. Gerade erst im Amt, steht ihm diese Prüfung noch bevor.

Wenn die Operation jedoch gelungen ist, werden die gebackenen Zylinder in Rindenstoff als wertvoller Besitz an den Dachsparren gehängt (die Würste!). Peter will noch einmal alles gründlich überlegen, schließlich wird es spätestens im Flieger auch ein Transportproblem.

Michael und Pascal kommen auf einen Sprung an Bord. Sie haben mit John zusammen den Mount Rani bestiegen und sind todmüde und hungrig: »Es gab nur Bananen und Kokosnüsse!« Überhaupt haben sie das fade Fisch- und Puddingessen gründlich satt. Sie stillen ihr Verlangen nach Herzhaftem erst einmal in der FREYDIS-Kombüse an Salami, Spiegeleiern und Schokoladenkuchen. Später bringen wir ihnen einen Korb mit Fischdosen, Kaffeepulver, Kondensmilch, Schiffszwieback, Zitronensaft und Dosenöffner zu ihrer Hütte – Leckerbissen, die sie selbstverständlich mit den Einheimischen teilen –, dazu Leintücher als Schutz gegen die Moskitos, die sie bei Tag und Nacht quälen und sogar durchs Netz stechen, sobald unbedeckte Körperteile damit in Berührung kommen. Doch selbst wenn Hunger und Moskitos bezwungen sind: Ruhepausen bei Tag gibt's für sie nur selten. Kaum suchen die beiden ihre Hütte auf, füllt sie sich auch gleich mit einer Schar vergnügter, wissbegieriger Kinder. Als Gast ist man eben eine Attraktion, und so werden auch wir auf Schritt und Tritt von ihnen beobachtet und begleitet: Sie wollen fotografiert werden, fragen nach Luftballons und Süßigkeiten oder stehen einfach nur in ihren Kanus und drücken sich die Nasen an unseren Bordfenstern platt.

* * *

Als ich am Nachmittag in Edwards Hütte komme, diesmal nicht als Gast, sondern als Arzt, hängt unterm Dach alles voller Tabakblätter zum Trocknen. »Wir bauen ihn selbst an«, freut sich Edward über die gute Ernte. Ich mag seine Freude nicht durch Raucheraufklärung trüben, zumal die Ansicht herrscht, dass ein Mangel an Betel oder Tabak die Menschen weniger verträglich macht.

Doch die Tafuas sind interessierte, fortschrittliche Leute, die an den wissenschaftlichen Erkenntnissen der Welt teilhaben wollen.

Nau Tafua leidet unter Kopfschmerzattacken. »Ganz allein ist sie mit dem Postboot nach Honiara gefahren, um sich im Hospital behandeln zu lassen. Aber dort haben sie ihr nichts als Schmerzmittel gegeben«, berichtet Edward. Angeblich beherrscht seine Nau nur Insel-Polynesisch, dabei bin ich überzeugt, sie versteht Pidgin, spricht es aber nicht, weil es sich nicht geziemt.

Gegen ihre Migräneanfälle hat die Bordapotheke ein geeignetes Mittel, doch leider keinen Vorrat. Auch gegen die Varikose ihrer Beine kann ich mit Bordmitteln nur wenig ausrichten: Kompressionstherapie verspricht bei den tropischen Temperaturen wenig Erfolg, zumal bei dem Zwang, auf den Unterschenkeln zu sitzen und auf Knien zu rutschen. Der Häuptling fühlt sich dabei nicht angesprochen oder gar aufgefordert, seine Frau von den traditionellen Respektsbezeugungen zu entbinden.

Welche Stellung hat heute überhaupt eine verheiratete Frau auf Tikopia? Durch Heirat verliert sie die Zugehörigkeit zu ihrem Clan, wird Mitglied in dem ihres Mannes und lebt meist in einem anderen Gebiet der Insel. Sie arbeitet im Haushalt, stampft Rindenbast – noch immer die Kleidung bei allen Festlichkeiten –, webt Boden- und Schlafmatten und bereitet das Essen vor: Sie schabt Taro, raspelt Kokosnüsse, spaltet Brotfrüchte, sammelt Muscheln, fischt auf dem Riff, füllt die Wasserbehälter und versorgt, zusammen mit den Männern, den Erdofen. Sie kaut Betel und raucht Pfeife und besucht Freunde in Begleitung ihres Mannes.

Im Haus darf sie nicht aufstehen und muss bestimmte, dem Mann vorbehaltene Areale meiden. Sie hat mit geschlossenen, ausgestreckten oder zur Seite geschlagenen Beinen zu sitzen und sich in Gegenwart von Männern möglichst still und devot zu verhalten. Und wenn sie Witwe wird, muss sie den Rest ihres Lebens in Trauer verbringen.

Eine Chance, die »weite Welt« zu sehen, gibt es allenfalls für junge Frauen, die Jobs auf anderen Inseln annehmen oder mit ihren Männern dorthin ziehen, aber das gilt nicht für die Frau des Häuptlings. Nau Tafuas selbstständige Reise ins 600 Meilen entfernte Honiara (Hauptstadt der Salomonen mit einem größeren Krankenhaus) ist deshalb ein gewagter Bruch mit der Insel-Tradition, nach der eine verheiratete Frau sich nicht einmal auf der Insel frei bewegen darf, außer sie geht zu den Gärten ihres Mannes, um darauf zu arbeiten.

Wie fast alle verheirateten Frauen auf Tikopia ist Nau Tafua kahlgeschoren wie eine Gefangene. Nur eine Sitte? Bei Firths erstem Besuch 1928/29 war die gewaltsame Entführung einer Braut aus ihrem Elternhaus mit Inkaufnahme von Verwundeten und Toten noch üblich, zumindest in Häuptlingsfamilien. Mit der Christianisierung verschwand dieser Brauch, aber nicht zwangsläufig auch die Rolle der Frau als Opfer. Aber ist sie wirklich Opfer? Es sind die Frauen, die ihren Geschlechtsgenossinnen die Haare scheren am Tag der Vermählung …

Eine Frau auf Tikopia hat nicht die Freiheit, ihr Leben selbst zu bestimmen. Aber nicht etwa, weil sie die »Sklavin« ihres Mannes ist, sondern ein Mitglied ihrer Gesellschaft, deren Gesetze sie wie alle Bewohner von klein auf verinnerlicht hat. Laut Firth ist sie »*ein freies Wesen, nicht mehr und nicht weniger Eigentum ihres Mannes als er das ihre*«.

Weil die Freiheit jedes Einzelnen aber dort endet, wo die Rechte eines anderen beginnen, greifen die gesellschaftlichen Reglementierungen auf der kleinen Insel mit begrenzten Ressourcen notwendigerweise in viel mehr Bereiche ein als etwa in unserer westlichen Zivilisation.

Meine Frage beim Festmahl an die vier Chiefs, ob auch eine Frau »Ariki« werden könne, wurde von Edward unter zustimmendem Nicken des übrigen

Adels mit »Ja« beantwortet. Doch die Realität sieht anders aus: Als 1993 Chief No 1 in relativ jungen Jahren starb, lehnten die Häuptlinge es ab, seine erwachsene Tochter als Chief anzuerkennen. Ihr Großonkel, der jetzige Ariki Kafika, übernahm die Macht, bis ihr Bruder herangewachsen ist.

Nun zu Edwards Magenbeschwerden, vermutlich Sodbrennen. Er sitzt den ganzen Tag herum und lässt sich bedienen und füttern wie eine Bienenkönigin. Das Betelkauen könnte auch eine Rolle spielen: Doch einem Ariki das Abspecken verordnen und dazu mehr Bewegung und weniger Betel, hieße die Kultur der Insel aus den Angeln zu heben.

* * *

Am Nachmittag holt Erich mit dem Dingi unsere Gäste auf der FREYDIS vom Strand ab: Chief Tafua und Nau, begleitet von Steven und zwei weiteren Verwandten. Bald sitzen wir dort alle zusammen bei Kaffee und Kuchen und hören die Musik-Kassetten aus Tahiti und Moorea, deren einheimische Liedertexte sie im Gegensatz zu den Melanesiern problemlos verstehen.

Der Chief schaut sich die Bildbände von unseren Reisen an und will ganz genau wissen, welche Inseln besonders schön und interessant waren. Anschließend berichtet er von seinem Lieder machenden Großvater, der einmal (in den dreißiger Jahren des vorigen Jahrhunderts) eine kurze Reise auf der HMS WELLINGTON machte und in einem Lied verewigte. Damals war jede Reise für die Bewohner ein großes Abenteuer. Sie kannten allenfalls die Banks, Anuta oder Vanikoro, die einige von ihnen mit ihren Kanus besucht hatten.

»Als das Schiff bei der Rückkehr Salut schoss, flohen die Insulaner Hals über Kopf ins Inselinnere«, lacht Edward.

Überhaupt ist er bester Stimmung, der chilenische »Pisco« ermuntert ihn sogar zum Singen: das Lied von »Ratte und Flughund«, eine Tierfabel, die sein Großvater vertonte. Auf mein Bitten hin erzählt Edward den Inhalt : »Die Ratte hatte sich vom Flughund die Flügel geliehen und konnte fliegen. Als der Flughund sie zurückforderte, wollte die Ratte sie nicht hergeben. Es kam zum Kampf, bei dem die Ratte verlor. Wütend stieß sie einen Fluch aus: ›Du sollst immer mit dem Kopf nach unten hängen, sodass dir der Regen ins Gesicht läuft!‹ Der Flughund fluchte: ›Du sollst fressen müssen, was du unter den Füßen hast!‹«

Steven zeigt dem Skipper auf der Karte die beste Riffpassage zum »settlement« auf Vanikoro. Er und seine Familie werden mit uns reisen. Darum bat uns Edward beim letzten Treffen, und weil alle Mitsegler dafür waren, stimmten wir zu. Es blieb uns gar nichts anderes übrig nach der freundlichen Aufnahme, die wir hier gefunden haben. Worauf wir uns da allerdings einlassen, überblicken wir zu diesem Zeitpunkt noch nicht.

»Vaiteele!«, lacht Ariki Tafua, uns zum Abschied zuprostend.

* * *

Seit der letzten Passatstörung blies es mehr oder weniger stetig aus Südost. Doch in der Nacht dreht der Wind plötzlich wieder auf Nord, dann Ost. Die FREYDIS dreht sich mit, und die Ankerkette wickelt sich um die Korallenblöcke. Jedes Mal, wenn eine Böe einsetzt und das Boot in Fahrt kommt, wird es ruckartig von der auf diese Weise gekürzten Ankerkette gebremst und zur Seite geschleudert. Ein dickes Tau, das Erich als Stoßdämpfer in die Kette einbindet, reißt mehrmals. Die ganze Nacht müssen wir das Rucken ertragen, dazu die Sorge, dass Kette oder Schäkel brechen und wir auf der Stelle auslaufen müssen, um nicht auf die Korallen geworfen zu werden. Nimmt der Wind weiter zu, bleibt uns nichts anderes übrig, als den Anker zu kappen. An Schlaf ist nicht zu denken.

Gegen Morgen lässt der Wind nach. Regenschauer prasseln aufs Deck. Als sie aufhören, sieht sich Erich die Bescherung unter Wasser an und weist mir die Richtung, in der ich die FREYDIS unter Motor bringen muss, um die Kette aus den Korallen zu befreien. Erneute Wolkenbrüche nutzen wir zu einer ausgiebigen Süßwasserdusche. Doch der Wind bleibt wechselhaft, und bereits wenige Stunden später hat sich die Kette erneut verhakt: Also, das Ganze noch einmal. Nun aber verlegen wir das Boot an die Riffkante.

Durch die nächtlichen Wetterumschwünge wird der Aufenthalt auf Tikopia anstrengend. Zum Glück haben wir auf diesem Abschnitt nicht nur einen, sondern zwei unserer Freunde dabei – einer allein kann das Schiff im Ernstfall nicht manövrieren. Wegen des unsicheren Liegeplatzes müssen wir uns paarweise mit den Landgängen abwechseln.

Vom Strand aus sehen wir die FELICE mit Ariki Tafua, Steven und Joseph an Bord zum Angeln auslaufen. Auch Skipper Thomas musste tauchen und seine Ankerkette vor dem Aufholen erst klarieren. Sie hoffen auf Tuna und Wahoo. Petri heil! Uns ist am Ankerplatz kein Anglerglück beschieden: Vor lauter Kaufverhandlungen hat Peter die ausgelegte Angel glatt vergessen. Als er sie endlich einholt, ist der Haken samt Köder abgebissen. Seine angebahnten Geschäfte mit Joseph werden am Abend jedoch glücklich zum Abschluss gebracht. Sie haben sich auf 200 US $ für den Brautpreis geeinigt – ohne Braut. Für die anderen Kostbarkeiten hat Peter Schwimmflossen, Brille, Feuerzeug und Nachfüll-Benzin geopfert. Vom Chief bekam er für ein T-Shirt eine alte Holznadel, mit der Palmblätter an Dachsparren genäht werden. Auch über das alte Turmeric-Gefäß wurden sie sich handelseinig. Und gegen ein Stück Seife in der Schale, ein Päckchen Rasierklingen und ein Sägeblatt gab's noch eine geflochtene und bemalte Kokosmatte.

»Am Ende der Reise wirst du ungewaschen, unrasiert und nur im Baströckchen nach Hause fliegen«, frotzelt Erich.

Tauschhandel auch an Bord: Die Crew der FELICE besucht uns am Nachmittag und bringt eine Handvoll Angelhaken im Tausch gegen eine Flasche »Pisco«, dazu die erfreuliche Nachricht: ein großer Wahoo hat angebissen!

Am Abend klagt Erwin über Kopfschmerzen und Übelkeit. Kein Wunder, er hat Fieber! Seine Malaria-Prophylaxe hat er regelmäßig geschluckt, aber wer weiß … Viele Erregerstämme sind resistent. Erich hat das schon am eigenen Leib erfahren, wenn auch im Indischen Ozean.

Der Schnelltest bringt keine Klarheit. Ich mache mir Sorgen, auch wegen Steven und seiner Familie: Ansteckende Krankheiten können bei Menschen, die keine Resistenz dagegen entwickelt haben, noch immer schlimme Folgen haben. »*Nein, die Salomonen sind nicht gesund …*«, so Jack London in *Die Reise der Snark.* »*Ich habe heute Morgen meinen letzten Fieberanfall überstanden, und ich habe nur einen freien Tag zwischen den Anfällen. Zwischen Germaines Anfällen vergehen zwei Wochen, Wada ist durch das Fieber das reine Wrack geworden. Heute Abend zeigt er alle Symptome beginnender Lungenentzündung. Henry, ein riesenstarker Bursche aus Tahiti, der soeben seinen letzten Fieberanfall überstanden hat, schleppt sich an Deck herum und gleicht einem vorjährigen Waldapfel. Sowohl er als auch Tehei haben sich eine recht ansehnliche Sammlung Beulen zugelegt. Sie sind auch von einer neuen Form von Garigari angegriffen, einer Art Pflanzenvergiftung, wie von Gifteichen oder Giftefeu … Alle wie einer leiden an jeder erdenklichen Art bösartiger Hautkrankheit. Blutvergiftung ist häufig …*

Wäre ich König, so würde die schlimmste Strafe, die ich meinen Feinden auferlegte, sein, dass ich sie nach den Salomonen verbannte. (Obwohl ich das, recht bedacht, kaum übers Herz bringen könnte, ob ich nun König wäre oder nicht).«

* * *

Für den Abend ist das große Abschiedsessen zusammen mit der FELICE-Crew bei Chief Tafua anberaumt. Wir werfen uns im wahrsten Sinne des Wortes »in Schale«: in die Rindenkleidung mit turmeric-farbenem Gürtel, die uns Nau Tafua schon im vorhinein als Geschenk überreicht hat.

In der Hütte fahren die Maru den im Erdofen gebackenen Wahoo auf, dazu den üblichen Pudding und Gemüse. Weiße Frangipaniblüten-Ketten und geschnitzte Perlmutt-Glücksbringer, »temanga«, werden uns um den Hals gelegt; Rangifuri bringt Turmeric-Kokosöl auf unsere Gesichter und Oberarme auf und gibt dazu freundliche Worte, Dank und gute Wünsche. Es herrscht eine festliche Stimmung. Edward ernennt Erich zum »Chief No 5 «. Dann nimmt er den La Pérouse-Eisenhaken vom Balken und überreicht ihn mir. Ich bin gerührt: »Ein Geschenk, das viel schwerer wiegt als sein Material«, bedanke ich mich.

Auch wir haben ein paar Abschiedsgeschenke mitgebracht: ein Schweizer Messer, Ersatzteile für die Petroleumlampe, Medikamente, Schokoladenpulver, Zucker etc. …

Immer mehr Leute drängen durch die Eingänge und lassen sich um uns herum nieder: Die Familie des Chiefs ist groß. Die Frauen, auch Nau Tafua, die neben mir sitzt, tragen Rindenbastkleidung wie wir und sind mit Blüten geschmückt. Manche bringen Geschenke mit: Matten, Perlmutt-Angelhaken,

Tanzpaddel, hölzerne Kopfstützen und anderes ... Wir halten mit Zivilisationsgütern dagegen, holen von Bord, was die FREYDIS noch hergibt.

Firth's Worte am Ende seines einjährigen Aufenthaltes kann ich gut nachempfinden: »*Die Außenwelt erscheint mir verschwommen und sehr fern, die einzig interessierenden Ereignisse sind die, welche auf Tikopia geschehen ...*«

Zumindest an diesem wunderschönen Abend trifft das zu. Um ihn gebührend ausklingen zu lassen, sitzen wir anschließend noch mit der Crew der FELICE im Cockpit der FREYDIS bei einem Glas Wein. Eine Regenböe setzt dem Zusammensein ein Ende, leider.

Sofort falle ich in tiefen Schlaf. »Komm hoch!«, weckt mich Erich. Dann höre ich es auch: Kettenrasseln! Draußen orgeln Sturmböen, und als wir in der mondhellen Nacht ins Cockpit schauen, trauen wir unseren Augen nicht: Der Bug eines Geisterschiffes schwebt über uns. Die FELICE! Nach der Angeltour hat Thomas sie vors Riff gelegt. Aber nun hat der Wind auflandig gedreht mit Regenböen um sechzig Knoten! Die FELICE ist auf Drift gegangen: drei Meter noch ... »Thomas«, brüllt Erich, während ich nach den Fendern greife. Aber da schießt Thomas schon aus dem Niedergang, erfasst die Situation, startet den Motor und wirft das Ruder herum: Ein »Manöver des letzten Augenblicks«! Seine Crew kommt an Deck. Gemeinsam holen sie den Anker auf und legen das Boot an einen anderen Ort. Wir kriechen wieder in die Kojen.

* * *

19. September, Sonntag: 06.00 Uhr morgens aufstehen. Heute wollen wir auslaufen. Es regnet in Strömen, alles ist feucht, dazu hat das Turmeric-Öl-Gemisch auf unserer Haut und Kleidung das ganze Boot erobert: Handtücher, Bettwäsche, Polster und frische Kleidungsstücke, alles ist orangegelb. »Ein Teufelszeug!«, brummt Erich. »Parfüm für die Götter!«, spotte ich. »Dafür werden sie die FREYDIS lieben!«,

Vor dem Auslaufen füllen wir noch einmal alle Kanister mit Quellwasser, klarieren ein letztes Mal die Ankerkette und holen um 09.00 Uhr unsere beiden GEOs im Dingi vom Strand ab. Kurze Zeit später trifft die tapfere Familie ein, die sich ins Unvermeidliche schickt – Steven, Mary, die auch als verheiratete Frau ihre Haare etwas länger trägt, und ihre drei Kinder, Sohn Titus und die beiden Töchter Belyn und Nerian, in zwei weiteren Kanus der Hausrat: Sack und Pack und die großen Holzschüsseln, die nicht umsonst »kleine Kanus« heißen. Etwas ungläubig schauen wir auf den sich an Deck türmenden Berg. »Sagt endlich ›stopp‹!«, drängt Pascal. Doch der Skipper bleibt gelassen: Weil unter Deck kein Platz mehr ist, muss alles aufs Vorschiff und unter Planen vor Spritzwasser geschützt an der Reling festgezurrt werden. Dabei können wir nur hoffen, dass das Wetter ruhig bleibt; sonst geht die Ladung baden. Nur Marys Singer-Nähmaschine bekommt einen Vorzugsplatz im Deckshaus, wo auch die Familie campiert.

Punkt 12 Uhr mittags »Anker auf«. Abschied von John, der uns im Kanu durchs Riff geleitet. Ein letzter Blick auf das Inselfleckchen im Windschatten der Weltgeschichte, das unserem schon verblassten Bild vom »Südseeparadies« eine frische Farbe verlieh. Das Glück, das wir ihm wünschen, wird es nötig haben, denn es liegt in der Zugbahn der Taifune.

Im Januar 2003 verwüstet der Zyklon »Zoe« die Insel – mit Windgeschwindigkeiten nahe 200 Knoten (370 Kilometer pro Stunde) der stärkste Taifun, den die Insel seit Menschengedenken erlebt hat. Tikopia rückt für kurze Zeit in die Schlagzeilen der Weltpresse. Wie durch ein Wunder kommt bei dem Taifun niemand ums Leben: Im Windschatten der Insel finden die Bewohner Schutz in Höhlen, hinter Hügeln und Felsnasen. Doch das Meer dringt in den Süßwassersee, spült Gärten und Hütten weg und verursacht großen Schaden an der Wasserversorgung.

Noch eine weit größere Gefahr als Zyklone droht der Insel in Zukunft durch die allgemeine Klimaerwärmung mit steigendem Meeresspiegel. Dann sind ihre Götter wirklich gefordert.

Vanikoro

Tikopia an Bord – Sternenpfad – Überall ist Hölle, überall Paradies – Ende einer Expedition – Fieberschübe und Blütentänze

Die zweijährige Nerian macht einen unterernährten Eindruck, ihre Haut ist schlaff und voller Ekzeme.

»Sie isst Fliegen, das macht sie krank«, erklärt Mary, die sie gerade mit einem ihrer mitgebrachten Puddings in der Kokosschale füttert. Ihre leibliche Mutter sei aus Ravenga und noch sehr jung: Sie arbeitet in Honiara als Prostituierte und kann sich nicht um das Kind kümmern. Deshalb haben Mary und Steven das Mädchen im Alter von sechs Monaten zu sich genommen. Ihre eigene Tochter blieb bei Verwandten auf Tikopia zurück. Das ist so Brauch, denn die Insulaner halten es, wie Firth bereits feststellte, *»für schlecht, wenn ein Kind nur seinen Eltern angehört. Es ist Teil einer größeren Gruppe und sollte zu allen Mitgliedern in gleicher Beziehung stehen.«*

Doch bei allem Gemeinschaftssinn: Mary und Steven sehen müde und bedrückt aus. Der Abschied von der leiblichen Tochter, der Verwandtschaft, von Freunden und Heimatinsel muss erst einmal verkraftet werden.

Nach dem Mittagessen werden die Kinder seekrank und übergeben sich, schlafen dann aber ein. Vorsorglich habe ich Tabletten und Zäpfchen verteilt. Erich und Peter schlucken Antibiotika gegen die Geschwüre an den Beinen. Erwin liegt ziemlich apathisch in der Koje – das Fieber ist zwar zurückgegangen, aber er fühlt sich schlapp – war es doch ein Malariaanfall? Und dann die Enge im Cockpit, die feuchtwarme Luft, die Gerüche …

Meine Gedanken kreisen weiter um Tikopia: Trotz aller Widrigkeiten mit dem Wetter hätte ich mich gerne noch ein paar Tage länger dort aufgehalten. So viele Fragen sind offen geblieben! Bis ich mich auf der Insel einigermaßen zurechtfand, die örtlichen Besonderheiten erfasst, Kontakte geknüpft und Freundschaften gewonnen hatte, war die Zeit schon vorüber. Große Mühe bereitete es mir, all die fremdartigen Dinge, die auf mich einströmten, überhaupt erst einmal aufzunehmen, zu ordnen und zu deuten. Wir waren auf die wenigen Leute angewiesen, die Englisch oder zumindest Salomon Pidgin sprachen und darauf, was sie uns erzählten. So gerne hätte ich einmal ohne Dolmetscher mit Nau Tafua und anderen Frauen gesprochen. So viele interessante Gesichter sah ich, geprägt von einem Leben, von dem ich gerne Näheres erfahren hätte. Und nun bedaure ich, dass ich mich Stevens Familie nicht fürsorglicher annehmen kann: eine nicht wieder gut zu machende Unterlassungssünde, ich weiß. Als Entschuldigung kann ich nur anführen, dass ich ziemlich erschöpft bin: meine Rückenschmerzen, die Seekrankheit, die lähmende Hitze, Moskitos, plötzliche Wetteränderungen, die ständige Verantwortung fürs Boot und für unsere Mitsegler, die Rücksicht auf die GEO-Leute, die eiternden Wunden, die sich aus jedem Stich, jedem kleinen Kratzer entwickeln, das ungeklärte Fieber bei Erwin …

Gegen Abend teilt Erich wieder Wachen ein, im Drei-Stunden-Takt. Von 18.00 bis 21.00 Uhr sind Pascal und ich dran, dann wieder von 03.00 bis 06.00 Uhr. Wir segeln mit Autopilot vor dem Wind. Vor unserem Bug gehen Sterne auf, andere versinken. Es scheint, als beherrsche unsere FREYDIS die Kunst polynesischer Navigation mit ihrem wichtigsten Wegweiser, dem Sternenpfad (laut Firth »*eine Folge von Sternen, auf die der Bug eines Kanus gerichtet ist. Jeder von ihnen wird als Leitstern genutzt, wenn er tief am Himmel steht; wenn er nach oben aufgeht, wird er abgelöst und der Kurs vom nächsten in der Serie ersetzt. Einer nach dem anderen dieser Sterne geht auf bis zur Morgendämmerung*«.), ebenso perfekt wie der große Häuptling von Taumako, der Quirós alle umliegenden Inseln nennen konnte (unter ihnen auch Tikopia und Vanikoro), und das zu einer Zeit, als der Eroberer im Dienste Spaniens von einer exakten Bestimmung der Längengrade nur träumen konnte.

Der Wind legt sich: Wir bergen die Segel, starten den Motor. Pascal sitzt vor dem Mast und döst in die Nacht. Mary ist mit den beiden kleinen Mädchen auf der Cockpitbank beschäftigt. Es stinkt nach Exkrementen und Erbrochenem. Steven und Titus schlafen unten im Gang zwischen den Kojen. Michael hat schon recht, wir sind »boat people«, elf Personen auf der FREYDIS sind zu viel, selbst für so kurze Zeit. Über die große »Freiheit der Meere« und über das, »was die Welt im Innersten zusammenhält« ließe sich trefflich sinnieren auf einem kleinen Segelboot, habe ich irgendwo gelesen.

»Gibt's Frühstück?«, brummt Erich verschlafen beim Wachwechsel. Ich steige hinab in die Kombüse, stelle den Wasserkessel auf die Gasflamme, hole das restliche Brot aus der Kühltruhe und bereite zu, »was die Welt im Innersten zusammenhält«.

* * *

Die Tikopia-Seefahrer sollen die Reflektion der Wellen von der Insel, lange bevor diese in Sicht kam, gespürt haben. Ich fühle nichts als Müdigkeit. Bleiern wälzt sich die See unter dem Boot hindurch. Ab und zu fällt etwas Regen. Ich trage die Position im Logbuch ein und kontrolliere die Tiefe.

04.45 Uhr erscheint ein Silberstreifen achteraus am Horizont, es dämmert. Die Nacht ist überstanden. Voraus schält sich die Insel aus einer Regenwolke: Vanikoro, südlichster Gipfel der Vulkankette Tinakula, Ndendo, Utupua, mit Hauptinsel Banie, dominiert von dem 1000 Meter hohen, erloschenen Vulkan Popokia und der kleinen Nebeninsel Tevai.

Langsam nähern wir uns dem breiten Riffgürtel, der die Insel fast vollständig umgibt. Diffuses Gegenlicht erschwert die Suche nach dem südöstlichen Durchlass zwischen Hauptinsel und Boussole-Riff – benannt nach einem der beiden gestrandeten Schiffe der La Pérouse-Expedition. Der Kapitän und seine Leute waren die ersten Europäer, die mit der riffbewehrten Insel und ihren Bewohnern Bekanntschaft machten.

Gegen Mittag mogeln wir uns an der Brandung vorbei in die breite, mit Korallenköpfen gespickte Lagune. Steven weist uns den Weg zu einer flachen, sandigen Ankerstelle. Endlich können wir unsere Umgebung näher in Augenschein nehmen. Michael in GEO: »*Auch diese Insel ein grüner Rausch im Blauen … Eine langgezogene, zerrissene Vulkankette unter dichtem Dschungel, der noch vom letzten Regen dampft. Davor das strandlose Ufer einer unheimlichen Mangrovenfront. Das Ganze in 200 Metern Entfernung, näher kann die* FREYDIS *nicht heran. Wir werfen den Anker, doch niemand an Bord, am wenigsten Steven, hat es mit dem Landen eilig.*«

Nach einer Weile legt ein einsamer Kanufahrer an der FREYDIS an. Kurze Begrüßung, dann reichen wir das Gepäck hinunter. Den Rest übernimmt ein weiteres Kanu, es gibt hier keine Auslegerboote, sondern nur lange, kippelige Einbäume. Steven und Mary ziehen es vor, mit ihren Kostbarkeiten – den beiden Mädchen und der Singer-Nähmaschine – ins voll besetzte Dingi zu steigen. Nur Erwin will nicht mitkommen. Sein Zustand gefällt mir nicht.

Auf der Fahrt zum Ufer begegnen wir auch einem Einbaum mit Melanesiern: schwarze Gestalten vor grauem Himmel. Wie ein Gondoliere steuert der Mann mit langer Holzstange das vollbesetzte Boot: in der Mitte die Frau, Hibiskusblüten im krausen Haar, einen Säugling an der Brust, und vor und hinter ihr, wie die Orgelpfeifen, die Kinder. Auf dem Weg zu Verwandten seien sie, würden uns aber auf dem Rückweg zu ihrem Dorf Paeu begleiten – die melanesische Hauptsiedlung an der Südwestseite der Insel. Dort wollen unsere GEOs den »Tanz im Blätterkleid« sehen.

Der Polynesier Steven und der Melanesier Alex unterhalten sich freundlich miteinander auf Pidgin. Ihre Volksstämme sind nicht verfeindet – immerhin waren sie traditionelle Handelspartner: Regelmäßig liefen die Tikopianer die Insel an, um Baststoffe und feine Matten gegen Muschelschmuck, Schildpatt und Pfeile und Bogen zu tauschen, und Vanikoro war für sie auch der Bezugsort verschiedener Nussbäume und Kokospalmen. Trotzdem gehen sie sich aus dem Weg. Das ist nicht schwer auf einer Insel, die 35mal so groß ist wie Tikopia und nach Ankunft der Europäer fast völlig entvölkert wurde (heute wieder 800 Einwohner).

Gespannt halten wir auf den obskuren Uferstreifen zu und biegen dann in eine schmale Mündungslichtung. »*Nichts im Anblick der triefenden grünen Masse lässt die Vermutung zu, neben den Krokodilen könnten hier auch Menschen leben. Und doch, in der Mangrovenwand wird eine Schneise sichtbar. Durch flaches schwarzes Wasser führt sie auf einen Schlammstrand zu. Dahinter stehen drei ärmliche Hütten, davor ein halbes Dutzend halb nackter Gestalten. Bilder wie aus einer Strafkolonie*«, so Michael.

Ein Ort wie eine Falle! Die Luft ist erdrückend, das Atmen fällt schwer. Nicht ohne Grund gaben die Pioniere auf den Inseln der schlechten Luft (»mal aria«) die Schuld am Fieber. »Heiß, feucht und ungesund«, vermerkt der *Pacific Islands Pilot*: jährlicher Niederschlag 5–7 Meter, Passatwinde aus Südost von April bis September, dann die feucht-heiße Saison von Oktober bis März – die Zeit der Taifune.

Kaum angelandet, werden Steven und Mary, noch im Wasser watend, von ihren Nachbarn umringt und begrüßt. In großer Wiedersehensfreude pressen die jungen Frauen ihre Nasen aufeinander und tauschen Neuigkeiten aus. Dann führen uns Steven und seine Familie einen kristallklaren, aus einer Bergquelle gespeisten Bach entlang durch den Dschungel bis zu ihrer etwas höher gelegenen Hütte. Wie diejenigen am Ufer steht auch sie auf Pfählen »wegen der giftigen Frösche« und ist umgeben von Brotfruchtbäumen. Nach dem Regen schaut sie aus wie ein großer nasser Heuhaufen.

»Bonjour Tristesse«, kommentiert Peter den Anblick der Familie vor ihrem maroden Zuhause. »Wie weit weg sind hier die weißen Strände und die lachenden Kinder von Tikopia!«

Der Garten ist zum Dschungel verwildert. Aber ebenso verschwenderisch wie die übrige Vegetation wachsen darin auch Inselkohl und Taro. »Der Boden ist gut«, lächelt Steven mit der Zuversicht des Pioniers. Wie ihren Hausrat, so haben sie auch ihre Kultur mitgebracht. »We the Tikopia« gilt für sie auch hier. So lässt sich das Leben fern der Heimat, unter Menschen, die ihnen fremd sind, leichter ertragen: Überall ist Hölle, überall Paradies.

Es ist schon spät am Nachmittag und die Zeit drängt. Zwar würden wir gerne für die Nacht hier ankern, wagen es aber nicht wegen der uns von allen Seiten umgebenden Riffe, auf die uns plötzlich auftretende Böen und Fallwinde treiben könnten. Nach Paeu aber können wir nur bei Tageslicht.

Mary erntet rasch ein paar Handvoll Inselkohl und Taroknollen und legt sie beim Abschied ins Dingi; Titus packt ein paar Kokosnüsse dazu. »Thank you«, »good luck«, »good bye!« – »Auf Wiedersehen!«, rufe ich mutig. Peter: »In dieser Welt wohl kaum!«

Draußen wartet schon die melanesische Familie. Wir nehmen Alex an Bord und das Kanu mit seiner Familie in Schlepp. »How long to Paeu?« – »Five minutes!« Vielleicht mit dem Kanu. Wir dagegen brauchen eine ganze Stunde für die abenteuerliche Fahrt durchs ausgefranste, mit Korallenköpfen besetzte Riff, vor allem auch wegen der schwierigen Sichtverhältnisse gegen die Sonne. Selbst Alex kann die Korallenköpfe dicht unter der Wasseroberfläche kaum erkennen. Mehrmals entrinnen wir ihnen nur knapp, einmal erwischen sie uns: Ein Schrammen und Knirschen geht durchs Boot – ein Geräusch, das einem das Blut in den Adern gefrieren lässt. Und einmal sitzen wir sogar auf: Was nützt jetzt das fantastische Licht? Nicht einmal Pascal reizt es noch zum Fotografieren. Um uns trübes Wasser, obskures Mangrovendickicht am sumpfigen Küstensaum, giftgrüner, undurchdringlicher Regenwald bis hinauf zum Berggipfel, über uns düsterblauer Himmel mit ein paar Flughunden. Zum Glück kommen wir wieder frei und erreichen ohne weitere Zwischenfälle den Ankerplatz vor Peau, dem Hüttendorf am Urwaldfluss, dessen Chief Alex ist.

»See you tomorrow!«, winkt er und stakt seinen Einbaum an Land.

An Bord gibt's zum Abendessen Spaghetti Bolognese. Pascal haut rein, die Seekrankheit ist vergessen. Endlich liegen wir ruhig und geschützt. Aber immer noch klagt Erwin über Kopfschmerzen und Übelkeit.

Am Morgen ist er fieberfrei. »Spielverderber!«, tönt Peter: Kastomtänze sind ja ganz schön, aber wir wollten doch jemanden zum Opfern. Das hätte endlich die »goldenen Schüsse« gebracht!« Erwin kann wieder lachen: »Wie wär's mit dem Skipper?«, schlägt er vor, »der wird doch nur noch von Heftpflaster zusammengehalten!« Vorsichtshalber will Erwin heute lieber an Bord bleiben. Also ohne ihn an Land.

Alex kommt uns entgegen und führt uns in sein Dorf, ein Dutzend Hütten, wie bei den Polynesiern auf Pfählen, weil bei Sturmfluten das Wasser bis ins Dorf kommt. Bodenständig sind nur zwei Küchenhütten mit »Erdöfen« (Löcher im Erdboden mit Herdsteinen). Wie soll man auch im Freien kochen, wenn es durchschnittlich einmal pro Stunde regnet? Doch Regen ist gut für die Gärten, in denen die Bewohner das Übliche anbauen.

Unter den Hütten machen sich kleine Hühner über halbierte Kokosnüsse und Bananenschalen her, magere Katzen schleichen durchs Gelände und ein paar Schweine wühlen unter Bäumen nach Fressbarem. Alex erwachsener Sohn Lionel begleitet uns zum Grab des kürzlich verstorbenen Chiefs, wobei uns auch eine Schar Kinder und Jugendlicher folgt.

»Sie haben Ferien und hängen deshalb alle im Dorf herum«, erklärt Lionel ihre Neugier.

Als wir unseren Aufenthalt auf Tikopia erwähnen, leuchten seine Augen: »Dort war ich auch schon. Steven hat den Besuch vermittelt. Er ist mein Freund!«

Am überdachten, umzäunten und liebevoll mit Korallen und Muscheln ausgelegten Grab lassen sich unsere Begleiter nieder und starren uns erwartungsvoll an. Wir versuchen, mit ihnen ins Gespräch zu kommen, aber sie albern nur herum oder zünden sich eine Pfeife an und paffen.

»Verstehen sie uns?«, frage ich. Lionel nickt: »Sie lernen Englisch in der Schule, genieren sich aber zu sprechen.«

Zwei der Jungs zupfen an selbst gebastelten Gitarren herum, die erstaunlich gut klingen. Lionel hat sie gebaut, denn er mag Musik, und hier gab es bisher nur Trommeln.

»Außerdem ist Lionel Zocca-Trainer der Nationalspieler von Vanikoro«, prustet ein Junge voller Stolz heraus. Und dann wollen sie alle gleichzeitig mit uns reden. König Fußball hat das Eis gebrochen.

Zurück geht's durch den Busch, in dem es nicht nur giftige Schlangen gibt, wie uns Lionel versichert, sondern auch fünf bis sechs Meter lange Salzwasserkrokodile. »Sie kommen manchmal aus der Flussmündung und schwimmen« – er zeigt an unserem Ankerplatz vorbei – »in die Rifflagune, wo sie in den Mangroven leben.«

* * *

Dicht am Flussufer befindet sich auch die Stelle, wo die Überlebenden der La Pérouse-Expedition aus den Resten ihrer havarierten Schiffe ein Rettungs- oder Fluchtschiff bauten, in dem sie etwa »zehn Monde« nach dem Schiffbruch davonsegelten: So zumindest erfuhr es Dillon 1827 von den Einheimischen, als er die Insel aufsuchte. Man zeigte ihm auch eine kleine Lichtung weiter oben im Wald, wo sie Holz geschlagen hatten. Dillon hegte keinen Zweifel, dass die Geschichte stimmte.

Auch wir sind überzeugt: Wenn überhaupt, so war hier der geeignete Ort, um ein Schiff zu bauen. Über 200 Jahre sind seit der Doppelstrandung und dem Kampf der Mannschaften ums Überleben vergangen. Und doch scheint es mir für einen Augenblick, als spiele sich die Tragödie vor meinen Augen ab, als sähe ich die Schiffe schemenhaft in stürmischer Nacht vor dem Riff ... das Aufbäumen des Rumpfes. Brecher überrollen die BOUSSOLE, schleudern sie gegen die Korallenmauer, Planken splittern, Masten brechen, Holz treibt in der wilden Brandung ... Menschen klammern sich daran ... Schreie ersticken im Gischt ... Der Morgen graut. Um ihren schiffbrüchigen Kameraden zu Hilfe zu kommen, versucht die ASTROLABE durch einen Einschnitt im Riff in die Lagune zu gelangen. Doch der Einschnitt ist eine Sackgasse ... Schiffbruch auch der ASTROLABE. Das Ende der Expedition!

Ausgerechnet hier, wo es keine Hilfe für sie gab, passierte das. Was hatten der Fregattenkommandant Jean-François de Galaup Comte de La Pérouse und seine Leute nicht schon alles auf ihrer langen Voyage erlebt und erlitten! Seine Mission war gewesen, »alle den Augen Cooks entgangenen Länder« zu entdecken und die Möglichkeiten für den Pelzhandel zwischen Amerika und China zu sondieren. Nachdem die Expedition die halbe Erde erforscht hatte, erreichte sie am 26. Januar, einige Kilometer südlich des heutigen Sydney, die Botany Bay. In seiner Mitteilung nannte La Pérouse weitere Reiseziele: die Tonga-Inseln, Neukaledonien, die Salomonen, Neuguinea ... Es war sein letztes Lebenszeichen.

Natürlich sorgte man sich in Frankreich um das Schicksal des beliebten

Comte und seiner Expedition. Aber 1789 erschütterte die Revolution Paris und Frankreich. Deshalb sandte die Nationalversammlung auf Bitten Ludwigs XVI erst 1791 die beiden Schiffe LA RECHERCHE und L'ESPERANCE aus, die unter dem Kommando von Bruni d'Entrecasteaux standen, um nach ihrem Verbleib zu forschen. Nur wenige Stunden vor seiner Hinrichtung auf dem Schafott am 21. Januar 1793 soll der König noch seinen Bewacher gefragt haben: »Gibt es Neuigkeiten von Herrn La Pérouse?« Die Antwort darauf wurde erst vierzig Jahre später gefunden – von Dillon auf Tikopia.

Dumont d'Urville, der ein Jahr nach Dillons Entdeckung (1828) auf Vanikoro eintraf, fand im Riff die Reste eines Schiffes, Anker und Kanonen und an Land weitere Gegenstände, die darauf hinwiesen, dass es sich um die ASTROLABE handelte. Das Wrack der BOUSSOLE wurde erst 1964 von einer französischen Expedition entdeckt, und in den 1980ern und 1990ern brachte man weitere Beweisstücke ans Tageslicht.

Von dem kleinen Denkmal, das Dumont d'Urville hier, an der Flussmündung von Paeu, für La Pérouse und seine Kameraden errichten ließ, ist nichts übrig geblieben. Ein zweites, von einer französische Expedition 1990 an der gleichen Stelle gebautes, wurde vor zwei Jahren von einer Flutwelle ins Meer gespült.

Der Ort scheint keine Gedenkstätte zu dulden, vielleicht weil die ganze Wahrheit noch immer nicht ans Licht gekommen ist – trotz aller Funde. Was war mit den Überlebenden und ihrem selbst gebauten Boot geschehen?

Laut Firth haben sich die Tikopianer zum Mord an den Franzosen auf Vanikoro bekannt: Es war ihr Vorfahre Makatai, Ariki Taumako, der auch die meisten Gegenstände mitgebracht hatte, die Dillon später auf Tikopia fand, und Neuigkeiten von den Leuten, von denen sie stammten. Über die Tat verfasste dessen Sohn, wie bei besonderen Ereignissen üblich, sogar ein Lied.

* * *

Im Dorf haben sich die Bewohner bereit erklärt, gegen ein bescheidenes Entgelt für die GEOs zu tanzen. Nur Ben, der Katechist, muss noch gefragt werden. Michael hat ihn bereits am Abend zuvor, als er einer Andacht in der Kirchenhütte beiwohnte, kennen gelernt. Ben hat zwar ein paar »fromme Bedenken«, aber sie lassen sich schnell ausräumen. Die Vorführung soll schon am Nachmittag beginnen.

Vor einem Regenguss flüchten wir unter's Blätterdach von Alex kleiner Pfahlhütte, wo auch seine Frau Ellen, umringt von Kindern und pfeiferauchenden Frauen, auf einer Art Holzveranda sitzt und ihrem Jüngsten die Brust gibt. Im Inneren der Hütte befinden sich ein paar Schlafmatten, eine roh gezimmerte Holzbank und ein kleiner Tisch mit dem »Inseltelefon« (Tritonhorn) und dem Schädel eines Krokodils, das Alex vor einigen Wochen mit dem Speer erlegt hat.

Doch nicht die Krokodile sind die größten Plagegeister der Bewohner, sondern Fieberschübe und unentwegter Juckreiz: Alex zeigt auf die hellen runden

Stellen auf seiner sonst fast schwarzen Haut. Diese Veränderungen sahen wir auch bei den Ni Vanuatu häufig, manchmal können sie fast die Hälfte der Körperoberfläche einnehmen. »Tropischer Ringwurm« war früher die Diagnose dafür. Es handelt es sich aber um Pilzbefall, der wie ein Sonnenfilter wirkt, daher die hellen Stellen.

Ich verspreche ihm meine letzte Tube fungizider Salbe und empfehle ihm eine neue Schlafmatte. Dauerhaften Erfolg wird es jedoch nicht geben: Das feuchte Klima, die feuchte Kleidung und die Gewohnheit, dieselben Matten zu benutzen wie Infizierte, sorgen für erneute Ansteckung.

Immer noch gibt es keinen Arzt auf Vanikoro und die Versorgung mit Medikamenten ist äußerst bescheiden. Die Möglichkeit, mit dem offiziellen Motorboot nach Honiara zu fahren und dort das Hospital aufzusuchen, wird kaum wahrgenommen.

Wieder an Bord geht die Sprechstunde weiter: Erwin hat sich in der Sonne die Beine verbrannt. Bei der geschädigten Haut wollen die eiternden Wunden nun natürlich noch weniger heilen. An Peters Beinen scheinen sich die Geschwüre unter Breitbandpenicillin zumindest nicht auszudehnen – bedrohliche Tropen!

* * *

Bereits um 14.00 Uhr lassen sich die GEOs im Einbaum abholen. Pascal will in aller Ruhe die Tanzvorbereitungen, das Schminken und Schmücken der Tänzer fotografieren. Wir sollen erst um 16.00 Uhr nachkommen. Dann könne seinetwegen auch Erich fotografieren. Der Skipper ist still geworden. Was in ihm vorgeht, lässt sich leicht erraten: Er bringt die beiden an die entlegensten Stellen der Erde, riskiert dabei zumindest sein Boot, und dann wird ihm gnädig eine Uhrzeit genannt, ab der man ihm den Landgang erlaubt. Weil er sich immer sehr bemüht, Pascal nicht in die Quere zu kommen, trifft ihn das umso mehr.

Brav rudern Erich, Peter und ich um 16.00 Uhr an Land. Etwas Wind hat die bedrückende Hitze verscheucht. Die Tänzer sind startbereit: Etwa ein Dutzend Frauen und Männer in Lavalavas, kurzen Hosen oder Grasröcken, mit Holzkohle, Ocker und Kalk bemalt und mit Blättern und Blüten geschmückt, hüpfen im Kreis, stampfen dabei mit langen Bambusrohren einen dumpfen Rhythmus auf den Sandboden und singen das »Bula Okoro«, das Bambuslied, dessen Inhalt sie selbst nicht verstehen: Es sei in einer untergegangenen Sprache verfasst. Anschließend wird auf einem umgestülpten Kanu getrommelt und mit Holzspeer, Pfeil und Bogen in der Luft herumgefuchtelt. Auch Alex und Lionel fügen sich in den kriegerischen Reigen ein, selbst der Katechist kann nicht widerstehen. Mittendrin hat sich Pascal aufgestellt, bewaffnet mit vier Leicas und einer Nikon, und schießt und schießt. Für Erich bleibt nur die fotografische Aufbereitung des Themas »Pascal bei der Arbeit«.

Nach unserem Rückzug auf die FREYDIS hocken fünf dunkle Gestalten noch lange am Bug und greifen dabei hemmungslos die Zigaretten-Reserven unserer Raucher an. Als sie zum Dorf »abdampfen«, kehrt endlich Ruhe ein. Bei einem Glas Wein genießen wir den Rest des Abends mit Michael und Pascal. So entspannt und heiter haben wir die beiden bisher noch nicht erlebt. Für sie war es ein goldener Tag.

In der Nacht schweres Gewitter, Regengüsse, Wetterleuchten bis in den frühen Morgen. Das Dingi ist randvoll Wasser. Wir sind froh, dass wir in Lee der Insel in der Lagune liegen.

* * *

08.30 Uhr. Anker auf. Wieder schlängeln wir uns mit Alex als Führer an den Korallenstöcken vorbei zum Riff. Lionel begleitet uns im Kanu, und auch viele Kinder machen sich einen Spaß daraus, uns zu folgen. Von ihren kleinen, oft kaum seegängigen und immer wieder kenternden Einbäumen aus schwimmen und tauchen sie, ohne die geringste Angst vor Haien oder Krokodilen. Erst als wir durch die Pallu Passage aufs offene Meer steuern, bleiben sie zurück.

Alex führt uns ein Stück weit in nördlicher Richtung dicht am Brandungsgürtel entlang. Er zeigt uns die Stelle, wo 1964 das Wrack der Boussole in 35 Metern Tiefe am Riffhang entdeckt und identifiziert wurde. Nicht weit davon entfernt steuern wir in die sogenannte »Falsche Passage«, eine Aussackung im Riff, in der Dumont d'Urville 1828 die Reste der Astrolabe, Anker und Kanonen fand. Alex ist schon mehrfach zu diesem Wrack hinabgetaucht und versichert, dass es nur zwölf Meter unter der Freydis schlummert. Doch ohne professionelle Ausrüstung ist die See viel zu bewegt für einen Tauchgang. Ein Weilchen hängen wir noch über der Reling, um vielleicht von Bord aus die Umrisse des Wracks am Grund zu sehen, doch vergebens. »Notier die Position bis auf drei Stellen hinter dem Komma, falls wir noch einmal hierher kommen, um die Schätze zu heben«, ruft Erich mir zu. Witzbold! Doch der Käpt'n hat das Sagen.

Schweren Herzens reißen wir uns los. Alex wechselt zu Lionel ins Kanu, und mit ihm ein Päckchen Medikamente, eine Sonnenbrille, eine Bluse für seine Frau, ein Beutel Kava-Pulver aus Vanuatu, Bonbons und Luftballons für die Kinder, dazu 20 US-Dollar.

Bis zur Insel Ndendo sind es 81 Seemeilen. Raume Winde um 5 Bft blasen uns vorwärts, schlafen aber bald ein. In den Kalmen kann man nichts anderes erwarten. Wir starten den Motor.

Michael und Pascal haben sich auf dem Vordeck niedergelassen und blättern gemeinsam in unseren Bildbänden und Zeitschriften, vor allem den französischen, in denen wir Reportagen veröffentlicht haben. Wir freuen uns, dass sie sich dafür interessieren, und weil wir uns ihr anschließendes Schweigen nicht erklären können, fragen wir nach. Pascal eröffnet uns, dass er wohl nicht mitgesegelt wäre, wenn er gewusst hätte, dass Erich ebenfalls fotografiert und publiziert. Er sei es gewohnt, allein zu arbeiten. Offensichtlich ist er nicht darüber informiert worden – weder von der Redaktion, mit der wir das vereinbart hatten, noch von Michael, mit dem wir in Deutschland ausführlich darüber gesprochen hatten – seine abschließenden Worte damals: »Mit Pascal und mir werdet ihr keine Probleme haben!«

Gegen Mittag haben wir die Inseln Vanikoro, Utupua und Ndendo in Sicht – und immer noch Flaute! Am Nachmittag passieren wir Utupua, wo im letzten Jahr der Segler Fritz Messerli von einem Krokodil getötet wurde: Nach dem Ankern ging er mit Brille und Schnorchel ins Wasser, um nachzuschauen, ob der Anker richtig liegt. Aber das Wasser war zu trübe, deshalb schwamm er zum Ufer, um vielleicht von dort aus etwas mehr vom Grund zu sehen. Dann hörte seine Frau an Bord einen fürchterlichen Schrei: »Therese, ein Krokodil!« Sie konnte die riesigen Ungetüme sehen, vier bis fünf an der Zahl. Ihr Mann kam noch einmal lautlos hoch und war dann verschwunden. Später fanden ihn Einheimische in den Mangroven, halb aufgefressen.

Von Santa Cruz bis Malaita

Ausgewiesen – Die drei Schwestern – Mosquito Anchorage – Der Traum vom eigenen Resort – Getauschte und gesammelte Schätze – Are Are-Lagune

23. September. Mondhelle Nacht, Meeresleuchten, jede Schaumkrone ein kleines Feuerwerk. Um 05.30 Uhr beginnt die Morgendämmerung. Durch die Riffe der Westpassage tasten wir uns nach Ndendo, Mendañas »Santa Cruz« und dort in die Graciosa Bay hinein.

»Gegen halb sechs in der Frühe hört das Schaukeln in Kopf und Magen plötzlich auf. Ich gehe an Deck, finde die Welt noch in Konturen. Aus dem Ufergrün lugen Hütten, einmal die Front eines braun gestrichenen Bretterhauses. Mehrere Hähne krähen, Rauch steigt aus dem Dickicht, mit heller Glocke ruft Gott zum Kniefall. Eine Familie, gebückt und stumm im schmalen Bauch ihres Kanus, zieht eine Furche ins glatte Wasser der Bucht …«, berichtet Michael in GEO.

Mit welch hochgesteckten Hoffnungen waren noch Alvaro de Mendaña und sein Tross – fast 200 Siedler, Soldaten und Frauen – vor über vier Jahrhunderten (1596) hier angekommen, um auf den 1568 von ihm entdeckten Inseln eine Kolonie zu gründen! Es hatte Jahre gedauert, bis sein Traum in Erfüllung gegangen war: Zu beschäftigt war Spanien mit der Sicherung seiner bisherigen Eroberungen gewesen, um Interesse an neuen zu haben, unzählige Petitionen waren verfasst und eingereicht worden, unter anderem an Papst Clemens VIII von Pedro Fernando de Quirós, Hauptlotse auf der zweiten Reise Mendañas: »*Es gibt ein großes Land südlich des Mar Pacifico, eine neue und unentdeckte Welt, in der unendlich viele Seelen leben, die dringend verlangen, gerettet zu werden.*«

Hier auf Santa Cruz war die Reise erst einmal zu Ende: Wegen der Ähnlichkeit der Bewohner zu jenen auf den früher von ihm entdeckten Inseln –

sie gehörten zur zentralen Gruppe der Salomonen – glaubte sich Mendaña am Ziel. Und auch Quirós nahm aus verschiedenen Gründen an, dass »Santa Cruz« in der Nähe der damals besuchten Inseln liegen müsse, was ja auch stimmte. Später versuchte er den Irrtum zu erklären, indem er der fehlerhaften Navigationstechnik seiner Zeit die Schuld gab – die nautische Länge sei »*nur so gut, wie sie geschätzt werde*«.

Und genau das war auch der Grund, dass Inseln im Pazifik gefunden, vergessen, wiederentdeckt und neu getauft wurden. Auch Santa Cruz hat mit der Zeit eine ganze Liste melanesischer und europäischer Namensvarianten bekommen: Nendo, Ndendo, Nitendi, Indemi, New Guernsey, Earl of Egmont.

* * *

In der Bahia Graciosa – von Mendaña nach mehreren Verholmanövern aus ungeeigneten Ankerplätzen im Überschwang der Dankbarkeit so getauft – machen wir fest an der alten Betonpier von Lata, Hauptstadt von Santa Cruz mit 1500 Einwohnern. Dort warten wir erst einmal, denn auf See erhielt Michael über Satelliten-Telefon die Zusage aus Honiara, dass einige Beamte, die in anderer Angelegenheit heute hierher fliegen, auch die FREYDIS einklarieren.

Doch aus Honiara lässt sich niemand blicken. Die nächste Maschine kommt erst Samstag. Stattdessen ist der einheimische Immigrationsbeamte, dem Peter und Erwin bei einem Dorfrundgang begegnen und dem sie arglos unsere letzten Aufenthalte nennen, verärgert, dass wir ohne Genehmigung Tikopia und Vanikoro aufgesucht haben. Auch der in Lata ansässige »District Commissioner«, der über Temotu, der östlichsten der neun Provinzen der Salomonen, herrscht, fühlt sich übergangen und verhängt über die FREYDIS eine Strafe von 100 US-Dollar.

Michael ruft erneut Honiara an, droht mit dem Selbstmord des Kapitäns und mit entsprechenden Scherereien für die Behörden, sollte die FREYDIS nicht termingerecht auslaufen und wertvolle Zeit für ihr Programm verlieren. Honiara verspricht, Lata zu informieren, und eine Stunde später wird uns die Strafe erlassen, die Formalitäten werden erledigt. Aber die Atmosphäre bleibt frostig. Ein Goodwill-Besuch der GEOs beim Gouverneur wird abgewiesen. Die FREYDIS soll die Insel umgehend verlassen. Hier ist Lata – Honiara ist weit! Doch den GEOs gelingt ein akzeptabler Deal: FREYDIS und Crew müssen sofort auslaufen, Michael und Pascal den nächsten Flug nach Honiara nehmen. Der aber geht erst in drei Tagen, länger wollen sie ohnehin nicht auf Santa Cruz bleiben.

An unserer Ausweisung noch etwas zu ändern versuchen wir erst gar nicht. Wir sind sogar erleichtert, dass man unser Boot nicht an die Kette legt. Denn wir hatten bereits von zwei Europäern gehört, die mit ihrer Yacht ohne Einklarierungspapiere auf Vanikoro, wo sie an den La Pérouse-Wracks getaucht hatten, überrascht und der Piraterie angeklagt wurden. Ihr Boot wurde beschlagnahmt und nach Lata gebracht.

Unsere GEOs ziehen ins Hotel, übrigens das einzige auf 150 000 Quadratkilometern Temotu-Provinz, und verabreden ein Treffen mit uns in fünf Tagen in Honiara. Ungeachtet meines Status als »persona non grata« kaufe ich noch ein wenig Proviant ein, bevor wir schließlich, bei Sonnenuntergang, den Ort verlassen. Das war's also an diesem historischen Fleckchen, auf das ich so gespannt war.

Auch Mendañas Leute wurden hier nicht glücklich. Die Bucht war zwar landschaftlich reizvoll, doch bald griffen Krankheiten um sich; die Siedler starben wie die Fliegen, während die Schiffe verrotteten. Nach dem Mord am lokalen Häuptling war der Traum von der Besiedlung endgültig ausgeträumt: Der fieberkranke Mendaña verfiel in einen Zustand depressiver Apathie und starb. Quirós führte die SAN JERONIMO, das letzte noch vorhandene Schiff, nach Acapulco, wo die Reise im Dezember 1596 endete.

Klima und Krankheiten sind mörderisch geblieben: Laut Reiseführer fallen 5800 Millimeter Regen im Jahr, die Luftfeuchtigkeit ist extrem. Es gibt Tuberkulose, Pilzerkrankungen der Haut, 170 neue Malaria-Fälle pro Monat und sogar eine eigene, von Insekten übertragene Inselkrankheit, das »Santa Cruz fever«. Das erleichtert den Abschied, auch wenn Peter dem Federgeld nachtrauert, das er hier kaufen wollte. Es war noch vor wenigen Jahren auf den Inseln als »kastom mani« (custom money) in Umlauf: meterlange Geldrollen aus Kokosfaserstreifen mit den roten Brust- und Nackenfedern des Honigsaugers (Myzomela cardinalis), der im Regenwald von Vanikoro beheimatet ist. Zur Herstellung eines einzigen Streifens mussten Hunderte kleiner Vögel erlegt und ihre Federn aufgeklebt werden. So eine Geldrolle war eine langwierige Arbeit und daher sehr wertvoll: »*Man kann mit einer einzigen solchen Rolle darum auch das schönste Weib der Gegend kaufen ...*« (Felix Speiser). Aber so ist das eben mit Erwartungen und Hoffnungen.

* * *

Am Morgen schwacher Wind aus Südost. Wir setzen Großsegel und Genua und lassen zur Unterstützung den Motor mitlaufen. Ein herrlicher, sonniger Tag liegt vor uns: Wir öffnen alle Luken, trocknen unsere Kleidung und nehmen eine gründliche Seewasserdusche. Wassertemperatur 30 °C! Sonnencremedüfte durchziehen das Boot wie ein Hauch zivilisierter »Wellness«, während in der Ferne der Vulkankegel Tinakula einsam aus der See ragt und seine Aschefahnen in den Wind bläst.

Um Mitternacht baut sich eine schwarze Gewitterwand vor uns auf, Blitze zucken: eine gespenstische Atmosphäre. Kaum haben wir gerefft, die Luken geschlossen und das Dingi auf dem Vorschiff festgezurrt, da öffnen sich schon die Himmelsschleusen zu orgiastischer Regenflut. Ausgerechnet jetzt muss unser Autopilot seinen Geist aufgeben! Wir steuern von Hand, Dusche inbegriffen, und halten Kurs auf die Olu Malau-Gruppe, drei dicht beieinander liegende kleine Korallenatolle. Von den Spaniern wurden sie 1568 »Las Tres Marias« getauft und von dem Franzosen Jean de Surville, der sie 200 Jahre später wiederfand, »Les trois soeur«, »Three Sisters«, wie sie noch heute genannt werden.

Den ganzen darauffolgenden Tag ist es ungewöhnlich diesig. Erst dicht vor uns schält sich Malaupaina aus dem Schleier, südlichste und größte Insel der Olu Malau-Gruppe: flach, palmenbesetzt, mit herrlichen weißen Sandstränden wirkt sie wie eine Fata Morgana. Als sehr real entpuppen sich aber gleich darauf die Korallenbänke am südlichen Ende, an denen wir uns vorbeidrücken müssen, bevor der Anker in Mosquito Anchorage fallen kann.

Am Ufer ein ungemein malerisches Bild: wenige Hütten im Schatten hoher Bäume – Casuarinen und Palmen –, davor ein paar schwarze Gestalten in bunten Lavalavas.

Nur dreißig Menschen fristen hier ihr Leben auf einer verlassenen Kokosplantage von »Levers Brothers« (Unilever). Wie so viele, die auf verkommenen Plantagen hausen, träumt auch Chiefsohn Oki von einem Resort. Der Ort, den er dafür nahe am Strand ausgesucht hat, könnte nicht schöner gelegen sein. Hier will er Hütten bauen und eine Muschelzucht anlegen. In einem kleinen Dschungelsee hat er Fische und eine Meeresschildkröte ausgesetzt, die er mit Süßkartoffeln und Papaya füttert. Und in einem eingezäunten Brackwassertümpel soll demnächst ein Süßwasserkrokodil schwimmen. Ein Traum: Er ganz allein gegen die Wildnis!

Wir fragen, ob es hier auch Salzwasser-Krokodile gibt.

»Natürlich, auf der anderen Seite der Lagune, im Fluss ... Manche so groß wie dieser Baum.«

»Aber der Fluss mündet doch ins Meer, die Kroks könnten leicht zum Ankerplatz kommen ...?«

»Ja, aber das tun sie nicht. Es sind Kastom-Krokodile. Wir sprechen zu ihnen. Sie sind unsere Spirits. Wenn wir sie rufen, spenden sie uns Kraft! Wir haben keine Angst vor ihnen. Ihr könnt dort baden.«

Auskünfte, die uns durchaus nicht überzeugen. In welch segensreichem Verhältnis die Krokodile mit den Bewohnern auch stehen mögen: Wir werden den Teufel tun und auch nur den großen Zeh ins Wasser halten!

* * *

Unruhige Nacht mit Wetterleuchten und Regenböen. Zu spät kommt die Reue, keine Leine zur Pier ausgebracht zu haben. Unsere Nachlässigkeit bezahlen wir mit einer schlaflosen Nacht.

Am Morgen wieder blauer Himmel, Smalltalk am Ufer und Tauschgeschäfte: Muscheln gegen Taschenmesser, Mützen, Knöpfe und andere Kleinigkeiten. Dann wandern wir mit Oki zur Windseite der Insel. Die Szenerie, die sich uns beim ersten Blick auf die Insel bot, war kein Trugbild: Brandungstoben mit flirrenden Gischtschwaden über den Riffen, davor kilometerlange Sandstrände mit waschbeckengroßen »Mördermuscheln«, die in der glühenden Sonne bleichen. Auf dem Riff wimmelt das Leben und auch im angrenzenden Busch: Indian Minor-Vögel, Flughunde, Kokoskrabben, noch nie gesehene Prachtexemplare von Gekkos, so lang und so grün wie die Kokosnüsse, auf denen sie sitzen. Auf einem Ast entdecken wir sogar einen jener Vögel mit karminrotem Kopf und Hals, um die noch vor zwanzig Jahren so viel »Federlesens« gemacht wurde wegen des »kastom mani«. Umso mehr freuen wir uns, diesen kleinen Kerl putzmunter in seiner ganzen Pracht zu sehen!

Wieder am Ankerplatz stellen wir freudig fest, dass der Chief noch immer Peters weiße Schirmmütze »Arts Grenada« und die blutrotmundige Betel-Kauerin meine marineblaue »MS Bremen« tragen, die wir am Morgen gegen Muscheln getauscht haben.

Auch wir sind stolz: »Ich komme mir vor wie der Zwerg aus der Nibelungensage, der täglich seine Schätze bewundert und sich daran freut«, amüsiert sich Peter beim Sortieren seiner wachsenden Sammlung an Bord. (Wenigstens hat er den stinkenden Nashornkäfer jetzt endlich entsorgt!)

Mich fasziniert noch immer die gewölbte Scherbe mit den eingeritzten Mustern, die ich gestern beim Anlanden im Ufermorast fand. Meine spontane Diagnose »Lapita Keramik!« wurde zwar rasch von Oki entkräftet: »Stück einer Tridacna (Mördermuschel), von unseren Vorfahren verziert und als Schüsseln benutzt«, aber das kann meine Freude daran kaum schmälern.

Oki, dem wir zeigten, dass das Mark junger Palmen, »Palmherzen«, genießbar ist (zu unserem Erstaunen war das neu für ihn), hat ein großes Bündel des edlen »Gemüses« geerntet und überreicht es uns zum Abschied. Anker auf, ehe es dunkel wird.

* * *

Leichter Südostwind. Unter Großsegel und Genua läuft die FREYDIS wie auf Schienen. Bis zum Treffen mit den GEOs in Honiara bleibt uns nicht mehr viel Zeit. Doch wir wollen uns noch einen Blick erlauben in die quasi auf dem Weg liegende Are Are-Lagune, im Südwesten von Malaita, die uns als besonders schön beschrieben wurde.

Das offizielle Seekartensortiment der Salomonen ist leider im Hinblick auf Detailkarten äußerst dürftig. Was Ankerplätze angeht, so sind wir fast ausschließlich auf die Handskizzen angewiesen, die von einigen amerikanischen Freizeit-Seglern aus purer Nächstenliebe angefertigt wurden und die uns Thomas und Nicola von der MIZ MAÉ in Vanuatu überlassen haben: Ein kostbares Geschenk, denn die Navigation ist äußerst schwierig wegen der Vielzahl an flachen Buchten, Lagunen und ständig in Veränderung begriffenen Korallenriffe. Diese nirgends vermerkten Risiken werden uns in Zukunft immer wieder in Bedrängnis bringen, dazu die überall lauernde Gefahr von Krokodilen. Unsere ständige Sorge ist es, irgendwo aufzulaufen und ins Wasser zu müssen. Gerade hier, im Gebiet der Salomonen, empfinden wir deshalb unseren aufholbaren Kiel als einen unschätzbaren, vielleicht lebensrettenden Vorteil. Natürlich können wir außen entlangsegeln und diese Gefahren meiden, aber dann verpassen wir genau das, was den Reiz dieses Reviers ausmacht. Also Kurs auf den ca. sechzig Meilen entfernten südlichen Eingang der Are Are-Lagune.

28. September. Vollmond, in meiner Freiwache kann ich nicht schlafen.

Und in meine Wache (von 03.00 bis 06.00 Uhr) fällt die Ansteuerung der Lagune. Hundemüde wecke ich kurz nach Sonnenaufgang den Skipper: Unter Großsegel und Maschine fädeln wir uns durch die riffgesäumte Passage in die frühmorgendliche Stille einer bezaubernden Lagune ein. Um uns nichts als schillernde, wuchernde Wildnis …

Als die Spanier hier ankamen, ging es nicht so friedlich zu: Fünfundzwanzig Kanus mit Kriegern kamen ihnen entgegen, wobei sich die Bewohner zunächst nicht wirklich aggressiv verhielten: Einige kamen sogar an Bord, darunter ein Häuptling. Man nahm ihm seine Keule ab und untersuchte sie, um festzustellen, warum sie so schwer war: Gold? Anschließend gab man ihm sein Eigentum zwar wieder zurück, aber es war beschädigt, und das empörte die Insulaner. Sie machten sich gefechtsbereit. Daraufhin wurden die spanischen Feld-schlangen abgefeuert und der Häuptling und zwei weitere Bewohner getötet.

Ethnologen fanden später heraus, dass es sich um Zeremonienstäbe handelte. Sie enthielten Eisenpyritknollen, und nicht etwa Gold, und waren für die Bewohner von großem rituellem Wert.

Unsere Sorge gilt allein den Untiefen. Häufig wird der Blick deshalb aufs Echolot gerichtet, als wir uns durch die fast dreißig Kilometer lange, mangroven- und dschungelgesäumte Wasserstraße schlängeln. Gegen Mittag ankern wir im gut geschützten Kiu Harbour vor einer Missionsstation und schlafen uns alle erst einmal gründlich aus. Den Rest des Tages treffen Erich und ich Vorbereitungen für den anstehenden Seetörn nach Guadalcanal, wo wir die GEOs wieder an Bord erwarten. Erwin und Peter unternehmen eine kleine Spritztour im Dingi zur Missionsstation. Kurz vor Sonnenuntergang sind sie wieder zurück.

»Trostloser katholischer Missionsstandort«, brummt Peter: »Riesiges Gotteshaus mit gewaltiger, aus Holland stammender Glocke und ein winziges Ramschlädchen, das von einer einsamen Ordensschwester im Auftrag eines Chinesen aus Honiara geführt wird.« Geld bekämen sie auch von der »Missio« aus Deutschland. Nach Kastomtanz und anderen Ritualen gefragt, habe die einheimische Nonne nur geantwortet: »That's not interesting.«

Guadalcanal

Schiffsfriedhof – Spirale der Gewalt – Ernüchterndes Honiara – Federgeld und Diebesgut – Durch die Florida-Inseln zur Langa Langa-Lagune

Wir haben unsere erste Lagunenpassage mit einer »Pi-mal-Daumen-Skizzennavigation« bestanden und verlassen das Binnengewässer durch seinen weit geöffneten nördlichen Ausgang. Gerade mal sechzig Meilen entfernt liegt die größte der 992 Salomonen, die gebirgige Insel Guadalcanal, bereits gut sichtbar am westlichen Horizont. Ihr Name geht auf die Spanier zurück, obwohl er arabisch ist: »Wadi el Canar« im Süden Spaniens war das Heimatdorf von Hernán Gallego, Mendañas erstem Offizier.

Die leichte Brise aus Südost frischt gegen Mitternacht jäh auf: Starkwind, Blitz, Donner und wolkenbruchartiger Regen. Eilig binden wir ein Reff ins Großsegel, rollen die Genua zur Hälfte weg. Parallel zur Ostküste der Insel stampft die FREYDIS tapfer mit sechs Knoten durch die aufgewühlte See.

Bei Tagesanbruch erreichen wir den Iron Bottom Sound und segeln über den Friedhof einer ganzen Armada aus dem Zweiten Weltkrieg. 1942 stürmten die US-Marines ans Ufer Guadalcanals, um in den Blitzkrieg Japans im Süd-Pazifik einzugreifen. *»Mehr als hundert Kriegsschiffe rosten im tiefen Wasser … Der Krieg dort war brutal. Man weiß von gefolterten, enthaupteten und sogar aufgegessenen Soldaten … An einem einzigen Tag schossen Army-Piloten einmal 110 Maschinen der Japaner ab. Am Boden warfen die Mariners und die Army schließlich die Japaner in die See. Von 30 000 Mann Elitetruppen fielen 10 000, 10 000 verhungerten und 10 000 wurden evakuiert, da sie zu krank um zu kämpfen waren … Für den Augenblick war Guadalcanal ein Sieg, doch er war unendlich teuer erkauft worden … Der Name Honiara bedeutet ›vom Winde verweht‹, und das trifft genau zu.«* (James Michener in *Return to Paradise*)

Wenn man es nicht gehört und gelesen hätte – hier draußen auf See erinnerte nichts an den heißesten Kriegsschauplatz im Pazifik.

Wassertemperatur wieder 30 °C. Feucht schwüle Luft schwächt den Kreislauf. Voraus zeichnen sich die Häuser von Honiara ab, Hauptstadt der Salomonen, die ihre Existenz eben diesem Krieg verdankt: dem amerikanischen Militärdepot mit Flugplatz, Straßen, Kaimauern, Lagerhallen und den Schlachtfeldern. Welch blutgetränkter Boden für eine Stadt!

Die strohgedeckten Giebeldächer des »Point Cruz Yacht Club« kommen in Sicht, wo wir wenig später an einer der Murings liegen, nur durch eine kleine Halbinsel getrennt vom Haupthafen – Mendañas »Puerto de la Cruz«. Dort hatten die Franziskaner-Patres ein Holzkreuz errichtet und eine Messe gelesen, daher »Point Cruz«. Doch was sie nach ihrem zweimonatigen Aufenthalt hinterließen, war ein ausgeraubtes und zerstörtes Land, in dem, so Mendaña entmutigt, *»jeder Mann und jedes Weib ein rachsüchtiger Feind war.«*

Über Funk haben wir von Unruhen auf der Insel gehört, hoffen aber, dass sie schon beigelegt sind oder dass sie uns wenigstens nicht unmittelbar berühren. Nach dem langen, anstrengenden Törn freuen wir uns auf einen geschützten Liegeplatz und die Annehmlichkeiten der Zivilisation. Außerdem erwarten wir Neuigkeiten von den GEOs.

Ein Bordfrühstück – Erich schwärmt für Rührei mit Bratkartoffeln, dazu Palmherzen und Papayascheiben – weckt unsere Lebensgeister nach der unruhigen Nacht. Kaum beendet, stehen schon unser neuer Mitsegler Peter Chmella – auch bereits mehrfach mit uns unterwegs – und die GEOs an der Pier des Yachtclubs.

An Bord teilt uns Michael mit, wie sie sich den weiteren Verlauf ihrer Reise vorstellen: Sie wollen noch ein paar Tage in Honiara bleiben, anschließend mit dem Flieger oder Motorboot nach Malaita und durch die Western Province reisen und uns erst in acht Tagen in Munda, im Norden von New Georgia, wiedertreffen. Von Munda aus sollen wir sie nach Vella Lavella bringen, eine Insel ohne Flugplatz, und von dort nach Ghizo, wo ihr Einsatz endet. Wegen eines Todesfalles in Pascals Familie werden sie ihren Reiseabschnitt um eine Woche verkürzen, das haben sie mit der Redaktion bereits abgesprochen.

Ihre Entscheidung erleichtert uns die Weiterreise. Wir werden versuchen, zum verabredeten Termin in Munda zu sein. Den beiden liegt nichts am Segeln. Sie sehen die FREYDIS als reines Basisschiff, unentbehrlich in abgelegenen Inseln als Transportmittel und Ort des Rückzugs. Doch hier können sie wählen, hier gibt es kleine Flugzeuge, Motorboote und Hotels. Was nachher zählt, ist allein das Material, das sie mitnehmen. (Und das wird sicher gut sein. Bereits nach ihrem Aufenthalt auf Tikopia hatte Michael sich sehr optimistisch darüber geäußert.)

Schade, wir trauern einem schönen Traum nach: von einer Reportage über Land und Leute nur vom Segelboot aus, gemeinsam durch dick und dünn, zu den entlegensten, dunkelsten, riskantesten Winkeln dieser inselreichen Archipele – dem Projekt, das uns zu Anfang in Hamburg so begeisterte.

* * *

Zurück zur Realität: Es herrscht Bürgerkrieg auf der Insel. Michael hat erfahren, dass die Guadalcanal Liberation Army (GLA) mittlerweile die ganze Insel beherrscht und die Regierung nur noch Honiara selbst im Griff hat. Die Stadt ist umgeben von Guerillas. Keiner darf sie verlassen.

Die Malaiter haben sich offenbar alle guten Posten gesichert – nicht nur der Premierminister ist Malaiter. Sie seien die Aggressiveren, Schlaueren, meint Michael. »Und die Regierung bestreitet ihren Haushalt, rund 400 Millionen US-Dollar, um ›Wontoks‹ (wontok, »one talk«, sind Menschen, die eine Sprache sprechen, also zu einem Stamm gehören) in den Ministerien und übrigen Büros von Honiara zu entlohnen, wie eh und je aus Schenkungen befreundeter Regierungen in Übersee.« Jetzt würden die Malaiter und auch Zuwanderer anderer Inseln von den Einwohnern Guadalcanals mit Gewalt verjagt.

»Und in der Stadt?«

»Keine Gefahr für euch, solange ihr sie nicht verlasst.«

Für Peter und Erwin geht der Urlaub in Honiara zu Ende. Sie packen ihre Seesäcke, denn sie wollen am letzten Tag noch die Annehmlichkeiten eines Hotels genießen, bevor sie nach Deutschland zurückfliegen und Peter Chmella an Bord kommt. Wir erledigen zuerst die anstehenden Einkäufe an Lebensmitteln. Im »bookshop« kaufe ich die Magazine *Newsweek* und *Pacific Islands Monthly* mit Artikeln über die Rebellen auf der Insel. Schließlich will ich wissen, was hier los ist und warum.

Mani, unser Taxifahrer, stammt wie alle seine Kollegen aus Malaita. »Im Augenblick würden wir um keinen Preis aus der Stadt fahren, die Leute von

Guadalcanal würden uns sofort umbringen«, meint er. »Sie haben ganze Dörfer ins Meer gejagt, zurück nach Malaita oder sonst wohin, und viele Menschen getötet. Die Opposition will keine Regierung aus Malaitern und schürt Hass gegen sie. Aber von draußen darf auch keiner rein, sonst wird er von den Wontoks getötet. Unser Kastom verlangt Vergeltung: Wenn sie uns töten, müssen wir ihnen den Krieg erklären. Es ist nur eine Frage der Zeit, bis wir Malaiter zurückschlagen! Der Premierminister hat den Ausnahmezustand über die Inseln verhängt und die Polizei mit weitreichenden Befugnissen ausgestattet.«

In den Zeitschriften lese ich von einem schwer definierbaren, keiner Ideologie angehörenden Haufen paramilitärischer Gesetzloser, ihre Zahl wird auf 5000 Mann geschätzt, von einer Spirale der Gewalt – fünfzig Tote sollen die Zusammenstöße bereits gefordert haben –, von zerbombten Palmölanlagen, niedergebrannten Häusern, demolierten Autos ... Die Tourismus-Industrie ist quasi über Nacht zusammengebrochen ... Die Gold Ridge-Goldmine (in australischem Besitz) steht unter speziellem Schutz.

Michaels Verdacht, der Grund für den Ausbruch dieser Guerilla könnte in Hollywood liegen, wird auch von den Reportern der *Newsweek* geteilt. Der zeitliche Zusammenhang mit dem nur ein Jahr zuvor auf der Insel gedrehten Terence-Malick-Film *The Red Line*, der das Guadalcanal-Gemetzel 1942 zeigt, ist offensichtlich. Geht der Hass der Stämme untereinander doch gerade auf diesen legendären Kampf zurück: Als nämlich die Amerikaner die halb fertige Flugpiste von den Japanern einnahmen, strömten arbeitsuchende Malaiter herbei und halfen, »Henderson Field« fertig zu stellen. Nach dem Krieg blieben sie auf der Insel, »kauften« Land von Stammeshäuptlingen oder besetzten es einfach und verdrängten die Eingeborenen aus den fruchtbaren Gebieten.

Von diesem Blickwinkel aus wird sogar die vage Befreiungsideologie »back to kastom« und das Rambo-Gehabe verständlich. Der Film hat den Guadalcanalensern vieles wieder in Erinnerung gebracht: die Zeit, in der ihre Vorfahren allein auf der Insel lebten, ihre Ablehnung und ihr gewalttätiges Verhalten gegen alles Fremde, das Ansehen, das sie im Zweiten Weltkrieg bei den Amerikanern genossen, deren Freigiebigkeit, die den Cargo-Kult aufblühen ließ, und die Waffen der US-Soldaten, die sie in Höhlen versteckt hatten.

Sie sehen in dem Film eine Dokumentation ihres kulturellen Erbes – eines, für das sich zu kämpfen lohnt. Diese steinzeitliche Ideologie ist gepaart mit einem zum Teil ebenso steinzeitlichen Waffenarsenal: Neben Oldtimer-Gewehren aus dem Zweiten Weltkrieg samt Kugeln und wiederaufbereitetem Schießpulver aus alten Munitions-Schrottplätzen sind es Speere, Pfeile und Stammes-Magie: An der Hotelbar erzählt uns ein Mann, der von den Reef-Inseln kam, dass die Buschleute auch über ein Pulver verfügten, das sie aus den Knochen der Verstorbenen machten und mit dem sie ein ganzes Dorf einschläfern könnten. In einem Fall habe er es selbst erlebt: Zwei Nachbarn stritten über ein Stück Land; der eine hatte Freunde unter den Buschleuten, die kamen mit dem Pulver und bliesen es in die Hütte. Während die Leute fest schliefen, wurden sie ausgeraubt bis auf die nackte Haut.

Auch Expats im Yachtklub berichten von Hunderten von Malaitern, die in die Hauptstadt fliehen, um nach Booten Ausschau zu halten, die sie von der Insel bringen. Sogar das Internationale Rote Kreuz kam zu Hilfe. Um eine Tragödie zu vermeiden, brauche das Land eine längst fällige Erneuerung seiner politischen Führung, meinen viele.

Wie diese Führung aussehen soll, weiß keiner so genau. Kann man überhaupt so viele übers Meer verstreute Inseln unter einen Hut bringen? Schließlich haben die Bewohner auf fast jeder dieser Inseln seit Jahrhunderten eigene Gebräuche, Stammesgesetze, eine eigene Sprache und eine eigene Mythologie entwickelt, die alle Lebensbereiche prägt. Der Rest der Welt, und das waren die Nachbarinseln, war Feind. Das zeigt sich auch jetzt: Obwohl die beiden in Konflikt stehenden Stämme ethnisch Melanesier und Bürger der Salomonen sind, finden sie nicht zueinander. Es wird schwer sein, Gemeinsamkeiten aufzubauen, die über die Grenzen der Familienclans einer Insel hinausgehen.

* * *

Noch ein wenig die Füße vertreten. Doch die Mendaña Avenue, Honiaras breite, nur ein paar hundert Meter geteerte Hauptstraße, lädt kaum zum Bummel ein, noch weniger ihre verdreckten Nebenstraßen. Die Stadt scheint eine einzige Baustelle: Gehsteige wie Fallgruben, die Straße wie von einem Erdbeben heimgesucht und von sintflutartigem Regen ausgewaschen – beides ist keine Seltenheit, sogar unsere GEOs haben hier ein Erdbeben miterlebt. Ein unbedachter Schritt auf dieser unbedachten Straße …

Gestank, Staub, brennende Augen. Man traut sich kaum zu atmen, selbst die zerlumpten Gestalten halten sich ihr farblich undefinierbares T-Shirt vor den Mund. Flirrende Hitze lässt den Schweiß in Strömen fließen. Vergebens suchen wir ein schattiges Plätzchen vor einem der kleinen Chinesenläden: Alle sind besetzt von Jugendlichen in zerfetzten Jeans, bunten T-Shirts und verspiegelten Sonnenbrillen. Sie hängen in Gruppen herum, trinken Cola, lutschen süßen gefrorenen Fruchtsaft aus Plastiktütchen, rauchen oder kauen Betelnuss und haben offensichtlich keine Arbeit. Sind das die »rascals« (Rabauken), vor denen man uns im Yachtklub gewarnt hat? Kinder sind nirgends zu sehen, entweder ist hier die Sterblichkeitsrate zu hoch oder sie sind alle in der Schule.

Es scheint auch keine attraktiven Geschäfte zu geben, abgesehen vielleicht von »Melanesian Artkraft«, das Schnitzereien von den umliegenden Inseln verkauft; ich kann auch keine Restaurants entdecken, abgesehen von zwei oder drei Hotels und dem Yachtklub, dafür mehrere Fast Food Bars, Imbissstuben, Discos, Kinos, eine »Custom Dance Hall« und ein Internet-Café. Die meisten Gebäude sind entweder mutwillig oder durch Erdbeben beschädigt oder einfach gesichtslos: Post, Salomon-Telekom, Apotheke, Banken, Reiseagenturen, Kirchen unterschiedlicher Religionen, Botschaften, Behörden ... Museum geschlossen.

»Was sollen wir hier?«

Erich schüttelt müde den Kopf: »Mir langt's!«

»*Honiara ist ein einziges Wuchern und Rosten, ein gähnendes Zurücklehnen und Abwarten*«, schreibt Michael später in GEO. Auch uns wird diese Stadt in Erinnerung bleiben als eine der verkommensten und elendesten, die wir je gesehen haben – ohne Flair und zum Erschaudern kalt in tropischer Hitze.

Auf dem Weg zurück treffen wir Peter und Erwin, blitzsauber und zufrieden sehen sie aus.

»Ein schön gelegenes Hotel mit Pool«, schwärmen sie von ihrem Quartier. »Die Dusche, die Klimaanlage und das Restaurant, nach drei Wochen FREYDIS ein wahrer Kulturschock!«

Peter ist hier noch einmal in seinem Element und offenbar auch an der Quelle: »Im Hinter-Hinter-Zimmer eines kleinen Ladens mit dem üblichen Angebot zeigte mir die Besitzerin alte, an sich unverkäufliche Schmuckgegenstände, Goldringe aus der Westprovinz und nach langem Nachfragen tatsächlich die – angeblich – letzte Rolle Federgeld aus Santa Cruz. 400 $ will sie dafür haben. Ich darf sie aber nicht ausführen. Sie will es mir schicken, aber das ist mir zu riskant.« Er fragt, ob wir das Päckchen für ihn mitnehmen wollen. Aber auch uns ist das zu riskant. Wir fürchten Zollkontrollen, wenn nicht hier, so vielleicht auf anderen Inseln. Wir haben noch eine lange Reise durch die Salomonen und Papua-Neuguinea vor uns. Peter ist sauer.

Später begegnet mir Erwin noch einmal, diesmal weniger zufrieden: Im Hotel hat er festgestellt, dass Kleidungsstücke fehlen. »Geklaut«, vermutet er. Michael hat Ähnliches erfahren: Als er nach einem Interview zurückkehrte, hatten »rascals« sein Hotelzimmer ausgeräumt und Geld, Walkman usw. mitgenommen, zum Glück nicht seine Notizen! Auch bei den australischen Touristen im Nachbarzimmer waren sie eingebrochen.

»Zweifellos Malaiter, die einzigen, die bei dieser Hitze noch arbeiten«, ist Michael überzeugt.

Am Abend wird der Yachtklub zum Treffpunkt der Expats: Australier, Neuseeländer, Briten, Amerikaner, Kanadier, oft als Lehrer, Ärzte, Ingenieure usw. von der Regierung angestellt. Sie nennen uns lohnende Ziele für die Zeit bis zum Treffen mit den GEOs in Munda: Wir werden Kurs nehmen auf die Mboli Passage zwischen den Florida-Inseln und dann auf die Langa Langa-Lagune im Norden von Malaita, eine der traditionsreichsten Ecken der Salomonen.

Erwin und Peter waren rechtzeitig am Flugplatz, aber ihre reservierten Plätze waren weg, weiterverkauft. Die Maschine komplett ausgebucht: Alle wollen raus, niemand rein. Nichts zu machen! Erst am nächsten Tag können sie fliegen und das auch nur durch Fürsprache des Sales Managers, dessen Großvater Deutscher war: wontok!

* * *

Bis Munda sind wir nur noch zu dritt: wir beide und der neue Peter. Kurz nach Mittag segeln wir los: zur Florida-Gruppe, einem Labyrinth aus Buchten und Inseln mit Tulagi Harbour, dem ehemaligen Verwaltungszentrum des britischen Protektorat Salomonen, dann durch Mboli Passage, eine schmale, einsame Wasserstraße zwischen den beiden Hauptinseln. Nach jeder Ecke empfängt uns eine neue, faszinierende Szenerie aus grünen Hängen, verwunschenen Buchten, einsamen Strandflecken. Am Ufer schreien Kakadus, Flughunde landen in den Bäumen, schwärmen aus, und über allem kreisen Seeadler. Nicht nur der Dschungel ist voller Leben:

»Hier gibt es eine Menge Fisch«, versichern einheimische Kanufahrer, »und es gibt auch eine Menge Krokodile«.

»Habt ihr keine Angst?« – »Nein« – »Warum nicht?« Achselzucken.

So schön und ursprünglich ist es hier, dass wir am liebsten ein paar Tage bleiben würden. Doch wir verbringen nur die Nacht in der Nähe eines Dorfes am Fuße der »water pump«. »Pumpe« ist allerdings zu viel gesagt, denn es handelt sich lediglich um ein gusseisernes Rohr, das Wasser aus einer höher gelegenen Felshöhle den Hang hinableitet und über dem Hochwasserspiegel endet. Der Bau dieser Wasserversorgungsanlage für Schiffe wird den Amerikanern im Zweiten Weltkrieg zugeschrieben. Die Einheimischen erzählen uns, dass ihre Väter die Rohre durch den Dschungel geschleppt und über die steilen Hänge gelegt haben. Aber nun seien die Rohre weiter oben am Hang undicht geworden.

Malaita

Die Welt gehört den Tüchtigen – Bootsbauer und Geldmacher – Krokodile, Haie und Neidhammel – Totenköpfe und Klimbim – Landgewinnung aus Korallenblöcken

Um 07.30 Uhr Anker auf, Genua ausrollen und weiter durch die Passage, die sich zum Ausgang hin stark verjüngt. Nach anderthalb Stunden haben wir wieder offenes Wasser vor uns. Bei 4–5 Bft aus Südost setzen wir das Großsegel zur Genua und brausen Richtung Malaita weiter.

Wie aus dem Nichts baut sich dreißig Meilen vor der Insel eine dunkle Wolkenwand vor uns auf. Die See wird unruhig. Bald fallen Windböen über die FREYDIS her, packen sie hart auf die Seite. Wir reffen. Unwillkürlich muss ich dabei an den australischen Segler MINOTA denken, auf den zu Beginn des 20. Jahrhunderts Jack London und seine Frau Germaine von ihrer SNARK wechselten und der zum Anwerben schwarzer Arbeiter für die Zuckerrohrplantagen von Queensland auch die Langa Langa-Lagune anlief. Aus diesem Anlass hatte die Mannschaft ihre Gewehre geprüft und eine doppelte Reihe Stacheldraht um die Reling angebracht. »*Das alles war natürlich sehr gut als Schutz gegen wilde Stämme, aber verflucht unangenehm für die an Bord Befindlichen, wenn die* MINOTA *in schwerer See zu tanzen begann ...*«, so Jack London.

Diese sogenannten Arbeiter-Anwerber – auch »Blackbirder« (Wachtelfänger) genannt – waren oft nichts anderes als Sklavenhändler: Immer wieder wurden Insulaner eher gewaltsam entführt als angeworben und viele von ihnen auch getötet. Deshalb misstrauten die Eingeborenen bald allen Weißen, verübten grausame Racheakte, die wiederum gnadenlose Vergeltungsaktionen der britischen Protektoratsregierung nach sich zogen. Aber zum Glück ist das lange her.

Es schüttet, als wollte uns da oben jemand ertränken. Doch kurz vor dem Riff zeigt das Radar – vor solchen Küsten lernt man es lieben! – die kleine Riffinsel Kwaro auf dem Display und gleich darauf auch die südliche Passage in die Lagune. Dann ist der Spuk vorbei, die Szenerie wie ausgewechselt: klare Sicht, freundlicher Sonnenschein. Wassertiefe vier Meter. Vorsichtig steuern wir um Kwaro ins friedlich Wasser der Lagune hinein. Dort bergen wir die Segel und setzen die Fahrt unter Motor fort, vorbei an Riffen und den für die Lagune so typischen künstlich angelegten Korallen-Inseln mit ihren Dörfern darauf. Der Wasserlauf hat zwar Ähnlichkeit mit der Are Are-Lagune, scheint jedoch viel dichter besiedelt. Sogar richtiger Bootsbau wird hier betrieben: an verschiedenen Uferstellen dickbauchige Holzboote in verschiedenen Bauphasen unter hohen Palmdächern! An der Langa Langa-Lagune ist offensichtlich eine ganz eigene Kultur zu Hause, die sie von den übrigen Salomonen unterscheidet.

Am Nachmittag überqueren wir den Alite Pass und ankern gegenüber dem Dorf Laulasi vor einem kleinen Riffstrand. Gleich darauf umringen uns mehrere Kanus, eines davon geht bei uns längsseits: der Kanute, ein schokoladebrauner, kräftiger Mann um die fünfzig mit blondem Kraushaar, Narben-Tätowierungen im Gesicht und rotem Betelmund, stellt sich vor als »Chief Albert, kastom-name Raiti«. Ob wir sein Dorf besuchen wollen, fragt er und zählt auf, was wir dort, für den oder den Preis, zu sehen bekommen. Er macht einen freundlichen Eindruck und seine Preise erscheinen nicht überzogen. Wir nehmen das Angebot gerne an. »Dann bis morgen früh. Lasst euch von niemandem abwerben, ok?«

Als der Chief endlich abzieht, machen wir die Schotten dicht, verkriechen uns nach dem Essen unter Moskitonetzen in unsere Kojen.

Lärm eines Motorbootes, laute Stimmen und impertinentes Klopfen an die Bootswand reißen uns aus dem ersten Tiefschlaf. An der Reling krakeelt ein aufgebrachtes schwarzes Männlein etwas, das wir nicht verstehen, und hält uns eine lebensgroße Känguru-Attrappe entgegen: Er sei hier der Paramount Chief und der »Ambassador«, verkündet er dann lautstark auf Pidgin, und dass wir kein Recht hätten, hier ohne Visum zu ankern. Er ist mit zwei Begleitern, die sich ruhig verhalten, in einem Plastikboot mit Außenborder gekommen. Erich kann den Schreihals, der offensichtlich betrunken ist, nur mit Mühe davon abhalten, samt seinem Känguru an Bord zu klettern. Nach einigem Palaver, von dem wir außer »kangaroo« nichts verstehen, erkläre ich seinen beiden Adjutanten, die sichtlich betreten dreinschauen und ihn zu beruhigen suchen, wir seien keine Kängurus. Wir kämen nicht aus Australien, sondern aus Deutschland, von weither, und seien sehr, sehr müde. Wenn sie etwas wünschten, sollten sie doch bitte morgen wiederkommen. Der kleine Giftzwerg ist plötzlich still, die beiden anderen deuten mit den Händen eine Entschuldigung an und spurten samt Zwerg und Känguru in die Dunkelheit.

Am Morgen liegt eine wunderbar friedliche Stimmung über der Lagune. Fische hüpfen aus dem Wasser und plumpsen geräuschvoll wieder hinein, und eine Schule Delfine schnauft an uns vorbei. Mir fallen die Delfinzahnketten wieder ein, die ich neben den Federgeldrollen im Schaukasten einer Bank in Honiara sah. Und auch auf dem Markt lagen Ketten mit Zähnen von Flughunden und Delfinen vor den Frauen aus Malaita zum Verkauf aus. Die Leute jagen noch immer diese freundlichen Tiere, mit denen wir auf unseren Segelreisen so viel Spaß hatten.

Nach dem Frühstück kommt, wie verabredet, Chief Raiti mit dem Kanu zu uns an Bord. Natürlich berichten wir vom nächtlichen Überfall des Paramount Chief.

»Er ist nicht Paramount Chief – sein Vater war es, und er will es gern werden«, klärt uns Raiti auf. »Er wollte euch Angst einjagen, um euch dann Geld abzunehmen.«

Er rät uns, das Boot möglichst nahe vor sein Dorf zu legen: »Dort wird euch niemand belästigen.«

Also verholen wir die FREYDIS. Obwohl die Inseln so dicht beisammen liegen, ist jede, einschließlich der unmittelbar umgebenden Gewässer, ausschließliches Eigentum des Clans, der sie einmal aufgebaut hat – ein Besitz, der eifersüchtig gehütet wird: Als Inselbewohner ohne eigenes Land hatten sie sich auf den kleinen Koralleninselchen angesiedelt, wo sie vor feindlichen Überfällen der Bergbewohner geschützt waren.

Zu unserem Erstaunen stellt sich heraus, dass Raiti der Schwager des Premierministers ist und längere Zeit in Honiara für dessen Sicherheit verantwortlich war. Auf die Flüchtlinge angesprochen, nickt er:

»Viele Leute sind nach Malaita zurückgekehrt, das ist wahr. Wahr ist aber auch, dass viele wieder nach Guadalcanal wollen.«

Wer könnte es ihnen auch verdenken, wo sie doch meist schon in der zweiten oder dritten Generation dort siedeln und längst Fremde geworden im Land ihrer Vorfahren, auf dieser finsteren Urwaldinsel Malaita, mit nichts als steilen Bergen, reißenden Flüssen, undurchdringlichem Regenwald, mit nur wenigen Kilometern gepflasterter Straße und einer Graspiste als Flugplatz; diese Insel war schon vor der Krise kaum in der Lage, ihre Bevölkerung (70 000) von überwiegend Eigenbedarf-Farmern und -Fischern zu ernähren.

Nachdem wir weder rote noch schwarze Kleidung tragen – das ist tabu –, setzen wir zum Dorf über: zerbrechlich wirkende Stelzhütten aus Bambus und Pandanusblättern unter Kokos- und Betelpalmen, Nuss- und Obstbäumen, umgeben von Bougainvilleen und Hibiskus-Büschen. Das Leben ist in vollem Gang: Kanus werden geflickt, Hütten angebaut, Körbe geflochten, Wäsche gewaschen, Kochtöpfe gereinigt ... Blond gelockte Kinder rennen lachend über Holzstege, planschen im Wasser und spielen mit selbst gebastelten Holzschiffchen. Träumen sie davon, einmal Bootsbauer zu werden?

»Wir Langa Langa-Leute bauen schon lange Schiffe für den Verkehr zwischen den Inseln«, erklärt Raiti.

»Euer Vorteil sind die ausgedehnten Wälder«, entgegne ich in Erinnerung an Tikopias Mangel an Bäumen für den Bootsbau. Doch Raiti winkt ab:

»Sie fällen zu viel Holz auf Malaita. Der Premierminister ist dagegen, aber Japan braucht Holz und die traditionellen Landeigner sind gierig nach Geld; dafür lassen sie ihre Wälder zerstören! Seht ihr die nackten Hügel dort? Die Erde wird weggewaschen.«

Die traditionellen Landeigner, das sind die Buschleute, mit denen die Lagunenbewohner in ständiger Fehde liegen. Deshalb hatten sie einst auch ihre ersten Inseln in der Lagune gebaut und sich ein eigenes »Land« geschaffen – dazu eines, das windgekühlt, moskitofrei und gut zu verteidigen war.

Eine junge Dorfbewohnerin führt uns zu Holzverschlägen, in denen sie Betel- und Ngali-Nussbaum-Setzlinge züchten, um sie später in ihre Gärten auf dem gegenüberliegenden Insel-Festland zu pflanzen, wofür sie den Buschleuten eine Entschädigung in Form von Fisch oder Muschelgeld zahlen. Das Wasser für die Pflanzen entnehmen sie einem »Brunnen«, ein Loch im Korallenboden.

»Hier war es, wo unsere Frauen beim Wasserholen zum ersten Mal Weiße sahen. Sie rannten ins Dorf, um Feinde zu melden. Aber es waren die Missionare!«, erinnert Raiti und fügt hinzu: »Ich bin ein Christ, römisch-katholisch, wie mein Vater. Aber ich muss den Ahnen opfern, sonst bekomme ich Ärger!«

Nach dem Glauben der Langa Langa-Leute können sich die Ahnen in Haie verwandeln, hatten wir in Honiara gehört, und auch von der dramatischen Zeremonie des »shark calling«, bei der kleine Jungen auf den Rücken großer Haie gehoben und von ihnen durch die Lagune getragen werden. Ob das immer noch praktiziert wird, erkundige ich mich.

»›Shark calling‹ ist ein großes Risiko«, erklärt der Chief zurückhaltend. »Wenn ihr das sehen wollt, müssen wir zuvor unsere Vorfahren anrufen, damit sie den Hai besänftigen. Denn nur dann nähert er sich friedlich und nur dann kannst du mit ihm reden und ihn sogar berühren. Aber niemand kann das ohne ihre Erlaubnis tun. Aus diesem Grunde ist auch rote oder schwarze Kleidung ›tambo‹ (tabu): Schwarz ist die Farbe der Schweine, der Opfer, rot die des Blutes. Vorfahren oder Haie könnten es missverstehen.«

Er sei der Herr der Kastom-Krokodile und könne mit ihnen sprechen. Dazu muss er ein Schwein von den Buschleuten kaufen und es dem Krokodil geben. Aber so ein Schwein koste eine Menge »mani«, deshalb rede er nicht allzu oft mit den Kroks. Ein oder zwei hätten sie jetzt auf der Festlandseite, müssten sie aber erst im Schlamm finden und dazu in den Busch gehen … Es habe nie Unfälle gegeben. Nein, die tiefen Narben an seinem Körper stammten von einem Drei-Meter-Hai:

»Ich stand dort drüben, im seichten Wasser der Lagune, als ich ihn traf. Irgendjemand hat eine Hexerei auf mich gemacht und den Hai veranlasst, mich anzugreifen. Weil ich viel Geld verdiene mit den Muscheln und Korallen, die ich beim Tauchen hoch hole. Erst vor Kurzem habe ich wieder zwei ›Golden Kauries‹ getaucht und sie für 200 und 400 Salomon Dollar in Honiara verkauft … Natürlich sind sie neidisch!«

Gleich will er uns die Herstellung von Muschelgeld zeigen. Keine leichte Aufgabe, bei der er einige Überredungskunst aufbieten muss, um genügend Frauen für den Job zu gewinnen. Lachend setzen sich schließlich zwölf Marys (»Mary« bedeutet Frau auf Pidgin) in langer Reihe vor die Hütten, bauen ihre Arbeitssteine vor sich auf und legen los. Dabei eilt Raiti von einer zur anderen und überwacht mit Argusaugen jeden Arbeitsschritt: Das Zerstampfen der verschiedenfarbigen, porzellanartigen Muschelschalen mit Steinmörsern, das Schleifen der kleinen Stücke mit kurzen Holzstöcken auf den Steinen zu dünnen Scheibchen und das Durchbohren jedes einzelnen davon mit einem einzigen kleinen Handbohrer. »Damit geht es sehr gut, früher hatten wir nur einen einfachen Drillbohrer«, preist Raiti den technischen Fortschritt, während die junge Frau sich auf ihre mühselige Arbeit konzentriert. Erst wenn die fertigen Scheibchen auf eine lange Schnur gezogen sind, ist die Arbeit der Frauen beendet. Männersache ist es dann, die Rohketten mit Steinen auf Holzbrettern möglichst rund und glatt zu schleifen. Und Männersache ist es schließlich auch, damit einzukaufen: eine Braut, ein Schwein, ein Kanu … whatever.

»Der Arbeitseinsatz, der Rundschliff und die Feinheit der Scheibchen bestimmen ebenso den Wert einer Kette wie Länge und Farbe: Diejenigen aus den roten Muscheln (Stachelaustern) sind die kostbarsten. Mehrere Ketten bilden einen Strang – Grundeinheit des »kastom mani«. Der Chief lässt eine Kiste öffnen, die Schatztruhe des Dorfes, denn sie ist voller Muschelgeld.

»Das hier«, erklärt er und hält dabei ein Bündel pinkfarben- bis dunkelroter Stränge in die Höhe, »ist ein Brautpreis und entspricht 600 Salomon Dollar, ungefähr 120 US-Dollar. Aber im Einzelfall gilt der Preis, den der Vater für seine Tochter festsetzt.«

Ganz ähnliche Muschelketten, industriell gefertigt und künstlich eingefärbt, gibt es bei uns in jedem Kaufhaus für ein paar Cent. Die Kette jedoch, die mir die Frauen am Ende unseres Besuches um den Hals legen, ist kein billiger Modeschmuck. Sie ist etwas Einmaliges, Besonderes – nicht nur weil sie handgemacht ist, sondern weil sie der Auslöser für eine Kulturrevolution war.

Es waren die landlosen Ahnen der heutigen Salzwassermenschen, die das Muschelgeld als ein beständiges Wertmaß aller Tauschgüter und Leistungen erfanden, ein genialer Streich, der ihnen unerhörte wirtschaftliche Macht bis weit über Malaita hinaus verlieh.

Als wir das »spirit house« besuchen wollen, wo die Schädel der Ahnen ruhen, erklärt der Chief: »Sorry, no Marys.« Nur Erich und Peter haben Zutritt.

»Was gibt's da schon zu sehen außer Totenköpfen und Klimbim!«, brummle ich.

»Tut mir leid«, lächelt Erich honigsüß, »vielleicht kann ich ein gutes Foto für dich machen.«

Männer!

Dorf-Eintrittsgebühr, Besuch des »spirit house«, Vorführung der Muschelgeldherstellung, Kette und Muscheln und die Erlaubnis zum Fotografieren: Alles hat hier seinen Preis. Doch die Kosten waren vorher vereinbart; wir fühlen uns nicht übers Ohr gehauen. Wir haben es nur deshalb eilig, an Bord zu kommen, weil sich über uns schon wieder eine Regenfront zusammenbraut.

Auki
Fortschritt auf Kosten alter Werte – Drakonische Maßnahmen gegen Geschwüre

Gegen Mittag ziehen wir weiter durch die Lagune nach Norden. Aus dem geplanten beschaulichen Mittagessen unterwegs wird nur ein Häppchen zwischendurch. Keiner hat Appetit bei der Hitze, dafür um so mehr Durst (unsere Kohlensäure-Gaspatrone ist ständig in Betrieb und an Limonen fehlt es auch nicht). Außerdem liegen acht Meilen zum Teil schlecht markiertes Fahrwasser durch Korallenriffe vor uns. Wir schlängeln uns vorbei an vielen künstlichen Inseln. Eine von ihnen wird gerade vergrößert, die Bewohner brechen große Korallenblöcke aus dem Riff, schaffen sie mit Kanus zu ihrer Insel und versenken sie am Ufersaum: Schwere Knochenarbeit ist diese Art von Landgewinnung, aber was bleibt ihnen anderes übrig, wenn die Familie wächst und neue Hütten gebaut werden müssen?

Flache Stellen in der Lagune kommen zwar Insel-Erbauern zugute, bringen uns aber in Gefahr, zumal der Hubkiel fast auf Anschlag ist. Es dauert nicht lang und wir sitzen! Der Skipper wringt der Handkurbel mit aller Kraft noch ein oder zwei Umdrehungen ab – mit Erfolg. »Das darf nicht noch einmal passieren«, schnauft er, als wir wieder schwimmen. Also konzentrieren und auf Markierungen achten. Zum Glück sind sie umso leichter zu erkennen, je näher wir unserem Ziel kommen. Zuletzt schlängeln wir uns zwischen einer klitzekleinen künstlichen Insel und einem mangrovengesäumten Riff am Festlandufer hindurch in den Hafen von Auki. Im sanften Licht der Nachmittagssonne präsentiert er sich äußerst malerisch: mit üppiger Vegetation in herrlichen Grün-, Gelb- und Rot-Tönen, kleinen Sandstränden und Pfahlhütten im Wasser aus so feingliedrigem Bambus-Flechtwerk, dass man glauben könnte, auch sie seien Naturgebilde.

Kaum ist der Anker unten, sind wir auch schon umgeben von Kanus – Kanus mit vielen, vielen Kindern. Die Anthropologen, die in den 1920ern die Salomonen bereisten, um noch eilig Studien durchzuführen und Sammlungen anzulegen, weil sie das Volk zum raschen Aussterben verurteilt sahen, haben sich gewaltig getäuscht!

Wie uns ein einheimischer Politiker auf den Shortlands später mitteilt, haben die zunehmende Resistenz gegenüber eingeführten Krankheiten, die höhere Lebenserwartung und geringere Säuglingssterblichkeit dank verbesserter Gesundheitsvorsorge – um nur die wichtigsten Faktoren zu nennen – die Bevölkerungszahl auf den Salomonen allein in den letzten dreißig Jahren verdreifacht (heute 500 000). Etwa sechzig Prozent sind unter 21 Jahre alt! Wir Europäer mit unserer augenscheinlich so rasch vergreisenden Gesellschaft können da nur staunen! Doch das Überleben seines Volkes sichert noch lange nicht das seiner Kultur. Gerade der zivilisatorische Fortschritt, dem die verbesserten Lebensbedingungen zu verdanken sind, trägt zum Verfall der alten Werte bei, vor allem in den Städten.

Auch wir bekommen das zu spüren: Die Kinder in den Kanus lächeln uns hier nicht mehr so unschuldig an wie die auf den entlegeneren Teilen der Insel, die Mädchen produzieren sich und die Jungs machen auf »cool«. Auch die Erwachsenen erscheinen uns weniger freundlich, sie grüßen nicht, schauen weg. Wo man hier Wasser bekommen kann, fragen wir. Als Antwort bekommen wir nur ein gleichgültiges »mi no sabi« (weiß ich nicht).

Die Hitze hat etwas nachgelassen. Die richtige Zeit für eine Erkundungstour mit dem Dingi nach Lilisiana, dem kleinen Dorf am Festlandsufer, nicht weit von Auki entfernt. Die Besichtigung wird zum abenteuerlichen Lavieren durch ein Labyrinth aus Kanälen, oft überbrückt von ineinander verschachtelten Pfahlhütten. Neugierige Schweineschnauzen zwängen sich durch Ritzen winziger Holzverschläge – praktischerweise direkt über dem Wasser gebaut, fast eine Dorf-Idylle. Während es auf den künstlichen Inseln aber immer peinlich sauber aussah, häuft sich hier zwischen den Hütten der Müll: Rostige Dosen, Flaschenscherben und Plastikteile starren aus dem Wasser und drohen unser Dingi aufzuschlitzen.

Wieder an Bord verarzte ich Erichs geschwollene Beine. Nach den vielen bakterienverseuchten »Schlammpackungen und Salzbädern« der letzten Wochen sind die Geschwüre erneut aufgebrochen und verlangen drakonische Maßnahmen: radikale Säuberung, Desinfektion, Wundgaze-Verband. Wir fühlen uns wie einst die Eingeborenen: fremden Keimen wehrlos ausgeliefert. Am Abend wieder Wetterleuchten, Regen und Moskitos, die ums Netz surren. Ich entdecke die erste fliegende Riesenkakerlake. Auch egal …

Morgens Landgang in Auki, Malaitas Verwaltungszentrum mit 4000 Einwohnern (Flüchtlinge nicht mit eingerechnet): bei näherem Hinschauen eine schmutzige kleine Stadt, dahinter dichter Busch, so weit das Auge reicht. Es gibt keinen Zaun mehr, um die Europäer zu schützen, wie zu Beginn des 20. Jahrhunderts. Wegen der Gefahr, in einen Hinterhalt zu geraten, wurde die Siedlung damals nur mit bewaffneter Eskorte verlassen. So auch am 4. Oktober 1927, als der britische Beamte William Bell samt seiner 15-köpfigen Eskorte beim Steuereintreiben und Entwaffnen (die Eingeborenen sollten ihre geliebten, in Australien oft sauer verdienten Sneider-Gewehre abgeben) von den Kwaio-Buschleuten erschlagen wurde: Ein Kanonenboot aus Australien kam und demonstrierte Macht. Das Ergebnis waren -zig Tote: Erschlagene, Gehängte und Verhungerte als Folge verwüsteter Gärten.

Nun gibt es Lodges, Restaurants, Läden, eine Schule, einen Sportplatz, ein Hospital, ein Gefängnis und einen Marktplatz, auf dem wir etwas frisches Gemüse kaufen wollen. Aber heute ist Sonntag: Nur Betelnüsse werden angeboten. Darauf kann kein Bewohner auch nur einen einzigen Tag verzichten! Wo sie gehen und stehen, spucken sie den roten Saft in die Gegend, Wege und Häuser sind überall mit roten Flecken übersät.

Von der Kirche am Hang schallen Gebete und traurige Gesänge. Gestern hörten wir das fromme Murmeln und Singen noch bis elf Uhr abends von Bord aus. Wir entdecken nichts, was uns hält, und entschließen uns, so rasch wie möglich aufzubrechen, um mehr Zeit zu haben für die nächsten Inseln.

New Georgia-Inseln

Am Eingang zur Marovo-Lagune – Hochburg der Schnitzer – Tausch und Tamuré – Krokodile fressen nur Sünder – Toteninsel – Tabu für Zärtlichkeiten

Vor dem Auslaufen am nächsten Morgen wollen wir noch schnell zur Post und telefonieren. Um acht Uhr sollen die Büros öffnen. Doch wegen der Flüchtlinge aus Guadalcanal ist alles durcheinander, und wir müssen lange warten. Endlich die Stimme meiner Mutter: »Pass auf dich auf, schon deine Gesundheit! Ich freu mich so, wenn du wieder heim kommst.«

»Ach Mama ...!«

Auf dem Markt bekommen wir nun ausreichend Obst und Gemüse und am Zapfhahn des Schiffsanlegers sauberes Wasser vom Berg.

10.00 Uhr. Ein Schluck Kaffee, dann Anker auf. Unser nächstes Ziel ist der fast 900 Meter hohe Vulkankonus Nggatokae, südlichste Insel der New Georgia-Gruppe, 160 Seemeilen entfernt. Sie liegt am Eingang zur Marovo-Lagune, einer der größten Lagunen der Erde, begrenzt von insgesamt 90 Kilometern Riff. Wegen ihrer zahllosen Inseln, Mangrovensümpfen, Korallenbänke und von Regenwald gesäumten Ufern wurde sie von James Michener auch als »achtes Weltwunder« bezeichnet.

* * *

Nordwest 3–4 Bft, Regenschauer. Ab Mittag Flaute. Wir laufen unter Maschine nördlich der Florida-Inseln. Voraus liegt Santa Isabel im Dunst, eine große Insel vulkanischen Ursprungs, die Mendaña bereits auf seiner ersten Reise 1568 entdeckte.

Nachts ein Windhauch aus Südost, fantastisches Meeresleuchten und herrlicher Sternenhimmel! Es hagelt Sternschnuppen. Plötzlich schießt ein leuchtender Schweif fast waagerecht über uns hinweg und verglüht: ein Meteorit?

Am Ende meiner Nachtwache passieren wir die Südspitze von Santa Isabel an Backbord.

5. Oktober. Wir laufen schon den ganzen Tag unter Großsegel und Maschine. Voraus liegen die Inseln von New Georgia. Am Nachmittag ziehen dunkle Wolken mit langen Regenschleppen über sie. Doch als wir uns schließlich Nggatokae nähern, ist der Himmel wieder klar. Die Sonne steht tief und die See glänzt wie schwarzer Obsidian. Eine schmale, flache Rifflücke gewährt uns Einlass in Penjuku Harbour, wo wir neben der kleinen Riffinsel Tenggorara ankern. Dadurch haben wir etwas Abstand zum Dorf auf der anderen Seite der Bucht. Wie freue ich mich darauf, den Abend in Ruhe zu verbringen! Doch da löst sich bereits eine ganze Flotte vom Ufer – keine Kopfjäger, nur viele, viele Kinder und Jugendliche in ihren Einbäumen. Sie beobachten uns mit unverhohlener Neugier, aber auch ein wenig scheu. Trotzdem hat ihre Umzingelung etwas Bedrohliches.

Etwa zehn Yachten pro Jahr besuchten die Insel, erfahren wir von einigen Erwachsenen, die sich nach und nach hinzugesellen und mit uns Handel treiben wollen. Die Bewohner der Marovo-Lagune sind berühmt für ihre Schnitzkunst. Wir vertrösten sie auf morgen. Mit der Dunkelheit kehrt endlich Ruhe ein.

* * *

Ich habe wunderbar geschlafen. Meine Halsschmerzen haben nachgelassen. Nach dem Frühstück erneuert Erich die Zuleitung zum Dieseltank. Dann ein Ausflug über die Bucht an den Strand von Penjuku, einem sauber gefegten Sieben-Tage-Adventisten-Dorf unter Palmen, mit blühenden Bäumen und Büschen. Dort nimmt uns der Chief, ein alter, freundlicher Mann, der nur »lenguage« spricht, in Empfang. Auch einige Leute, die gestern mit Schnitzereien an unserem Boot waren, entdecke ich. Viele Bewohner sind äußerst geschickte und routinierte Holzschnitzer, einige wahre Künstler. Sie arbeiten im Freien an ihren Werken: Tiere ihrer Umgebung, Fische, Krokodile, Vögel oder Gebrauchsgegenstände wie Schalen und Schüsseln – manche wunderschön verziert mit Perlmutteinlagen. Das charakteristische traditionelle Schnitzwerk der Region aber ist das »Nguzu nguzu«, modelliert nach den Galionsfiguren, die einst die Kriegskanus zierten, eine Art Menschenkopf mit Hundeschnauze und kleinen Händen, die einen Menschenkopf halten, das Ziel ihrer Angriffe.

Mit einfachsten Geräten wird geschnitzt, gesägt, gebohrt und natürlich von Hand poliert: Stundenlang reiben sie das Holz, bis es richtig glänzt. Holz gibt

25

26

27

25 *Tikopia: Eine fröhliche Kinderschar bemächtigt sich unseres Dingis beim Anlanden.*

26 *Tikopia: die vier Ariki beim Festmahl.*

27 *Nggatokae: Tauschhandel mit den Holzschnitzern.*

28 Olu Malau: am wilden Strand von Malaupaina.

29 Tikopia: unser 2. GEO-Team, der Journalist Michael Stührenberg und der französische Kameramann Pascal Maitre in Borkenkleidung.

30 Vanikoro: »Tanz im Blätterkleid«.

28

29

30

31

32

33

31 Shortlands: Chief Dennis Tanutanu hat die deutschen Kolonialherren noch erlebt.

32 Vanikoro: unsere Passagiere Mary und Steven mit ihrem wertvollsten Besitz, der Singer-Nähmaschine.

33 Malaita: Kanufahrer von Kindesbeinen an.

34 Vella Lavella: mit David im Oula-Fluss auf der Suche nach Krokodilen.

34

35

36

35 New Britain: frisch initiierte Mitglieder des »dukduk«-Geheimbundes der Tolai-Männer.

36 New Britain: Ruinen von Rabaul vor dem Übeltäter Tavurvur.

37 Neues Leben steigt aus den Ruinen.

37

38

39

40

38 »Free climbing« auf hoher Palme.

39 Kiriwina in der Regenzeit: Kameramann George auf Motivsuche.

40 Uvol im Süden von New Britain: Eine Frau bringt Gemüse aus ihrem Garten am Fluss nach Hause.

41

42

41 Kitava: traditionelles Kula-Boot auf dem Weg nach Kiriwina.

42 Fröhlicher Empfang im Dorf nahe Kap Dampier.

43 Festzug im Süden von New Britain: unser 3. GEO-Team – der amerikanische Kameramann George Steinmetz und im Hintergrund der Journalist Peter Sartorius – bei der Arbeit.

43

44

45

46

44 *Trauerzeremonie mit Father Alphonse.*

45 *»Der Weiße Mann kommt dich holen!«*

46 *Der Tavurvur verabschiedet uns mit einem Donnerschlag.*

47 Unser Füchschen an Bord wird immer zahmer.

48 Meisterhaftes Kokossaft-Trinken.

49 Abschied von Papua Neuguinea.

47

48

49

es im Überfluss; besonders gern verwenden sie ein dunkel gemasertes Hartholz, hier »Kerosene wood« genannt, und auch an Muscheln für die Intarsien fehlt es nicht. Mehrere Männer haben auf einer Bank unter dem Dorf-Banyan ihre Ware für uns ausgebreitet, daneben auch die der Frauen: Bastmatten und Schmuckketten aus polierten Samen und Muscheln.

Um unsere Reisekasse zu schonen, haben wir Tauschwaren mitgebracht. Auch Frauen und Kinder finden sich ein, als ich sie auslege. Sie suchen sich aus, was sie brauchen. Nach kurzer Zeit ist fast all meine Ware weg. Dafür häuft sich vor mir eine hübsche Auswahl bunter Muscheln und geschnitzter Meerestiere. Der Sprecher reicht uns die Hand.

»It was a fair trade«, sagt er, »alle sind zufrieden.«

Nebenbei läuft meine Sprechstunde: Walu von der Riffinsel hat fieber-glänzende Augen: Malaria! Vor einigen Wochen war er zur Untersuchung im Hospital in Gizo. Dort gab man ihm Chloroquin-Tabletten mit, aber er nimmt sie nicht. »Zu bitter«, meint er, sieht aber schließlich ein, dass er sie nicht lutschen muss. Walus Onkel hat sich bei der Gartenarbeit übernommen und kann sich kaum noch bewegen.

Erst auf dem Rückweg begegne ich dem alten Schnitzer Ulekana, Schöpfer eines besonders gelungenen Nguzu nguzu aus Ebenholz mit dezenter Perlmutteinlage. Tauschen will er nur gegen Werkzeuge – Feilen, Ziesel, Messer, Sandpapier etc. – und dazu noch 50 US-Dollar. Der Skipper behauptet knickerig, das Werkzeug, das an Bord sei, das brauche er auch. Dabei verrostet es kiloweise in den Backskisten! Letztlich hielten mich aber die vielen bereits erstandenen Schnitzereien davon ab, eine weitere hinzuzufügen. Schade, ein derart vollendeter Nguzu nguzu sollte uns nie wieder angeboten werden.

Trotzdem freue ich mich über meine Fische mit den schillernden Perlmuttaugen. Und als uns Christian am Abend über Funk wieder einmal seine Erfolge beim Harpunieren auftischt, kann Erich mit meinem Fang glänzend dagegenhalten.

* * *

Auch die Kinder des Dorfes haben bereits die Vorteile des Tauschhandels für sich entdeckt und üben sich mit Begeisterung darin: Sie bringen Gemüse und Obst und wollen dafür Lollis und andere Süßigkeiten. Nie hatten wir mehr Frischzeug an Bord als hier im Penjuku Harbour: Sternfrüchte, Papayas, Bananen, Pampelmusen, Zitronen und etwas, das ausschaut wie kleine Äpfel … Um der Früchteflut Herr zu werden, ernähren wir uns fast ausschließlich von frischem Obstsalat, vom Rest koche ich einen großen Topf Kompott für weniger üppige Tage. In dieser Bucht fühlen wir uns gut aufgehoben. Das Einzige, was wir vermissen, ist die Wahrung unserer Privatsphäre: An Bord werden wir stets von einer Schar Kinder und Jugendlicher in ihren Kanus belagert. Sie lassen uns keine Minute aus den Augen, stehen um die Reling, lachen manchmal los, ohne dass wir einen Grund dafür sehen, und begrabschen alles Erreichbare an Deck.

Als sie uns am Nachmittag wieder einmal umstellen, hat der Skipper eine

Idee: In der Überzeugung, dass weder Tadeln noch um Verständnis bitten einen Zweck hat bei einer Jugend, die nach Lollies und Neuigkeiten giert, legt er eine CD ein und dreht die Cockpit-Lautsprecher voll auf: Heiße Tamuré-Rhythmen aus Moorea schallen über die ganze Bucht!

Die Wirkung ist frappierend: Als hätte er damit unsichtbare Fesseln gesprengt, kommt plötzlich Bewegung in die dümpelnde, starrende, wartende Schar. Sie juchzen und freuen sich, trommeln auf ihr Kanu und wiegen sich. Sie zucken, halten sich an der Reling fest und tanzen, so gut und so ausgelassen es auf ihren schwankenden Einbäumen eben geht. Tanzen liegt ihnen im Blut. Die Bucht wird zu einer einzigen großen Disko. Dürfen Sieben-Tage-Adventisten überhaupt tanzen, frage ich mich. Egal, wir haben unsere Freude und tanzen einfach mit.

Während des Abendessens kommt Walu mit dem Kanu. Aus einem Korb zieht er die Gästebücher der beiden Inseln, in denen wir uns verewigen sollen. Dann wickelt er aus alten Stofffetzen etwas aus, das sich als ein über und über mit Schnitzereien verzierter Pottwalzahn entpuppt, und einen aus Holz dafür geschnitzten Ständer in der Form eines Wals, wobei der Zahn in ein Loch am Kopf passt und den Blas darstellt. Wir sind voller Bewunderung.

»Der Zahn stammt von einem früher auf dem Riff angeschwemmten Wal«, erklärt Walu. »Einer meiner Vorfahren hat die Verzierungen geschnitzt. Den Ständer habe ich gemacht – ein Familienbesitz, von dem ich mich nicht leichtfertig trenne«, gesteht er. »Aber ich brauche ein Radio, mit dem wir Musik hören können!«

Wir überlegen nicht lange und holen unser Reserve-Radio aus dem Elektroschapp. Noch heute Abend will Walu das Gerät an seine Solarpanele anschließen.

Kurz darauf kommt Walus Onkel angepaddelt und holt seine Medikamente ab. Morgen könne er sicher wieder tanzen, meint Erich aufmunternd. Er brauche keine Musik, am Tag arbeite er im Garten und abends schnitze er, lächelt der Patient. Er besitzt ebenfalls Solarpaneele, ihm fehlt aber eine Arbeitslampe. Wir schenken ihm eine 12-Volt-Birne mit Fassung. Was wir dafür haben wollen, fragt er überrascht. »Nichts, das ist ein Geschenk!« Eine halbe Stunde später kehrt er mit einem wunderschönen Perlmuttanhänger zurück und der Frage, wie er das Zäpfchen einnehmen soll – mit Wasser? Beiläufig erwähnt er auch ein Krokodil, das in der Bucht herumschwimme.

Kaum haben wir uns Schlafen gelegt, klopft jemand ans Boot. Es ist Walu. »Das Radio funktioniert nicht!«

Erich rafft sich auf und fährt trotz Dunkelheit und patrouillierendem Krok mit Walu im Kanu zur Riffinsel. Ein Kurzschluss bei der Montage hat die Sicherung durchbrennen lassen. Nach dem Auswechseln läuft es wieder. Walu ist glücklich. Endlich können wir schlafen.

Von wegen! Mitten in der Nacht klopft's noch einmal ans Boot. Diesmal muss ich hoch: Zwei Kanus bringen Langusten, die sie vom Riff geholt haben. Zwar haben wir keine bestellt, aber ich kaufe sie trotzdem ab, schon allein um rasch wieder Ruhe zu haben. Weil ich die strampelnden Ungeheuer aber nicht kochen will, noch dazu nachts, wollen sie das übernehmen. Ob sie noch mehr Langusten bringen sollen? Bloß nicht!

»Habt ihr von dem Krokodil gehört?«, frage ich rasch. Sie nicken: Vor ein paar Jahren sei ein Bewohner von einem der Tiere so schwer verletzt worden, dass er starb.

Krokodil oder nicht: Um 02.00 Uhr nachts wandern sechs appetitliche Krebsschwänze in unsere Kühltruhe.

* * *

Um 05.00 Uhr morgens rattert mein rostiger, vierzig Jahre alter Reisewecker. Mit dem ersten Tageslicht laufen wir aus, durch dieselbe Passage, durch die wir gekommen sind. Weit draußen auf See bemerken wir plötzlich eine leuchtend hellgrüne Wasserverfärbung. Gleich darauf piept das Echolot, zeigt nur noch 17 Meter, fällt dann aber schnell wieder ab. Was war das? In dieser Region gibt es unterseeische Vulkane. Einer davon, der Kavachi, muss ganz in unserer Nähe liegen und soll äußerst aktiv sein – erst vor kurzem ist er wieder ausgebrochen. Beunruhigt beobachten wir das Wasser, können aber nichts Verdächtiges mehr feststellen.

Der Weg nach Munda, größte Siedlung auf New Georgia Island, wird für uns alles andere als einfach: Vor allem fehlt uns eine Detailkarte der Roviana-Lagune – nicht etwa, weil wir sie vergessen haben, sondern weil es keine gibt. Wie die ersten Weißen, die mit ihren Schiffen hier ankamen, müssen wir uns allein auf Skippers Spürnase verlassen.

Also hangeln wir uns an den Inseln entlang, die das Riff im Süden und Südwesten begrenzen, und entdecken am Nachmittag, wie vermutet, den Eingang im Osten. Das Navigieren in der Lagune wird vor allem durch das Gegenlicht erschwert: ständig konzentriertes Ausschauhalten nach kaum sichtbaren Markierungen, Slalomfahrt um Untiefen, einmal sogar Grundberührung mit einem Korallenblock. Kurz vor Sonnenuntergang fällt der Anker an der Südspitze einer Landnase (»Ohlsen's Landing«). Im Dunkeln durch die Riffe nach Munda weiterzulaufen erscheint uns zu riskant.

Wie benommen sitzen wir drei noch eine Stunde im Cockpit und starren vor uns hin: aufs gelblich-schlammige Wasser, aufs Ufer mit ein paar Hütten.

Regenböen, Wetterleuchten und vor allem das Rasseln der Ankerkette über den Korallengrund halten uns wach bis tief in die Nacht.

Problemlos geht es dafür am frühen Morgen weiter nach Munda. Michael und Pascal treffen wir in »Agnes Lodge« in Lambete an, dem kultiviertesten Teil des Ortes. »Wir hatten euch gestern erwartet«, mosern die beiden. Nun sind sie auf dem Sprung zu einer Schnorchel-Expedition. Michaels Tipp: Skull Island. Dort seien die Schädel sämtlicher Chiefs der Umgebung aufbewahrt.

Zu diesem Abenteuer holt uns Joel, ein Mann um die vierzig, am nächsten Morgen mit dem Außenborderkanu ab. Die Fahrt führt nicht durch den Styx, sondern durch ein Archipel aus kleinen, grün bewachsenen Koralleninseln: ab und zu ein paar Hütten, Rauchsäulen eines Herdfeuers, ein paar Kanus an einem weißen Strand. Und in der Ferne der ebenmäßige Vulkankonus Kolombangara auf der einen und auf der anderen Seite die Berge von New Georgia.

Die Temperatur ist noch angenehm, das Licht sanft und das Wasser von schier unglaublicher Farbe: türkis-blau, dazwischen hellbraune Flecken von Korallenköpfen. Vor der Mündung des Hura-Flusses färbt es sich schlammig braun. An seinen Ufern wachsen Mangroven und eine wild durcheinander wuchernde, verschwenderische Pflanzenvielfalt: Bambus, Farnbäume, ehrwürdige Baumveteranen mit armdicken Lianen, die wie vom Himmel herabhängen.

»It was here«, erklärt Joel. Hier hat er schon mehrmals zu einem »very big krok« gesprochen, und es ist vorgekommen, dass das Kastom-Tier sich quer in den Fluss legte, sodass die Leute über seinen Rücken zum anderen Ufer laufen konnten. Wir wechseln skeptische Blicke.

»Zahm sind sie aber nicht«, fügt unser Begleiter hinzu. »Vor einem Monat ist ein Mann von einem Krok durch einen Biss in die Kniekehle schwer verletzt worden. Er konnte sich retten, wurde nach Ghizo ins Hospital gebracht und überlebte. Aber so ein Angriff kommt nur vor, wenn Menschen etwas Schlimmes getan haben … Dieser Mann hatte Ehebruch begangen, deshalb haben ihn die Spirits bestraft. Doch alles ging gut aus: Noch am selben Tag haben wir das Krokodil getötet, die Leute kamen aus dem Dorf, haben es untereinander aufgeteilt und gegessen. Und der Mann hat vor dem ganzen Dorf den Ehebruch zugegeben und eingesehen, dass es Unrecht war.«

Der Glückliche ist dem Tod noch einmal entkommen, in dessen Reich uns der Fährmann nun absetzt: ein winziges Korallenfleckchen am Südzipfel von Vona Vona Island. Nur ein paar Schritte vom Ufer entfernt starren uns die hohlen Augen zahlreicher Totenschädel aus einem Steinhaufen an. Doch Joel winkt uns weiter zu einem dreieckigen verwitterten Holzschrein: »In diesem Kasten liegen die Köpfe von Häuptlingen. Die anderen sind von einfachen Leuten.« Die Tür, die er zur Seite stellt, ist mit Schnitzereien verziert. Wir erkennen einen Krieger mit Kriegsbeil, darunter den hohen Bug eines Kriegskanus. Nun offenbart der Kasten seinen Inhalt: mehrere Schädel mit angebundenen Unterkiefern, stapeln sich über armdicken Ringen aus fossilen Tridacna-Muscheln, verwitterten Walzähnen und Tritonhörnern. »Mit denen haben sie ihre Krieger zusammengerufen, wenn sie zum ›headhunting‹ auszogen.«

Jahrhundertelang war die Roviana-Lagune eine Hochburg der Kopfjäger und der Schrecken benachbarter Inseln. Auf der Suche nach Beute legten ihre Kanus oft weite Strecken zurück, kamen bis Choisel, Guadalcanal oder Santa Isabel, eine Insel, die durch solche Angriffe fast entvölkert wurde. Ihren Höhepunkt erreichte die Kopfjagd gegen Ende des 19. Jahrhunderts, als weiße Händler den Bewohnern Äxte und Gewehre verkauften. Erst als die Briten 1892 (ein Jahr später erklärten sie die Salomonen zum Protektorat Ihrer Majestät) ein Kanonenboot in die Lagune schickten und die Dörfer in Asche legten, kehrte »Frieden« ein.

»Der Ort ist tambo, aber einige Leute halten sich nicht daran. Die Ahnen werden nicht mehr so verehrt wie früher. Vor drei Jahren sind viele Wertgegenstände, Kastom-mani und Walzähne gestohlen worden«, entrüstet sich Joel, während er ein wenig Ordnung im Kasten macht und die Tür wieder davor rückt.

Er selbst sei Anhänger der »United Church«, erklärt er und macht uns aufmerksam auf zwei Grabsteine christlicher Missionare im Gebüsch hinter dem Kopfjäger-Schrein und einen kleinen verfallenen, bis zur Unkenntlichkeit überwucherten Friedhof. Kopfjäger oder christliche Missionare, irdische Vergänglichkeit ist allen gewiss!

* * *

Was kann ich über Munda berichten, außer dass es aus einer Ansammlung kleiner, nichtssagender Dörfer besteht, dass es eine Bäckerei gibt, in der wir gutes Brot kaufen können, und drei Chinesenläden, die auch Frischfleisch anbieten. Vielleicht, dass es im Zweiten Weltkrieg eine äußerst aktive Basis der Japaner war. Davon zeugen nicht nur viele Relikte, sondern auch Geschichten wie die über den Bau der Flugpiste. Weil die Japaner damals befürchteten, sie könnte vorzeitig von den Amerikanern entdeckt werden, spannten sie an Drähten aufgehängte Palmkronen übers Rollfeld: eine Tarnung, die schnell abgenommen werden konnte, indem man die wenigen Palmen fällte, an denen sie aufgehängt war. Die Fertigstellung des schlauen Projekts wurde dennoch vereitelt: Die Eingeborenen alarmierten die Amerikaner.

Seitdem hat der Fortschritt auch hier seinen Einzug gehalten und die Magie der Lampen endlich den Terror der Dunkelheit besiegt. Allerdings besitzen nur wenige Privilegierte elektrisches Licht, die meisten haben nur eine Kerosinlampe und einige gar keine Beleuchtung.

Am Morgen kommt das GEO-Team wieder mit Sack und Pack an Bord, und gegen Mittag laufen wir durch die Diamond Narrows, eine gar nicht so enge und wunderschöne Meerenge mit tiefgrünem Dschungel und vielen kleinen Dörfern auf beiden Seiten. Nach wenigen Seemeilen weitet sie sich zum Hathorn Sound, einem großen, geschützten Naturhafen, an dessen Steuerbordseite die japanischen Fischverarbeitungsanlage Noro liegt. Ein Gewitter mit ständig umlaufenden Winden hindert uns am Segeln. Unter Maschine arbeiten wir uns in die Blackett Strait vor und erreichen schließlich den erloschenen Vulkankegel Kolombangara, »großes Wasser«, der von seiner Uferebene auf fast 1800 Meter ansteigt. Wie uns Joel in Munda erzählte, soll sein Krater einen See enthalten, in dem viele Fabeltiere wohnen.

Die Sonne geht gerade unter, als wir im Süden der Insel, von ganz realen Seeschwalben eskortiert, in die kleine Hunda Cove einbiegen, wo wir uns für die Nacht vor Anker legen.

Nach dem Abendessen sitzen wir noch im Cockpit und tauschen Erlebnisse und Beobachtungen aus. Unter anderem geht es auch darum, wie Männer und Frauen miteinander umgehen.

»Ein Thema übrigens, das mich ganz besonders interessiert!«, verrät Michael, der sich mit uns über das prüde Nebeneinanderherleben von Männern und Frauen wundert. Hier jedenfalls ist nichts zu spüren vom süßen Leben, das Bougainville auf Tahiti vorfand. Warum? Vielleicht, weil die Gefühle der Menschen durch althergebrachte Tabus und kirchliche Zwänge unterdrückt sind? Weil die Frauen traditionell kaum eine Stimme haben?

Der Arzt und Anthropologe Wulf Schiefenhövel – er arbeitet seit vielen Jahren in Papua-Neuguinea – gab mir später eine Erklärung für diesen Widerspruch: Nach seinen Erkenntnissen gibt es in Melanesien zwei teilweise unterschiedliche Konzepte im Verhalten der Geschlechter zueinander. Verständlich werden sie aus der Besiedlungsgeschichte.

Während die Austronesier, die erst vor drei- bis viertausend Jahren die Inseln erreichten, eher ein entspanntes Verhältnis sexuellen Dingen gegenüber haben, ist das prüde Verhalten von Frauen und Männern in der Öffentlichkeit für die Nachfahren der non-austronesischen Urbevölkerung typisch und geht auf ihre Mythologie zurück. »*Bei ihnen sind Berührungen unter Liebespaaren, Umarmen, Handhalten oder gegenseitiges Lausen tabu …*«

Vella Lavella

Empfehlungsschreiben an den Chief – Bescheidener Wohlstand, gute Partien und räuberische Ahnengeister – Auf der Suche nach Krokodilen

Wir passieren die kleine Kasolo-Insel, auch Kennedy Island genannt, weil John F. Kennedy und seine Schiffskameraden 1943 dort an Land schwammen, nachdem ihr Patrouillenboot (PT 109) von einem japanischen Zerstörer versenkt worden war. Und nach insgesamt zwei Segeltagen haben wir unser nächstes Ziel erreicht, die Insel Vella Lavella, deren Name nach all den Nguzu nguzus, Nggatokaes und Kolombangaras auf unseren Zungen zergeht wie italienische Eiscreme. Doch was wir im Britischen Seehandbuch über sie lesen, klingt nur bedingt verlockend: »*Vella Lavella hat Dörfer mit den nettesten Leuten der Salomonen, und andere, in denen Stehlen eine Lebensart darstellt.*«

Doch wir wollen unsere eigenen Erfahrungen machen. Vielleicht haben wir ja Glück mit dem Dorf Tiberias, einer Adresse, die Michael einer Zufallsbekanntschaft verdankt: einem gewissen David Gina, der für den Dorfhäuptling (Frank Lezutuni) von Tiberias auf einen Zettel die Nachricht kritzelte: »David Gina sends us to you! Gezeichnet: David.«

Michael: »Was der Häuptling wohl von dieser Nachricht hält?«

Wieder keine Detailkarten! Vorsichtig fädeln wir uns an der Westküste der

Insel durchs Barriereriff in die Sandfly Bay und fragen Kinder in einem Kanu in der Nähe eines Dorfes, wo »Tiberias« liegt. Sie deuten auf die andere Seite der Bucht. Dort lebe Frank, ihr Großvater. Ein Gewitter ist im Anmarsch: Die Luft ist bleischwer, der Himmel finster. Die letzten Sonnenstrahlen tauchen die Bucht in ein fantastisches Licht: Der Busch, der sich wie eine Wand vor uns aufbaut, wirkt dadurch noch bedrohlicher als sonst. Endlich fällt der Anker.

Während Erich und Peter lieber an Bord bleiben, setzen Michael, Pascal und ich zum Dorf über, um die Lage zu sondieren.

Am Strand kommt uns der Häuptling entgegen. Das »Empfehlungsschreiben«, das ihm Michael übergibt, quittiert er mit einem Lächeln:

»Ach ja, David, wir haben ihn lange nicht gesehen.«

Er führt uns durchs Dorf: eine Ansammlung wellblechgedeckter, wohnlicher Pfahlhäuser, die sich, umrankt von Bougainvillea- und Hibiskusbüschen, den Hang hinaufziehen. Ein Platzregen unterbricht das Begrüßungszeremoniell. Wir müssen uns unterstellen. Eine gute Gelegenheit, mit den Bewohnern ins Gespräch zu kommen. Wie sich herausstellt, bilden sie alle, verschwistert und verschwägert, eine große Familie. Sie sind stolz auf ihren bescheidenen Wohlstand, vor allem aber auf die Kinder und Enkel, die den Sprung in Honiaras Arbeitswelt geschafft oder »gute Partien« gemacht und die Zurückgelassenen nicht vergessen haben: gute Partien wie Franks Töchter, die mit älteren Expats verheiratet sind – eine lebt mit einem Japaner in Noro, die andere mit einem Australier in Honiara.

Sie bekämen häufiger Besuch von Japanern und Amerikanern, die den Ort sehen wollten, wo ihre Eltern und Großeltern im Zweiten Weltkrieg gekämpft haben.

»Dieses Jahr ist eine Amerikanerin ins Dorf gekommen. Die Frau hat viel geweint und immer wieder gesagt: ›Wenn es euch nicht gegeben hätte, wäre ich nicht geboren.‹ Ihr Vater ist damals von Franks Vater gerettet worden, nachdem die Japaner sein Flugzeug abgeschossen hatten. Die Japaner waren sehr grausam, sie haben viele Leute getötet, auch viele Einheimische.«

Nur Frank bewohnt noch eine der ursprünglichen Blätterhütten unten am Strand. Hier kann er die Rechte und Pflichten eines Häuptlings am besten wahrnehmen, kann den täglichen Fang und das Kommen und Gehen von Bewohnern und Besuchern kontrollieren, und vor allem kann er die Ahnengeister, die manchmal unerwartet und leise aus der See kriechen, im Auge behalten. »Man muss sich gut stellen mit den Krokodilen! Wenn man sie verflucht, werden sie einen irgendwann fressen …«

Deshalb hat er neulich auch geschwiegen, als sich das große Krokodil an den Dorfstrand zwischen die Kanus legte. Er hat auch nichts gesagt, als es sich eines seiner wertvollen Schweine holte und wochenlang einfach nur da lag und wartete. Eine äußerst schwierige Situation: er, die Frau, die Kinder und Enkel in der Hütte und das Krokodil unmittelbar davor! Erst als es sich noch ein zweites Schwein holen wollte, war Franks Geduld am Ende: »Grandfather, go away!«, sagte er energisch. »Wir können dich nicht länger hier behalten.«

Und siehe da: Das Krokodil kroch ins Wasser und schwamm davon. Besuche von Verwandten können ganz schön anstrengend sein!

Meist begnügten sich die Kroks mit Wildschweinen im Busch, mit einem Hund, der zu nahe am Strand schliefe. »Dann hören wir ein kurzes Jaulen, und am Morgen ist der Hund verschwunden und wir finden die Spuren im Sand.« Aber kürzlich sei eine Dorfbewohnerin beim Sammeln von Seegras von einem Krokodil am Bein gepackt und unter Wasser gezogen worden. Nur weil Leute ihre Schreie hörten, wurde sie gerettet.

»Natürlich ist nicht jedes Krokodil auch ein Kastom-Krokodil, aber von einem weiß man es ganz sicher«, sagt Frank und erzählt uns die Kastom-Geschichte von der Frau aus Vaghena Island, die sich vor langer Zeit an einem See, oben am Fluss, niederließ. Sie zog dort ein Krokodil auf und schnitt ihm die Schwanzspitze ab, um es jederzeit erkennen zu können. Eines Tages wurde das Krokodil mit der Flut in den Fluss und dann ins Meer gespült, doch es blieb in der Bucht, war zahm und ließ sich rufen.

»Dieses Krokodil lebt immer noch«, versichert der Häuptling, »und muss nun schon weit über hundert Jahre alt sein.«

Während die GEOs noch eine Weile mit Frank zusammensitzen und ihr eigenes Programm aushecken – morgen wollen sie mit ihm in den Oula River zum »crocodile spotting« – unterhalte ich mich mit Daniel Vaka, einem hageren Mann Mitte vierzig, dessen klassisch polynesisches Gesicht mir sogleich auffiel. Und er ist Polynesier, noch dazu aus Tikopia! Er verließ seine Heimatinsel bereits 1970, arbeitete in Honiara, wechselte später nach Gizo und kam schließlich nach Vella Lavella, wo er Rosmary heiratete, eine von Franks Nichten, mit der er sieben Kinder hat. Nun fischt er nur noch für die Familie, bestellt die Gärten und macht Kopra auf einer alten Kokosplantage, die vor dem Zweiten Weltkrieg von Engländern angelegt und nach deren Flucht vor den Japanern den Einheimischen überlassen wurde.

Daniel wird unser Mann: Ihn heuere ich für eine Flussfahrt an.

* * *

Es nieselt, als wir die GEOs nach dem Frühstück zum Strand bringen, wo Frank bereits mit dem Einbaum auf sie wartet und wir Daniel aufpicken. Wie selbstverständlich stellt er sich ans Ruder und steuert die Freydis sicher durch die Riffpassagen. Draußen, auf der bewegten See, begegnen wir einem voll besetzten Außenborderkanu. »Leute vom Dorf auf dem Weg nach Gizo«, weiß Daniel.

Wir ankern in einer geschützten Bucht vor der Flussmündung und verschließen das Boot, bevor wir ins Dingi klettern, weil, so Daniel, »manchmal Fischer vorbeikommen, die klauen«. Besonders vor einem »Mann mit langen ›dreadlocks‹«, warnt er uns, einem Malaiter, der als einziger Mensch am Fluss lebe.

Der Oula ist ein Fluss wie aus der Urzeit: Alles wächst und wuchert hier ungehindert, nirgends Gärten oder Hütten, nichts als unberührte Natur. Aufgeschreckte Fische springen meterhoch aus dem Wasser, in dem tief herabhängende zackige Palmwedel mit ihrem Spiegelbild an riesige Haigebisse erinnern. Libellen surren über uns hinweg und ein eilig dahinhuschender Eisvogel (Was für ein Name in den Tropen!) mit rötlicher Brust und blau schillerndem Rücken streift uns fast mit den Flügeln. Es riecht beißend, faulig, aromatisch, nach Apotheke. Mangroven und Bambus bieten obskuren Unterschlupf und hüten Geheimnisse in schlammigem Schoß. Der Schrei eines Kakadus zerreißt die Stille – sonst nur unterbrochen vom geradezu ätherisch eintönigen Zirpen der Zikaden, das wie auf Kommando einsetzt, sich zum Fortissimo steigert und wieder verebbt. Wo sollen sie hausen, die Ahnengeister, wenn nicht hier?

»Warum sehen wir keine Krokodile?«

»Vielleicht, weil die Krokodiljagd, die bisher vom Staat verboten war, jetzt freigegeben wurde«, vermutet Daniel. »Vor einem Monat kamen Krokodiljäger aus Bougainville und haben etliche geschossen.«

Je weiter wir in den Fluss eindringen, umso mehr breiten sich vom Ufer her die Beete von Wasserpflanzen aus. Die »water lilies« hätten sich erst in diesem Jahr hier angesiedelt, versichert Daniel, der wie ein Fakir im Schneidersitz auf dem Bug unseres Gummidingis hockt und sein Holzpaddel mal links, mal rechts in den grünen, mit blassblauen Blüten übersäten Teppich versenkt, bis wir endlich wieder freie Bahn haben.

»Das ist der Malaiter«, flüstert Daniel, als sich ein Kanu nähert. »Man kann ihm nicht trauen. Die Malaiter sind schlechte Leute!«

Ein sehr dunkelhäutiger Mann mit langen, übers Gesicht hängenden »dreadlocks« bietet uns einen großen Krokodilschädel zum Fotografieren an. »Jedes Foto 50 Solomon Dollar«. Wir bedauern.

Der Fluss teilt sich. Der eine Arm ist vollkommen zugewachsen von den Wasserpflanzen – kein Durchkommen möglich. Nur der Hauptarm, in dem eine stärkere Strömung herrscht, ist noch teilweise offen und kann befahren werden. Dort kommen uns die GEOs mit Frank und zwei weiteren Einheimischen im Kanu entgegen: Sie sind den Fluss hinaufgefahren bis zu einer Höhle, deren Eingang unter Wasser liegt und in der sich das Kastom-Krokodil versteckt halten soll: Auch ihnen hat es sich nicht gezeigt. Wahrscheinlich muss man zum Kastom übertreten, um Krokodile zu sehen!

Wieder in der Bucht, begegnet uns das Kanu noch einmal. Sie haben aufregende Neuigkeiten: Dicht am Ufer schwamm ein fünf Meter langes Krokodil, schwer zu fotografieren. Als sie sich näherten, sei es weggetaucht.

Michael und Pascal wollen die Nacht im Dorf verbringen. Wir dagegen bleiben an Bord und essen mit Daniel zu Abend. Sein Interesse gilt vor allem unserem Generator, im Dorf gibt es nur Kerosinlampen. Natürlich lässt er sich auch von Tikopia berichten, schließlich ist er »cousin of chief No 2, Ariki Tafua«.

Plötzlich lautes Klatschen, ein Rücken verschwindet im Wasser. Das Krokodil? Nein, eine Seekuh … gleich darauf eine zweite und eine dritte.

»Vor Kurzem haben wir einen Kaufis im Netz gefangen: Das Fleisch war gut, fast so gut wie das von Schildkröten«, versichert David und fügt dann lächelnd hinzu: »Ein Kaufis hat einmal mein Kanu zum Kentern gebracht, plötzlich lag ich im Wasser.«

Angst hat er vor ihnen genauso wenig wie vor Krokodilen oder Haien. »Der Tigerhai ist aggressiv, der haut nicht ab, wenn er dich sieht; er kommt auf dich zu. Viele hüpfen in ihre Kanus, wenn sie einen sehen. Ich bleibe, wo ich bin. Noch nie hat mich einer gebissen«, erklärt er zuversichtlich. Und dabei taucht Daniel fast jeden Tag nach Muscheln und Fischen. Vor zwei Wochen haben sie einen Auftrag von einem Australier bekommen. Für ihn holt er seitdem bestimmte »Zierfische« lebend aus dem Meer, setzt sie in Tüten mit Wasser und etwas Luft und schickt sie per Flugzeug von Gizo nach Honiara. Ein neuer Erwerbszweig.

* * *

Franks Schwiegersohn Harry kommt in Begleitung seiner Frau Naomi mit dem Kanu zur FREYDIS. Er will die Medikamente abholen, die ich Daniel gestern versprochen habe. Wir laden die beiden zum Frühstück an Bord ein. Während Naomi lieber im Kanu bleiben möchte, lässt sich Harry nicht lange bitten und klettert ins Cockpit.

»Wie war's gestern mit Daniel auf dem Fluss?«, fragt er.

»Keine Kroks«, beschwert sich Erich lachend. »Wahrscheinlich gibt's hier gar keine!« Harry schiebt ein gekochtes Ei in den Mund und zeigt dann auf eine etwa vierzig Meter entfernte Stelle im Wasser.

»Lukim … over there … big brother! Schon die ganze Zeit umkreist er euer Boot. Naomi hat ihn von Kanu aus gesehen, als wir kamen.«

Ja, da ist es, unser erstes Salzwasserkrok – fünf bis sechs Meter lang und doch kaum sichtbar: Nur Nase, Augen und manchmal ein paar Schwanzzacken ragen aus der leicht gekräuselten See. Ein Baumstamm, der auf dem Fluss treibt, könnte man annehmen. Es gibt sie also doch, die sagenhaften Krokodile.

Erich fixiert das Objekt seiner Begierde mit dem Tele: »Das wird ein typisches Suchbild«, knurrt er enttäuscht und legt die Kamera weg: »See you later, alligator!«

»Es wartet darauf, dass wir nach dem Frühstück ein Morgenbad nehmen«, lacht Peter – wie ich froh, auf der FREYDIS und nicht im Dingi zu sitzen.

»Es würde euch nichts tun«, meint Harry, der die ganze Aufregung nicht versteht. Er geht wohl davon aus, dass wir nichts Unrechtes getan haben. Auch wir sind uns natürlich keiner Schuld bewusst. Aber ob Krokodile das genauso sehen?

Harry jedenfalls klettert ziemlich vorsichtig ins Kanu. Wir wissen auch warum: Er hat das Kastom-Geld von Naomis Großeltern – einen dieser wertvollen elfenbeinfarbenen Tridacnaringe, die man auf der Flucht vor Kopfjägern über die Schulter warf, um sich damit freizukaufen – gegen Batterien und harte US-Dollars an uns verhökert!

Ghizo Island und Vella Lavella

Abschied in Gizo – Im Thermalgebiet von Paraso – Allein an Bord – Diebsgesindel vom Nachbardorf

Eine Schule von etwa einem Dutzend Pilotwalen hechtet in breiter Formation an uns vorüber, sonst nichts Ungewöhnliches auf dieser Flautenfahrt nach Ghizo. Um 14.00 Uhr liegen wir an der »Mobil«-Pier und tanken auf. Die GEOs haben ihre Sachen schon gepackt. Die Nacht, bevor sie ihren Rückflug über Honiara antreten, wollen sie im Hotel verbringen. Noch schnell ein paar originelle Schüsse gegenseitig mit Spülbürstchen, tief gebeugt über der Abwasch-Wanne (Welch ungewohnter Anblick für uns!) – dann verlassen sie die FREYDIS.

Wir legen uns vor Anker und entspannen erst einmal beim Blick auf die friedliche Bucht: auf eine Handvoll weiterer Yachten vor Anker, auf das kleine Pfahlhüttendorf am Fuße palmenbewachsener Hänge, auf ein paar Kopraboote an dem Kai mit den kleinen Werften und Wellblechschuppen unter blühenden Flamboyants. Kanus mit Schulkindern in Uniform passieren uns. Andere mit Händlern gehen längsseits und bieten Schnitzereien an.

Abends sind wir von den GEOs zum Abschiedsessen im Hotel eingeladen. Das erste Mal seit Langem wirken die beiden Reporter entspannt. Kein Wunder: Die Arbeit liegt hinter ihnen und sie sind mit der Ausbeute sehr zufrieden. Michael ist wieder ganz der charmante Unterhalter, und sogar Pascal macht ein freundliches Gesicht.

Wir sind froh, dass auch dieses Team gutes Material mitnimmt, und natürlich, dass wir das Boot unbeschadet durch ein tückisches Revier bringen konnten, das uns weit mehr abverlangt hat als der Abschnitt durch Vanuatu. Nur das zählt im Augenblick.

Das nächste GEO-Gespann erwarten wir nicht hier in Gizo, sondern in einer Woche auf den Shortlands, an der Grenze nach Papua-Neuguinea. Bis dahin sind wir zu dritt und haben noch ein wenig Zeit, uns umzuschauen.

* * *

Gizo ist Hauptstadt der Westlichen Provinz und zweitgrößte Stadt der Salomonen – tatsächlich aber ein Provinznest im Wildweststil mit wenigen staubigen Straßen, an der sich »diveshops«, »tour operators«, »Salomon Telecom Station«, baufällige Regierungsbüros und chinesische Gemischtwarenläden reihen, die auch Lebensmittel führen. Spaghetti suchen wir vergeblich, doch der Markt lässt keine Wünsche offen. In den nächsten Tagen können wir in Gemüse, Obst und Nüssen schwelgen.

Es gibt auch ein kleines »Kulturzentrum« mit einer Vitrine voller Muschelgeld, alten Fotos etc. und einem Regal mit Büchern, der Ansatz einer öffentlichen Bibliothek. An allen Ecken und Enden lauern uns Schnitzer auf. Es gibt viel zu wenig Käufer für all die Kunstwerke. Wer würde bei dem Angebot nicht schwach werden? Peter entscheidet sich für den »Spirit of Rendova«, einen kleinen Vogelmenschen mit Fisch im Arm, ich für die »Spirits of Solomon«, einen Wurzelstock, verziert mit allerlei Meeresgetier – leider von beachtlicher Größe.

»Den wirst du wohl in deine Koje nehmen müssen!«, spottet der Skipper.

Das erste Mal seit Tikopia sehen wir hier wieder andere Segelyachten. Wir erhalten sogar eine Einladung zum Sundowner auf der kanadischen Yacht LASQUETTE. Zusammen mit den Crews der übrigen Yachten sind wir dort eine ebenso fröhliche wie globale Runde: Neben Kanada und Deutschland sind auch die USA, Australien, Neuseeland, England, Holland und Frankreich vertreten. Es ist schön, sich wieder einmal mit Seglern austauschen zu können.

Dann das übliche Programm vor dem Auslaufen: Arbeiten am Schiff, Wäsche waschen, letzte Provianteinkäufe, Wasser bunkern. Trotz ausreichender Regenfälle hat Gizo Probleme mit dem Wasser. Tom, der freundliche Chinese, bei dem wir eingekauft haben, spendiert uns zum Abschied einige Kanister davon aus seinem Regentank. Und was meine Funde im Kulturzentrum an Informationen über die Shortlands und Bougainville angeht: Er hat auch ein Fotokopiergerät!

* * *

Das scheint heute der heißeste Tag seit unserem Start in Raiatea zu werden. Nicht nur das Deck, auch die Grätings sind kochend heiß und barfuß nicht mehr zu betreten. Wassertemperatur: 32 °C! Ein guter Nährboden für Taifune. Wir bescheiden uns gern mit dem anderen Extrem: Flaute. Mittags ein Lüftchen aus Südost, mit dem sich segeln lässt: zur Paraso-Bucht im Nordosten von Vella Lavella, die wir auf dem Weg zu den Shortlands, dem Treffpunkt mit dem dritten GEO-Team, als Zwischenstop gewählt haben. Laut Daniel erwartet uns dort ein aktiver Krater mit den merkwürdigen Megapodenvögeln, die ihre Eier von vulkanisch beheiztem Sand ausbrüten lassen.

Am frühen Nachmittag erreichen wir die große, von einem durchbrochenen Riff umgebene Lagune, in der uns Delfine in Empfang nehmen und Schwarze Marline aus dem Wasser springen. Wenig später ankern wir in der kleinen Paraso Bay. Ein wunderschöner Ort: zu beiden Seiten bewaldete Bergkämme, an den Ufern Palmen, die sich tief über einen dunklen Sandstrand beugen, und landeinwärts ein saftig grünes Tal mit zwei Flüssen, die nicht weit von uns entfernt in die Bucht münden.

Aus einem davon nähert sich ein Kanu mit zwei in Lumpen gehüllten Gestalten, die ausschauen, als hätten sie sich im dunklen Sand gewälzt. Die beiden sprechen kein Pidgin, aber wir vermuten, dass es sich bei den gänsegroßen Eiern, die sie uns zum Kauf anbieten, um Megapodeneier handelt. Sie sollen gut schmecken, haben wir gehört, doch »was der Bauer nicht kennt …«

Aus einem anderen Kanu, das flussaufwärts an uns vorbeifährt, grüßt ein Einheimischer inmitten einer aufgeregt bellenden Hundemeute, wahrscheinlich auf Wildschweinjagd. In der Nähe muss ein Dorf liegen. Wir können es zwar nicht sehen, aber seine Jugend hat bereits mobil gemacht. Im Nu umringen uns Kanus, Augen erscheinen an jedem Fenster, Hände an der Reling und allen erreichbaren Dingen an Deck, aber das kennen wir ja.

»Hallo Freunde, woher kommt ihr?«, versuche ich die gegenseitige Anonymität zu beenden.

»Vom Dorf, hinter dem Ulo-Fluss«, antwortet ein älterer Junge und zeigt auf den Nordwesten der Bucht.

Am Ufer treffen wir Lawson, einen jungen Mann, der recht gut Englisch spricht (er arbeitet bei der »Melanesian Logging Company« auf Kolombangara und ist gerade auf Heimaturlaub) und dem wir durch den Busch in ein etwa Sechzig-Einwohner-Blätterhüttendorf folgen. Häuptling ist Comlee, ein magerer, hustengeschüttelter Mann um die fünfzig. Unseren Respekt zollen müssen wir auch einem weißhaarigen Greis, Paramount Chief Sarubule. Der Alte spricht nur die Stammessprache, und auch die muss ihm unser Dolmetscher ins Ohr brüllen. Er versteht, dass wir mit einem kleinen Segelboot von weither gekommen sind.

»Früher sah ich häufig Segelschiffe. Aber die waren sehr groß, mit zwei Masten und vielen Segeln«, erinnert er sich lächelnd. »Ich war noch ein kleiner Junge, als die ersten Missionare damit kamen. Es waren Methodisten … aber nun gehören wir der United Church an.«

Ob sie auch ihre alten Kastomtänze und Lieder noch behalten hätten, erkundige ich mich. Die Bewohner, von denen etwa ein Dutzend um uns herum stehen, tauschen Blicke und singen wie auf Kommando ein Lied – wir nehmen an, ein Willkommenslied.

»Wovon handelt es?«

»Es geht um das Moskito«, erklärt Lawson. »Wenn du in den Busch gehst, kommt ein Moskito, sticht dich und macht dich krank.«

Wir sind verdutzt: Warum singen sie es für uns?

Ein Mann mit blutroten Betelnuss-Zähnen bietet uns eine Handvoll frisch gepflückter Nüsse an: »Taste Nene, very good!«

Eine Frau mit tiefen, entstellenden Narben im Gesicht, die abseits steht, fällt uns auf. »Es ist Ula, meine Mutter«, erklärt Chieftochter Rose (der Chief hat vier Töchter und sechs Söhne).

»Sie schlief im Busch, als ein ›alligator‹ (so nennen die Einheimischen die Salzwasserkrokodile, um sie von den kleineren Süßwasser-Krokodilen in den Flüssen zu unterscheiden) kam und ihr in den Kopf biss. Wir brachten sie nach Gizo ins Hospital.« Ula sei die Tochter eines früher von Kopfjägern geraubten Mädchens aus Santa Isabel, weiht uns Rose später in die Kastom-Geschichte ihres Clans ein.

Annety, mit sechs Jahren Schulbesuch beste Schreiberin am Ort (für uns notiert sie die Namen der Leute), empfiehlt uns einen Ausflug ins Ulo-Thermal-Gebiet, das zum Stammesgebiet gehört. Wir vereinbaren gleich für morgen einen Termin.

* * *

06.00 Uhr. Kühler, ablandiger Wind. Es stinkt intensiv nach faulen Eiern – Schwefeldämpfe aus den Fumarolen im Hinterland sind über Nacht durchs Tal gezogen. Früher nannten Händler die Bucht deshalb auch »Stinkpot« und mieden sie, weil die Farbe ihrer Boote darin litt.

Peter will nun doch lieber an Bord bleiben. Also ziehen wir mit Lawson und seinem Bruder Lickson allein los. Nachdem wir mit dem Kanu die Sandbarre an der Mündung überwunden haben, paddeln wir zusammen den zwanzig bis dreißig Meter breiten schlammigen Ulo hinauf. Eine einzigartige, vulkanisch geprägte Kulisse umgibt uns: Dunkelgrüne Wände säumen das moorbraune, dampfende Wasser, das so früh am Morgen noch wärmer ist als die Luft. Mit Farn- und Schmarotzerpflanzen besetzte Stämme treiben an uns vorüber wie blumengeschmückte Särge. Eine Anhäufung von gestrandetem Holz mit haarigen, pockennarbigen Ästen erinnert an eine Monsterspinne. Düsternis umgibt uns: Die Kronen der Bäume filtern das Sonnenlicht wie Rosetten einer Kathedrale. Dann blitzen Sonnenstrahlen durchs Blätterwerk, legen einen geheimnisvollen Schein aufs dunkle Ufer und auf die Brotfruchtbäume und Schraubenpalmen mit ihren großen Blättern und Früchten: eine Atmosphäre wie aus Bildern alter Meister vom Paradies. Flussaufwärts Gärten an den Ufern. Bananen, Sagopalmen, Süßkartoffeln, Tapioka und Yams werden angebaut. Eine Familie kratzt das Mark einer frisch gefällten Sagopalme heraus, um Mehl daraus zu machen. Auf der anderen Seite wird Bambus geschnitten für eine neue Hütte.

Kokosnussbeladene Palmen beugen sich tief herab, als trauerten sie um ihre Artgenossen, die Opfer des letzten Zyklons 1984: Kreuz und quer liegen sie vermodernd im Fluss – Laufstege für kleine flinke Vögel, die nach Unsichtbarem picken. Schwarze Reiher starren am Ufer regungslos ins Wasser. Und wieder sehen wir einen Eisvogel mit rötlicher Brust und blau schillerndem Rücken: Es ist ein »Waldfischer«. (In Gizo sah ich ihn auf einer Briefmarke abgebildet.) Zielsicher holt er sein Frühstück aus dem Fluss.

Auch wir entdecken kleine Fische, Frösche und sogar eine Schlange. Giftig sei hier nichts und die Süßwasser-Krokodile seien sehr scheu, beruhigt uns Lawson. Denn nun stecken wir im Schlamm fest, müssen aussteigen und schieben. Nur die Leichtgewichte, Chief-Sohn No 10 und sein Freund, die beide hinter uns herpaddeln, kommen noch voran und haben ihren Spaß, als unser großer Einbaum beim Einsteigen fast kentert und dabei ordentlich Wasser übernimmt. Zum Glück ist wenigstens Erichs Fotoausrüstung wasserdicht verpackt.

Bald empfängt uns ein kleiner Sandstrand, wo unsere Begleiter das Kanu an ein paar rostigen Eisenteilen gesunkener Kriegsmaschinen verankern. Bevor wir jedoch an Land können, müssen wir noch an einem Ritual teilnehmen und uns mit den Blättern eines bestimmten Baumes abreiben.

»Das muss jeder, der zum ersten Mal den Wald betritt, es besänftigt den Geist des Waldes«, so Lawson. Dazu stinkt es aus den Fumarolen so intensiv nach Schwefel, dass man glauben könnte, der Teufel leibhaftig sei zugegen.

Bis zum Thermalgebiet ist es noch ungefähr eine Stunde Anmarsch auf einem angenehm schattigen Fußpfad durch Kokosplantagen. Bewohner haben sie vor dem Zweiten Weltkrieg mithilfe der Weißen angelegt, dazwischen kleine Felder mit Tapioka, zum Schluss nur noch verkohlte Erde mit unzähligen Löchern: »Die Leute haben die Vegetation abgebrannt, um besser an die Megapoden-Eier heranzukommen«, erklärt Lawson und macht sich sogleich auf die Suche. Doch die Eier liegen so tief in den Höhlen, dass sein Arm nicht ausreicht, um an sie heranzukommen. Er muss graben, und als er schließlich eines in der Hand hält, schaut er genauso schmuddelig aus wie das Paar, das uns die Eier in der Bucht anbot. Diese Tarnfarbe haben die Megapoden allerdings von Natur aus, fasanengroße Vögel, die plötzlich an einer der Höhlen auftauchen und wie Schattengespenster davonfliegen.

Etwas weiter ist es auch ohne Brandrodung mit der Vegetation vorbei. Nichts als qualmende und fauchende Erdlöcher und brodelnde Schlammtümpel, umgeben von schwefelgelben Kristallen. Eine Hexenküche, in der unsere Augen von beißenden Dämpfen tränen und, laut Lawson, sich schon viele Leute die Füße verbrannt haben. Und in der Chief-Sohn No 10 und Freund die ausgebuddelten Megapodeneier kochen und auch gleich verzehren.

Für Nachschub ist gesorgt: Das angrenzende Terrain, auf dem wieder ein paar Palmen wachsen, ist von Nisthöhlen durchlöchert wie ein Schweizer Käse. »Früher gab es hier Eier im Überfluss«, erinnert sich Lawson, »aber seit viele Leute, die nicht zu unserem Stamm gehören, ebenfalls Eier holen, ist die Ausbeute sehr zurückgegangen.« Jetzt wollen sie Regeln aufstellen. Regeln, die leider nur für die schmarotzenden Nachbarn gelten sollen. Schonbezirke zur Erhaltung der Vögel sind nicht vorgesehen.

Wir bewegen uns auf dem unsicheren Boden eines röchelnden Vulkans, einem Krater von mehr als drei Kilometern Durchmesser, der von einem Kaltwasser- und einem Heißwasserfluss durchzogen wird. Eine klare, warme Quelle, um darin zu baden, sucht man vergebens. Nach jedem Vegetationsstreifen folgt eine neue Hexenküche, in der es blubbert, spuckt, schmaucht und zischt. Das Gebiet östlich des Heißwasserflusses gehört bereits dem nächsten Stamm. Wenn wir es betreten wollten, müssten wir eine weiteren Genehmigung einholen und etliche Solomon-Dollar zahlen … Wir ziehen ein gemütliches Krater-Picknick unter Palmen vor.

»Früher hat man im Vulkangebiet kaum miteinander gesprochen«, verrät uns Lawson. Vor allem durfte man niemanden beim Namen nennen, denn dann weiß der Geist, wer das ist, und kann Schlimmes tun. Man sagte nur ganz allgemein ›umu‹ oder ›olik‹, wenn man den anderen meinte …«

Müde und durstig, unsere Wasserflaschen sind schon lange leer, erreichen wir unseren Ausgangspunkt am Ulo-Fluss: Zum Glück ist die Kokosnuss-Bar nicht weit: Sohn No 10 steigt rasch die Palme hinauf, und schon fallen die Drinks vom Himmel.

* * *

Am Morgen pflügen wieder Delfine durch die Bucht, Schildkröten strecken ihre Köpfe aus dem Wasser, und am Strand entdecken wir frische Krokodilspuren. Erich absolviert noch einmal das Thermal-Programm mit Peter zusammen. Diesmal bleibe ich an Bord.

Doch die Dorfjugend gibt sich wieder ein Stelldichein um die FREYDIS und vermiest mir das Alleinsein, auf das ich mich gefreut habe. Immer wird man begafft und muss auch noch damit rechnen, beklaut zu werden, wahrscheinlich kommen deshalb kaum Yachten an diese Plätze! Dabei gehe ich schon viel lockerer um mit solchen Situationen. Denn ich weiß: Die Kinder auf abgelegenen Inseln sind nicht tückisch. Im Gegenteil, sie sind stets bereit, freundlich zu lachen. Sie können sich einfach nicht satt sehen an uns und an allem, was sich tut an Bord. Sie bewundern den Skipper: »Eric very strong man!« Nur die Kleinsten fürchten sich vor dem »weißen Mann« und weinen, wenn sie ihn im Dorf sehen.

Natürlich haben wir eine Strategie: Wir versuchen die Chiefs zu gewinnen, verteilen kleine Geschenke, vor allem an die Kinder, tauschen und kaufen Früchte und Gemüse ein – dann sind wir Partner und gern gesehen.

Auch Lickson kommt längsseits: Er hat Haarspangen aus Schildpatt gefertigt und bietet sie mir zum Kauf an. Ich bedaure: »Unser Kastom verbietet, Schildkröten zu töten, weil es dann bald keine mehr gibt.« Er nickt, ohne eine Miene zu verziehen, und nimmt den Tross der Kinder mit sich.

Als gerade wieder Ruhe herrscht, stehen plötzlich zwei unbekannte junge Männer an der Reling. Sie schauen sich um, fragen nach »den Männern«. Ich fühle mich ziemlich unwohl. »Sie sind auf dem Fluss. Kann ich euch vielleicht helfen?«

Sie drucksen herum und verraten schließlich, sie wollten ein »Sexbook«. Aha, Pornohefte! Erst vor Kurzem habe ich beim Zoll von der Beschlagnahmung solcher Zeitschriften aus dem Ausland gehört. »So etwas haben wir nicht«, antworte ich. Ob sie ein Problem hätten, ich sei Arzt. Nachdem sie sich kurz besprochen haben, teilen sie mir mit, sie seien verheiratet, hätten jeder ein Kind und wollten Familienplanung betreiben, »weil das Land für viele Kinder nicht groß genug ist«. Ich lasse sie an Bord kommen und zähle ihnen alle Möglichkeiten auf, einschließlich einer Sterilisation, habe nun aber selbst ein Problem: Wie sollen ihre Frauen hier an die Pille kommen oder ein Pessar wechseln? Und was den alten Knaus Ogino angeht, so besitzen sie nicht einmal ein Fieberthermometer. Also verweise ich vor allem auf die Dreimonatsspritzen und auf das Hospital in Gizo.

Sie haben auch noch andere Fragen auf dem Herzen: Etwa, ob wir tatsächlich Millionäre seien. Sie hätten gehört, alle Yachtbesitzer seien Millionäre. Oder wo »Germany« eigentlich liegt, in Amerika?

Als Erich und Peter zurückkehren – durch die Regenfälle waren die kochenden und blubbernden Schlamm- und Wasserlöcher heute viel größer und zahlreicher –, ist wieder ein junger Mann an der Reling: Er sei der Sohn vom Chief des Nachbardorfes, sagt er und deutet auf die Südostseite der Bucht.

Dann zeigt er uns ein Papier mit den Namen von Yachten, die angeblich Ankergeld gezahlt hätten. Wir sollten das auch tun. Erich schüttelt den Kopf: »Wir zahlen, wenn wir euer Land betreten, aber nicht fürs Ankern in der Bucht.« Damit ist das Gespräch beendet.

* * *

Tags darauf Sprechstunde im Dorf. Ob ich mich jemals daran gewöhne, in der Hitze vermummt und von ekelhaftem Mückenschutz triefend an Land zu gehen? Doch es gibt Schlimmeres: eiternde Wunden, Rücken- und Gelenkbeschwerden, Pilzbefall, ein vierjähriges Kind mit Herzgeräuschen, der unentwegt hustende Chief, Fieberkranke ... Kein Wunder, dass die Bewohner uns das Moskito-Lied vorgesungen haben. Malaria bestimmt das Leben im Busch. Welche Erleichterung wäre eine Impfung! Für die Entwicklung soll Bill Gates viel Geld spendiert haben.

Am Nachmittag haben wir den Chief und seine Frau eingeladen. Lawson bringt sie an Bord und mit ihnen einen Jungen mit einer Schnittwunde am Bein, die versorgt werden muss. Es dauert nicht lange, und es kommen noch weitere Gäste. Der Bananenkuchen, den ich gestern noch schnell gebacken habe, ist im Nu verschwunden. Es gibt Kekse, Cola und Kakao. Und plötzlich tauchen auch Leute vom Nachbardorf auf. »Dürfen sie?«, fragt Lawson. Aber sie sind schon an Bord, mischen sich fröhlich unter die Dorfbewohner. Alle scheinen die Abwechslung zu genießen, sind mitteilsam und wissbegierig.

»Videos wollten sie, und ein paar junge Männer haben mich immer wieder auf Pornohefte angehauen«, verrät uns Peter, als sie alle wieder von Bord sind.

»In ein paar Jahren wird sich hier alles verändert haben«, meint Erich bedauernd. Er sucht seine Regenjacke und die wasserdichte Kamera. Nach der Flussfahrt hatte er sie im Cockpit liegen gelassen. Nun sind sie nicht mehr da! »Das waren die Leute vom Nachbardorf«, nickt Lawson am nächsten Morgen, »man kann ihnen nicht trauen.« Offensichtlich, denn die Sachen tauchen nicht mehr auf.

Auf den Shortlands

Der Generalgouverneur – Der Paramount Chief – Erinnerungen an die deutschen Kolonialherren – Blumenvasen aus Granathülsen – Ankunft des letzten GEO-Teams – Kein guter Anfang

Anker auf bei Morgengrauen. Regen, schlechte Sicht. Erst drei Seemeilen unter Motor aus der Lagune heraus, dann bei mittleren östlichen Winden unter Großsegel und Genua auf Generalkurs zu den Shortlands, 293°. Gegen Mittag zieht eine Gewitterfront über uns hinweg. Anschließend bleibt der Wind weg, also wieder Maschine starten.

Die Ansteuerung der Inseln von Osten her wird erleichtert durch einen Leuchtturm am Riffende von Onua Island. Später erfahren wir zwar, dass er nachts nicht in Betrieb ist, weil die Solarpanele gestohlen wurden. Doch im Dunkeln durch die riffbesetzten Wasserstraßen zu geistern wäre sowieso glatter Selbstmord. Wir schaffen es mit dem letzten Tageslicht bis Faisi Island.

Der Polizist und Immigration Officer, der unsere Papiere an Bord kontrolliert, ist Polynesier aus Tikopia und stammt wie Daniel auf Vella Lavella aus dem Clan von Chief No 2, Ariki Tafua. Das kleine Eiland scheint uns auf Schritt und Tritt zu verfolgen. Natürlich haben wir gleich eine Menge Gesprächsstoff.

Allerdings beschäftigt uns im Augenblick weniger das friedliche Tikopia als das kampfgebeutelte Bougainville – unser nächstes Ziel mit dem dritten GEO-Team. Seit zehn Jahren herrscht dort Bürgerkrieg. Es gibt keine Informationen, weil nicht nur den ausländischen Jounalisten, sondern allen Ausländern der Zugang verwehrt ist.

»Die Bewohner haben große Angst vor den Überfällen der PNG-Rebellen. In den letzten Wochen war es hier jedoch ruhig und seit Neuestem darf man die Grenze wieder passieren«, weiß unser Mann aus Tikopia. Skeptisch fügt er hinzu: »Ihr seid die Ersten, die es versuchen.« Bevor wir abreisen, sollten wir unbedingt Sir George Lepping aufsuchen. »Sir George ist der traditionelle Besitzer von Faisi Island und wohnt dort in seinem ›resthouse.« Er zeigt auf das Kolonialstilhaus am Ufer. »Von ihm könnt ihr mehr erfahren.«

* * *

Sir George Lepping ist ein freundlicher, weltmännisch gewandter, dunkelhäutiger Melanesier Anfang fünfzig. Er hat es weit gebracht. Er studierte tropische Landwirtschaft, erhielt seinen »Master of Science«, machte Karriere als Landwirtschaftsdirektor, war Staatssekretär in mehreren Ministerien und sechs Jahre lang (von 1988 bis 1994) Generalgouverneur der Britischen Krone für die Salomonen. Das ist derjenige, der die Queen repräsentiert in einem Land des Commonwealth, dem die Salomonen seit ihrer Unabhängigkeit 1977 angehören. Seine Hauptaufgabe ist es, die von der Regierung beschlossenen Gesetze an Stelle der Königin zu verabschieden. Doch nun, im Ruhestand, berät er die Ministerien in Landwirtschafts-, Fischerei- und Umweltfragen und nimmt an verschiedensten staatlichen Programmen teil. Nach Faisi kam er nur, um ein wenig auszuspannen. Was uns und unsere Segelreise mit dem GEO-Team angeht, so ist er vorsichtig optimistisch:

»Die Grenze zu Papua-Neuguinea war seit dem Ausbrechen der Bougainville-Krise 1989 unpassierbar, aber nun scheint sich die Lage zu entspannen.«

Sir George muss es wissen: Er war einer der fünf Mitglieder des »Peace Comitee«, UN-Schlichter aus Australien, Neuseeland, PNG, den Fidschis und den Salomonen, die den Grenzkonflikt zwischen Bougainville und den Shortlands beendet haben.

»Die Trennung von Bougainville ist eine alte Wunde«, erklärt Sir George.

»Wie ihr vielleicht wisst, war Deutschland Ende des 19. Jahrhunderts in großen Teilen Papua-Neuguineas engagiert, aber auch auf den Shortlands, Choiseul und Isabel. Letztere tauschten sie 1899 bei den Briten gegen West-Samoa ein. Damit gehörten die Shortlands plötzlich nicht mehr zu PNG, sondern zum Britischen Protektorat der Salomonen. Die Briten annektierten die Inseln und trennten uns dadurch von Bougainville: Eine willkürliche Teilung, die sich über die verwandtschaftlichen Bindungen der Menschen hinwegsetzte: der Anfang vieler Probleme, aber das kennt ihr Deutschen ja … Im Zweiten Weltkrieg wurden die Inseln dann von den Japanern besetzt. Sie starteten damals von Rabaul und flogen nach Honiara, wo der Krieg tobte. Wenn ihre Flugzeuge Schäden hatten, gingen sie auf den Shortlands herunter, viele gingen dabei zu Bruch. Ihre Hinterlassenschaften: die Flugpiste und überall Bombentrichter! Eine traurige Geschichte …

Mein Vater, der Paramount Chief, spricht recht gut Japanisch. Deshalb kommen alle Japaner zu ihm, die etwas über den Krieg wissen wollen. Er kann euch auch noch vieles über die Zeit der Deutschen auf den Inseln erzählen. Ihr müsst ihn unbedingt besuchen in unserem Dorf Pirumeri. Morgen bin ich dort, kommt einfach vorbei.«

Eine große graue Buschratte verschwindet zwischen den Pfählen unterm Haus. Moskitos surren um uns herum. Betreibt Sir George Malaria-Prophylaxe?

»Nein, nein – ich nehme nur etwas, wenn ich krank werde. Wir haben eine gewisse Resistenz dagegen entwickelt.«

Wir zücken unser Anti-Mücken-Spray. Danke für die Einführung – bis morgen!

* * *

Gegen Mittag starten wir mit dem Dingi zum Dorf. Die Entfernung haben wir total unterschätzt und vor allem die starken Strömungen zwischen den Inseln und Riffen. Mehr als zwei Stunden kämpfen wir uns von Faisi um Poporang herum nach Pirumeri Island zum Dorf. Wenigstens haben wir genug Sprit und der Außenborder hält durch.

Die Anstrengung ist schnell vergessen, als Sir George uns mit sonnigem Lächeln am Ufer empfängt: »Welcome to Pirumeri!«, ruft er und führt uns durch das blitzsaubere, von blühenden Bäumen eingefasste Dorf mit strahlenden Kindern und freundlich grüßenden Menschen, deren Haut noch schwärzer ist als anderswo auf den Salomonen.

»Hier bringe ich den angekündigten Besuch«, stellt er uns seinem Vater vor, Paramount Chief Dennis Tanutanu, einem agilen alten Mann, der mit ein paar weiteren Honoratioren des Dorfes auf der bambusumzäunten Terrasse seines Hauses residiert.

»Ihr seid keine Japaner, keine Amerikaner, keine Kriegsveteranen oder deren Verwandte«, begrüßt er uns. »Ihr seid Deutsche, und das macht euren Besuch für uns zu etwas Außergewöhnlichem.«

Was für ein ehrenvoller Empfang! Wir sind gerührt. Während uns Sir George verlässt, setzen wir uns zu der Runde.

»Wie schade, dass ihr nicht schon etwas früher gekommen seid«, meint der Paramount Chief bedauernd. Eine Woche lang habe es hier eine echte Kirchweih mit Musik und Tanz gegeben: Gefeiert wurde die Ankunft der ersten Missionare aus Deutschland vor genau einhundert Jahren. Aus diesem Anlass bekam Mr. Tanutanu vom deutschen Kardinal sogar eine Ehrung vom Papst überreicht.

Jetzt erst bemerken wir die Dorfbewohner, die sich still um den Zaun geschart haben, um etwas von der Sitzung mitzukriegen: Häuptlinge auf den Shortlands haben einen höheren Rang als auf anderen Salomonen-Inseln.

»Niemand von uns wusste damals etwas von der Welt da draußen«, lächelt Mike, der einäugige Katechist. »Die Deutschen lehrten uns alles zum ersten Mal. Wir gewöhnten uns daran, von Tellern und mit Besteck zu essen, und an vieles andere. Aber wir durften auch unsere eigenen Gewohnheiten beibehalten ...

Vom Ersten Weltkrieg wussten wir auch nichts. Erst als der deutsche Verwalter kam und sagte: ›Also, von nun an werden die Briten nach euch schauen.‹ Das war schlimm für uns. Plötzlich kamen da Leute, die niemand kannte. Wir mussten uns umstellen auf die englische Sprache, die englischen Gewohnheiten ... Und nach dem Ersten Weltkrieg kamen die Australier ...«

Vor der Dorfkirche holt uns Sir George wieder ein. Für Erichs Kamera demonstriert er, wie sonntags die Gemeinde zusammengerufen wird: Dazu schlägt er einen Klöppel aus Kriegsschrott gegen den Stahlkopf einer entschärften Bombe.

Beim Rundgang durchs pittoreske Pfahlhütten-Dorf inmitten von üppig blühenden Gardenien und Flamboyants erklärt er uns die Herkunft seines europäischen Namens:

»Alle Bewohner, die hier getauft wurden, durften sich einen Namen aussuchen. Deshalb haben wir Leute, die zum Beispiel ›Hamburg‹ heißen oder ›Fergusson‹ wie mein Urgroßonkel, der das Land auf der Insel Poporang den deutschen Missionaren gab. Ich wurde George Lepping genannt nach dem deutschen Priester, der mich damals taufte. Ich habe natürlich auch einen Kastom-Namen, den ich aber nie benutze.«

»Warum habt ihr eigentlich die deutschen Missionare damals so freundlich empfangen?«

»Dass wir sie nicht getötet oder vertrieben haben, liegt in unserer Mythologie. Ein Geist prophezeite damals die Ankunft guter Männer. Bis die Missionare von der Bevölkerung akzeptiert wurden, dauerte es allerdings eine Zeit. Unsere Chiefs hatten bis zu fünfzig Frauen. Die Missionare waren klug und sahen zunächst großzügig darüber hinweg; noch 1940 hatte mein Großvater zwei Frauen.«

»Und du?«

»Ich habe nur eine Frau. Sie stammt aus Malaita.«

Unsere Unterhaltung wird mehrmals unterbrochen von Dorfbewohnern, die Sir George in irgendeiner Angelegenheit um Rat fragen. »Mit all den Pflichten, die sich als Chief und als Staatsmann ergeben, lebe ich in zwei Welten: der extrem traditionellen meines Dorfes, wo ich geboren bin und wohin ich irgendwann wieder zurückkehren will, und der Welt in Honiara mit Kontakten zu anderen Ländern und Kulturen«, entschuldigt er sich, ein wenig hin- und hergerissen.

Für uns ist das Zusammentreffen mit diesem gebildeten Menschen ein großer Glücksfall, gerade weil er in beiden Welten »zu Hause« ist. Dadurch kann er uns vieles verständlich machen, was andernorts durch Sprach- und Kultur-Barrieren verborgen bleibt. Denn oft werden unsere Fragen von Einheimischen gar nicht oder falsch verstanden, weil sie den Sinn nicht erkennen. Uns geht es bei ihnen nicht anders. Man redet aneinander vorbei. Und nun ist endlich jemand da, der all unsere Wissbegierde stillen kann.

Ein Interview mit ihm wäre sicher ein guter Einstieg für das neue GEO-Team in ihre Arbeit über die Shortlands und Bougainville. Wir jedenfalls sind sehr angetan von dieser Idee. Morgen Nachmittag werden sie ankommen, um 15.00 Uhr auf Ballalae. Sir George erklärt sich bereit, am Abend im »resthouse« auf sie zu warten.

* * *

Am nächsten Morgen sind wir mit dem Dingi am Steg von Nila, dem Missionsdorf auf der Ostseite von Poporang Island. Nur dort könnten wir noch Wasser bunkern, so Sir George, denn der El Niño-Effekt der letzten beiden Jahre habe das Land ausgetrocknet und die Pegel der übrigen Wasserreservoirs auf beängstigenden Tiefstand gebracht.

Wir entdecken einen 150 Meter entfernten Wasserhahn. Einen so langen Schlauch haben wir nicht. Deshalb müssen wir unsere Tanks füllen, indem wir das Wasser in Kanistern zum Boot schleppen. Diesen Kraftakt können wir unmöglich zu zweit stemmen, und so beschließen wir, die Tanks gemeinsam mit den GEOs zu füllen.

Und wir entdecken einen kleinen Missionsladen und viele Kriegsrelikte: Auch was da in der alten Missionskirche glänzt, sind keine vergoldeten Engel oder Heiligenfiguren, sondern blank polierte Messing-Granathülsen. Zweckentfremdet als Blumenvasen zieren sie den Altar – eine Radarkonsole aus Messing!

»Einst diente sie dem Kampf und nun dem Frieden und der Humanität, hat unser Bischof bei der Einweihung gesagt«, erklärt der langjährige Katechist von Nila in recht passablem Englisch.

Die Flugzeugwracks im Mangrovengestrüpp hinter seiner Blätterhütte dienen nur noch der Erinnerung:

»Die Japaner waren auf allen Shortland-Inseln, auch hier auf der Missionsstation«, berichtet er. »Unser Pater aus Frankreich sagte damals zu uns: ›Es ist Krieg; ihr seid sehr wenig Leute, ihr dürft euch nicht wehren, ihr müsst gehorchen und tun, was sie sagen‹. Wir hatten Angst und versteckten uns im Busch. Aber die Japaner holten uns heraus. Sie brachten die Missionare und die weißen Farmer als Gefangene nach Rabaul, wo sie alle an Malaria starben, verhungerten oder erschossen wurden. Auch alle Gefangenen aus Singapur, aus Choisel und Bougainville, die hier arbeiten mussten, kamen um.«

Durch den kleinen, sauber gefegten Missionsort führt uns Schwester Joana von den Gilbert-Inseln (heute Kiribati). Wie viele ihrer Landsleute kam sie durch eine Umsiedlungsaktion in den 60ern auf die Shortlands, als ihre damals hoffnungslos übervölkerten Heimatinseln nach langen Dürreperioden von Hungersnöten heimgesucht wurden.

Wir besuchen die einst von deutschen Missionaren gegründete Schule und das kleine Missions-Hospital (es wurde vom Lepra Trust in Neuseeland gespendet), an dessen Eingang anschauliche Bilder mit Verboten und Ratschlägen auf Englisch oder Pidgin hängen:

»Thank you for not chewing/spitting Betelnut here«, oder »big famili – big wari; smol famili – smol wari. Planem famili blong iu« (große Familie – große Sorgen; kleine Familie – kleine Sorgen. Familienplanung für dich«), oder »smok an bia save spolem helt blong Mami an beibi« (Zigaretten und Bier können der Gesundheit von Mutter und Kind schaden).

Die Seele dieser Einrichtung ist Schwester Goretta. Lepra gäbe es nicht mehr, aber Tuberkulose und Malaria. In den 1980ern habe vor allem die zerebrale »Malaria tropica« die Menschen hier in Angst und Schrecken versetzt. (Sie kann auch das Leben derjenigen kosten, die eine Resistenz gegen Malaria entwickelt haben.) Heute seien den Leuten die Symptome bekannt und sie kämen schneller ins Hospital. Überhaupt habe sich die Palette der Krankheiten in den letzten Jahren gewandelt.

»Viele Frauen bringen ihre Kinder im Hospital zur Welt. Und wir betreiben natürlich auch Schwangerschaftsvorsorge. Ein großes Problem ist dagegen die falsche Ernährung«, versichert sie und zeigt auf ein aufgedunsenes Kleinkind mit großen blaugrauen Hautflecken, das apathisch in den Armen seiner Mutter liegt.

»Die Babys leiden an der Eiweißmangelkrankheit, meist bei ausreichender Kalorienzufuhr.« Dazu gebe es immer mehr Diabetes in der Bevölkerung durch die Umstellung einheimischer Nahrung auf importierte Fertigprodukte.

* * *

Der Einheimische Luis bringt uns mit dem Motorkanu in einem Dreißig-Minuten-Trip zur kleinen, dicht bewaldeten Insel mit der Flugpiste.

»In der Zeit vor der Krise war Ballalae ein internationaler Airstrip mit Anbindung an PNG, aber nun sind wir ziemlich abgeschnitten«, erklärt er.

Die Ankunft des Flugzeugs verzögert sich. Es ist entsetzlich heiß. Wenigstens haben wir eine große Flasche Cola dabei – Lebensversicherung für ein paar Stunden. Kaum vorstellbar, unter welch entsetzlichen Umständen die 500 oder mehr Gefangenen aus Singapur den Landeplatz mitten durch den Busch bauen mussten. Danach wurden sie alle erschossen und an einem Ende der Flugpiste verscharrt.

Während wir warten, lernen wir drei junge Frauen kennen. Alle drei kommen aus Australien, sind Lehrerinnen und arbeiteten hier auf den Inseln als Volontäre: Die Kosten für Flug und Krankenversicherung übernahm die australische Regierung, Honiara zahlte ihnen das landesübliche Gehalt angehender Lehrer, 50 US- oder 300 Salomon-Dollar. Sie dachten, sie müssten verhungern, aber australische Expats hätten sie in allen Dingen kräftig unterstützt. Nun ist ihre Zeit auf den Salomonen um. Sie haben sie nicht bereut!

Gerne schließen sie sich an, als uns Luis durch den Busch neben der grasbewachsenen Piste zu einigen Flugzeugwracks führt, die wie riesige tote Heuschrecken im wuchernden Grün liegen. Wir passieren auch mehrere Bombentrichter mit Wassertümpeln – Brutstätten für Anopheles-Mücken. Noch weniger vertrauenswürdig erscheinen uns ein paar nicht explodierte Bomben am Ufer.

Endlich landet das Flugzeug; mit ihm kommen die GEOs an und Peter verlässt uns. Drei Wochen war er mit uns unterwegs. Er wird uns fehlen, nicht nur als Mitsegler, sondern vor allem als Freund.

Eigentlich müsste nun unser alter FREYDIS-Fuchs Heiner kommen. Doch er hat kurzfristig abgesagt: Sein Kollege in der Gemeinschaftspraxis ist erkrankt. Also sind wir für die nächsten drei Wochen mit den GEOs allein, für Erich und mich ein schweres Handicap. Nicht so sehr auf See, denn wir sind ein eingespieltes Team und inzwischen auch mit den Besonderheiten des Reviers vertraut, aber an Land, wo das GEO-Gespann meist unterwegs ist, um sein Programm durchzuziehen, sodass wir ohne Ablösung nie beide gleichzeitig von Bord können. In den Krisengebieten, die wir nun aufsuchen, darf die FREYDIS keinen Moment unbeaufsichtigt bleiben.

Wir sind gespannt auf das dritte GEO-Tandem, vor allem auf den vorzugsweise für das *National Geografic Magazine* arbeitenden amerikanischen Fotografen George Steinmetz aus San Francisco – er wurde bereits zwei Mal mit dem »Word Press Photo Award« ausgezeichnet! Der renommierte Journalist Peter Sartorius, Leitender Redakteur der *Süddeutschen Zeitung* und mehrfacher Egon-Erwin-Kisch-Preisträger, ist uns dagegen schon früher in der GEO-Redaktion vorgestellt worden. Er begrüßt uns deshalb auch als Erster. Er habe nur ein einziges Gepäckstück, versichert er, als wir voller Unbehagen auf die Seesäcke und Kamerakoffer schauen, die ein drahtiger junger Mann vor sich aufbaut – Teamkollege George, wie sich herausstellt. Keines Blickes würdigt er uns, bevor der Flugzeugbauch nicht seine sieben Sachen – ach was, es werden 23! – ausgespuckt hat. Aber dann bekommen wir ein erfrischend offenes Lächeln.

Peters »Einzelstück« entpuppt sich als der größte Hartschalenkoffer, den ich je in meinem Leben gesehen habe. Nur aus historischen Filmen kenne ich Schrankkoffer ähnlicher Dimension für die Garderobe hochstehender Damen. An Bord passt er nur knapp durch den Niedergang. Der Skipper schlägt vor, ihn in der Vorpiek bei den Segeln zu deponieren und lediglich seinen Inhalt in den Schränken der Achterkammer, in der die beiden wohnen werden, zu verstauen. Doch Peter will sich nicht von dem Monster trennen. Also presst Erich es auch noch durch die schmale Passage nach achtern zwischen die beiden Kojen. Dort steht es und lässt kaum noch Platz, um sich zu bewegen.

George ist großzügiger: Die Hälfte seiner Ausrüstung darf in die Vorpiek. Mit der anderen belegt er die Schränke und seine Koje.

»Und wo willst du schlafen?«, fragen wir. George schaut sich um.

»Ich schlafe auf der Bank im Deckshaus, das macht mir nichts aus.«

Hmm ... ihm vielleicht nicht, aber uns: Ein Schlafender im Cockpit, auf den man Tag und Nacht Rücksicht nehmen muss, behindert uns auf der Wache. Zumindest nachts können wir uns dort nicht mehr frei bewegen, geschweige denn auf den Bänken ausstrecken, wenn wir müde sind. Noch schwieriger wird es, wenn wir bei Regen unterm Dach des nach achtern offenen Deckshauses Schutz suchen müssen.

Womit wir gar nicht gerechnet haben: Die Shortlands interessieren die beiden gar nicht – schon morgen wollen sie weiter nach Bougainville. Wir berichten von George Lepping, vom vereinbarten Termin ...

»Später«, winkt George ab. Aber als er sich schließlich doch noch zum Resthouse übersetzen lässt, ist es bereits zu spät. Sir Georg Lepping hat lange gewartet und ist dann in sein Dorf zurückgefahren.

* * *

Auf einer schmalen Landzunge der Shortland-Insel, direkt gegenüber von Faisi und kaum 200 Meter von unserem Ankerplatz entfernt, liegt die Verwaltung der Provinz Korovou, zuständig für die Ausklarierungsformalitäten. Am frühen Morgen setzen wir mit unserem Dingi über und warten vor einer Reihe halb verfallener Holzbaracken mit verrotteten und vernagelten Fenstern und Türen auf die Beamten. Ein Angestellter räumt herabgefallene Äste weg. Von ihm erfahren wir, dass es neun Polizisten gibt.

»Während der Bougainville-Krise waren sie alle in Honiara und sind erst kürzlich zurückgekehrt.«

Unser Tikopianer ist heute nicht da, stattdessen erscheint eine freundliche melanesische Beamtin, die unseren Papierkram im Handumdrehen erledigt. Wenn es doch immer so problemlos ginge!

Anschließend verholen wir die FREYDIS an die Pier von Nila zum Wasserbunkern. Während die Männer schwitzend die Wasserkanister anschleppen, versuche ich im Missionslädchen unseren Frischproviant noch etwas aufzustocken, aber es gibt nur Corned-Beef-Dosen und Süßigkeiten zu kaufen. Wenigstens sind die Tanks voll. »Nie wieder!«, stöhnt Peter und krümmt sich.

Die GEOs suchen nun nach versunkenen japanischen Wasserflugzeugen – in diesem Wasserarm soll ihre Basis gewesen sein. Sie werden fündig und lotsen die FREYDIS mittags zu einem etwa zwei Meter unter Wasser liegenden japanischen Flugzeugwrack. Trotz kabbeliger See versucht Georges es von der Mastspitze aus optimal zu fotografieren. Nach seinen Anweisungen dreht

Erich mit dem Boot bei glühender Sonne stundenlang Kreise um das Wrack herum. Das erfordert äußerste Konzentration, weil die Strömung das Boot ständig auf die Korallen und auf das knapp unter der Wasseroberfläche liegende Wrack zu drücken versucht. Außerdem läuft uns die Zeit weg; auf keinen Fall wollen wir nachts durch die Riffe nach Fauro, der nächsten Insel auf dem Weg nach Bougainville. Endlich klettert George zufrieden herunter aufs Deck:

»Jetzt nach Fauro«, meint er.

»Unmöglich«, erklärt der Skipper, »in zwei Stunden ist es stockdunkel. Da können wir nicht durch die Riffe.«

Wir müssen für eine weitere Nacht vor Faisi ankern. Das ist gar nicht im Sinne unseres agilen Kameramanns. Er hält die Untätigkeit an Bord nicht aus, heuert ein stark motorisiertes Kanu an und braust allein nach Fauro. Wir sollen ihn dort am nächsten Vormittag auf der Nordwestseite aufpicken, in dem kleinen Dorf Kareki. Erich ist deprimiert:

»Hoffentlich geht das nicht die sechs Wochen so weiter.«

Am Abend sitzen wir mit George Lepping und Peter Sartorius zusammen im Cockpit. Zumindest wir wollen uns von dem Freund gebührend verabschieden. Der Ex-Gouverneur liebt ein kühles »German Beer«, das hier in Lizenz gebraut wird. Er erzählt, wie er in Tokio anlässlich Hirohitos Begräbnis mit George Bush und Helmut Kohl an einem Tisch saß, und dass er von Helmut Schmidt eine Weihnachtskarte erhielt: »Me, a simple man of a village of Shortlands!«

Um 06.30 Uhr nehmen wir Kurs auf Fauro Island. Um 09.00 Uhr dröhnt plötzlich die Alarmsirene. Die Hauptmaschine ist überhitzt! Das hat gerade noch gefehlt! Das Kühlwassersystem hat ein Leck, aber wo? An einer Stelle unter der Toilette hat Rost die Farbe unterwandert. Von dort zieht sich ein Rinnsal in die Bilge: Die Kühltasche an der Außenhaut ist nach innen korrodiert! Hoffentlich hat der Motor keinen Schaden genommen. Wenn er ausfällt, ist die Reise zu Ende! Eilig füllen wir das Wasser wieder auf. Nach zwanzig Minuten ist die Temperatur auf siebzig Grad zurückgegangen. Wir starten: Gott sei Dank, der Motor läuft wieder. In regelmäßigen Abständen müssen wir nun das Wasser ergänzen: erst alle Stunde, dann alle halbe Stunde. Gegen Mittag erreichen wir Fauro, übernehmen George im verabredeten Dorf und halten dann stramm auf Bougainville zu.

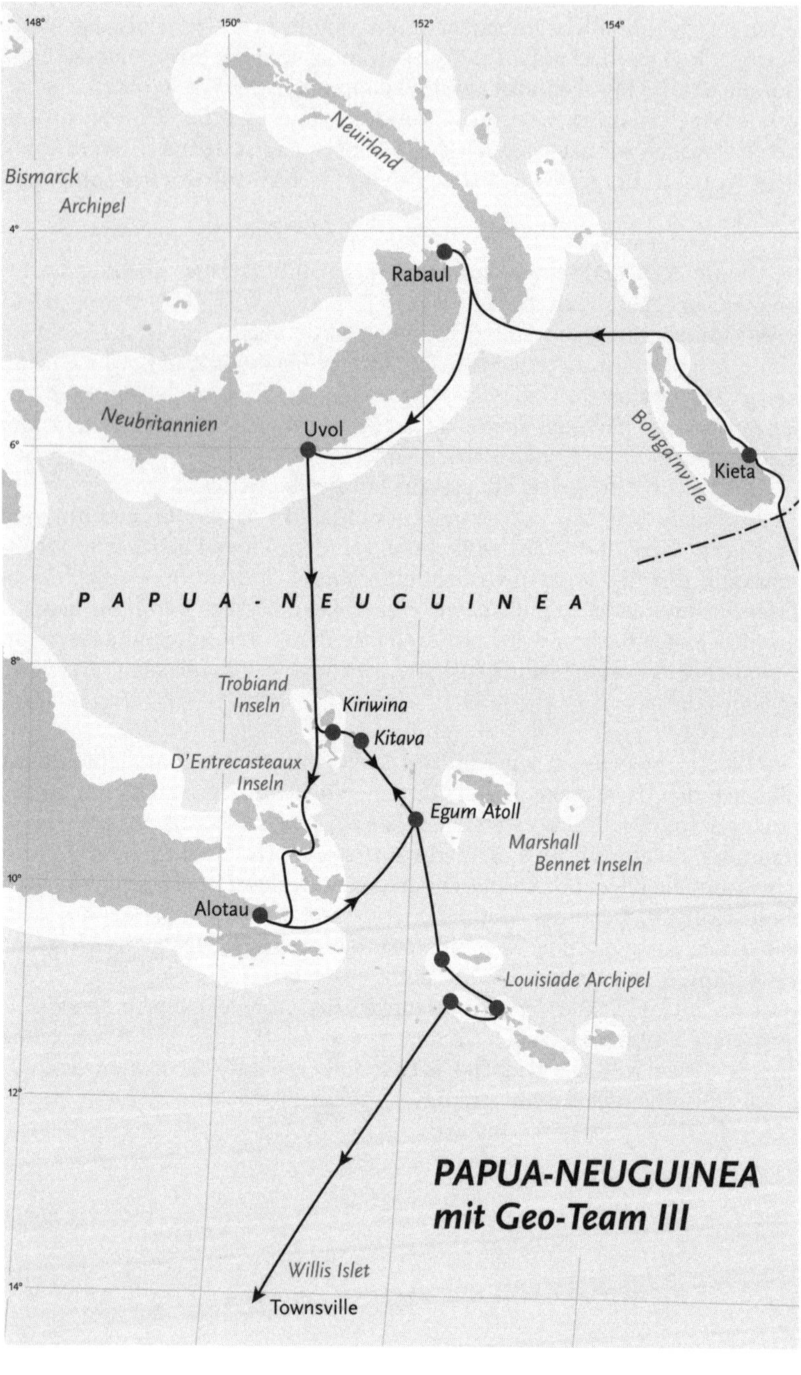
148°
150°
152°
154°
Neuirland
Bismarck
Archipel
4°
Rabaul
Neubritannien
Uvol
6°
Bougainville
Kieta
P A P U A - N E U G U I N E A
8°
Trobiand
Inseln
Kiriwina
Kitava
D'Entrecasteaux
Inseln
Egum Atoll
Marshall
Bennet Inseln
10°
Alotau
Louisiade Archipel
12°
PAPUA-NEUGUINEA
mit Geo-Team III
Willis Islet
14°
Townsville

Durch die Inselwelt von Papua-Neuguinea mit dem dritten GEO-Team

Bougainville

Ankunft – Ein ganz übler Ort – Das Camp der Friedenskommission – Ehemalige deutsche Kolonialstation

Wir hangeln uns innerhalb des Barriereriffs an der 200 Kilometer langen, dschungelbewachsenen Ostküste der großen Vulkaninsel Bougainville entlang, der unser GEO-Team schon entgegenfiebert. Ihre Neugier ist begreiflich: Seit zehn Jahren herrscht hier Bürgerkrieg, es gibt keine Informationen, denn nicht nur ausländischen Journalisten, sondern allen Ausländern ist der Zugang verwehrt. Nicht einmal der Melanesier Sir George Lepping, ehemals Generalgouverneur der Britischen Krone für die Salomonen und nun Mitglied der Friedenskommission, konnte uns sagen, wie uns die Menschen hier aufnehmen werden: »Ihr seid die erste Segelyacht, die sie nach langer Zeit sehen. Wahrscheinlich freuen sie sich, aber genauso gut kann es sein, dass sie schießen.«

Tatsache ist: Bei dem Unternehmen riskieren wir nicht nur das Boot, sondern auch Kopf und Kragen. Entsprechend groß ist Erichs und meine Anspannung. Wir versuchen sie herunterzuspielen, aber das ist gar nicht so einfach, zumal noch andere Probleme dazukommen: Nicht nur das Leck im Kühlsystem der Hauptmaschine macht uns Sorgen, auch die Kühlung der Gefrierbox fällt plötzlich aus. Als Nächstes reißt ein großer Fisch den Köder samt Leine von der Trommel, und dann schlägt uns noch die Seekrankheit auf den Magen. Erich ins Logbuch: »Das ist heute nicht mein Tag!«

Als die Hitze des Tages langsam nachlässt, versuche ich die Stimmung an Bord mit ein paar Delikatessen aus der Dose zu heben, was auch gelingt. Peter gibt einige Geschichten zum Besten, unter anderem, wie er im Winter auf einem Fischdampfer durchs stürmische Nordmeer fuhr, Berichte schrieb und trotzdem nie seekrank wurde, und wie er sich ausgerechnet auf der BREMEN, als er mit Berthold Beitz am Tisch saß und das Schiff kaum schaukelte, übergeben musste. Sogar George verrät ein paar Details im Zusammenhang mit der *National Geographic*-Expedition durch Irian Jaya: etwa, dass die Big Nambas, die Penisköcher, dort so »big« seien, dass die Männer ihre Tabakbeutel und sonntags sogar die Bibel darin unterbrachten.

Kieta, vor dem Bürgerkrieg die reichste und fortschrittlichste Stadt Papua-Neuguineas, ist noch zehn Seemeilen entfernt. Unmöglich, sie noch bei Helligkeit zu erreichen, und weit und breit kein geeigneter Ankerplatz. Wir legen uns hinter eine kleine Landnase, wo wir zwar in hoher Dünung rollen, aber einen großartigen Blick auf die gebirgige, mit dichtem Regenwald bedeckte Insel im Abendlicht haben. Ein paar Kanus, die wir zuvor in der Ferne sahen, sind zwar nun verschwunden, trotzdem bleibt das ungute Gefühl, beobachtet zu werden. Wie bedroht müssen sich Louis Antoine de Bougainville, der Entdecker der Insel, und seine Leute gefühlt haben, als sie 1768 hier entlangsegelten, umgeben von Menschenfressern! Doch zumindest war die BOUDEUSE mit 26 Kanonen bestückt, und auch auf der ETOILE ging man ständig Wache. Wir sind zu müde, um Wache zu halten, und stürzen nach einem kurzen Abendessen kopfüber in die Kojen.

In der Nacht schrecken wir auf. »Erich, da sind Leute!«, ruft Peter. Er sah ein Gesicht an seinem Kojenfenster. Der Skipper stolpert an Deck. Zwei Männer im Kanu wollen mit uns reden. »Wir sind müde«, brummt Erich. »Kommt morgen früh wieder, dann unterhalten wir uns.«

»Yes«, antworten sie und paddeln davon.

Gleich während des Frühstücks nähert sich ein Kanu. »Your midnight lover«, stellt George durchs Glas fest. Es sind Chief Josef vom Dorf Pewana mit Sohn Mason. Mason spricht Englisch: »Ich war Mitglied der BRA (Rebellenarmee)«, erklärt er. Viele Tausend seien gestorben, die meisten Häuser niedergebrannt oder zerstört. Aber nun sei alles wieder friedlich. Er ist Schreiner und baut Häuser in seinem Dorf. George: »Na, da hast du ja genug zu tun.«

Mason wünscht uns eine gute Reise durch sein Land. Chief Josef lächelt mit blutrotem Betelmund. So einfach war das!

* * *

Eine Gewitterfront zieht über uns hinweg und bringt Regengüsse. Wir sind dankbar für die Wolken und die Abkühlung. Wassertemperatur 32,2 °C! Nachdem der Himmel wieder klar ist, biegen wir in die Bucht von Kieta ein. Aber wo sich die Stadt befinden soll, können wir kein einziges Haus sehen – ringsum nichts als sattgrüne Hänge.

»Da stimmt was nicht, schau noch mal nach in der Karte!«, ruft der Skipper. Aber kein Zweifel, da ist ja auch die Pier.

Während wir eine Runde drehen, heult wieder die Warnanlage auf. In der Hektik haben wir vergessen, nach dem Kühlwasser zu schauen. Maschine stopp, ausgerechnet hier! Eilig füllen wir nach, wertvolles Trinkwasser(!), starten erneut und legen uns erst einmal an die Pier. Ein paar dunkle Gestalten mit düsteren, verschlagenen Gesichtern und junge Kerle mit Gewehren lungern auf der Pier herum. Ich habe ein mulmiges Gefühl, aber was sollen wir tun? Mit der defekten Maschine können wir nicht einmal fliehen.

»All burnt«, meint einer von ihnen achselzuckend, als wir nach Kieta fragen. Und plötzlich entdecken wir an den grünen Hängen überall Spuren einer ehemaligen Stadt, zugedeckt von tropischer Vegetation wie von einem grünen Leichentuch: tote Augen von Häuserfassaden, Telegrafenmasten, rostende Stahlgerippe. Das Ergebnis wahnwitziger Sabotageakte von Inselbewohnern und Bombardements von Truppen der Regierung gegen ihr eigenes Hab und Gut.

Während Peter und George unbedingt mit ihrer Arbeit beginnen wollen und sich zu Fuß auf den Weg ins nahe gelegene Dorf Arawa machen – dort soll es noch ein paar Häuser geben –, versuchen wir fieberhaft das Leck abzudichten. Natürlich müsste die Kühltasche geschweißt werden, aber eine Werft gibt es im Umkreis von hundert Meilen nicht. Also muss es der Zwei-Komponenten-Spachtel tun, den wir auf der Insel San Felix von den Chilenen bekamen, als unser Auspuff undicht war. Wir haben noch eine volle Dose. Wir reinigen und trocknen die korrodierte Stelle und pressen die graue Paste sorgfältig hinein. Das Dumme ist nur, dass er mindestens zwölf Stunden aushärten muss, bevor wir das Wasser auffüllen und die Maschine wieder einsetzen können.

Nach der Arbeit holen wir erst mal Luft. Inzwischen hat sich eine der wenig vertrauenerweckenden Gestalten auf dem Vorschiff niedergelassen, andere hocken darüber auf der Pier. Offensichtlich wollen sie ausprobieren, wie weit sie gehen können. Aber da ist mit Erich nicht zu spaßen. Erst nachdem er sie verscheucht hat, entdecken wir, dass unsere Handtücher, die wir an die Reling gehängt hatten, verschwunden sind.

Nach Stunden stoppt ein Pick-up auf der Pier. Der ehemalige Yachtklub-Manager von Arawa bringt die GEO-Leute zurück. Sie sind völlig frustriert. Sie konnten weder einklarieren noch Geld wechseln, ohne »Kina« aber nichts kaufen und auch keinen Wagen mieten, um nach Buka, der Nachbarinsel im Norden, zu fahren. Alle Autos stehen im Dienst der Regierung, haben sie erfahren. Zur Mine zu kommen sei ebenfalls aussichtslos: Die Rebellen bewachten sie. Selbst in Loloho, ehemals der Verladehafen der Kupfermine, wo nach dem Friedensvertrag im April 1998 die fünf Peace-Monitor-Nationen (Neuseeland, Australien, Fidschi, Salomonen und Vanuatu) unter australischer Leitung Posten bezogen haben, wollte man ihnen nicht helfen. George hatte bereits von Amerika aus über E-Mail mit den Friedensbeobachtern korrespondiert. Sie hatten damals von einem Besuch mit dem Ziel, journalistisch zu arbeiten, dringend abgeraten. Weder das hohe Ansehen von *National Geographic* noch der gute Ruf von GEO hatten ihnen etwas genützt. Dass die beiden nun mit einem Touristenvisum aufkreuzten, empfanden die Australier noch dazu als Vorspiegelung falscher Tatsachen und echten Affront. Nicht einmal ein Glas Wasser wollte der weibliche Captain dem halb verdursteten Peter geben: Mit hängender Zunge und voller Wut kommt er hier an.

Was soll da erst aus uns werden: Wir brauchen gleich einen ganzen Tank voll Wasser nach unserer Kühlwasserpleite, und dabei können wir noch nicht einmal ein Touristenvisum vorzeigen!

Noch härter trifft uns jedoch gerade jetzt die Nachricht, dass wir so schnell wie möglich hier weg sollen. »Es ist ein ganz übler Ort«, versichert der Manager außer Dienst. Exekutionen seien hier durchgeführt worden, und erst kürzlich habe man ein Boot, das ohne Erlaubnis des Pier-Besitzers hier angelegt hatte, kurzerhand versenkt. Das könnte leicht wieder passieren. »Ihr müsst mit dem Schlimmsten rechnen.«

Bis zum Abend geben wir der Spachtelmasse noch Zeit zum Trocknen, dann laufen wir um die Kieta-Halbinsel herum nach Loloho Harbour und ankern an der Verladestelle unter der dicken Pipeline für das Kupfer-Wasser-Gemisch aus der zwanzig Kilometer entfernten Bergmine. Grund für die Unruhen: In den 1960ern entdeckt und die zweitgrößte der Welt, hatte sie hohe Gewinne abgeworfen, von denen aber nur die PNG-Regierung und die kleine Gruppe von Landeignern profitierten. Die Umwelt-Zerstörungen waren jedoch beträchtlich und zogen auch die übrigen Anlieger in Mitleidenschaft, die sich von den Verträgen mit der australischen Minengesellschaft betrogen fühlten und rebellierten. Für die schwelende Separatisten-Bewegung auf Bougainville wurde die Mine zum Funken im Heuhaufen. Ihre Führer forderten astronomische Kompensationsgelder. Und weil nicht gezahlt wurde, sabotierten sie die Mine, die deshalb Ende der 1980er-Jahre geschlossen werden musste: ein schwerer Schlag für die PNG-Wirtschaft. Die Armee griff ein und der Konflikt weitete sich über ganz Bougainville aus. Dörfer wurden niedergebrannt und schreckliche Geschichten von Vergewaltigungen, Mord und Totschlag auf beiden Seiten sollen sich zugetragen haben.

Die riesigen Anlagen stehen still; Aktivität zeigt hier nur das Peace-Monitor-Camp: Ihre Wohncontainer, Hallen, Dieseltanks, Zapfsäulen, fünf Helikopter, kleine und große Patrouillenboote sind hell erleuchtet. Ins Camp selber lassen sie uns nicht hinein. Doch auch hier am Rande fühlen wir uns endlich sicher und schlafen ohne Angst vor unliebsamen Überraschungen.

* * *

Sonntag. Die GEOs brechen in aller Herrgottsfrühe auf: Sie wollen an einer Messe in der Missionskirche in Arawa teilnehmen und dann eine Möglichkeit suchen, Geld zu tauschen. Währenddessen bekommen wir Besuch von zwei australischen Paddlern, Peter und Paul: wie sich herausstellt, Helikopterpiloten. Seit vier Monaten fliegen sie jeden Tag ihre Runden über die gebirgige Vulkaninsel. Die Mine sei noch fest in Rebellenhand, etwa 1000 Leute, auch Familien, hätten an den Berghängen Quartier bezogen und ernährten sich von dem, was sie dort anbauen.

Der nächste Paddler, der bei uns haltmacht, ist der australische Polizist Tracy aus Canberra, selbst ein Segler. Seit seiner Ankunft vor drei Monaten habe er hier noch kein fremdes Schiff gesehen, meint er und nimmt unsere Einladung zu einer Tasse Kaffee gerne an. Eigentlich schwimme er hier täglich, lacht er, während er aus seinem kippeligen Boot steigt, aber gestern sei ihm beim Schnorcheln ein drei Meter langer Hai begegnet. Er habe so einen Schreck bekommen, dass er heute Paddeln vorziehe.

Wir berichten von unserer Reise und von unseren Befürchtungen an der Pier von Kieta. Tracy nickt: In der Umgebung käme es häufiger zu Unruhen, meist ausgelöst von betrunkenen Rabauken. Aber auch die Rebellen seien noch aktiv, warnt er: »Die Ruhe ist trügerisch, wirklich sicher seid ihr nur hier am Camp!« Wegen des Trinkwassers sollten wir am besten mit dem Kapitän des Patrouillenbootes sprechen.

»Kein Problem«, meint dieser später. »Das Wasser wird aus dem Fluss gepumpt und gefiltert.« Ein Angestellter hilft uns sogar, die gefüllten Kanister wieder ins Dingi zu packen. Erich, nachdem er alle an Bord der FREYDIS gehoben hat, zufrieden ins Logbuch: »200 Liter Wasser von PM-Boot übernommen. Leck dicht. Gefrierbox kühlt wieder. Es geht aufwärts!«

Nach Tracys Warnung unternehmen Erich und ich nur kleine Stippvisiten bei Tageslicht nach Arawa und in die Dschungel-Geisterstadt Kieta, in der nur noch der Geist des Widerstandes wohnt.

Als die Deutschen 1897 die erste Regierungsstation ihres Kolonialgebietes der nördlichen Salomonen in Kieta gründen wollten, scheiterten sie »an der Wildheit der Eingeborenen …« Erst die Vorarbeit der katholischen »Societas Mariens« (Maristen), die auch in Nila tätig war, ebnete 1905 den Weg zur Kolonisierung. Noch im selben Jahr eröffnete der deutsche Gouverneur auch den Hafen von Kieta für den Auslandsverkehr mit den benachbarten englischen Salomonen. Kurz vor Ausbruch des Ersten Weltkrieges war der Anleger sogar erweitert worden, damit auch Dampfschiffe anlegen konnten. Damals lebten im Kieta-Bezirk 74 Europäer, von denen allein die katholische Mission ein Drittel stellte. Vierzig Personen waren Deutsche, siebzehn britische Staatsangehörige, die meisten davon Australier. Kieta war auch der Ort, an dem sich 1908 der damals erste sozialwissenschaftlich ausgebildete Völkerkundler Richard Thurnwald, einer der Pioniere der Landeserkundung Neuguineas, ausgesandt vom Berliner Museum für Völkerkunde, nach einer Rundreise durch die englischen Salomonen zu Forschungen niederließ. Was er hier erfuhr, scheint heute noch gültig: »*Zwischen Mord und Totschlag wird kein Unterschied gemacht. Ich habe nie ein tadelndes Wort gehört, wenn von listigen Überfällen, die an der Tagesordnung sind, berichtet wurde. Im Gegenteil, man rühmte die Schlauheit …*« So viel zur historischen Entwicklung.

Die GEOs kehren zurück. Diesmal waren sie erfolgreich, konnten Geld tauschen und sind dann im Mietauto mit Chauffeur und Dolmetscher auf rückgratbrechenden Straßen zu Chief Josefs und Masons Dorf gefahren, ein von Regierungstruppen niedergebranntes BRA-Rebellendorf.

Nun haben sie einen privaten Helikopter gemietet, mit dem sie über die Vulkane und die Kupfermine fliegen wollen, hoch genug, um den Schüssen der Rebellen zu entgehen. Am Nachmittag – ihr Flug scheint, jedenfalls was das Fotografieren angeht, zufriedenstellend gewesen zu sein – holen sie ihr Gepäck von Bord; sie wollen so rasch wie möglich mit dem Wagen nach Buka, wo sie den Rebellenführer Ona (Auf seinen Kopf ist eine hohe Prämie ausgesetzt!) zu treffen hoffen. Wir werden uns deshalb erst in ein paar Tagen in Rabaul wiedersehen.

Ostküste von New Britain

Rabaul, ein untergegangenes Südseeparadies – Totenfeier – Geschichte und Gegenwart – Missionsstation Vunapope – Flucht vor dem Vulkan – Megapodeneier-Ernte – Neue Pläne

25. Oktober. Wir stellen die Uhren um eine Stunde zurück, auf PNG-Zeit. Um 06.00 Uhr morgens ist es dann 22.00 Uhr in Deutschland. Erich und ich sind froh, hier wegzukommen. Ein »heißes Pflaster« in jeder Beziehung. Anker auf kurz nach Mittag. Wir steuern durchs Riff und laufen dann parallel zur Küste nach Norden, vorbei an zwei Vulkanen, dem aktiven, rauchenden Bagana (1700 m) und dem schlafenden Balbi (2700 m). Ich verfolge unseren Kurs auf der Karte: Ob sie wohl noch auf Daten der SMS PLANET basieren, die im Auftrag der deutschen Marine im Frühjahr 1908 die Küste Bougainvilles vermaß? Damals gab es sogar eine regelmäßige Dampferverbindung zur Gazelle-Halbinsel auf New Britain (Neu-Pommern), unserem nächsten Ziel.

Endlich wieder stetiger Passat. Herrliche Fahrt unter Großsegel und ausgebaumter Genua durch tropische Vollmondnacht. Wir überqueren die schmale Meeresstraße und lassen die flache Insel Buka, das Rebellen-Hauptquartier, links liegen.

Unser Kurs führt an den Green Islands vorbei. Aber bei dem herrlichem Passat dort einen Stop einzulegen wäre geradezu eine Sünde, meint Erich. Also weiter nach Rabaul. Voraus liegt schon New Britain, die größte Insel Papua-Neuguineas, und etwas weiter an Steuerbord ist New Ireland zu erkennen. Aber Inseln ohne Geschichte sind leere Landstriche. Erst die Geschichte gibt ihnen ein Gesicht. Also lese ich nach: Schon mehr als 150 Jahre vor Bougainville waren die holländischen Seefahrer Schouten und LeMaire (1616 haben sie Kap Hoorn entdeckt) auf dem Weg zu den Admirality Islands an New Ireland entlanggesegelt. Sie hielten diese Insel für einen Teil des Neuguinea-Festlandes. William Dampier konnte um 1700 zwar beweisen, dass New Britain eine Insel und vom Festland getrennt ist, aber erst

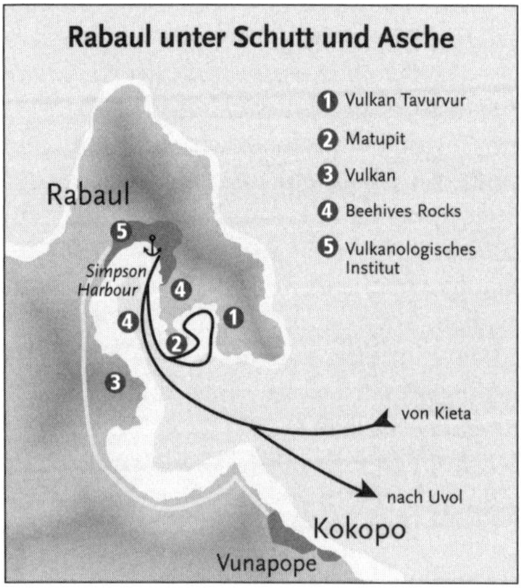

Phillip Carteret erkannte 1767, dass New Britain und New Ireland zwei getrennte Inseln sind und Dampiers »St. George-Bucht« in Wirklichkeit ein St. George's-Channel ist – eben der, auf dem wir nun mit der FREYDIS segeln.

Reisen war damals ein mühsames und riskantes Herumtasten auf der Suche nach Landteilen, die im großen Erdpuzzle noch vermisst wurden. Nur die Aussicht auf grandiose Entdeckungen und fantastische Abenteuer ließ die Seeleute die Beschwerlichkeiten vergessen. Uns geht es weit besser, was persönliche Ausrüstung, Proviant, Navigationsgeräte und Karten betrifft. Aber gibt es auch noch etwas zu entdecken?

Der Tag lässt sich gut an: saubere, klare Luft, das Meer und die Wolken metallisch rosa, und hinter New Ireland geht tiefrot die Sonne auf über dem Gebirgszug, dessen südlichsten Zipfel wir gerade passieren. Doch die Insel ist kein Garten Eden. Als Bougainville an der Südspitze von New Ireland vor Anker ging, erholten sich seine durch Skorbut und Hunger geschwächten Seeleute zwar etwas, aber weder war der Fischfang ergiebig noch die Obst- und Gemüseernte ausreichend. Schon bald gab es an Bord nichts mehr zu essen, außer Ratten. »*Ich aß zusammen mit dem Prinzen von Nassau eine Ratte. Wir fanden sie sehr gut und waren glücklich darüber, dass nur wir zwei sie gut fanden. Wir hofften, dass niemand sie ebenfalls probieren und essbar finden würde*«, schreibt der Berichterstatter der BOUDEUSE.

Wir nähern uns der Gazelle-Halbinsel. Zwei Kegel ragen heraus, ein hoher, großer und ein kleinerer mit langer Rauchfahne. Darüber der fahle Vollmond. Plötzlich steigt neben den Erhebungen eine schwarze Dampfsäule mit dumpfem Donnern empor. Das muss der Tavurvur sein, der im September 1994 bei einer gewaltigen Eruption die Provinzhauptstadt Rabaul in Schutt und Asche legte. Was für eine Dreckschleuder der Vulkan auch heute noch ist, sollen wir bald hautnah erfahren.

15.00 Uhr. Wir drehen eine Runde in der Blanche Bay. Der rauchende Tavurvur liefert eine grandiose Kulisse! Aber auch eine bedrohliche: In schwefelgelbem, nach faulen Eiern stinkendem Wasser passieren wir die Flanke des Vulkans. In was für eine Hölle sind wir da wieder hineingeraten?

Vor uns jetzt Simpson Harbour mit den zwei isolierten Felsen – wegen ihrer Form »Beehives« (Bienenkörbe) genannt – und am nördlichen Ufer das, was einmal Rabaul war. Haben Kieta die Menschen auf dem Gewissen, so wurde Rabaul durch den Vulkan zerstört.

Im Hafen liegen ein paar Frachter, keine weiteren Yachten. Dort, wo in der Karte der Yachtklub eingezeichnet ist, ragen nur die Aufbauten gesunkener kleiner Schiffe aus dem Wasser. Aber zumindest ankern wir neben einem Schlepper mit dem sympathischen Namen *Island Salvage* (Insel-Bergeschiff).

Erster Landgang: Am flachen Ufer holen ein paar Bewohner mit Wurfnetzen ihr Mittagessen aus dem Wasser. Neben zwei gesunkenen Booten machen wir unser Dingi an einem kleinen Motorboot fest, das an der Holzpier liegt. Sein Kapitän, der Einheimische Kevin, will ein Auge darauf halten.

Vor uns breitet sich der Südosten der Stadt aus: graue Aschefelder mit

Gebäuderesten, wenig Grün. Auf ein paar freigeräumten und von meterhohen Aschewällen begrenzten Wegen wirbelt ein Truck graue Staubfahnen auf. Dahinter düstere Häuser ohne Fenster und Türen, mit eingestürzten Wänden und Dächern, ein Pompeji der Südsee.

Um so mehr staunen wir über das »Hamamas-Hotel«, das uns die GEOs als Treffpunkt angegeben haben und das den Ausbruch weitgehend unbeschadet überstanden zu haben scheint.

Hamamas heißt »glücklich« auf Tokpisin (talk pidgin). Nomen est omen?

»Nein, es war nicht nur Glück, sondern vor allem harte Arbeit«, versichert sein australischer Besitzer. Er und seine Angehörigen hätten das Hotel während des Ausbruchs nicht verlassen. »Wir haben das Dach immer und immer wieder freigeschaufelt und -gefegt, tage-, wochen-, monatelang, sonst wäre es eingebrochen, wie bei den anderen Häusern auch.«

Von der blühenden Provinzhauptstadt, die wir auf der Fotografie im Foyer sehen, ist nicht viel übrig geblieben:

»Das Herz von Rabaul ist tot«, seufzt der Hotelier: Eine enorme Aschesäule wurde kilometerhoch in die Atmosphäre geblasen, der Südostwind ließ sie über der Stadt niedergehen. Mit Regen vermischt, wurde die Asche zu Schlamm, der sich lawinenartig über die Stadt ergoss. Er bedeckte den gesamten Osten mit einer meterdicken Schicht und blockierte die Abflüsse. Erdbeben, kleinere Tsunamis, Asche, Bimsstein und Schlammflüsse wurden für Rabaul eine Katastrophe von apokalyptischem Ausmaß.

Doch das Leben geht weiter: Autos und Minibusse fahren wieder ihre Routen auf geräumten und neuen Straßen nach Kokopo oder Matupit, und in der Bucht liegen sechs große Frachter. Gäste gibt es nur wenige, meist sind es Geschäftsleute.

Unser GEO-Team ist noch nicht eingetroffen, auch am nächsten Tag noch keine Spur von ihnen. Also können wir uns erst einmal ungestört vertraut machen mit unserer Umgebung: endlich den Behördenkram regeln (noch sind wir illegal hier), die Versorgungsmöglichkeiten checken – vor allem, wo wir Diesel und Wasser bekommen – und einen ersten Blick hinter die Kulissen werfen. Trotz Tavurvur ist die Atmosphäre hier nicht so brenzlig wie in Kieta, wo wir Gefahr liefen, jeden Moment umgebracht zu werden. Der Vulkan wird seinen »Big Bang« nicht gerade während unseres Besuchs inszenieren. Noch dazu scheint das wichtigste Problem dank Captain Kevin gelöst: Wir können das Boot verlassen, ohne die Sorge, dass während unserer Abwesenheit eingebrochen wird.

Trotz Hitze und Asche in der Luft kommt wieder Entdeckerfreude in uns auf. Vulkane haben uns schon immer fasziniert. Und vielleicht lernen wir auch ein paar interessante Menschen kennen. Wollten wir Kieta möglichst schnell verlassen, so wünschen wir uns hier nichts sehnlicher, als möglichst lange zu bleiben.

Schon früh brechen wir auf, um die Formalitäten fürs Boot zu erledigen und das erforderliche Visum für uns zu beantragen. Der Vulkan pafft und pafft und hat wieder den ganzen Himmel verschmutzt. Über die einstigen Hauptschlagadern, Mango Avenue und Malaguna Road, bringt uns der Minibus zum Westteil der Stadt, der weniger gelitten hat und in dem die restlichen Bewohner leben, ein paar hundert von einst 20 000.

Ascheregen auch hier. Wegen des Vulkanstaubs in der Luft haben sich die Bewohner sogar Tücher vors Gesicht gebunden. Wir flüchten zwischen Containern, Gabelstaplern, Lastern und Trucks in die Zollabfertigungshalle. Ohne Visum müssen wir erst einmal warten »auf Direktiven von Port Moresby«. Was ist, wenn man uns auffordert, das Land zu verlassen? Noch mulmiger wird uns, als Mr. Wesley, »custom officer« von Arawa, der sich wegen der Krise hier aufhält, unserer Sache annimmt und mit dem hiesigen »custom officer« Fangfragen an uns stellt. Wir geben Auskunft über den Zweck unserer Reise: Interesse an Land, Leuten und dem Vulkanismus etc. Die Mienen der Beamten hellen sich langsam auf. Plötzlich ist alles ein Kinderspiel: Unsere Pässe werden zur Hauptstadt geschickt, wir können sie am Ende unserer Reise durch PNG in Alotau wieder abholen. (Weil wir zwei Paar Pässe besitzen, bleiben wir gelassen.)

Mit dem Ascheregen müssten wir uns abfinden, genau wie sie, lächelt Mr. Wesley zum Abschied. Dann warnt er uns noch vor Kriminellen in der Stadt: Vor allem sollten wir keine größeren Geldbeträge bei uns tragen. Zum Einkaufen sei sowieso Kokopo besser, denn das wirtschaftliche Leben habe sich dorthin verlagert.

Es ist backofenheiß und der Tavurvur wieder voller Energie. So gut es geht, schützen wir unser armes Schiffchen vor dem ständigen Ascheregen: Wir spannen Sonnensegel über Bug und Heck und binden Plastiktüten über empfindliche Instrumente. Anschließend rudern wir an Land.

Über das Hamamas konnten wir einen kleinen Toyota mieten, mit dem wir die Umgebung erkunden wollen. Auf dem Weg zum alten Airstrip kommen wir an einer Müllhalde vorbei. Ein paar Männer und eine Schar Kinder suchen darin nach Verwertbarem, auch Chris, 14 Jahre, aus Matupit, der sich ein paar Kina bei uns verdienen will. Er führt uns zu einem Hügel, auf dem japanische Geschütze aus dem Zweiten Weltkrieg stehen, noch immer auf den Hafen gerichtet: jetzt zum Glück ein Spielplatz für Chris und seine Kameraden. Einige von ihnen tragen blank polierte Messing-Patronenhülsen als Anhänger um den Hals. Dann zeigt er uns eine schmale Piste über Aschehügel, eine gewagte Abkürzung mit unserem Kleinwagen, hinunter zum ehemaligen Rollfeld: eine weiche graue Wüste, meterhohe Asche, aus der die Reste zahlreicher Autos und großer Maschinenteile ragen.

Die Flugzeuge konnten sich noch rechtzeitig »aus dem Staub« machen: Obwohl der Flugplatz kein Licht hatte, gelang es den Piloten von »Airlink« und »Islands Nationair«, in der Nacht der Evakuierung die Maschinen auszufliegen. Sie nutzten das Licht des Vollmondes und die Scheinwerfer von Autos, die sie entlang der Rollbahn aufstellten. Der neue Airport Tokoa liegt vierzig Kilometer entfernt, außer Reichweite der Vulkane.

»Hattest du Angst, als der Vulkan ausbrach?«, frage ich Chris.

»Ja, aber wir sind schon bald nach Kokopo und Karevat evakuiert worden. Und als wir zurückkamen, haben wir das Haus ausgegraben und gesäubert; nichts war zerstört.«

Wir hatten davon gehört, dass der Tavurvur die kleine Insel Matupit zu seinen Füßen bei seinem Ausbruch verschont hatte, weil der Wind fast die gesamte Aschefracht nach Rabaul blies.

Der Himmel ist dunkelgrau, als ob es bald zu regnen anfinge. Auf dem weichen Aschengelände fühlen wir uns mit dem Wagen nicht mehr sicher. Also folgen wir einigen Reifenspuren zur Straße nach Matupit (Was heißt Straße, es ist auch nur ein Weg durch die Aschewüste, aber etwas höher gelegen und vielleicht etwas fester!), an der wir das Fahrzeug erst einmal abstellen. Auf der anderen Seite, zum Matupit-Hafen hin, recken sich leere Telegrafenmasten, Betongerippe von Flugzeug-Hangars und Baumskelette zum Himmel. Ein paar Krähen im Gleitflug stoßen heisere Schreie aus und am Ufer fischen schwarze Reiher im faulig stinkenden Wasser. Dahinter, nur wenige hundert Meter entfernt, erhebt sich drohend der Konus des Tavurvur.

In einer ehemaligen Palmenplantage zeigt uns Chris das Wrack eines japanischen Bombers. Wohin man schaut, nichts als Hinterlassenschaften zerstörerischer Kräfte – deprimierend. Von Ferne hören wir Trommeln.

»Was ist das?«

»Wir feiern ein Fest«, erklärt Chris und hat es plötzlich eilig. »Mein Onkel … da muss ich hin!« Auf der Straße hält ein Pick-up und nimmt ihn mit. Ein Fest, etwas Fröhliches, wäre das nicht das Richtige für uns? Zwar bekommt der Tavurvur wieder einen Anfall, aber wir erreichen noch rechzeitig vor dem Aschehagel den Wagen. Es kann nicht mehr weit sein nach Matupit, dem Inselfleckchen, das den großen Simpson- vom kleinen Matupit-Hafen trennt und mit dem Hauptland nur durch einen künstlichen Damm verbunden ist.

Lautes Trommeln, voraus ein Menschenauflauf: Das Fest scheint in vollem Gange. Wir steigen aus, mischen uns unters Volk. Niemand nimmt Anstoß an unserer Anwesenheit. Alle Gäste scheinen wichtige Aufgaben zu haben oder Ziele zu verfolgen. Dazu tragen sie große geflochtene Taschen und Körbe mit sich herum, aus denen Bündel weißer Muschelschnüre ragen. Frauen in weiten schwarzen Kleidern machen sich an baumhohen Holzgerüsten zu schaffen, die über und über mit Bananen behängt sind und an deren Gipfel Kleidungsstücke flattern wie Windfahnen an der Mastspitze.

Mitten im Gewühl treffen wir Chris. Was gefeiert wird, wollen wir wissen.

»Die Toten.«

Erich kopfschüttelnd: »Nichts als Tod und Verderben gibt es hier!«

Ich bin für Rückzug, weil ich mich in meinen kurzen Hosen völlig deplaziert fühle. Doch schon sind wir gefangen: Die imposante Trauergemeinde schiebt uns dahin und dorthin, es gibt kein Entrinnen. Ich bitte Chris, uns zum Chief zu führen.

Melly Paiwu, ein Mann in den Sechzigern, ist Oberhaupt der ca. 1000

Bewohner von Matupit. Sie gehören zu den Tolai, dem Volksstamm, der etwa zwei Drittel der Gesamt-Bevölkerung (220 000) der East New Britain Province stellt und eine eigene Sprache, »Kuanua«, besitzt. Ihre Vorfahren sollen im 16. oder 17. Jahrhundert von New Ireland eingewandert sein und den einheimischen Stamm der Baining in die Berge verdrängt haben.

»Ihr seid willkommen!«, begrüßt uns der »bikman« (große Mann) auf Tokpisin – in schlichter schwarzer Kutte und ohne Insignien der Macht. »Wir geben das Fest zu Ehren von etwa zwanzig in den Jahren von 1983 bis 1999 Verstorbenen unseres Clans. Ihr könnt euch hier frei bewegen«, lächelt er und greift in eine geflochtene Tasche neben sich. »Und weil ihr unsere Gäste seid, wollen wir euch ein Andenken geben.«

Feierlich überreicht er uns ein fünfzig Zentimeter langes Stück Muschelschnur: kleine weiße Meeresmuscheln, aufgefädelt auf ein relativ starres Rattanband. »Das ist Muschelgeld«, erklärt er uns, »es behielt seinen Wert auch als der Kina sank. Die Menschen benutzen es deshalb weiter. Ein ›fathom‹ (Faden) entspricht im Wert vier Kina. Auf dem Markt kann man damit Obst und Gemüse kaufen. Und etwa 100 Faden werden als Brautpreis gezahlt, manchmal auch 150, je nachdem, was die Eltern verlangen …«

Mr. Paiwu erinnert mich sehr an das Muschelgeld-Finanzgenie Albert auf Malaita. Aber nicht nur Geld wird hier übergeben: Chefsache ist auch die Verteilung der gegrillten Schweine auf dem Holzgerüst. Manche Gäste schneiden sich ein Stück ab und stecken es in ihre geflochtenen Taschen.

Eine Gruppe junger Männer fällt uns auf, die schweigend und fast regungslos am Boden sitzen, auch ein etwa 10- bis 12-jähriger Junge mit blondem Haar ist darunter. Ihre Gesichter und Beine sind mit kunstvollen Figuren in weißer, roter und schwarzer Farbe bemalt. Sie tragen Kränze aus weißen und rosa Kakadufedern auf dem Kopf, dazu weiße Federbüschel im Haar, um den Hals Muschelketten und breite Krägen aus getrockneten Blättern und Blüten und um die Hüften dunkle Umschlagtücher. Sie lachen nicht und sie wollen auch nicht mit uns reden. Sie schauen aus wie schöne, traurige Clowns. Es sind keine Tänzer, die sich nach ihrem Einsatz ausruhen, wie wir dachten. Ein ehemaliger Missionar, den wir später in Kokopo kennen lernen, meint, nach unserer Beschreibung seien es frisch initiierte Mitglieder des »dukduk«-Geheimbundes der Tolai-Männer.

Das Trommeln wird lauter, steigert sich zum Furioso. Von wegen frei bewegen: Das Menschengetümmel wird dichter, es gelingt uns nicht, näher an den Tanzplatz zu kommen. Aus einiger Entfernung können wir Gestalten mit hohen, spitzen Hüten und grünen Blätterkleidern erspähen und später eine Tanzgruppe von Männern mit abenteuerlichen Konstruktionen aus geschmückten filigranen Holzgerüsten mit grünen Palmblätterbüscheln auf den Köpfen. Erst als die ganze Show vorüber ist, wird mir klar: Das müssen die Tabuan- und Dukduk-Geister gewesen sein. Der Tolai- Geheimbund ist bekannt für diese Art der kegelförmigen Masken seiner Tänzer, den Trägern der großen Geheimnisse, die zuständig sind für die Geisterwelt und die das

Gemeinschaftsleben steuern. Offensichtlich spielen sie noch heute eine wichtige religiöse, politische und kulturelle Rolle bei den Bewohnern.

Was für ein wirklich »geisterhaftes« Geschehen: Eine Ahnengedenkfeier mit Tubuan- und Dukduk-Maskentänzern, Austausch von Geldgeschenken und Nahrungsmitteln! Am Ende tragen die Teilnehmer ihre geflochtenen Taschen voller Geld – Taschengeld! – und Lebensmittelgeschenke nach Hause.

* * *

Mr. Damien Kareku, ein älterer Mann, bittet uns, ihn nach Rabaul mitzunehmen. Auf dem Ascheholperweg fragen wir ihn, wie man in Matupit noch ruhig schlafen kann nach der letzten Eruption.

»Man gewöhnt sich daran«, antwortet er mit fatalistischem Lächeln. »Außerdem hält uns die seismografische Station mit Berichten auf dem Laufenden. Wenn die Situation kritisch wird, geben sie Alarm in drei Stufen: Bei der letzten muss man die Gegend umgehend verlassen.« Er fragt, woher wir kommen. Aus Germany? Rabaul sei eine wunderschöne Stadt mit großen Gärten gewesen, von den Deutschen angelegt.

»Zuerst kamen sie nach Matupit und Kokopo, das damals ›Herbertshöhe‹ hieß. Dann bauten sie Rabaul, die Malaguna Road (German Road) und die Mango Avenue, wo jetzt der neue Mark liegt. Mit ihnen kamen die Malaien und Chinesen und bauten Holzschiffe für sie.« Er deutet auf einen der umgebenden Hügel: »Auf Namanula Hill errichtete Dr. Hahl eine Schule, die mein Großvater und auch mein Vater besuchten. Sie unterrichteten sie in allem … Und auch die Mission kam. Mein Vater sprach noch fließend Deutsch, ich leider nicht mehr … Die Deutschen waren an den Menschen interessiert. Ihr müsst wissen, wir waren damals noch ein sehr primitives Volk: Wir waren Kannibalen, wir gingen auf die Jagd nach Menschen und aßen sie!«

Überrascht von Mr. Karekus Offenheit und Wissen fragen wir nach seinem Beruf. Er ist in Kokopo bei den »Land Boards« zuständig für Landverteilung und vertrat »von 1972 bis 1978 das Volk der East New Britain Province als Member of Parlament«. Der von ihm erwähnte Albert Hahl war übrigens seit 1902 Gouverneur von Deutsch-Neuguinea und, laut namhaften Historikern, geradezu ein Glücksfall für die Kolonie, angesichts der schwierigen Rahmenbedingungen: Auf seine Initiative hin erfolgte zum Beispiel die Ernennung von »Häuptlingen der Regierung«, mit der er einheimische Eliten zur »Verwaltungs- und Rechtstätigkeit« heranzog. Die Einheimischen haben ihn nicht vergessen – wie wir uns bei Mr. Kareku überzeugen können.

Ein paar Tage später sind wir noch einmal in Matupit. Wir wollen uns bei Chief Melly Paiwu bedanken, doch der ist auf Besuch in einem anderen Dorf. Nur seine Tochter treffen wir an: Mit einem Dutzend Männern und Frauen ist sie gerade dabei, kleine Meeresmuscheln auf Rattanfasern aufzufädeln. Sie stellen »tambu« (Muschelgeld) her. In einigen Tagen stehe der zweite Teil der Totenfeier an, erklärt sie uns, und dafür werde viel Tambu gebraucht, um es an die Angehörigen zu verteilen.

»*Es gibt nichts auf der Welt, woran das Herz eines Eingeborenen mehr hängt, als am Muschelgeld … Das ganze Sinnen und Trachten der Eingeborenen zielt darauf, Muschelgeld zu erwerben. Keine Dienstleistung, sei sie noch so gering, darf unbezahlt bleiben*«, schrieb schon Richard Parkinson 1932 in *Dreißig Jahre in der Südsee.* Die ersten Europäer fühlten sich abgestoßen von diesen Menschen, die sich für alles und jedes bezahlen ließen. Sie empfanden sie als unliebenswürdig und habgierig, obwohl ihr Verhalten nur der eigenen Sitte entsprach. Im Übrigen standen die kapitalistischen Erwerbsmethoden den merkantilen der Tolai an Härte nicht nach: Seit Anfang der 1880er-Jahre war die deutsche Firma Eduard Hernheim & Co. hier ansässig und der Handel mit Kopra, Steinnüssen, Trepang, Perlmutt und Schildpatt blühte.

* * *

Der Wind hat gedreht. An Bord wage ich unsere T-Shirts zu waschen und im Cockpit aufzuhängen. Dabei geht mir der gestrige Tag – das Fest, die Menschen – nicht aus dem Sinn: Das Erstaunliche ist, dass trotz aller äußeren Einflüsse – nach Dampier kamen Walfänger, Missionare, Händler, Forschungsreisende, im 18. und 19. Jahrhundert dann wissenschaftliche Expeditionen, die deutsche Kolonialherrschaft 1884 bis 1914, die Besetzung der Insel durch die Japaner im Zweiten Weltkrieg und schließlich 1945 die Befreiung durch die Aliierten – die Kultur der Tolai und mit ihr ihre Sprache bis heute erhalten blieb. Und obwohl sich die Stammesmitglieder neuen wirtschaftlichen Möglichkeiten und begrenzt auch politischem Wandel gegenüber aufgeschlossen zeigten, hielten sie beharrlich an ihren traditionell verankerten Werten und ihrer Weltanschauung fest. Sie haben sich von der westlichen Kultur nicht vereinnahmen lassen, sondern sind sich treu geblieben. Und es ist gerade diese Andersartigkeit, die sie uns so interessant macht.

Vor unserer Reise habe ich begierig alle für mich erreichbaren Völkerkundemuseen aufgesucht und Einblick genommen in Dokumente und Sammlungen aller Art. Geradezu aufregend war der Besuch im Museum für Völkerkunde in Hamburg, wo Gegenstände, Tagebücher, Fotos und Notizen einer der größten Forschungsreisen lagern: die der Hamburger Südsee-Expedition von 1908 bis 1910. Die Verwaltung der deutschen Schutzgebiete lag damals noch in Herbertshöhe (Kokopo), und die Gazelle-Halbinsel entwickelte sich gerade zur Anlaufstelle für Händler, Pflanzer, Missionare, Forscher und importierte Arbeitskräfte. Die Tolai ließen sich zur Plantagenarbeit nur anwerben, wenn sie bei ihren Ältesten verschuldet waren. Immerhin bezieht die auf den Plantagen entstandene »lingua franca« Papua-Neuguineas, Tokpisin, einen großen Teil ihres Vokabulars aus Kuanua.

Aber nicht nur Expeditionen trugen damals zur Erkundung des Landes bei, sondern auch unabhängige Reisende wie der deutsche Botaniker Richard Parkinson, Autor ethnologischer und naturhistorischer Werke über Neuguinea, der sich auf der Gazelle-Halbinsel niederließ und 1882 bei Kokopo die ersten Kokospflanzungen anlegte.

Die Plantagen sind heute zerstört, die Koprapreise im Keller, es gibt kaum noch etwas zu sammeln, und das Land ist seit 1975 unabhängig. Was also treibt einen Deutschen heute dazu, sich hier eine Existenz aufzubauen? Das fragen wir uns, als Kevin, der einheimische Kapitän des kleinen Schleppers, mit dem wir immer gern ein paar Worte auf Tokpisin wechseln, uns darauf aufmerksam macht, dass der Eigner der ISLAND SALVAGE, für den er arbeitet, ein Deutscher ist.

Gleich am Morgen suchen wir ihn auf. Der blonde Mann mit jungenhaft offenem Blick heißt Jürgen Ruh, ist 36 Jahre alt und wohnt im Westteil der Stadt. Seit neun Jahren lebt er in Rabaul zusammen mit seiner aus New Ireland stammenden Frau Kessia, einer Lehrerin, mit der er drei »pikinini« (Kinder) hat. Von Deutschland sei er ausgewandert, um dem Wehrdienst zu entgehen, gesteht er mit leicht hintergründigem Lächeln. Von Beruf Feinmechaniker, war er überall gern gesehen. Zunächst hatte er ein kleines Boot, mit dem er Muscheln, grüne Trochus und Perlmuscheln, auf den Inseln Papua-Neuguineas sammelte und sie nach Lae und Rabaul zum Verkauf brachte. Als aber staatliche Betriebe mitmischten, war der Muschelverkauf nicht mehr so lukrativ, und als dann Knöpfe nicht mehr aus Perlmutt, sondern aus Plastik hergestellt wurden, verfiel der Preis vollends. Er musste sich eine neue Erwerbsquelle suchen. Dafür legte er erst einmal in Rabaul das Kapitänspatent ab und baute mit einem Australier zusammen in wenigen Jahren ein Unternehmen auf, das sich heute »Island Shipping« nennt, mit fünf Hochseeschleppern und fünf Hochsee-Schwimmpontons, die schwere Ladungen in alle Winkel Melanesiens und bis nach Australien schleppen. Keiner außer Jürgen macht hier so etwas. Expandieren möchte er trotzdem nicht. Dann gerate er in eine andere Größenordnung, und das hätte tiefgreifende Änderungen seines bisherigen Lebens zur Folge.

Ein großes Problem in PNG sei die Korruption. Seine deutsche Staatsangehörigkeit sei da eher von Vorteil. Ohne sie müsste er sich an die einheimischen Spielregeln halten und noch mehr Schmiergelder zahlen. Die Instandhaltung der Schiffe bei dem schwefelhaltigen Wasser und dem ständigen Ascheregen sei kostspielig genug.

* * *

Unser erstes Ziel ist Kokopo. Jürgen stellt uns einen der drei Geländewagen seines Betriebs zur Verfügung, einen geräumigen Nissan Pick-up, ein Angebot, das wir gerne annehmen.

»Ihr nehmt am besten die Küstenstraße – jetzt, in der trockenen Jahreszeit, kann man dort bedenkenlos fahren«, rät er. Und dass wir an ihrem Rande auf ein paar Kuriositäten aus dem Zweiten Weltkrieg achten sollten.

Der Weg allein ist schon ein Abenteuer für uns: Er windet sich durch meterhohe schwarze Schluchten an den kahlen, zerfurchten Hängen des »Vulcan« entlang, der 1994 mit dem Tavurvur im Duett ausbrach. Zu beiden Seiten stehen von Schlingpflanzen überwucherte Palmenstümpfe wie vermummte Gestalten aus einer anderen Welt.

Vorsichtig fahren wir um die Schlaglöcher herum; die zahlreichen Anhalter auf der Ladefläche, die wir unterwegs aufgesammelt haben, werden es uns danken. Am Ufer der Blanche Bay entdecken wir den Kran, den Jürgen erwähnte und der eine kuriose Geschichte hat: Er wurde von den Briten gebaut, von den Japanern in Singapur erbeutet, den ganzen Weg nach Rabaul geschleppt und, kaum hier eingetroffen, von amerikanischen Bomben zerstört; ebenso die an der Straße endenden Tunnel der Japaner. Die Hügel um Rabaul sollen geradezu durchsiebt sein von Gängen und Höhlen, die Einheimische und Kriegsgefangene aus Singapur graben mussten (Gesamtlänge: 500 Kilometer!). Es gab unterirdische Lazarette, Quartiere, Lagerräume und Werkhallen. Den Krieg um Rabaul haben die Japaner trotzdem verloren. Auf den Straßen sind sie heute jedoch unschlagbar: Man sieht fast nur Toyotas, Mazdas, Nissans …

Bumm. Der Tavurvur macht wieder seine Schießübungen. Dieser Krieg ist noch lange nicht ausgestanden.

Als Albert Hahl 1896 mit 27 Jahren zum ersten Mal als Kaiserlicher Richter in Kokopo eintraf, war »Herbertshöhe« (so hieß Kokopo damals) ein armseliger Außenposten des Kaiserreichs, der sich jedoch schon bald zum Zentrum reicher Kopra- und Kakaoplantagen zum Hauptquartier von Deutsch-Neuguinea mauserte. Jetzt entwickelt sich Kokopo zur Hauptstadt der Ostprovinz New Britains. Die Bevölkerungszahl von ehemals 2000 ist auf 20 000 hochgeschnellt. Es gibt eine neue Hauptstraße mit Banken, Supermärkten und chinesischen Allerlei-Läden. Wohnhäuser werden gebaut, und am Strand liegen Boote und Kanus voller Obst und Gemüse von den Duke of York-Inseln.

Bei all dem Aufschwung wirkt der deutsche Friedhof gegenüber von »Andersons Foodland« noch trostloser: Wir stapfen durch von Unkraut überwucherte Reihen verwitterter Grabsteine, entziffern Inschriften wie »Ein unbekannter Deutscher« oder »Rudolf Katz, Pflanzer in Pondo, geb. in Stuttgart am 26. Okt. 1877, gest. am 20 Sept. 1902 in Herbertshöhe« oder »Der kaiserliche Oberleutnant zur See vom Stab SMS PLANET Hans Edwin Gülcher, geb. am 10. Juli 1883 zu Aachen, gest. am 14. Dez. 1910 zu Matupi«. Eine ist »dem Andenken des Führers der Deutschen Südsee-Expedition, Bruno Mencke, geboren am 6. Juni 1877 zu Hannover, gest. am 2. April 1903 auf St. Matthias« gewidmet. Mencke war zusammen mit drei weiteren Forschern von Einheimischen auf St. Mathias tödlich verwundet worden; der Überfall wurde durch eine Strafexpedition geahndet.

Etwas später stehen wir auf ein paar verwitterten Zementstufen am Rande des »Ralum Golf Course«. Es sind die Überreste von »Gunantambu«, der ehemaligen Villa von Emma Eliza Coe, deren Lebensgeschichte ein Romanschriftsteller nicht besser hätte erfinden können. 1850 auf Samoa als Tochter einer samoanischen Mutter und eines amerikanischen Vaters geboren, besaß sie um die Jahrhundertwende das größte Wirtschaftsimperium im Bismarck-Archipel, verfügte über beste Kontakte zu den Einheimischen und war später als »Queen Emma« in der ganzen Südsee bekannt. Zunächst eröffnete sie zusammen mit ihrem australischen Geschäftspartner und Liebhaber ein Handelsunternehmen auf den Duke of York-Inseln. Schon bald erkannte sie jedoch, dass die Zukunft nicht mehr dem Handel allein, sondern auch der Plantagenwirtschaft gehörte, und wechselte deshalb zur Gazelle-Halbinsel, wo Richard Parkinson in Ralum bereits die ersten Pflanzungen angelegt hatte und wo ihre Handels- und Plantagenfirma bald bedeutenden Aufschwung nahm.

1892 heiratete die charismatische und selbstbewusste Frau in zweiter Ehe den Deutschen Paul Kolbe, »Stationsvorsteher für den Bezirk Bismarck-Archipel und die Salomonen-Inseln«. In ihrem fürstlichen Anwesen gingen Koprahändler und Schiffsbesatzungen aus aller Welt ein und aus – und natürlich auch hochgestellte deutsche Beamte –, um der Südseequeen ihre Aufwartung zu machen. Die Villa war der gesellschaftliche Mittelpunkt der Kolonie, ein Ort des Luxus, der großen Feste und Empfänge, eine Begegnungsstätte vieler Kulturen. Im Zweiten Weltkrieg wurde sie vollkommen zerstört. Übrig geblieben sind nur die Stufen, die nicht einmal ein Foto lohnen.

Die Erfolgsstory der starken Frau endet 1913 dramatisch in Monte Carlo, wo Kolbe sich zuletzt aufgehalten hatte. Als sie hörte, er sei schwer erkrankt, reiste Emma – in ihren letzten Jahren Diabetikerin und fast blind – zu ihm. Dort traf sie auf eine Frau, die sich ihr als rechtmäßige Ehefrau vorstellte, weil sie Kolbe bereits vor seinem Aufbruch in die Südsee geheiratet habe. Emma wollte sich mit Kolbe aussprechen. Aber dazu kam es nicht mehr: Nach einem Unfall auf der gemeinsamen Fahrt im Taxi erlag Kolbe seinen Verletzungen. Emma blieb unverletzt. Sie kehrte in ihr Appartement zurück, ließ sich etliche Flaschen Champagner bringen und starb im diabetischen Koma.

* * *

Auf dem Markt spricht uns Pater Alois Escher, ein älterer Herr aus Boppard bei Koblenz an, der hörte, dass wir Deutsch reden. Für ein paar Tage sei er auf Vunapope, wir sollten dort vorbeischauen: Vom Hügel mit der Kathedrale habe man einen ausgezeichneten Blick auf die Bucht.

Natürlich besuchen wir die alte katholischen Missionsstation südlich von Kokopo, die auf eine fast 120-jährige (1883) Missionsarbeit in diesem Land zurückblickt, und sind überrascht, was wir dort vorfinden: Nicht nur eine Kathedrale, von gepflegten Gärten umgeben, sondern einen ganzen Wirtschaftskomplex, der sich vollkommen selbst trägt.

»Etwa 1000 Leute leben und arbeiten hier, auf Kopra- und Kakaofarmen, in Handwerksbetrieben, der Schule und im Hospital«, so Pater Alois, den wir hier wiedertreffen. »Schulbildung und Gesundheitswesen werden in PNG auch heute noch zu 80 % der Kirche überlassen.«

Der Blick vom Kathedralenhügel auf die Blanche Bay bis hinüber nach New Ireland und über Simpson Harbour mit Matupit und den Beehives nach Rabaul ist tatsächlich spektakulär, vor allem aber der schmauchende Tavurvur! Beim großen Ausbruch sei er gerade auf Heimatbesuch in Deutschland gewesen, berichtet der Pater. »Es war ein ziemlicher Schock für mich, als ich zurückkam und Rabaul in Schutt und Asche fand, die Schule und eine Kirche zerstört, die Kirche in Matupit beschädigt!« Vunapope sei jedoch nicht sein Betätigungsfeld: »Früher war es Uvol, eine Missionsstation an der Südküste der Insel, und nun Volavolo, im Norden der Halbinsel. »Aber nicht als Missionar,« korrigiert er uns, »die Zeit der Missionare ist vorbei. Wir sind Pfarrer und die Stationen sind Pfarreien.«

Er berichtet von seiner Arbeit als Seelsorger bei den Baining. Sie sind die Urbevölkerung auf der Gazelle-Halbinsel, ein kleines Volk, das lange Zeit von den Tolai drangsaliert wurde. Als Pater Eschers Vorgänger 1882 zu den Baining kamen, fanden sie die Stämme fast ausgerottet, weil die Küstenbewohner systematische Sklaven- und Kopfjagden auf sie veranstalteten.

In der Missionsbibliothek blättern wir in vergilbten Dokumenten der Mission. Von opferfreudigen Gottesmännern wird da berichtet, die hinauszogen, um das Heidenland für ihren Glauben zu gewinnen und die inmitten wilder Kannibalen lebten, *»deren Sprache sie nicht verstanden, deren schmutzige, nackte, übelriechende Gestalten ihnen zum Ekel werden mussten, deren Unsitten und ganzes Gehabe ihnen unheimlich waren … die keinen Frieden kannten und deren Mordlust, Grausamkeit und Verkommenheit mit Recht berüchtigt waren.«*

Die Horrorgeschichten, die sich hier zugetragen haben, stehen denen auf Vanuatu und den Salomonen in nichts nach: So wurden unter anderem am 13. August 1904 zehn Missionare von Angehörigen des Baining-Stammes ermordet, darunter sieben Deutsche: Pater Matthäus Rascher und sechs deutsche Missionsschwestern. Warum die Tat ausgerechnet von Mitgliedern des Baining-Stammes verübt wurde, *» … wo der gute P. Rascher so beliebt war«*, blieb letztlich ungeklärt. Man kam zu der Anschauung, dass die *»Absicht der Mission, Frieden zwischen den Baining und Tolai zu stiften, … zu forciert durchgeführt worden sei …«*

* * *

Um den »Vulcan« auf dem Rückweg nach Rabaul ein wenig näher in Augenschein zu nehmen, klettern wir durch ein Labyrinth mehrere Meter tiefer Gräben und Schluchten, die sich bei Abkühlung der Schlacke an den Flanken dieses Vulkans aufgetan haben oder von Schlammströmen ausgespült wurden. Aus den Wänden übereinander geschobener Erdschichten ragen abgebrochene Palmstämme und andere Vegetationsreste, die von den herabstürzenden Lawinen heißer Asche und Bimsstein begraben wurden. Ich halte Ausschau nach Mineralien und entdecke zu meiner Freude schwarzen, braunen und sogar kristallklaren Obsidian.

Die Schluchten führen zum Fuß des Vulcan, auf dunkle Felder festgebackener Asche, übersät mit Bims- und Backsteinbrocken. Weiter oben am Hang öffnen sich »Sekundärkrater« von fünfzig bis hundert Metern Durchmesser – schrundige Vertiefungen ehemaliger Gasfontänen, die an große Bombentrichter erinnern. Zarte Pionierpflanzen zaubern einen Hauch von Grün und von normalem Leben auf das düstere Ambiente. Doch was ist schon normal an diesem verrückten Berg?

1932 berichtet Richard Parkinson noch vom Vulcan als »*einer flachen Insel, etwa so groß wie die Insel Matupit*«, die 1878 beim Ausbruch des »Feuerbergs Matupit« aus der Meerestiefe emporgehoben wurde. Die Deutschen nutzten sie als Quarantänestation. 49 Jahre später, am 28. Mai 1937, wuchs sie auf einen 225 Meter hohen Hügel an und fand Anschluss ans Festland. Und 1994 sollen gerade im Vulcan unglaubliche Kräfte gewütet und weit mehr solides Material gen Himmel geschleudert haben als am Tavurvur: ein rätselhafter, überraschungsfreudiger, unberechenbarer Ort.

* * *

Am Abend treffen wir die GEOs im Hamamas an. Sie waren über Tag hier schon auf Achse und haben es mit allem wieder furchtbar eilig. George will das Licht noch ausnutzen und ist gleich wieder weg. Und von Peter erfahren wir nur, dass Buka ihnen wenig gebracht habe; die Rebellenführer konnten sie jedenfalls nicht interviewen. In Rabaul dagegen können sie endlich aus dem Vollen schöpfen. Ungefähr eine Woche werden sie im Hotel logieren; falls sie uns brauchen, lassen sie es uns wissen. Bis auf Weiteres also freie Bahn für unser eigenes Programm. Wir empfehlen ihnen einen Besuch der Missionsstation in Kokopo, wo wir am nächsten Tag wieder verabredet sind.

Die beiden sind zur Stelle. Sie zeigen *National Geographic*- und GEO-Zeitschriften mit ihren Beiträgen und haben damit durchschlagenden Erfolg. Jedenfalls bemühen sich die Patres nun ganz besonders um das Team, geben Auskünfte, schleppen Dokumente herbei, kramen in ihren Kalendern und nennen Termine von allerlei Festlichkeiten auf der Insel. Wir Amateure sind so gut wie abgemeldet. Doch ihr Ziel ist schließlich auch das unsere. Aus dem Besuch entwickelt sich jedenfalls der Plan fürs nächste Projekt. Denn wie das Team erfährt, soll in ein paar Tagen eine große Feier zu Ehren eines einheimischen Priesters stattfinden, der nach drei Jahren theologischer Schulung in Belgien und Deutschland in seine Pfarrei zurückkehrt. Wenn die GEOs mit ihrer Arbeit hier fertig sind, wollen sie rechzeitig zu den Feierlichkeiten in Uvol sein. Wir sollen die FREYDIS dorthin bringen; sie wollen mit dem Buschflieger nachkommen.

Aber noch ist es nicht so weit. Pater Theo Bäumler, seit 1971 Superior von Vunapope, muss in einem Dorf hinter Kokopo noch eine Messe lesen. Ob wir ihn begleiten wollten? Ziel ist ein kleines Dorf in den Hügeln mit Friedhof und Gedenkkapelle für Peter Torot, einen einheimischen Katechisten, der von den Japanern während der Besetzung im Zweiten Weltkrieg getötet und vom Papst seliggesprochen wurde. Hunderte von Gläubigen haben sich zur Predigt eingefunden. Als die Nacht hereinbricht, zündet jeder von ihnen eine Kerze an. Der ganze Hügel beginnt zu leuchten und es herrscht eine so schöne und friedliche Stimmung, dass wir den Abstecher nicht bereuen, auch wenn wir von der Bergpredigt kaum ein Wort verstehen, denn der Pater hält sie natürlich in Tokpisin.

Auch den Besuch auf Namanula, dem ehemaligen Wohngebiet der Deutschen, wollen wir uns nicht entgehen lassen und holpern auf der erdbebengebeutelten Namanula Road den Nordgrat der großen Caldera hoch. Plötzlich bricht die Straße ab. Ihre Fortsetzung liegt drei Meter tiefer, gespickt mit Telefonkabeln, die noch von den Deutschen gelegt wurden.

Eine Umgehung führt uns an einem monumentalen japanischen Kriegerdenkmal vorbei, das nur wenig ramponiert den letzten Ausbruch überlebt hat, und weiter oben haben wir wieder einen herrlichen Blick auf die Bucht und die Vulkane: Ein hübsches Plätzchen hatten sich die Deutschen ausgesucht, als sie ihr Hauptquartier 1910 nach Rabaul verlegten.

Es mag auch dem Maler Emil Nolde gefallen haben, der sich 1913 als Mitglied einer Forschergruppe (Medizinisch-demografische Deutsch-Neuguinea-Expedition) hier aufhielt: »*Rabaul war Hauptstadt und Sitz der Regierung. Wir waren am Ziel … Einem jeden von uns wurde ein ›boy‹ zugeteilt. Junge braune Eingeborene, Tulie und Matam, wurden die unseren … Von Neugier und Gestaltungsfreude gedrängt, ging ich mit meinem Jungen Tulie und meinem Malmaterial sogleich eine halbe Stunde Wegs hinunter zu dem deutschen Lager, wo die Männer der wilden Neuguineastämme von gestern untergebracht waren, und bald saß ich mit meinen Wasserfarben vor ihnen, zeichnend, malend, mitten zwischen den herrlichen, dunklen, braunen Urmenschen …*«

Als Künstler war Nolde, der europäischen Tradition gemäß, auf der Suche nach »Arkadien«, dem Land der Glückseligen: nach den letzten unverbildeten Menschen und ihrer ursprünglichen Kunst. Diese »Urkunst« inspirierte sein Schaffen.

Was jedoch das feudale Wohngebiet auf Namanula mit Regierungssitz, Schule und Hospital angeht, so ist davon kaum etwas übrig geblieben. Es wurde vom Krieg zerstört, von Erdbeben verschüttet wie so vieles andere. »*Seltsam berührt waren wir durch die Erderschütterungen und erregenden Erdbeben, die alle paar Tage oder paar Wochen besonders in den stillen Nächten unsere Betten rütteln*«, schreibt Nolde während seines Aufenthaltes in Rabaul. »*Wir lachten nur und fanden es lustig … Doch hörten wir, dass die länger anwesenden Europäer nach und nach doch recht nervös wurden, die Erdstöße konnten oftmals heftig sein und auch verhängnisvoll. In der Nähe von Rabaul sahen wir eine tiefe, sechs Meter breite Erd-Rinne mit schwefelgelbem Wasser gefüllt, die bei einem Erdbeben entstanden war, und nach unserer Abreise war dort ein ganz heftiges Erdbeben mit Menschentod und großer Zerstörung.*«

Schon als William Dampier (1700) in der Saint George's Bay vor Anker lag, sah er mächtige Rauchsäulen aus einem Krater emporsteigen. Und auch Philip Carteret (1767), der an der Halbinsel entlangsegelte, berichtet von drei dicht beieinander liegenden, hohen Bergen und gewaltigen Rauchwolken. Beide waren sich bewusst: Es handelt sich um Vulkane.

Warum sich die Vulkane jedoch gerade hier angesammelt haben und mit ihnen verbunden so häufig die Erde bebt, fand erst in jüngerer Zeit seine Erklärung: Wie Vanuatu und die Solomonen liegt auch Papua-Neuguinea auf dem »Pazifischen Feuerring«, und zwar auf der indoaustralischen Platte, die sich mit durchschnittlich 15 cm pro Jahr unter die pazifische Platte schiebt. Die Inseln besitzen um die 100 potenziell aktive Vulkane, von denen 17 in den letzten 150 Jahren wenigstens einmal ausgebrochen sind.

Unter den am meisten bedrohten Küstenstreifen befindet sich die Simpson-Bucht mit Rabaul: Sie liegt in der Caldera eines riesigen aktiven Vulkans, dessen explosive Eruptionen sich in prähistorischer Zeit (vor 3600 und 1400 Jahren) ereigneten und die anschließend von der See überflutet wurde.

Der Vulkan wird auch weiterhin keine Ruhe geben: Alle fünfzig bis sechzig Jahre werden Überdruckventile wie Tavurvur oder Vulcan gigantische Aschefontänen herausschleudern und erneut riesige Trichter hinterlassen.

Zwei Mal wurde Rabaul schon von solchen Entlastungs-Eruptionen heimgesucht. 1937 forderte die Katastrophe 500 Menschenleben, und es grenzt an ein Wunder, dass 1994 nur fünf Bewohner von den 20 000 in der Stadt starben. 100 000 Menschen wurden evakuiert, und es entstand ein immenser Sachschaden. Rabaul noch einmal auszugraben hätte keinen Sinn, sagen die Vulkanologen im Observatorium: An den Kraterrand geschmiegt, hat die Beobachtungsstation den Ausbruch überstanden. Ihre Messgeräte und das Warnsystem wurden inzwischen von Experten der Australian Geological Survey auf den neuesten Stand gebracht. Seitdem informieren die Vulkanologen die Bewohner jeden Monat über die aktuelle Situation. Zur Zeit gibt es jeden Tag mehrere Erdstöße, meist nur vom Seismografen registrierbar. In der Tolai-Sprache bedeutet Rabaul »Mangroven«. Werden sie eines Tages die Sieger sein über eine dann untergegangene Stadt?

* * *

Manchmal beneide ich die GEOs im Hotel. Denn natürlich leiden wir in unserem Hauptquartier FREYDIS unter der Hitze und dem Vulkanstaub, der sich überall im Boot verteilt, in jeder Ritze – auf Tellern, in Kleidern, im Haar. Sonnen- oder Insektenschutzcremes werden zur Peelingpaste und Bootsäubern zur Sisyphosarbeit. Baden in der Bucht kann man auch nicht. Notgedrungen sehe ich über vieles hinweg und füge mich ins Unvermeidliche.

Wir fahren zu Jürgen und Kessia auf den Hügel in der Weststadt mit Blick auf die Simpson-Bucht. Dort wohnen sie in einem der solide gebauten Häuser wohlhabender Weißer, die der Asche standhielten. Nach dem Ausbruch waren sie für einen Spottpreis zu haben. Jürgen griff zu. »Die Veranda benutzen wir nicht. Nicht einmal Wäsche kann man dort aufhängen. Alles wird schwarz«, beschwert sich Kessia. Schlimmer ist, dass die Gesundheit leidet: Die verschmutzte Luft führt zu gehäuften Asthmaanfällen und Bronchitis, vor allem bei Kindern.

Bevor uns Kessia mit landestypischen Köstlichkeiten verwöhnt, zeigt uns Jürgen noch die Stelle im Osten der Stadt, relativ dicht am Tavurvur, wo die Familie vor der Vulkaneruption wohnte. Sie liegt an der Straße, die nach Matupit führt.

Sein Haus war von den Erdbeben und der Last der Asche wie ein Kartenhaus zusammengeklappt. Während des Ausbruchs sei er noch einmal zurückgefahren, um die Ohrringe seiner Frau zu holen – »ein Erbstück meiner Urgroßmutter« –, die sie in der Eile in einer der Nachttischschubladen vergessen hatte, erinnert sich Jürgen. Ringsum waren überall schon Mauern eingestürzt, Dächer kollabiert, Stromkabel heruntergerissen und Gärten zugeschüttet. Er hat sie tatsächlich gefunden, und auch das Geschirr konnte er noch ausbuddeln. Kleidung war nicht mehr zu retten; sie war im Sand so heiß geworden, dass sie zerfiel.

»Unglaublich! Gab es eine Warnung? Waren Fluchtwege bekannt?«

Jürgen winkt ab: »Nein, es gab weder Alarm, noch wussten die Leute, wohin sie flüchten sollen. Es war das totale Chaos.«

Am Sonntagmorgen warf das Erdbeben sie aus dem Bett. Der Wassertank war gebrochen und auch ein Fenster. Sie riefen im Observatorium an und wurden beruhigt: Die Situation werde eng überwacht und biete keinen Grund zur Panik. Tagsüber war dann alles ruhig und sie besuchten Freunde. Abends wieder alle drei Minuten Beben. Nun gab es eine erste Warnung. Weisungen wurden keine gegeben und auch keine Vorkehrungen getroffen. Doch die Leute von Matupit waren schon auf der Flucht; sie sagten, es sei wie 1937.

Am Montag rauchte der Tavurvur. Über Radio wurde gesagt, sie sollten in ihren Häusern bleiben, man habe alles im Griff. Etwas später hörten sie einen Knall: Auf der gegenüberliegenden Hafenseite hatte sich der Vulcan dem Ausbruch des Tavurvur angeschlossen. Keine Sirene warnte, zum Glück waren die Leute klüger. Sie waren schon alle auf der Straße. Es gab eine wahre Völkerwanderung weg vom Tavurvur, weg vom Vulcan. Ein stetiger Strom voll beladener Personenwagen, Trucks und Fußgänger bewegte sich aus der Stadt. Erst auf Anordnung von Port Moresby wurden schließlich Busse bereitgestellt, um die Leute zu evakuieren.

Licht und Telefon waren ausgefallen. Hals über Kopf flüchtete er mit seiner Familie und zwanzig anderen Leuten in zwei Pick-ups. Explosion folgte auf Explosion. Es regnete Asche und Bimssteine, und die ganze Stadt steckte in einer schwarzen Wolke. Unterwegs musste er einen der Wagen reparieren; dann merkten sie, dass zwei Kinder mitgekommen waren, deren Eltern fehlten. (Man hat sie später über Anzeigen in der Zeitung gefunden.)

Sie fuhren über den Pass nach Karevat, dann nach Warango und durch den Busch nach Putput, zum Haus eines Kunden. Andere Leute hatten unterwegs ihre Zelte aufgebaut … Nie wieder will er so etwas erleben …

»Habt ihr während eurer Evakuierung wenigstens genug zu essen gehabt?«

Jürgen nickt: Nach dem Ausbruch hat er zwei seiner Schlepper, die mit Diesel und Proviant unterwegs waren, zurückgerufen. Wofür Schiffe alles gut sind! Aber auch sie waren in Gefahr: Die Propeller wurden vom Bimsstein abgeschliffen wie mit Sandpapier. Die Simpson-Bucht war so vollständig damit bedeckt, dass Hunde darüberzulaufen versuchten und versanken. Zwei kleinere Schiffe hat er verloren; sie wurden durch Asche und Tsunamis versenkt. (Es sind diejenigen, deren Aufbauten wir von Bord aus bei Niedrigwasser am Ufer sehen.)

»Doch es gibt keine Alternative zur Simpson-Bucht, jedenfalls nicht, was den Schutz gegen SE-Passat- und NW-Monsun-Winde angeht«, beteuert Jürgen. »Es ist der geschützteste Hafen im ganzen westlichen Teil des Pazifiks.« Seine Vorteile erkannten schon 1884 die Deutschen, denen Klima und Krankheiten im »Kaiser-Wilhelm-Land« (auf der Hauptinsel des heutigen Papua-Neuguinea) erheblich zugesetzt hatten und die deshalb ihr Kolonial-Verwaltungszentrum hierher verlegten.

* * *

Abendessen im Hamamas: Der Koch ist Chinese und das Essen gut. Obwohl chinesische und amerikanische Einflüsse zur Änderung der Essgewohnheiten in Melanesien beigetragen haben, fällt es den Angestellten in den Hotels oft schwer, sich auf westliche Kost einzustellen. »Auf Buka bestand das Frühstück aus Toast, belegt mit Spaghetti und Tomatensoße«, berichten die GEOs, die wir hier treffen. Die beiden planen einen Flug zur kleinen Insel Lihir, nordöstlich von New Britain, um dort eine Goldmine zu inspizieren. Und dann ist da noch der Feuertanz in Gaulim, den zu besuchen uns Pater Escher empfohlen hat. Zuvor will George allerdings noch ein paar Kameraschüsse von der FREYDIS am Fuß des Tavurvur machen.

Also segeln Erich und ich am folgenden Tag zur Matupit-Bucht. Zu Füßen des Tavurvur entdecken wir die GEOs am schwarzen Strand wie sie Einheimische beim Sammeln von Megapodeneiern fotografieren. Sie haben ein kleines Plastikboot mit Außenbordmotor samt Fahrer gemietet, aus dem sie, wie sie uns zurufen, die FREYDIS später fotografieren wollen.

Als wir versuchen, in der Nähe zu ankern, rammen wir fast einen Betonsockel mit Geschütz aus dem Zweiten Weltkrieg, der von einem Beben wie Müll ins Meer gekippt wurde. Weil außerdem der Wind zulegt, beschließen wir, unter Segeln zu warten. Wir kreuzen vor schwarzen Hängen, noch dampfenden Lavazungen und einem schmalen grünen Palmen- und Dschungelsaum am Ende der Bucht, der vom tödlichen Auswurf des Vulkans bisher noch verschont blieb. Am Ufer bringen heiße Fumarolen die schwefelgelbe Brühe zum Kochen und es stinkt intensiv nach Schwefelwasserstoff. Wir fühlen uns wie gedopt von dieser giftigen, energiegeladenen Atmosphäre.

Plötzlich ein Tosen wie von einem gigantischen Bunsenbrenner: Eine weiße, dann schwarze Aschesäule erhebt sich über uns, gefolgt von ohrenbetäubendem Donnern. Aus allen Schloten schießt der Vulkan seine schwarze Munition, die sich zum riesigen Wolkenpilz auswächst und den Himmel dramatisch verfinstert. Kiloweise rieseln Asche und Graupel auf uns herab, aufs Deck, auf die Segel – gibt das etwa Brandlöcher? Schwefelschwaden stechen in die Nase, reizen die Bronchien, treiben Tränen in die Augen. No risk, no fun? 1986 strömten Gase aus dem Tavurvur und töteten sechs Menschen. Hustend und schniefend paradieren wir unter Großsegel und Genua vor dem fauchenden Ungeheuer. Was für Aufnahmen könnte George bei der tiefstehenden Nachmittagssonne jetzt von der FREYDIS machen! Wo die beiden nur bleiben?

»Es hat länger gedauert beim Ostereiersuchen«, lächelt Peter. Als George dann endlich vom Motorboot aus ein paar Fotos schießt und wir uns noch einmal richtig ins Zeug legen, Manöver fahren und Segel wechseln, wissen wir eigentlich schon, dass wir uns umsonst bemühen: Das Licht ist längst verblasst.

Der Sprit ihres Bootes geht zur Neige, sie fahren ans Ufer. Unser Dingi, das sie während der Aufnahmen übernommen hatten, damit wir das Deck beim Segeln frei haben, nehmen sie mit. Sie wollen es mit dem Wagen nach Rabaul zurückbringen und dann nach Gaulim zum Feuertanz fahren. Auch wir beeilen uns und sind schon eine halbe Stunde später wieder an unserem alten Ankerplatz. Doch die GEOs sind weg. Unser Dingi liegt in Sichtweite an Kevins kleinem Boot vertäut, nur Kevin ist zu dieser Zeit nicht mehr auf dem Posten. Wer soll uns das Dingi bringen? Bis wir Jürgen über Funk mobilisieren, falls das überhaupt möglich ist, wäre es zu spät, um Gaulim noch rechzeitig zu erreichen, und schwimmen wollen wir hier auch nicht. An diesem Tag fühlen wir uns reichlich ausgebootet. Wir streichen den Feuertanz und vergraben uns in den Kojen.

* * *

Durch schwefligen Ausstoß sieht der Tavurvur am Morgen aus, als hätte es geschneit: wunderschön und der Friede selbst! Es ist schon so: Selbst Vulkane haben ihre zwei Seiten. Auf der einen sind sie eine ständige Bedrohung für die Bewohner und das Land, auf der anderen eine Quelle der Schönheit und des Reichtums wie auf Lihir, wo die Goldmine mitten in einem erloschenen, aber geothermisch noch immer aktiven Vulkan liegt und eines der größten Goldlager der Erde bergen soll. Ein lohnendes Ziel, auch für die GEOs mit dem Inselhüpfer.

Jedenfalls war die Besichtigung dieses Bergbau-Projekts, das einzigartig auf der Erde ist, für sie ein außergewöhnliches Erlebnis. Peter berichtet von »dumpfen Explosionsketten, die den heißen Fels zerfetzen, in dessen haarfeinen Rissen das Gold eingeschlossen ist, bis zu vier Gramm pro Tonne.« Gold aus einem Pulverfass. Vielleicht ein zweites Bougainville? Wohl nicht. Das Minen-Konsortium habe mit den einheimischen Landbesitzern ein Abkommen ausgehandelt, das, so erfuhren die GEOs vom Minen-Manager, alle Seiten befriedige.

Für ein paar Kina heuern wir ein Kanu mit zwei jungen Einheimischen an, Jo und Paul, und paddeln gemeinsam mit ihnen über den Matupit Harbuor zum Fuß des Tavurvur. Dieses kipplige und nasse Abenteuer nehmen wir auf uns, weil wir hoffen, dort nicht nur Megapodeneier, sondern endlich auch die Vögel – man nennt sie hier »hot wail foul« (heiße wilde Hühner) – aus der Nähe zu sehen. Wir treffen mehrere Bewohner von Matupit an, bewaffnet mit Stöcken, Macheten und Schaufeln: wild ausschauende Kerle mit betelnussroten Mündern und Zähnen und skurrilen Kopfbedeckungen. Gut zu wissen, dass sie nur auf Eierraub aus sind. Hundert Jahre früher hätten wir uns sicher weit weg gewünscht. Aber nun lässt sich alles gut an: Im schwarzen Sand stehen Körbe voller Eier.

»Wir verkaufen sie auf dem Markt, ein Kina das Ei«, erklärt einer von ihnen. »Wollt ihr kaufen?«

»Nein danke, wir wollen die Vögel in Aktion beobachten.«

»Lebende Vögel?«, fragt der mit dem komischen Turban auf dem Kopf. Er geht zu seinem Kanu, greift unter den Deckel eines Korbes und hält ein Federbüschel in der Faust: ein lebendes Küken.

»Was macht ihr damit?«

»Wir essen es!« Der Mann will sich kaputt lachen.

»Nun, es könnte doch sein, ihr zieht es auf und setzt es wieder aus, als Vorsorge …«

»Wir nehmen nicht alle Eier und auch nicht alle Küken – die sind nämlich viel zu flink. Das ist unsere Art, sie zu erhalten«, erklärt ein anderer. Dann eilen alle auf ein Kommando in den Busch zu den schwarzen Hügeln, den »Legebatterien« der »Thermovögel« und graben und schaufeln dort wie die Teufel. Kaum eine Viertelstunde später kehren sie alle wieder zurück, jeder mit ein paar Eiern. Das wiederholt sich alle halbe Stunde. In der Zeit dazwischen legen die Vögel rasch wieder neue Eier in die Höhlen: Offensichtlich ist der Andrang groß, sonst käme diese Art Fließbandarbeit ins Stocken.

»Das Geschäft mit den Eiern ist gut«, sagt der Turbanmann. »Aber es sind nicht nur wir aus Matupit, die hier Eier holen. Am Abend kommen Leute aus der ganzen Umgebung, und die Methodisten graben sogar am Sonntag!«

Für das kleine dunkle Daunenbüschel mit spitzem Schnabel und schwarzen Knopfaugen bezahle ich ein Kina und schenke ihm die Freiheit. Ängstlich hüpft und flattert es zum schwarzen Hang. Einen schlechteren Ort hätte es sich zu seinem Schutz nicht aussuchen können. Denn die Pause ist beendet und die Häscher sind bereits wieder am Buddeln. Rasch fangen Erich und ich es wieder ein und setzen es in den verbliebenen Buschsaum. Dort ist es erst einmal sicher und wohl auch ohne Fürsorge der Mutter überlebensfähig. Zu deren Ehre muss allerdings gesagt werden, dass sie ihr Junges, wenn sie nicht dabei gestört wird, in den ersten Tagen nach dem Schlüpfen doch versorgt.

Ich würde gerne noch eine Weile bleiben. Aber Jo und Paul drängen zum Aufbruch. Erst jetzt merken wir, dass der Wind zugelegt und gedreht hat. Er steht genau in die Bucht und hat eine kurze, steile See aufgebaut. Regen peitscht mir ins Gesicht.

Mitten im »Hafen« passiert's: In einer seitlich anrollenden Welle bricht unser Ausleger vom Kanu ab. Das Paddeln im Einbaum wird schwierig; noch so ein Kaventsmann und wir kentern. Seen rollen über uns hinweg und wir schaukeln wie in einer Waschtrommel. Obwohl pausenlos mit einem aufgeschnittenen Plastikkanister in »schöpferischem« Einsatz, kann ich der Fluten im Boot nicht Herr werden. Wer hätte vor einer Stunde geahnt, dass wir hier in dieser kleinen Bucht in Lebensgefahr kommen? Während wir tief im lauwarmen, schwefelgelbem Wasser sitzen, paddeln Erich, Paul und Jo, was das Zeug hält. Wir haben Glück – und erreichen nass und erschöpft das Ufer.

Über Simpson Harbour steht ein Regenbogen. Zum ersten Mal sehe ich Paul und Jo lächeln. »Kommt ihr wieder?«, fragen sie. »Das nächste Mal nehmen wir ein besseres Boot.«

* * *

Weil Jürgen die Inseln Papua-Neuguineas noch aus seiner Zeit als Perlmuttsammler wie seine Westentasche kennt, fragen wir ihn nach besonders lohnenden Zielen auf unserer geplanten Route über die Trobriands zur Milne Bay, wo unsere Reise mit den GEO-Reportern endet. Er überlegt nicht lange.

»Sehr ursprünglich fand ich das Egum-Atoll, das zwischen der Südostspitze der Hauptinsel Papua-Neuguinea und den Trobriands liegt. In der Mitte der Lagune ragen winzige Inseln heraus. Dort segeln die Menschen noch auf großen traditionellen Kanus, wie seit Hunderten von Jahren, und sie leben auch noch weitestgehend unbeeinflusst von der Zivilisation, weil die Inseln sehr abgeschieden sind und es nicht einfach ist, dorthin zu gelangen. Aber mit eurem flachgehenden Panzer kommt ihr da sicher heil rein und raus.«

»Und was erwartet uns auf den Trobriands, den ›Liebesinseln‹?«

Seine Leute kämen an diesen Inseln nicht vorbei, schmunzelt Jürgen. Sie erfänden tausend Tricks und Ausreden, um eine Nacht dort vor Anker zu liegen und sich an Land mit den Frauen zu amüsieren.

Anhand einer Karte geben wir Jürgens Vorschlag, das Egum-Atoll anzulaufen, an die GEOs weiter. Die beiden wollen sich das überlegen. Als die FREYDIS auslaufbereit ist, kommt George mit dem Schnellboot angebraust. Er will noch auf einen Sprung zu den Duke of York-Inseln und stellt uns im Vorbeifahren nur schnell das Gepäck an Deck, das wir nach Uvol mitnehmen sollen. Dort wollen er und Peter wieder an Bord kommen und nach Kiriwina (Trobriands) mit uns segeln.

Anker auf! Wieder heißt es Abschied nehmen: Jürgen und Kessia waren in dieser chaotischen Stadt für uns der ruhende Pol, wo wir jederzeit menschliche Wärme und Rat finden konnten. Noch einmal gleitet unser Blick über Simpson Harbour, Rabaul, Matupit, Tavurvur, Vulcan und die Beehives – über eine Landschaft, die vielleicht schon bald nicht mehr dieselbe ist, in der Werden und Vergehen so nahe beieinander liegen wie nirgendwo sonst.

Südküste von New Britain

Ehemalige Missionsstation Uvol – Der Heimgekehrte – Ein großes Fest – Kap Dampier

7. November. Unser Ziel ist Uvol in der Nähe von Kap Dampier, an der Südküste von New Britain. Also geht es durch den St. Georges Channel an die Südküste der Insel. Von diesem Küstenabschnitt gibt es keine Detailkarten

und schon gar keinen speziellen Yachtführer. Nur eine Handskizze von Jürgen hilft uns bei der Orientierung. Trotzdem müssen wir nahe der Küste wegen der Riffe sehr vorsichtig sein. Ab und zu sehen wir ein Dorf im Busch, eine Holzfäller-Station, dann – zwei Meilen querab – »Rügenhaven«, eine kleine versteckte Bucht mit dem Dorf Putput – Jürgens Zufluchtort während des Vulkan-Ausbruchs.

Am Nachmittag Gewitter, Blitze. Um Mitternacht überqueren wir die große Wide Bay, und um 01.30 Uhr liegt Cape Orford querab. Nachtblau funkelt die Korallensee, und Delfine ziehen »Feuerschleifen« ums Boot. Bei Tagesanbruch hechten sie immer noch in großer Zahl um uns herum: Hier, über dem 8000 Meter tiefen New Britain Trench, ist der Tisch wohl besonders reich für sie gedeckt.

Etwa fünfzig Seemeilen sind es noch bis zum Ziel. Über Tag dreht der Wind einen Vollkreis. Am späten Nachmittag kommt er wieder von vorn. Böen rauschen auf uns nieder, auf den Wellen brodeln Schaumkronen. Es wird Zeit, dass wir einen Unterschlupf finden.

Kurz vor Dunkelheit haben wir die hohe, vorspringende Landnase Kap Dampier querab. In Jürgens Skizze ist dahinter eine kleine Flussmündung vermerkt. Im letztem Abendlicht entdecken wir die schmale Öffnung. Es riecht nach Busch und feuchter Erde. Wir biegen ein – und da liegt sie am Ufer, die ehemalige Missionsstation Uvol. Das Wasser wechselt plötzlich die Farbe, der Tiefenmesser zeigt nur noch knapp zwei Meter. Dorfbewohner stehen am Ufer und winken. Kanus lösen sich und mithilfe des ortskundigen Fischers Nick überwinden wir die Barre über dem Riff an der Mündung des kleinen Urwaldflusses Kavu. Punkt 18.00 Uhr ankern wir im anderthalb Meter tiefen, 24,5 °C frischen Süßwasser aus den Bergen, direkt an der Pfarrei.

Aus kultivierten Palmenhainen schimmert uns eine ansehnliche, wellblechgedeckte Holzkirche entgegen. Auf der anderen Seite des Ufers wuchert tropischer Regenwald, in dem sich ein Strohhüttendorf versteckt. »Dort wohne ich«, erklärt Nick, und seine Worte klingen wie eine freundliche Einladung.

Natürlich umringen uns Kinder und Jugendliche in Kanus, gucken ins Cockpit und kommentieren ausgiebig jede unserer Bewegungen in ihrer Sprache. Aber mit Einzug der Dunkelheit wird es wunderbar still um uns herum. Und wie froh sind wir, die Nacht bei den wechselnden Winden nicht draußen vor dem Riff oder gar auf See verbringen zu müssen! Hier fühlen wir uns so sicher wie in Abrahams Schoß. Thermischer Wind weht angenehm kühl aus dem Tal heraus. Die GEOs kommen erst morgen – nichts kann unseren Schlaf stören.

* * *

Der Tag erwacht. Noch immer weht eine angenehm frische Brise. Rosa Kakadus fliegen kreischend über uns hinweg und in den Baumkronen machen sich Tauben zu schaffen. Die Flussmündung wird zur Badewanne für Mädchen und junge Frauen: Sie gehen in ihrer traditionellen Bekleidung, dem Lavalava, ins Wasser und erledigen dort fröhlich schnatternd ihre Morgentoilette. Krokodile soll es hier keine geben. Ältere Frauen paddeln mit dampfenden Kesseln in ihren Kanus flussaufwärts, wohl zu ihren Gärten.

Wir setzten zum Missionsgelände über, wo uns Father Bonifaz begrüßt, ein freundlicher Einheimischer, der in Abwesenheit von Father Alphonse hier die Pflichten des Obersten Hirten übernommen hat. Er zeigt uns das Gästehaus, in dem die GEOs logieren werden, die Oberschule, in der sich die Schüler gerade im Prüfungsstress befinden, und eine Art Haushaltsschule, in der junge Frauen das Nähen und Kochen lernen und in der ich zehn Laib Brot für kommende Tage auf See in Auftrag geben kann. Natürlich gibt es auch ein Hospital mit einem tüchtigen »health officer«, Josefa, eine in Vunapope ausgebildete Krankenschwester, und mehrere Hilfsschwestern. Für die Medikamente sei allerdings die Regierung zuständig, doch leider schickt sie keine, und die Schwestern wissen oft nicht, wie oder womit sie die Kranken behandeln sollen. Josefa widmet sich gerade der Schwangerschaftsberatung: Die Wiese vor dem Hospital ist belegt mit werdenden Müttern.

Ein einheimischer Angestellter führt uns anschließend zum etwa einen Kilometer entfernten Dorf an der Küste: eine Reihe von Strohhütten unter Palmen. Vorstand ist ein »counceller«. Er wird von den Bewohnern gewählt und von der Regierung eingesetzt. Aber der traditionelle »bikman« regelt nach wie vor alle Kastom-Angelegenheiten und sorgt zusammen mit dem »counceller« für Recht und Ordnung im Dorf. Im Übrigen gilt hier, wie auf den Trobriands, die matrilineare Abstammungsrechnung: Sie ist einer der Gründe dafür, dass Frauen hier keine untergeordnete Rolle spielen, sondern oft sogar besonders einflussreich sind, denn Rang und Grundbesitz vererben sich über die mütterliche Linie, erfuhren wir von Jürgen und Kessia in Rabaul. Das System fußt auf dem Glauben, die Empfängnis geschehe durch das Eintreten eines Ahnengeistes in den Körper einer Frau.

Heute wissen die Menschen über die physiologischen Vorgänge der Zeugung zwar Bescheid, aber das schließt magische Vorstellungen über die Entstehung der Nachkommen noch lange nicht aus. Immerhin werden nun auch dem Vater gewisse Rechte an seinen Kindern zugestanden. Das Oberhaupt der Familie ist trotzdem ein Mann, aber nicht der Vater, sondern jemand aus der mütterlichen Linie, meist der älteste Bruder der Frau. Er ist verantwortlich für die Erziehung der Kinder seiner Schwestern, ebenso für die Ausrichtung ihrer Hochzeiten. Er ist es deshalb auch, der den Brautpreis für die Mädchen bekommt.

Vor allem in den Küstendörfern lockern sich jedoch die Traditionen. Haben früher die Eltern die Braut für ihren Sohn ausgesucht, so wählt man heute seinen Partner selbst und gibt ihn dann den Eltern bekannt. Muschelgeld ist noch ein übliches Zahlungsmittel beim Brautkauf, wird aber zunehmend von Geldwährung abgelöst. Bis zu 2000 Kina werden hier für die Braut gezahlt. Ein großzügiger und geachteter Mann wird dabei vom ganzen Stamm unterstützt und kann deshalb mehr bezahlen als einer, der keine besondere Stellung genießt oder nicht beliebt ist.

Aufruhr am Ufer. Ein Kind ist gerade vor den Augen seiner Mutter ertrunken. Im Schock hält sie den etwa zweijährigen Jungen an den Füßen. Gibt es noch eine Chance? Ich versuche Mund-zu-Mund-Beatmung, Herzmassage. Eine Schwester aus dem Hospital, die herbeieilt, assistiert mir. Doch es ist nichts zu machen. Nach zwanzig Minuten geben wir auf. Die schwangere Mutter bricht zusammen. Es war ihr erstes Kind.

* * *

Mit dem Pick-up holt Father Bonifaz am nächsten Morgen die GEOs am kleinen Flugplatz und uns am Boot ab und bringt alle zusammen an den Strand des Dorfes, wo gestern das Unglück geschah. Heute stehen die Menschen am Ufer, um Father Alphonse zu empfangen – einen der ihren, der von den Missionaren drei Jahre zum Studieren nach Europa geschickt wurde und nun heimkehren wird. Endlich nähert sich das Boot. Doch kein Jubeln, kein Zeichen der Freude ist zu hören, stattdessen ein großes Lamento. Wir vermuten einen Zusammenhang mit dem Unfall. Doch auch der gerade erst Heimgekehrte vergräbt schluchzend und weinend das Gesicht in den Händen.

»Vor einem Jahr ist sein Vater gestorben«, wird uns erklärt. »Alphonse war weit weg und konnte nicht mit seiner Familie und den Freunden trauern. Das wird nun nachgeholt.«

Menschen drängen sich um den vom Schmerz Übermannten, nehmen ihn in die Arme, reden auf ihn ein, stützen ihn auf dem Weg zum Friedhof. Am Grab seines Vaters überreichen sie ihm Muschelgeld. Alphonse erklärt später, es sei uns sicher seltsam vorgekommen, dass er bei der Ankunft von seinen Gefühlen überwältigt worden sei, aber sein Vater habe ihm stets sehr nahe gestanden. Ich überlege, ob er seinen Gefühlsausbruch auch vor seinem Aufenthalt in Europa uns gegenüber als erklärungsbedürftig empfunden hätte.

Gleich nach der Trauerzeremonie sind sie da, hunderte von Menschen in festlichen Kostümen: Männer mit Blumenkränzen auf dem Kopf und um den Hals, in den Händen hohe Palmwedel, barbusige Frauen und Kinder in gefärbten Grasröcken mit hinten am Bund aufgesteckten, rosa-purpurn gestreiften Blättern, sodass sie ausschauen wie aufgeplusterte Paradiesvögel.

Tanzend, trommelnd und singend bewegen sie sich in einem Festzug, angeführt von begeisterten Kindern, auf den Dorfplatz zu. Eine unglaubliche Freude hat die Menschen erfasst, der wir uns kaum entziehen können. Unsere Fotografen schwelgen in den tollsten Motiven, sind in ständiger Bewegung, selbst Peter knipst wild drauflos. Wie die Zeremonienmeister, die hier jeden Einsatz koordinieren, achte ich darauf, dass Erich im Fotografierrausch bloß nicht George vor die Kamera läuft. Im Moment liegt dieser im Geäst eines Baums auf der Lauer, während unter ihm Festreden gehalten, Geschenke überreicht, Hände geschüttelt und mehrere Tänze von Frauen und Kindern aufgeführt werden. Nicht einmal der Imbiss kann George von seinem Aussichtsposten locken.

* * *

In der Nacht hat es wieder geregnet. Die Fahrt ins Landesinnere am nächsten Morgen mit Father Bonifaz zu Alphonse' Heimatdorf Lausus wird deshalb zu einer holperigen Schlammfahrt. Nach etwa einer Stunde liegt ein fünfzig Meter langer gefällter Baum quer über dem Weg. Ab hier geht's auf Buschpfaden zu Fuß weiter. Immer mehr Menschen mit bunten Blumen, duftenden Kräutersträußen, Blattwedeln und Regenschirmen schließen sich an. Sie kommen aus Dörfern der Umgebung. In einer langen, bunten Karawane ziehen wir zusammen mit ihnen bergauf und bergab durch offenes Gelände, Regenwald und kleine Flüsse. Auf jedem Hügel sind Posten aufgestellt, die unser Eintreffen per Muschelhorn an den nächsten Posten signalisieren.

Flirrende Hitze setzt uns zu. Peter stöhnt, er hat seine Wasserflasche vergessen: »*Was mögen die ersten Missionare empfunden haben, damals, als auch sie den Berg hinaufgeklettert sind, ohne Malariatabletten im Reisegepäck? Wir ahnen etwas von den Entbehrungen, die sie ertrugen, wie sie sich im Fieber wälzten und wie sie ihren Gott anflehten, ihnen nicht noch mehr Prüfungen aufzuerlegen. Aber sie haben die Menschen verändert, ihnen Wissen vermittelt und das Bewusstsein, dass es nicht richtig ist, die Feinde aufzufressen …*«, schreibt er später in GEO.

Schweißgebadet erreichen wir nach eineinhalb Stunden einen Sammelplatz, auf dem wir uns Father Alphonse anschließen, der dort bereits wartet. Von den schwermütigen Klängen der Tritonhörner begleitet, klettern wir zusammen den letzten steilen Hang hinauf zu seinem Heimatdorf. Oben auf dem Plateau bietet sich uns ein unwahrscheinliches Bild, das mir einen Moment lang den Atem stocken lässt: Eine breite Front wild kostümierter Menschen mit Speeren und Schutzschilden schiebt sich unter dumpfem Trommeln und schrillem Geschrei langsam auf uns zu. Gott sei Dank ist das ein Friedensfest! Beim Näherkommen löst sich die Front auf: Die Speere entpuppen sich als hohe Keulenlilien mit lanzettförmigen Blättern, die Schutzschilde als bunt bemalte Willkommenstafeln.

Blumenkränze werden uns um den Hals gehängt und eine Frau bindet mir einen der bunten Baströcke über meine Jeans. Ich fühle mich geehrt und bedanke mich sehr, denn das Anfertigen und Färben eines solchen Kleidungsstückes ist eine aufwändige Arbeit. Erich und George sind in fototechnische Einzelheiten vertieft: Beide wollen aus einem blütengeschmückten Begrüßungsbogen, durch den wir geleitet werden, die herantobende Menge fotografieren.

Ob Erich mit Weitwinkel arbeite, fragt George.

»Mit einem 17er«, nickt Erich.

George: »Dann geh noch einen Meter zurück, und du kriegst den Bogen noch als Rahmen drauf.«

Ich freue mich über seine kollegiale Geste. Allgemein ist die Stimmung auf dem Höhepunkt.

Nun nehmen Familienangehörige und Freunde den Heimgekehrten in Empfang, und noch einmal wird der Tod des Vaters betrauert. »Was singen die Leute?«, frage ich den Englisch sprechenden Einheimischen, der uns zur Seite gestellt wurde. »Father Alphonse ist angekommen, aber Vater und Mutter sind nicht mehr da.« Dann ein Lied, dessen Melodie mir bekannt vorkommt: Klar, »It is a long way to Tipparary«! Es wurde umgedichtet: »Welcome Father Alphonse, it is a long way to go, but you are here again.«

Eine dichte Menschentraube bildet sich um den Gefeierten. Ohne Ende strecken sich auch uns Hände entgegen: von jungen und alten, abgehärmten oder wohlgenährten, finster oder freundlich blickenden Frauen und Männern in Grasröcken oder Lavalavas mit Blüten- oder Delfinzahnkränzen auf krausem Haar, mit Schweinezahnamuletten und Muschelketten auf der Brust, mit und ohne Baby auf dem Arm. Ich hätte gerne mit dem einen oder anderen gesprochen, aber ich beherrsche ihre Sprache nicht und die Zeit reicht nur für ein Lächeln, ein »hay«, »hallo« oder »thank you«.

Alphonse hält wieder eine Rede, diesmal in seiner Muttersprache, und wie eine Fahne, der es zu folgen gilt, weil sie Hoffnung verspricht, schwenkt er seine Magisterarbeit über *Richard Niebuhrs Idee von Christ und Kultur und deren mögliche Anwendung im pazifischen Kontext.*

Jetzt tritt der »food service« aus dem Busch: Blechschüsseln und Töpfe voll Reis, Gemüse, Krabben in Kokosmilch, Keksen und Kokosnüssen werden von Frauen in die Hütte des Gefeierten getragen und zu einem Büfett aufgebaut. Es ist das Festmahl für Alphonse und für uns. Seine strahlend weißen Zähne fallen mir auf: »Ich habe nie Betel gekaut. Aber dafür in Deutschland Wein trinken gelernt – in Maßen«, lacht er.

Draußen ist fast der ganze Dorfplatz mit Essenspaketen bedeckt: Taro, Maniok, Yams und Schweinefleisch in Blätter gewickelt und im Erdofen gegart. Für die 21 Dörfer müssen 42 Körbe damit gefüllt werden – Frauen essen getrennt von den Männern. Und weil Essen so viel bedeutet wie anderswo Geld, geht die Verteilung nicht ohne lebhafte Diskussionen ab. Denn jeder »bikman« achtet peinlich genau darauf, dass er mindestens so viel in seine Körbe bekommt wie die anderen.

Aber schließlich sind alle zufrieden und verzehren in kleineren Gruppen fröhlich ihren Anteil: Picknick im Regenwald. Erich ist müde und lässt sich auf einer Bank aus Bambusstämmen nieder, die prompt durchbricht. Lautes Gelächter, einer ruft »the bamboo breaker« und alle rufen es im Chor. »Jetzt hast du deinen Namen weg«, schmunzelt George. »Mich haben sie in Irian Jaja mal beim Duschen am Fluss gesehen, danach hieß ich nur noch ›white round round‹.«

»White round round« wird von uns gleich darauf vorgeschickt: Er muss eine kleine Dankesrede auf Pidgin halten und unseren Beitrag zum Fest übergeben. Denn natürlich erwartet der »bikman« von Lausus eine kleine Spende.

Höhepunkt des Festes sind auch hier wieder Tänze. Nach dem Wandel in den letzten Jahrzehnten, der auch vor diesen kleinen Dörfern nicht Halt gemacht hat, ist es beeindruckend, wie engagiert sich die Menschen noch ihren traditionellen Masken widmen, obwohl sie deren ursprüngliche Bedeutung oft gar nicht mehr nennen können. Jeder Stamm hat seine Spezialitäten. Hier etwa tragen die Tänzer neben grünen Blätterkleidern besonders komplizierte Kopfbedeckungen mit langen dünnen Ruten wie Antennen.

Am Ende der Vorstellung erscheint noch ein besonders orgineller »Geist« mit einem auf der Antenne aufgespießten, lebensgroß nachgebildeten Schweinekopf und einem Stock in der Hand, mit dem er wild herumfuchtelt und nach den Kindern schlägt, die sich alle eilig verdrücken. Als kleiner Junge habe er schreckliche Angst gehabt vor diesem »ilimo iliho«, verrät uns Alphonse. Wenn er zuschlägt, dürfen die Kinder nicht weinen.

In der Nachmittagshitze verebben schließlich die Festlichkeiten; müde ziehen die Bewohner ab in die verschiedenen Richtungen ihrer Dörfer. Auch vor uns liegt noch ein weiter Weg ohne Pausen, denn wer stehen bleibt, wird von den Mücken verspeist.

Am Abend sind wir wieder an Bord, von draußen dringt das Brandungsgeräusch der See zu uns und vom Ufer das Rauschen der Palmen. Wir tauschen unsere Erfahrungen aus über die Melanesier und kommen zu dem Schluss, dass der Gesamteindruck, den wir von ihnen mitnehmen, der eines liebenswürdigen und hilfsbereiten Menschenschlages ist.

Was uns nachdenklich stimmt, ist nicht der Wandel ihrer alten Kultur und der Untergang alter Traditionen und sicher auch nicht, dass sich die westliche Kultur mit ihren Werten hier langsam durchsetzt: Das ist der Lauf der Zeit. Genauso gut könnte man darüber trauern, dass wir Germanen nicht mehr in Höhlen hausen. Wer trauert schon einer Kultur nach, in der Mord, Totschlag und Kannibalismus gang und gäbe waren?

Traurig ist vielmehr, dass mit den Werten gleichzeitig auch die unangenehmen Seiten unserer Kultur übernommen werden, denen wir selbst gerne entfliehen würden, wie Materialismus, Auseinanderbrechen der Familie, der persönlichen Beziehungen, Kriminalität, Rücksichtslosigkeit. Jürgen: »Eine Frau nachts auf der Straße in Port Moresby oder auch in Rabaul außerhalb des Zentrums wird mit an Sicherheit grenzender Wahrscheinlichkeit vergewaltigt oder beraubt.«

Traditionell gewachsene Strukturen gehen verloren und werden durch nichts ersetzt: Beim Verlassen ihres Familienclans, ihres Dorfes, verlieren die Menschen ihre Einbindung in eine Gemeinschaft, die ihnen Rechte gibt und Pflichten auferlegt und so eine strenge Ordnung schafft. Ohne diese Orientierung aber gilt offensichtlich nur noch das Gesetz des Dschungels – das Gesetz des Stärkeren.

PS: Als ich das Buch fertig stelle, erhalten wir die Nachricht, dass Jürgens Sohn in Rabaul von betrunkenen Rabauken ermordet wurde.

* * *

Unbedingt wollen wir Nick noch in seinem Dorf besuchen und dann zu Fuß weiter zum Kap Dampier. Am frühen Nachmittag paddeln wir deshalb im Dingi zur anderen Seite des Flusses. Vor dem Ufer spielen zwei kleine Jungs mit Holzstückchen im seichten Wasser. So versunken sind sie in ihr Spiel, dass sie uns nicht bemerken. Erst als wir sie fast erreicht haben, rufen ihnen die Erwachsenen am Strand etwas zu. Sie drehen sich um und erschrecken bei unserem Anblick so sehr, dass sie laut schreiend und heulend an den Strand rennen und bei den Erwachsenen Schutz suchen. Diese können sich vor Lachen gar nicht mehr halten, immer mehr Menschen treten hinzu und lachen über die Kleinen und ihre Angst vor den beiden Dim Dim (Weißen) im Gummiboot.

Erich lässt das keine Ruhe: Später wird er mit den Kindern des Dorfes um die FREYDIS herum eine Luftballon-Wasserschlacht veranstalten, bei der sie so viel Spaß mit dem Dim Dim haben, dass sie anschließend nur noch begeistert winken, wenn sie ihn sehen.

Aber erst einmal bummeln wir mit Nick durchs Hüttendorf, dabei eine immer längere Schleppe von Kindern hinter uns herziehend. Hitze und hohe Luftfeuchtigkeit setzen uns zu. Nur einer Wassermelone, von einer freundlichen Frau als Erfrischung gereicht, ist es zu verdanken, dass wir uns doch noch zum Kap Dampier aufmachen. Eskortiert von etlichen großen und kleinen Dorfbewohnern erreichen wir nach etwa halbstündigem Barfuß-Marsch das Kap, das seinen Namen zum Gedenken an den englischen Seefahrer und Piraten William Dampier erhielt. Als erster Europäer betrat er im Jahre 1700 diese Insel. Allerdings nicht genau am Kap, sondern etwas westlich von Uvol, in Montagu Harbour, wo er seinen Bedarf an Frischproviant, Trinkwasser und Brennholz decken konnte und erstmalig mit den Bewohnern in Kontakt kam. »*Die Männer trugen schöne bunte Federn auf ihren Köpfen und Lanzen in ihren Händen. Die Frauen waren weder geschmückt noch hatten sie irgendetwas, um ihre Nacktheit zu bedecken, außer einem Büschel kleiner grüner Zweige, die vorn und hinten unter eine Schnur um die Hüfte gesteckt waren. Auf ihren Köpfen trugen sie große Körbe voll Yams …*«, schrieb er in sein Tagebuch, dessen Inhalt erst Anfang des 20. Jahrhunderts veröffentlicht wurde.

Darin berichtete er auch von großen Kanus mit hohem verzierten Bug und Heck, auf denen bis zu vierzig Männer fuhren. Heute besitzen die Bewohner nur noch kleine Auslegerkanus zum Fischen im Fluss und auf dem Riff. Die Männer tragen bunte Lavalavas oder kurze Hosen, die Frauen oft noch Grasröcke, dazu Muschelketten, Schildplatt-Ohrringe und geflochtene Armreifen.

Für sie ist der Ort nicht wegen des europäischen Seefahrers, sondern aus anderen Gründen beachtenswert: Eine alte Felszeichnung auf einem Kalksteinpfeiler, der sich an der hohen ausgewaschenen Felskante vorwölbt, soll das Antlitz des Schöpfergeistes Ne Halang zeigen. Ihrer Überlieferung entsprechend wohnt er auf dem terrassenförmigen Berg über dem Kap – dass die Einzelheiten dieser alten Schöpfungsgeschichte denen in der Bibel verblüffend ähneln, schreiben wir den Missionaren zu.

* * *

Beim Abschied in Uvol bedankt sich Father Bonifaz für meinen Einsatz bei dem Unfall im Dorf und schenkt mir ein Amulett mit zwei stattlichen Schweinehauern, wie es einige Männer auf dem Fest trugen. Doch bei diesem entdecke ich zwischen den Zähnen ein silbernes Kreuz. Nachdenklich betrachte ich die liebevoll arrangierte Vereinigung heidnischer und christlicher Glaubenselemente, die mir wie ein Symbol für die kreative Kraft dieser Menschen erscheint, westliches Kulturgut und ihre Traditionen zu etwas ganz Eigenem zu verschmelzen.

Die GEOs kommen wieder an Bord. »It's painful to see«, mokiert sich George, als Peter im Dingi das Gleichgewicht verliert und dabei fast ins Wasser fällt. Aber ich denke, wenn ich erst mit sechzig Jahren lernen müsste, Rad zu fahren, hätte ich sicher ähnliche Probleme. Die beiden haben noch ein Holzfäller-Camp in der Nähe aufgesucht. Wie sie von den dort beschäftigten Filipinos hörten, gehen die Geschäfte schlecht, und die Arbeit ist weitgehend eingestellt. Wir fragen uns, ob das etwas zu tun hat mit den gerade aufgedeckten Korruptionsfällen zwischen asiatischen Geschäftsleuten und Einheimischen in hohen Positionen, von denen wir in Rabaul hörten.

Die »Inseln der Liebe«: Kiriwina

Klischees – Erste Eindrücke – Provokation und Enttäuschung – Die verschlungenen Wege der Ahnen – Ausflug nach Labai

Am Nachmittag ist die FREYDIS klar zum Auslaufen. Ohne Probleme nehmen wir bei Hochwasser die Riffhürde und schwenken dann auf südlichen Kurs. Unter Genua laufen wir Richtung Kiriwina, größte Insel der Trobriands, einer Gruppe von Korallenatollen mit etwa 20 000 Einwohnern vor der Hauptinsel des heutigen Papua-Neuguinea – politisch ein Teil der Milne Bay Province.

Es war Bruny d'Entrecasteau, der vor über 200 Jahren, auf der Suche nach der verschollenen La Pérouse-Expedition, die Inseln auf seiner Karte eintrug und nach Denis de Trobriand, einem Leutnant seiner Fregatte, benannte. Betreten hat er sie nicht, das blieb erst fünfzig Jahre später einigen amerikanischen Walfängern, Sandelholz- und Perlenhändlern vorbehalten, die ihre Besuche jedoch bald wieder einstellten. Um die Jahrhundertwende (damals hatten die Trobriands nicht mehr als 8000 Einwohner) trafen die ersten Missionare ein. Und bald kamen auch deutsche Forscher von Neubritannien und kauften Schnitzereien im Auftrag von Museen.

Weltberühmt aber wurden die Korallenkrümel erst durch den polnischen Völkerkundler Bronislaw Malinowski. Eigentlich hatte er den Norden Papua-

Neuguineas erforschen wollen. Ein kurzer Zwischenstop des Schiffes auf den Trobriands und das, was er dort sah, bewog ihn jedoch zu bleiben – insgesamt zwei Jahre lang (zwischen 1915 und 1918), eine Zeit, in der er vornehmlich auf Kiriwina die Sitten und Gebräuche der Bewohner nach einem neuen wissenschaftlichen Konzept für die Nachwelt niederschrieb.

Natürlich gab es bereits vor ihm Völkerkundler, aber keiner hatte so lange Feldstudien durchgeführt, die Sprache der Bewohner beherrscht, mit ihnen gelebt und sich bemüht, ihre Sichtweise der Dinge zu verstehen. Die eigene Gesellschaft war bis dahin das Maß aller Dinge gewesen, und weil diese bekanntlich immer die überlegene ist, bestand das »Naturvolk« aus geistig unterlegenen Geschöpfen – und man selber zählte sich zum »Kulturvolk«. Malinowski dagegen hatte die Trobriander einfach als Menschen beschrieben, als Individuen einer andersartigen Gesellschaft.

Erst diese besondere Forschungsweise hat die Ethnologie (Sozialanthropologie) in den Rang einer anerkannten wissenschaftlichen Disziplin erhoben. Deshalb ist Malinowski heute für die Ethnologen, was Freud für die Psychotherapeuten ist. Übrigens war er während seiner Studien mit Freuds Gedankengut bestens vertraut.

Mit seinen Veröffentlichungen *(Das Geschlechtsleben der Wilden, Argonauten des westlichen Pazifiks* und *Sex, Culture and Myth)* erlangte er weit über den Kreis von Wissenschaftlern hinaus Popularität. Nach dem prüden 19. Jahrhundert war die Zeit reif, um eigene festgefahrene Ansichten und beengende Tabus zu hinterfragen und Alternativen in anderen Kulturen zu suchen. »*Wir erkennen vielleicht sogar,*« schreibt ein Bewunderer im Vorwort zu seinem Werk, »*dass der Wilde in gewisser Hinsicht sich hier eine schönere Kultur gestaltet hat als der Kulturmensch.*«

150 Jahre vor ihm hatten Bougainvilles Schilderungen der Tahitianer – ihre Freizügigkeiten in der Liebe, die Abwesenheit jeden Gefühls für Besitz, Schuld oder Sünde – die romantischen Aufklärer in Paris schon bewogen, die naturwidrigen europäischen Sitten anzuklagen. Nun sorgten Malinowskis Berichte für Furore mit Aussagen wie: »*Sexualität ist nicht tabuisiert, sondern geradezu erwünscht und wird schon bei Kindern gefördert, und orgiastische Feste unterbrechen regelmäßig den Alltag.*«

Das Thema »Sex« löste bei unseren Großeltern und Eltern noch erhebliche Berührungsängste aus. Malinowski selbst war alles andere als glücklich über die Reaktion seines Publikums, das diese »Sensationen« so einseitig herausstellte. Denn wie einst mit Tahiti verband sich bald auch mit den Trobriands das Bild eines sinnlichen Liebesparadieses. Dieses Klischee als »Südseeparadies« oder »Inseln der freien Liebe« ist dem Archipel bis heute geblieben.

* * *

Am Abend melden wir uns bei Christian und Harald über Funk. »Jetzt sind wir gerade auf dem Weg zu den Trobriands«, beendet Erich seinen Bericht über Uvol. »Zu den Liebesinseln?«, schwingt es durch den Äther: »Zum Yamsfest sollen die Frauen dort ziemlich wild sein und die Männer vergewaltigen, haben wir gehört. Heide soll bloß auf dich aufpassen!«

Schon seltsam: Was uns in Kieta erwartet, wusste damals keiner, über die Trobriands weiß jeder Bescheid. Tatsächlich gibt es eine Menge Informationen und nicht nur aus der Gerüchteküche. Die öffentlichen Medien haben das Thema immer wieder aufgegriffen. Auch in GEO gab es über die Inseln schon vor Jahren eine ausführliche Reportage mit dem Titel *Das gerettete Eden* – übrigens von keinem Geringeren als Paul Theroux. Peter muss sich anstrengen, wenn er da noch etwas draufsetzen will! Theroux schreibe zynisch und ergötze sich an den Schwächen seiner Mitmenschen, findet Erich und bezieht sich dabei auf Passagen aus dessen Buch *Die glücklichen Inseln Ozeaniens.* Er lese keine Zeile mehr von ihm. »Und mich interessiert das Buch höchstens, weil er so boshaft schreibt«, lächelt George maliziös.

In der Nacht zieht erst einmal ein mächtiges Gewitter über uns hinweg, Blitz und Donner. Ein lang anhaltender Regenguss danach. George, der sich auf der Bank im Cockpit ausgestreckt hat, weil es ihm unten zu heiß ist, rollt seine Matratze weg. Trotzdem wird alles nass und bleibt klamm, auch meine Kleidung. Die Regenzeit hat eingesetzt, der Wind kommt mal aus dieser, mal aus jener Richtung. Ständig muss ich die Segelstellung ändern, ein- und wieder ausreffen. Am Ende schläft der Wind ganz ein. Ich starte die Maschine.

Nächste Wache: Spiegelglatte See, kein Lüftchen regt sich. Der Motor surrt wie eine Nähmaschine, die Heckwelle gleicht einer schnurgeraden Naht. George ist in seine Kamera vertieft.

»Das nenn ich Wache gehen«, frozzle ich, »und was ist, wenn nun ein Eisberg kommt?«

»Dann umarme ich ihn!«, lächelt George und fügt hinzu: »Aber vor zehn Minuten trieb eine Plastikflasche vorbei, das war auch sehr aufregend.«

George hat einen hintergründigen Humor, oft gewürzt mit Ironie, manchmal auch verletzend. Aber man kann sich gut mit ihm unterhalten, und wenn der Skipper beim Segeln einmal Hilfe braucht, ist er immer ansprechbar. Auch mit Peter haben wir ein gutes Verhältnis.

Am späten Nachmittag gehen wir an einem Fischerboot aus Manila längsseits. Seine Mannschaft ist schon sechs Monate auf See und freut sich über Abwechslung. Gerade haben sie einen großen Gelbflossen-Tunfisch geangelt, der zusammen mit zwei Hähnchen aus der Tiefkühltruhe und vier frisch gebackenen Brötchen gegen eine Flasche chilenischen Pisco auf die FREYDIS wechselt. Während wir uns heißhungrig auf die Brötchen stürzen, klettert George in den Mast und fotografiert die beiden ungleichen Boote aus der Vogelperspektive. Von seiner Arbeit lässt sich George durch wirklich gar nichts abhalten.

* * *

Wir nähern uns Kiriwina, mit vierzig Kilometern Länge und nur drei bis dreizehn Kilometern Breite erscheint sie mir auf der Karte wie ein großes Fragezeichen. Außer Kitava sind alle Insel der Trobriands sehr flach und umgeben von Riffen, die sich bis zu zehn Kilometer auf See erstrecken. Vorsichtiges Navigieren ist deshalb lebenswichtig. In der Nacht passieren wir unter Radar und Echolot die schmale Wasserstraße zwischen Kaileuna und Kiriwina und ankern gegen 01.00 Uhr nachts direkt vor dem Riff der Hauptinsel, um mit dem morgendlichen Hochwasser in die Lagune einzulaufen. Erich und ich sind hundemüde. Endlich können wir uns ein paar Stunden Schlaf gönnen. Die GEOs halten Ankerwache – Peter erklärt sich sogar zu einer Doppelwache bereit. Zu seiner eigenen Überraschung konnte er unterwegs gut schlafen und will nun im Cockpit am Laptop arbeiten.

Früh am Morgen weht eine zarte Brise, das Wasser ist gestiegen und der Weg frei in die Lagune mit der grünen Insel, paradiesisch! Nach dem brutal durch den Bürgerkrieg zerstörten Kieta und dem vom Vulkan erstickten und verwüsteten Rabaul wäre nun tatsächlich mal ein Südseeparadies an der Reihe, finden wir.

Gleich nach dem Frühstück mit Brot aus Uvol, Bananen-Marmelade und Kaffee wollen wir einlaufen. Aber wie aus dem Nichts erscheinen vor uns große Auslegerboote mit malerischen Patchwork-Segeln aus Koprasäcken. Da heißt es nichts wie hinterher, George hat den Finger schon am Abzug: Die großen ethnologischen Sammlungen werden heute in kleinen Kameras gemacht.

Aber nicht nur die frachtbeladenen Fahrzeuge sind ungewöhnlich, auch die Menschen darauf: Sie haben hellere Haut und fast polynesisch geschnittene Gesichter. Sind wir in einem Land im Land?

Es dauert lange, bis George genug Fotos im Kasten hat. Das Wasser läuft schon ab – zu spät für den Sprung über die Barre. Da nähert sich eine Motorbarkasse mit unserem Freund Helmut aus Berlin, den wir auf Kiriwina erwarten – er will uns auf dem letzten Stück unserer GEO-Reise begleiten.

Die GEOs nutzen die Gelegenheit und lassen sich von der Barkasse zur Kiriwina Lodge am Ufer der Lagune übersetzen. Erich und ich schlafen noch ein paar Runden und schlängeln uns am Nachmittag zur Pier von Losuia, der Hauptstadt Kiriwinas. Ein Pulk großer Auslegerboote dümpelt davor; nach dem bunten Treiben an Land zu urteilen, ist gerade Markttag. Wir beschließen deshalb, nicht längsseits zu gehen, sondern erst einmal 150 Meter vom Molenkopf entfernt zu ankern und unseren Aufenthalt hier in aller Ruhe anzugehen.

Schnitzer in Kanus kommen längsseits, bieten herrliche Schalen und Figuren an. Wie die Bewohner der Marovo-Lagune sind sie begnadete Handwerker und Künstler. Auch an ihren Booten ist alles handgefertigt und mit Naturfasern zusammengebunden.

Ich kann nicht widerstehen: Unsere FREYDIS wird um einen Fisch reicher – es ist einer aus Ebenholz mit Perlmutteinlagen und aufregenden Glotzaugen aus Trochus-Muscheln. Wir haben kaum noch einheimische Währung. Zwar gibt es in dem Ort eine Polizeistation, eine Highschool, eine Klinik (die Gebäude sind ziemlich verwahrlost und einen ausgebildeten Arzt sucht man darin vergebens), Kirchen, Regierungsbüros und kleine Läden – aber keine Bank! Wir hoffen, wenigstens in der nicht weit entfernten Kiriwina Lodge ein wenig Geld umtauschen zu können.

* * *

Nach heftigem Gewitter mit Regenfluten verholen wir die FREYDIS zur Lodge, wo die GEOs ihr restliches Gepäck übernehmen. »Nur drei bis vier Mal im Jahr ist sie belegt, sonst steht sie leer«, klagt Dennis, der englische Besitzer, der uns ein paar Dollar einwechselt. »Wir würden sie aufgeben, wenn wir nicht auch wohnen müssten. Deshalb läuft sie weiter.«

Wir überbringen ihm die Grüße von ZDF-Korrespondent Thomas Euting, den wir von einer gemeinsamen Segelreise auf der FREYDIS kennen. Thomas hatte uns die Lodge als Anlaufstelle und Dennis als Experten in Sachen Trobriands empfohlen. Er hatte 1996 dort Gin Tonic getrunken und Batterien geladen, während eines ZDF-Filmprojektes über die Trobriands (*Lockende Südsee – Im unheiligen Paradies*), bei dem er sich auf die Spuren Malinowskis begab, um nachzuschauen, ob »die Inseln der Liebe« noch immer sind, was der Forscher gefunden zu haben glaubte: das Paradies vor dem Sündenfall.

Wir wollen endlich mit eigenen Augen sehen, wie die Kultur den Ansturm dieses Jahrhunderts überstanden hat. Gleich am nächsten Morgen besuchen wir das Dorf Oyuveyova, direkt hinter dem Strand der Bucht.

Auf dem Weg dorthin begegnen wir Schulmädchen im Kleid oder T-Shirt und Wickelrock, Schulbücher und Hefte auf den Köpfen balancierend, und weil es wieder zu regnen beginnt, halten sie große Taroblätter darüber. Sie lächeln nicht schüchtern, wie wir es von vielen anderen Inseln auf dieser Reise gewohnt sind, sondern lachen uns an, offen und mit strahlend weißen Zähnen. Vielleicht klärt die Schule darüber auf, dass Betelkauen schädlich ist. Das wäre immerhin ein Fortschritt in der Gesundheitsfürsorge. Denn im Übrigen gilt auch hier: Drei Dinge braucht der Mensch – Betelnuss, Senfstängel und Kalk. Fast jeder Erwachsene hat ein Säckchen oder Behälter für diese Dreifaltigkeit. Kleine Jungs hüten in ihren Kanus ein Feuer und brennen Koralle. Die Alten kauen manchmal schon auf dem Zahnfleisch, und wenn auch das nicht mehr geht, zerreiben oder zerstampfen sie Nuss und Zubehör mit einem Holz- oder Steinmörser.

Auffallend ist jedoch, wie sich die Menschen hier rein äußerlich etwa von den rabenschwarzen Melanesiern auf den Salomonen oder auf Bougainville unterscheiden. Darüber hatten sich bereits die ersten europäischen Besucher gewundert. Georg Forster 1774: »*Die wenigen Reisenden, welche dahin gekommen sind, melden nur so viel, dass Neu Guinea von mehr als einer Nation bewohnt wird, und was das Merkwürdigste ist, dass unter denselben, außer den Negern, auch Leute von hellerer Leibesfarbe vorhanden sind, die, nach ihren Gebräuchen zu urteilen, mit den Einwohnern der Gesellschafts- und Freundschafts-Inseln nahe verwandt sein dürften.*«

Das Dorf sieht genauso aus wie die Dörfer auf Malinowskis Fotos: Dicht beieinander stehende, sehr kleine Holzhütten mit geflochtenen Wänden und Blätterdächern – so klein sind sie, weil keine größer sein darf als die vom Paramount Chief. Nur die Yamstürme der Chiefs in der Mitte – hölzerne Vorratsschreine für die lebenswichtigen Yamsknollen – dürfen hoch hinaus gebaut werden. Dass Hütten und Speicher auf Pfählen stehen, weil der Boden sich bei Regen in Schlamm verwandelt, wird uns erst jetzt richtig verständlich. Mit Wellblech gedeckt ist nur die kleine Kirche, und damit scheint der Fortschritt, zumindest in diesem Dorf, auch schon zu Ende: Es gibt keine Autos, keine Stromversorgung, kein TV.

Das Leben spielt sich jetzt am Tag auf der Veranda oder einfach im Freien ab. Wir sehen Frauen mit verrußten Aluminiumtöpfen an qualmenden Kochfeuern, Männer beim Reparieren der Hütten, spielende Kinder, betelkauende Alte, dösende Greise, struppige Hunde, freilaufende und in Abfällen wühlende Schweine, ein paar Hühner.

Ganz neu für uns ist, dass die Bewohner für jedes Foto Geld verlangen und dass fast alle Kinder und Jugendliche etwas von uns geschenkt haben wollen. Kannst du mir ein Ticket für die Fahrt nach Hause kaufen … Kannst du mir Spielsachen, Hefte, Kulis geben? So geht das in einem fort. Auch die Schnitzer sind aufdringlich und reagieren ungehalten, wenn wir ablehnen. Lächeln wird nicht mehr so freigebig verteilt. Überhaupt ist niemand freundlich zu uns, ohne anschließend etwas zu verlangen. Die Kinder gebärden sich sogar ungewohnt frech, indem sie hinter unserem Rücken über uns lachen, an unserer Kleidung ziehen, unsere Taschen öffnen, unsere Sprache nachäffen und obszöne Gesten machen. Jedenfalls fühlen wir uns wie vor den Kopf gestoßen und verlassen schon bald wieder den ungastlichen Ort.

Nicht einmal der einheimische Kirchenvertreter, der uns über den Weg läuft und uns geradezu herzlich zu den Abschluss-Feierlichkeiten der Methodisten-Schule (Sunday School of Methodists) am Nachmittag »mit Preisverleihung, Tänzen und Imbiss« einlädt, kann uns noch umstimmen.

Wieder in der Lodge treffen wir die GEOs, die über ähnliche Erfahrungen berichten: »Gestern habe ich auf dem Markt einen Papageienfisch fotografiert, wofür der Fischer gleich wieder Geld verlangte«, brummt George. »Da habe ich ihn gefragt, ob er den Fisch so schön bemalt hat.«

George hält nichts von den kleinen Freundschaftsgeschenken, Luftballons, Süßigkeiten, Postkarten, Taschenmesser oder Angelzubehör, die wir an Bord haben und häufiger verteilen. Seiner Meinung nach wecken sie nur die Gier, unterdrücken traditionelle Gastfreundschaft und untergraben die Kultur. Auch Peter ist der Ansicht, dass der »weiße Mann« selbst schuld sei am Verhalten der Bewohner.

Dennis, der seit Ende der 1960er in PNG lebt und dessen Frau eine Einheimische ist, zuckt nur mit den Schultern:

»Sie sind so arm«, meint er, »wenn sie uns sehen, denken sie, warum wir nicht mit ihnen teilen.«

Von ihm erfahren wir auch, dass eine australische Filmgesellschaft vor einem Jahr im Dorf über eine alte Legende einen Film gedreht hat. Vielleicht wollen sie auch deshalb für jedes Foto bezahlt werden.

Kiriwina ist die meistbesuchte Insel dieses Archipels und mit der Außenwelt am besten verbunden: Einmal im Monat kommt das Touristenschiff MELANESIAN DICOVERER aus Madang, wobei das Yamsfest (meist im Juni) die Schaulustigen ganz besonders anzieht. Ist der Strom von »Anthropologen«, von Filmteams, Journalisten und Touristen – unter anderem angelockt von der angeblichen sexuellen Freizügigkeit – verantwortlich für die mangelnde Achtung vor den Weißen, die sie so geringschätzig »dim dim« nennen?

Das macht sie leider auch taub für wertvolle ökologische Ratschläge. Am Anleger begegnen wir sechs Australiern, die als Volontäre bei einem Wiederaufforstungsprogramm im Inneren der Insel arbeiten. Dabei geht es nicht um die Beseitigung von Flurschäden, die ausländische Holzfäller-Firmen anrichten. Es geht um Umweltsünden der Bewohner selbst: Brandrodung des Regenwaldes für ihre Gärten und das wahllose Fällen von Bäumen, um sie zu Kletterstangen für Yams-Pflanzen zu verarbeiten. »Das Zerstörungswerk der rasch wachsenden Bevölkerung kann die Natur nun nicht mehr ausgleichen«, erklärt die Gruppe.

»Und, hat euer Einsatz Erfolg?«

»Nein, die Leute fällen weiter Bäume«, gestehen sie desillusioniert. »Wir versuchen ihnen erst einmal ein Bewusstsein für Ökologie zu vermitteln. Aber bisher ist auch das frustrierend – eine Sisyphosarbeit!«

Natürlich führen indiskrete Fragen der Fremden und deren Neugier zu Unverständnis und Ablehnung bei den Einheimischen. Andererseits hat diese Überheblichkeit gegenüber den Weißen wohl auch zur Bewahrung der eigenen Kultur beigetragen. Als in den 1950er-Jahren die ersten Ethnologen nach Malinowski eintrafen, fanden sie die Kultur der Trobriander nur wenig verändert vor. Zwar waren im Zweiten Weltkrieg ein Hospital und zwei Flugplätze von den Alliierten auf Kiriwina gebaut worden – die Insel hatte als Zwischenstation auf dem Weg nach Rabaul gedient –, aber dadurch hatte das moderne Leben die Bewohner noch lange nicht erreicht.

Der einheimische Kirchenmann fällt mir wieder ein und seine gut gemeinte Einladung. »Damit will er uns doch nur für den Methodismus ködern«, vermutet Erich. Aber das ändert nichts an meiner Einsicht, dass auch wir nicht alle Bewohner über einen Kamm scheren dürfen, wie wir es den Einheimischen vorwerfen. Wir sind mit Informationen »vorbelastet« und haben dabei übersehen, dass es die Menschen hier genauso sind. Und das Schlimmste: Die GEOs und wir passen genau ins Klischee der neugierigen Dim Dim: Zwei, die fotografieren und zwei, die fragen und aufschreiben!

* * *

Vielleicht sollten wir uns nicht so schnell abschrecken lassen und doch an den Feierlichkeiten teilnehmen. Dennis rät uns, einen Wächter zu nehmen, wenn wir das Boot verlassen. Sein einheimischer Manager John will zehn Kina, dafür leiht er uns Norbert, einen jungen Mann, der gelegentlich auf der Lodge für ihn arbeitet.

Nachdem wir Norbert mit Erfrischungen und Zeitschriften versorgt haben und er versprochen hat, während unserer Abwesenheit niemanden an Bord zu lassen, wagen wir einen neuen Anlauf ins Dorf. Dort setzen wir uns auf eine Wiese unter ein eigens für die Zuschauer aufgestelltes Wellblechdach und schauen der Preisverleihung zu. Stundenlang werden Kinder und Eltern namentlich aufgerufen und Seifen und andere Kleinigkeiten an sie verteilt. Es hat aufgehört zu regnen und ab und zu scheint sogar die Sonne. Mädchen und Frauen tragen bunte Kleider, Blumen im Haar, aus Fasern geflochtene Armreifen und Ohrringe aus Schildplatt. Die Lehrer brillieren in schwarzen Hüfttüchern, weißen Hemden und schwarzen Krawatten, die Kirchenvertreter gar in schwarzen Anzügen, was sich in einem Blätterhüttendorf bei Temperaturen von über dreißig Grad und extremer Luftfeuchtigkeit für uns etwas »overdressed« ausnimmt.

Auch die GEOs sind im Dorf. Nach einer Weile schaut George bei uns vorbei: Er hat drei Gestalten auf der FREYDIS gesehen und fragt, ob das seine Richtigkeit hat. Vom Strand aus können wir an Bord sogar vier Gestalten erkennen. Eine abgekartete Sache? Wir eilen zum Dingi am Steg der Lodge. Dort quittiert John unsere Aufregung mit einem Achselzucken, was unser ungutes Gefühl noch verstärkt. Wenn sie die FREYDIS aufbrechen und ausrauben, können wir die Reise vielleicht gar nicht mehr fortsetzen!

Erleichtert stellen wir fest, dass an Bord alles in Ordnung ist.

»Das waren meine Brüder, die wollten mir mein Mittagessen bringen«, windet sich unser Wächter. Er wird entlassen. Wir fühlen uns gelinkt und sind verärgert. Noch nicht lange hier, empfinden wir schon viele Verhaltensweisen als Provokation.

»Sorry, sorry!«, ruft Dennis bedauernd, als er von dem Vorfall erfährt. »Norbert ist ein anständiger Kerl, aber er genießt keinen Respekt. Da kommt trotzdem an Bord, wer will.« Nach einer kurzen Pause sieht er eine Lösung:

»Nur der alte Tokawaga hat im Dorf so viel Autorität, dass er etwas untersagen kann. Er kommt des Öfteren abends in der Lodge vorbei, ich werde ihm ausrichten lassen, dass wir etwas zu besprechen haben.«

Am Abend erscheint Tokawaga tatsächlich in der Lodge. »Niemand wird mehr euer Schiff ungebeten betreten«, versichert der weißhaarige alte Mann und gibt uns damit den Startschuss zu neuen Plänen.

Während Peter und George ihr eigenes Programm austüfteln, versorgt uns Dennis mit Informationen über die Insel. Er will versuchen, einen Besuch in Labai für uns zu arrangieren, einem Dorf im äußersten Norden der Insel. Am Abend finden wir einen Zettel an Bord: »Topsy wird euch nach Labai bringen, um Tolosi zu besuchen. Er ist sehr gut und Tolosi kann euch weiterhelfen mit Legenden usw. Schaut euch auch die Höhlen an. Topsy ist bereit, sobald ihr es seid. Dennis.«

* * *

Topsy sei nur sein Dim Dim-Name, die Weißen könnten die traditionellen Namen nicht aussprechen und nicht behalten, erklärt der magere, hustende Mann Mitte Vierzig. Topsy ist nicht irgendwer: Ein Stipendium der Regierung hat ihm ein vierjähriges Studium in Rechnungswesen an der Universität in Lae mit Bachelor-Abschluss ermöglicht. Danach war er eine Zeitlang in Port Moresby als Steuerberater tätig. Weil es auf den Trobriands aber keine Steuern gibt und deshalb auch nichts zu beraten, arbeitet er nun als Berater der Bezirksregierung von Kiriwina.

Sein Husten klingt besorgniserregend, aber Topsy raucht weiter. Von Lungenkrebs und Tuberkulose hat er schon gehört und hält Krankheit nicht mehr nur für bösen Zauber. Seine fünf Kinder und zwei Adoptivkinder hat er alle von einem deutschen Arzt, der hier im Hospital gearbeitet habe, behandeln lassen:

»He puts injections on children, they cry«, lacht er und radebrecht den Namen Wulf Schiefenhövel.

Der Arzt und Verhaltensforscher Schiefenhövel war seit Anfang der 1980er auf den Trobriands an einem Gemeinschaftsprojekt beteiligt, das unter der Leitung der dortigen Abteilung für Humanethnologie die Fachgebiete Humanethnologie, Ethnologie und Linguistik vereint. An Hand »genetischer Marker« ist er der Herkunft der Trobriander auf der Spur. Je nachdem, welche Variante eines Markers ein Mensch in sich trägt, lässt sich auf die Wanderschaft seiner Vorfahren schließen. Durch diese moderne Form der Ahnenforschung können die verschlungenen Wege der Menschheit nachgezeichnet werden – von den Anfängen in Afrika bis in die letzten Winkel der Erde, bis zu den Trobriands.

Professor Schiefenhövel konnte die Untersuchungen der Linguisten (auf den Trobriands wird eine austronesische Sprache gesprochen) bestätigen: 99 Prozent der Trobriander wiesen eine Genmutation auf, die nur in Asien vorkommt, also von den Austronesiern stammt.

»Das schließt aber natürlich nicht aus, dass die Insulaner auch die Marker der non-austronesischen Urbevölkerung in sich tragen«, erklärt der Forscher. »Darüber hinaus erzählen männliche und weibliche Marker unterschiedliche Geschichten, die das Heiratsmuster der Inseln verraten: Männer stammten von der Insel, Frauen kamen von außen.«

Auch die relative Resistenz gegen Malaria kann auf eine Mutation im Erbgut zurückgeführt werden, so Schiefenhövel. Als es vor 20 000 Jahren wärmer wurde, siedelten sich die Non-Austronesier in den Bergen der Hauptinsel an – oberhalb von 1600 Metern, wo es keine Malaria gab. Erst die Neuankömmlinge, die Austronesier, die mit ihren Schiffen kamen, siedelten tiefer und waren der Krankheit ausgesetzt. Dank der besseren Überlebenschancen durch die Mutation konnte sich das Merkmal verbreiten. Mutationen der DNA, die zu Resistenzen gegen tödliche Erkrankungen führen, sind jedoch seltene Glücksfälle.

»Heute leben die Trobriander in großer Angst vor Aids«, versichert der

Arzt. Zwar seien sie eine nicht-homosexuelle Gesellschaft, weil Homosexualität streng tabu ist. Aber es gibt homosexuelle Weiße, die hier leben und die sich einheimische Partner kaufen. Die Erkrankung ist bereits verantwortlich für die meisten Todesfälle im Hospital in Port Moresby. Eigentlich habe er vorgehabt, ein Anti-Aids-Programm auf den Trobriands zu starten, bisher aber leider noch keinen Sponsor dafür gefunden.

* * *

Am Morgen ziehen Erich und Helmut mit Topsy alleine los. Ich habe mich bei den feuchten Nachtwachen an Bord erkältet – in den Tropen erkältet! – und muss die Koje hüten. Was heißt die Koje, das Boot muss ich hüten! Ab Mittag fauchen schwere Regenböen über die Lagune. Als ich Hals über Kopf die Sonnensegel berge, geht ein Rucken und Zittern durchs Boot und ich höre ein schabendes Geräusch. Grundberührung! Hält der Anker nicht? Ausgerechnet jetzt muss das passieren. Nicht auszudenken, wenn das Boot strandet! Danach ist alles wieder ruhig; die FREYDIS schwimmt auf ihrer alten GPS-Position. Bei der nächsten Bö dasselbe Spiel. Nicht der Anker slipt, sondern die Kette streckt sich während der Böen, sodass die FREYDIS die Uferböschung erreicht. Ich hole fünf Meter Kette ein und halte unter Motor gegen die Böen an. Das funktioniert, die FREYDIS bleibt weg vom Ufer. Aber was ist, wenn der Wind zulegt? Der Schreck sitzt mir tief in den Gliedern. Zum Glück nimmt der Wind am späten Nachmittag ab.

Als Erich und Helmut kurz vor Dunkelheit zurückkehren, ist die Front durchgezogen und der Himmel zeigt blaue Flecken. Die beiden sind ziemlich erschöpft und nehmen erst einmal eine Seewasserdusche. Die Fahrt in einer Rappelkiste von Geländewagen auf der einzigen, noch dazu extrem schlechten Straße, die nach Norden führt (sie wurde im Zweiten Weltkrieg von der US-Armee in ihrem Kampf gegen die Japaner durch Kiriwina gelegt), sei eine üble Schlammschlacht gewesen, berichten sie. Auch zu Fuß ging es durch aufgeweichtes Terrain, an sorgsam gepflegten Yams- und Tarogärten entlang zum Dorf. Alle Pfahlhütten standen in einer großen Pfütze, selbst die Yamstürme in der Mitte, die in Labai ganz besonders prächtig waren, rot-weiß bemalt und mit Schnitzereien verziert. Sobald Erich und Helmut jedoch anhielten, um sie näher anzuschauen, wurden sie von Moskitos überfallen. In jeder Hütte qualmte ein Feuerchen, um die Plagegeister zu vertreiben.

Trotz Regen, Schlamm und Mücken bereuen die beiden ihren Ausflug nicht, vor allem weil Tolosi, der von Geburt an blinde alte Chief von Labai, laut Dennis ein mächtiger und weiser Mann, sie so gastfreundlich empfing. Spindeldürr, tief gebeugt und nur in ein Hüfttuch gehüllt, lud er sie zum Essen ein, das wegen der sintflutartigen Regengüsse in der Dorfkirche, einem kleinen Wellblechschuppen, serviert wurde. Im Schneidersitz auf den Matten am Boden hockend, aßen sie Fisch, Taro, Yams und Reis und unterhielten sich. Topsy übernahm es, das Gemurmel des zahnlosen Chiefs zu übersetzen oder zu interpretieren. Unter anderem erfuhren sie auch von den Vorfahren, die einst am Nordende der Insel an Land gingen. Als Hüter dieser Überlieferung hat Tolosi einen ganz besonderen Rang.

»Die Einladung war sicher auch eine Reaktion auf die kleinen Geschenke«, vermutet Helmut.

Vor der Fahrt hatten wir auf Dennis' Rat, der die Vorlieben der Inselmächtigen kennt, noch schnell ein paar Kleinigkeiten besorgt, offensichtlich das Richtige. Als die GEOs nämlich unerwartet in die Tafelrunde platzten und nichts anderes aus der Tasche zogen als *National Geographic* – ihren sonst so erfolgreichen Türöffner –, wurden sie abgetan wie lästige Touristen. Ohne redaktionellen Glorienschein waren sie nicht mehr die »großen Macker«, nach deren Pfeife die Bewohner tanzten. Stattdessen wurden sie gebeten, im Dorf nicht zu fotografieren, und der Chief murmelte unbeeindruckt sein »hundert Kina« für einen Blick in die Knochenhöhle der verehrten Ahnen. Erich glaubte nach so vielen Totenschädeln in Melanesien auf die Höhle verzichten zu können – Helmut war sowieso nicht begeistert davon. Während die beiden also lieber mit Topsy zur kühlen unterirdischen Grotte mit dem Trinkwasser-Reservoir hinabstiegen, ließen die teuren Gebeine den GEOs keine Ruhe. Ganz am Ende der Reise sollten sie noch einmal nach Labai zurückkehren und dank einiger Aufmerksamkeiten in der Tasche mehr Glück haben. Aus Peters Bericht: »*Es gibt nichts umsonst auf den Trobrianden, vor allem nicht für Fotografen. Spätestens seitdem die Dim Dim gekommen sind, die Weißen, hat die Insel der Seligen die Mechanismen der Welt begriffen … Ein Foto vom Yamsturm – vierzig Kina plus Mehrwertsteuer in Form von Tabak. Und hundert Kina, siebzig Mark, eben für den Anblick eines Felsenloches, in dem, wie sich herausstellt, ein paar bleiche Knochen und Schädelschalen kunstvoll für Dim Dim ausgelegt sind.*«

Am Tag darauf besucht uns Topsy noch einmal an Bord.

»Wie viele Generationen ist das her, dass eure Vorfahren die Insel erreichten?« frage ich ihn.

»Das weiß keiner mehr, aber sicher sehr, sehr viele. Woher sie stammen, das wissen wir auch nicht mehr, nur dass sie vom Festland (Haupinsel Neuguinea) kamen, aus der Gegend um Tufi, und dann über die Insel Tuma nach Kiriwina. Ihr Floß zerschellte in der Brandung, aber sie erreichten das Ufer. Auf die Insel gelangten sie durch eine Höhle, die sie hinter sich verschlossen, sodass Nachkommende andere Wege nehmen mussten. Sie gehörten zum Clan der Malasi und siedelten an einem Ort nahe Labai, dort, wo vor einiger Zeit archäologische Grabungen stattfanden. Außer ihnen kamen auch noch drei weitere Clans auf die Insel.«

In die Legende eingegangen ist auch die Grotte mit dem Trinkwasser, die Erich und Helmut besucht haben:

»Dort hat auch Tudava das Trinkwasser geschöpft«, erzählt Topsy. »Als sein Hund versuchte, aus dem See zu trinken, schleuderte er ihn gegen einen Felsen. Dieser Felsen weist nun die Form eines Hundes auf.«

Hunde, glauben Forscher, wurden von den austronesischen Zuwanderern eingeführt. Professor Schiefenhövel will auch ihre Spur genetisch zurückverfolgen. Überlieferungen geben gute Hinweise, wenn man sie zu deuten weiß: Taduvas legendäre Heldentat – er erschlug den menschenfressenden Riesen und ermöglichte dadurch seinen Leuten, ohne Angst auf der Insel zu leben – deuten die Experten als Sieg der austronesischen Einwanderer über die nonaustronesische Urbevölkerung, unter denen es Kannibalen gab.

Kitava

Je länger die Reise, desto schwieriger das Zusammenleben – Argonauten und Hexer – Eine freie und gesunde Insel – Teilen vereint – Der Kula-Ring – Zum »Kern« der Sache – Spitze Vampirzähne

»Die Insel ist doch groß genug«, lacht Erich auf Georges vorwurfsvollen Blick beim nächsten zufälligen Zusammentreffen. Aber der hat seinen Humor irgendwo unauffindbar verstaut. Peter hält sich sowieso meist bedeckt und überlässt George das Aktionsfeld. Dass die beiden für sich allein arbeiten wollen, ist ja okay. Aber manchmal haben wir das Gefühl, sie würden uns am liebsten von der Insel verbannen. Sie weihen uns nur gelegentlich in ihr Programm ein. Seit vier Wochen sind wir nun mit den beiden zusammen, ständig »action«, ständig Hektik, und die Fotografier-Bedingungen auf Kiriwina sind schlecht. Alles grau in grau, feucht, nass, die Einheimischen oft nervig. Der hohe Anspruch, den sie zweifellos an sich selbst haben, lässt ihnen kaum Zeit für gemeinsame Unternehmungen mit uns. Auftakt zu einer solchen ist hier jedenfalls nur die Anordnung: »Haltet euch zum sofortigen Auslaufen bereit.«

Die Erfahrung vieler Segelreisen, auf denen wir oft zu siebt oder acht über einen Zeitraum von acht bis zehn Wochen unterwegs waren, hat uns gelehrt: Je länger die Reise, desto schwieriger das Zusammenleben. Die Fähigkeit zu Verständnis und Toleranz nimmt ab und ebenso die Bereitschaft zu Kompromissen; der Umgangston wird rauer, Aggressionen schlagen durch.

Doch unser Trobriand-Abenteuer ist noch nicht zu Ende. Dennis hatte uns empfohlen, Kitava zu besuchen, eine kleine Insel zehn Meilen östlich von Kiriwina.

»Dort lebt ein sehr interessanter ›bikman‹ namens Tausia. Er hat diesen Rang nicht ererbt, aber er hat das Sagen. Er ist Hexer und die Leute glauben an ihn. Als ich Koliken hatte, legten mir die Eingeborenen ein wenig Ingwer auf die Hand, der von dem Hexer stammte, und waren der festen Überzeugung, das müsse helfen. Und tatsächlich, die Kolik ließ nach. Aber ich flog dann trotzdem nach Port Moresby zum Arzt.«

Auch die GEOs wollen nach Kitava, am liebsten gleich am Abend, damit sie schon bei Tagesanbruch auf der neuen Insel loslegen können. Wir versuchen es ihnen auszureden, denn bei Dunkelheit durch die Riffe, womöglich noch bei Gewitter, ist kein Spaß. Doch George ist ein harter Brocken und schließlich machen wir gute Miene zum riskanten Spiel. Um 18.00 Uhr ankern wir, wie verabredet, vor der Riffbarre und warten auf die beiden »Dim Dim«, wie wir sie grimmig nennen.

Zwei Stunden später kommt endlich eine Barkasse, bringt aber nur Peter. George ist in einem kleinen Dorf im äußersten Süden von Kiriwina und erwarte uns dort am nächsten Vormittag. Wir sollen aber möglichst nicht anlanden, weil wir zu fünft wie eine Touristengruppe aussähen, was ihrer Arbeit schaden könnte. Egal, ich atme auf, denn das bedeutet, dass wir erst am nächsten Morgen starten und nicht mehr weiträumig die Nordspitze umsegeln müssen. Bei Tag können wir innerhalb des Riffs nach Süden und dort durch die Kasilimaka-Passage Richtung Kitava.

Um 05.00 Uhr früh Wecken und Anker auf. Um 11.00 Uhr haben wir die Südspitze mit dem kleinen Dorf Gilibwa erreicht. Ich habe ein warmes Mittagessen vorbereitet, weil wir hungrig sind und das ruhige Wasser noch für die Mahlzeit nutzen wollen, bevor wir auf die holperige See gehen. Ein Kanu bringt George. Er will auf der Stelle nach Kitava:

»Kein Essen vorher. Wir haben nur noch sieben Tage!«

Warum schickt GEO Leute auf ein Segelboot, die eigentlich einen Düsenjet brauchen?

Unter Großsegel und Genua erreichen wir bei mäßigem Südostwind am Nachmittag die Westküste von Kitava und ankern in einer schmalen Riffpassage nahe einem vorgelagerten Palmeninselchen. Dort herrscht zwar ein kräftiger Strom, aber außer gegen nordwestliche Winde liegen wir gut geschützt.

Der Blick auf Kitava ist überwältigend: Ein fantastisch geformtes Korallengemäuer leuchtet wie ein Festungswall durch grüne Vegetation, davor erstreckt sich ein weißer Sandstrand mit hohen Palmen und Mangobäumen. Wir erkennen ein paar Blätterdächer, rauchende Feuer, Menschengruppen, die sich hier und dort zu schaffen machen, Frauen mit großen Aluminiumtöpfen auf dem Kopf und etwas abseits zwei große, geschmückte Auslegerboote am Strand. Auf einem Felsen im Riff drängeln sich badende Kinder und winken uns fröhlich zu. Was für ein schöner Empfang! Den Anlass des heiteren Strandlebens erfahren wir von einem Kanufahrer: Nachdem die Yams-Stecklinge gesetzt sind, gibt es ein gemeinsames Essen – so ist es Sitte.

* * *

Die GEOs eilen an Land, während wir uns, um sie nicht zu stören, darauf beschränken, mit dem Dingi zwischen symbolverzierten Stangen auf dem Riff und dem Strand entlangzufahren. Dabei interessieren uns vor allem die beiden bunt bemalten Auslegerboote: Sie sind mit weißen Porzellanmuscheln und kunstvoll geschnitzten Bug- und Heckbrettern verziert und mit Palmblättern vor der Sonne geschützt. »Masawa«, Kula-Boote, seien es, und sie würden bald auslaufen, erklärt uns ein Fischer, der seine Reuse auf dem Riff kontrolliert. Also haben wir richtig vermutet: Hier werden Kula-Expeditionen vorbereitet! Kula ist ein kompliziertes Tauschsystem für zeremonielle Schmuckstücke innerhalb eines Kreises von Inseln in Reichweite der nur begrenzt hochseetüchtigen Boote, dem Kula-Ring. In *Argonauten des westlichen Pazifiks* hat Malinowski ausführlich über diesen Kula-Handel berichtet und auch über die magischen Riten, die alle Phasen des Bootsbaus bis zum Stapellauf begleiten, um dem Unternehmen Glück und Erfolg zu sichern.

Es kommt uns vor, als sei die Zeit stehen geblieben, als erlebten wir nahtlos und mit eigenen Augen das vor so vielen Jahren von ihm Geschilderte. Kula-Boote, wie sie seit Jahrhunderten zwischen den Inseln des Kula-Rings verkehren! Was haben wir für ein Glück! Und morgen werden wir auf die Insel gehen und uns gründlich und nach Belieben umschauen, ob es den beiden Reportern passt oder nicht.

Peter und George bleiben noch bis in die Dunkelheit an Land. Von Sandfliegen gepiesackt, kehren sie an Bord zurück. Peter lässt sich von mir die eiternden Wunden am Bein verbinden und würgt dann nur noch eilig einen Bissen hinunter, denn George ist schon wieder in Startposition. Er will noch den Australier besuchen, der nicht weit von uns entfernt mit seinem 20-Meter-Motorboot BARBARIAN II in einer kleinen Riff-Ausbuchtung ankert.

Ich lege mich in meine Koje. Die wilde Jagd nach der Utopie geht mir auf die Nerven. Es erscheint mir paradox, im Eiltempo die Harmonie der Menschen mit der Natur aufzeigen zu wollen, wo sich doch der Verschleiß bei uns allen schon bemerkbar macht. Peter kann seine Anstrengung, mit Georges Aktivität mitzuhalten, kaum noch verbergen.

* * *

Gleich bei Tagesanbruch lässt sich George an Land absetzen. Wir warten an Bord, denn anschließend will er vom Mast aus die Kula-Boote beim Auslaufen fotografieren. Als er zurückkehrt, pirschen wir uns draußen auf See mit George in der Saling an die beiden rot-weiß-blauen Kula-Boote mit den in der Sonne leuchtenden Heckbrettern. Die ausgeklügelte Technik, ein Auslegerboot zu bauen und zu segeln, brachten die austronesischen Seefahrer vor etwa 4000 Jahren auf die Trobriands. Kula-Boote sind beplankte Kanus mit Gewichtsauslegern, die stets in Luv gefahren werden. Um zu kreuzen muss das Segel eingerollt, der Mast aus seiner Verankerung gelöst und der Rumpf um 180 Grad gedreht werden, sodass das Heck zum Bug wird; anschließend muss der Mast in seine neue Verankerung am Bug und das Segel wieder auf der dem Ausleger entgegengesetzten Seite gesetzt werden.

Auf der Fahrt nach Kiriwina bleibt der Ausleger erst einmal an Steuerbord. Und als der Wind etwas zulegt und sich ihre schweren, dreieckigen Pandanussegel plötzlich blähen, ist die Begeisterung auf allen drei Booten groß. Was für ein Anblick!

»Viel Glück«, rufen wir den »Argonauten des westlichen Pazifiks« zu, die auf dem Weg sind, sich ihr »Goldenes Vlies« – die begehrten Schmuckstücke und damit Ruhm und Ansehen – zu holen: nicht vom drachenbewachten Hain des Ares, wie die Helden in der griechischen Sage, sondern von ihrem Kula-Partner auf Kiriwina. Der Vormittag vergeht im Nu.

Für den Nachmittag haben Peter und George ein eigenes Programm geplant. Und als die Hitze etwas nachlässt, können auch wir drei endlich (!) an Land gehen. Wir wollen Dennis' Rat folgen und den berühmten Hexer und Heiler Tausia aufsuchen. Ein Sandweg führt über zwei Terrassenstufen auf ein etwa hundert Meter hohes Plateau, das zur See hin steil abfällt. Wir begegnen einer Gruppe von Schulmädchen in kurzen Grasröcken, mit Punkten und Streifen bemalten Gesichtern und traditionellem Schmuck – Ohringen aus Schildpatt, gewebten Armreifen aus Pflanzenfasern, Muschelketten und Blüten. Heute ist »kastom day«, freuen sie sich und begleiten uns gern zu Tausias Hütte, die jedoch leer ist. »Dann ist er auf Toilette«, erklären sie und deuten auf ein Häuschen dahinter. Nach einer Weile erscheint Tausia tatsächlich. Er spricht zwar kein Englisch, aber Sapel Marcis, sein Neffe, Lehrer an der hiesigen Schule, stellt sich als Dolmetscher zur Verfügung.

Wir berichten, woher wir kommen, und nennen die Gründe unseres Besuchs, das Übliche eben. Und wir haben einen unserer Bildbände aus der Antarktis dabei.

»Das trifft sich gut«, ruft der Lehrer. »Wir haben in Geografie gerade die Antarktis besprochen.«

Auch Tausia überreichen wir ein paar kleine Geschenke und überbringen ihm die Grüße von Dennis.

»Ja, ich konnte ihm einmal helfen«, erinnert sich der Hexenmeister. »Nach der Scheidung von seiner ersten Frau war Dennis sehr krank. Er wurde vom Hexer ihres Clans verhext. Also hat man nach mir geschickt. Ich habe ihn mit bestimmten Blättern eingerieben und die haben gewirkt. Unsere Leute hätte ich die Blätter in einem solchen Fall schlucken lassen, aber bei einem Europäer hielt ich es für ratsam, nur die Haut damit einzureiben.«

Ich sage Tausia, dass uns seine Heilkunst und Magie interessieren, ganz besonders mich, weil ich Arzt bin, sozusagen Kollege. Tausia nickt und wir setzen uns auf den Bretterboden am Eingang seiner Pfahlhütte. Für den Lehrer wird ein wackeliger Rohrsessel aufgestellt. Im Schatten der Bäume haben sich junge Mütter niedergelassen, die ihre Babys stillen, und Mädchen, die sich gegenseitig lausen.

»Was verleiht dir die Kraft zu heilen, benutzt du Zauberformeln, ein Medium?«

Tausia steckt sich erst einmal eine Zigarette an.

»Ich arbeite nicht mit Worten, sondern nur mit mentaler Kraft und den Blättern verschiedener Pflanzen«, antwortet er. »Bestimmte Blätter wirken wie ein Spiegel. Wenn ich sie nachts unter den Kopf lege, sehe ich, was anderntags geschehen wird, wie in einem Video, verstehst du. Dadurch weiß ich im Voraus, wer zu mir kommen wird und weshalb und kann mich darauf einstellen.«

»Warum suchen dich die Menschen auf?«

»Weil sie krank oder verhext sind. Viele kommen auch, weil sie Kummer haben.«

»Kummer? Gibt es auf den Trobriands auch Liebeskummer, Eifersucht?«

»Natürlich kommen auch Leute mit Liebeskummer zu mir. Aber denen gebe ich meist nur Ratschläge. Ich kann es aber einrichten, dass eine Frau ihr ersehntes Baby tatsächlich bekommt oder auch dass sie eine Totgeburt hat.«

»Kannst Du auch Menschen töten durch Hexerei?«

Tausia wird plötzlich aufgeregt und gesprächig: »Als ich jung war, gab es viele Leute, die sich Hexer nannten. Sie versuchten mich zu verhexen und zu töten! Aber ich war gegen all ihre Hexerei gefeit. Wenn ich sie jedoch verhexte, schlug es ein wie eine Bombe! Ich habe viele von ihnen getötet. Viele«, murmelt er, die Augen in die Ferne gerichtet, »denn sie wollten mich töten!«

Mein irritierter Blick auf den Lehrer und die Schüler, die sich auf einem Grabstein vor der Hütte niedergelassen haben und lauschen, ist Tausia nicht entgangen.

»Die Schüler können das ruhig hören«, meint er. »Heute ist das alles nicht mehr so geheim wie früher, als ich jung war. (Sapel schätzt ihn auf etwa siebzig.) Heute hat man die moderne Medizin, die sehr gut wirkt, und die Menschen erfahren, wie eine Krankheit entsteht. Und wenn sie krank sind, gehen sie zu ›medical aid posts‹, wo ihnen eine Krankenschwester Medikamente gibt. Früher kannte man nur Pflanzen gegen Schmerzen und Fieber. Viele starben. Noch vor zwanzig Jahren dachte jeder, der krank war, er sei verhext worden. Deshalb kamen sie zu mir. Selbst die Malaria wurde damals mit Hexerei behandelt. Manchmal konnte ich helfen, manchmal auch nicht«, meint er nachdenklich. »Ich kann schlecht von meinen Erfolgen sprechen, da müsst ihr besser andere fragen.«

Tausia saugt an seiner Zigarette. »Mein Wissen und meine Hexerkunst habe ich an den ältesten meiner Söhne weitergegeben. So ist es Brauch: Ein Hexer gibt seine Macht an den Sohn weiter.«

Was das für ein christliches Grab vor seinem Haus sei, will Helmut wissen. »Vor einem Jahr ist meine Frau gestorben. Ich hatte immer nur eine Frau, immer dieselbe. Und weil ich vorhabe, hier zu bleiben, habe ich sie hier, vor meinem Haus, begraben: christlich, denn ich bin Methodist.«

»Warst du nicht immer hier?«

»Nein, ich habe auf der Insel überall Häuser! Früher habe ich ständig meinen Wohnsitz gewechselt. Immer zog ich dorthin, wo ›bad ideas‹ (schlechte Gedanken) waren, um sie im Keim zu ersticken.«

Der Hexer drückt die Zigarette aus und zieht sich, nach kurzem Gruß, in seine Hütte zurück.

* * *

Während wir durchs Dorf gehen, fragen wir Sapel auch nach seinem Vater. Er zeigt auf ein geflochtenes Band an seinem Arm:

»Es bedeutet Trauer. Mein Vater ist vor kurzem gestorben und ich darf seinen Namen nicht mehr nennen. Es geschieht aus Respekt. Der Vater ist Fremder, nur die Mutter ist eigener Clan, versteht ihr?« Alles scheint traditionell genau festgelegt …

Aber warum ist nicht nur Tausias Hütte, sondern sind alle Hütten im Dorf viel größer als die auf Kiriwina?

»Bei uns herrscht Freiheit«, lächelt Sapel. »Jeder kann so bauen, wie er will.«

Bis ein »Haus« bezugsfähig ist, dauert es vier bis acht Tage.

»Und wie lange kann man darin wohnen?«

»Viele Jahre, nur das Dach muss gelegentlich erneuert werden: Pandanusdächer alle drei bis vier Jahre, Kokospalmdächer halten etwas länger.«

Kitava scheint nicht nur eine freie Insel zu sein, sondern auch eine gesunde. Eine vor wenigen Jahren durchgeführte Studie hat gezeigt, dass es hier keine Zivilisationskrankheiten gibt: weder Herzinfarkt noch Schlaganfall. Ebenso konnten während eines zehn Jahre langen Beobachtungszeitraums weder Fettsucht noch durch Fehlernährung bedingte Krankheiten nachgewiesen werden.

Doch wie lange werden die Ressourcen noch reichen? Auch auf den Trobriands steigt die Geburtenrate steil an. Laut Professor Schiefenhövel stillen die Frauen nicht mehr so lange wie früher und werden deshalb schneller wieder schwanger; außerdem halten Ehepaare das früher sehr strenge Koitusverbot nach der Geburt nicht mehr so lange ein. Impfungen und andere medizinische Maßnahmen, so begrenzt sie auch sind, senken die Sterblichkeit der Babys.

* * *

Auf der Rückfahrt im Dingi machen wir noch einen Schlenker zur BARBARIAN II. Ihr australischer Skipper, Rod, gibt uns ein frisch gebackenes Brot als Gastgeschenk und dazu einige Kanister Süßwasser ab. Der Mangel an Süßwasser auf den Trobriands ist ein großes Problem. Während des letzten El Niño gab es wieder lange Dürreperioden. Früher führte das regelmäßig zu Hungersnöten.

Gerade hat Rod eine Gruppe von australischen Geologen an Bord, die Abhilfe schaffen wollen. Im Auftrag der Regierung suchen sie geeignete Stellen, um nach Süßwasser zu bohren. Es gibt viele Höhlen, in denen Wasser zu finden ist, denn unter Kitavas Korallensockel liegt eine große Süßwasserblase. Eine Quelle würde die Bevölkerung unabhängig machen von der aktuellen Niederschlagsmenge.

Zurzeit gibt es nur ein einziges Wasserloch, das die Bewohner am Strand gegraben haben. Mehrmals am Tag sehen wir die Frauen vom Dorf mit großen Aluminiumtöpfen auf dem Kopf hinunter zum Strand marschieren, sie am Ufer reinigen, am Wasserloch füllen und wieder ins Dorf hinaufschleppen – und das für ein paar Liter brackig schmeckendes Wasser.

* * *

Am nächsten Morgen – die GEOs sind schon unterwegs – wollen wir Sapel in der Schule aufsuchen. Unter einem blühenden Flamboyant entdecken wir ein buntes Schild mit traditionellen Symbolen und der Aufschrift: »*Kitava Primary School. Established in 1962. Sail Away To My Destination.*« Und da kommt uns Sapel auch schon entgegen und führt uns über die Wiese zum Schulhaus: eine große Blätterhütte mit luftigen Klassenräumen, in denen die Schüler wie auf einer Veranda sitzen, malen und basteln: Heute ist der letzte Schultag vor den Ferien.

»Alle Kinder des Dorfes besuchen die Grundschule«, erklärt der Lehrer zufrieden.

Unterrichtet wird auf Englisch – Tokpisin sprechen auf den Trobriands nur Leute, die längere Zeit auf anderen Inseln gearbeitet haben. Umgangssprache ist Kilivila.

Der »Tag der Tradition« war gestern, aber die Schüler sind noch immer bemalt und geschmückt und die Mädchen auch heute im kurzen Bastrock. Darunter tragen sie nun allerdings den üblichen Wickelrock, dazu T-Shirts mit exotischen Werbeslogans wie »*Phantom – Original American Style*«. Aber ein »Einbruch« der Moderne mit Generationenkonflikt lässt sich daraus nicht ableiten: Die Kinder sind stolz auf ihre Tradition und wollen sie fortführen.

»Auch der Gartenbau ist Teil unserer Tradition. Die Trobriander sind große Yamsbauern«, erklärt Sapel, als wir auf dem Weg zurück zum Strand an den Yamsfeldern vorbeikommen. Die kleinen Feuer, die auf ihnen qualmen, sollen das Wachstum der Pflanzen anregen. Nach einer guten Ernte, im Juni oder Juli, gibt es einen Wettbewerb zwischen den Dörfern um die dicksten und längsten Yamsknollen. Der Sieger ist »tokwaybagula«, bester Gärtner: ein Titel von hohem Ansehen. Und tatsächlich ist diese stärkehaltige Knolle für die Trobriander nicht nur ein Nahrungsmittel, sondern auch ein »Kleister«, der die Gemeinschaft zusammenhält: Seit jeher verteilt jeder Gärtner einen großen Teil seiner Ernte nach einem ganz bestimmten Muster, das auch Alter und körperliche Belastbarkeit berücksichtigt, an Nachbarn und Verwandte. Der größte Teil geht an den Chief und den Mann der Schwester. Im Gegenzug erhält dieser Gärtner von anderen die für ihn lebenswichtigen Nahrungsmittel. Selbst die Chiefs, die den größten Teil der Gaben empfangen, nutzen sie nicht zur persönlichen Bereicherung, sondern um damit Feste auszurichten und Gäste benachbarter Dörfer zu bewirten, die sie dadurch freundschaftlich verpflichten. Diese Lebensmittel-Abgaben sind ein Beitrag zum Wohle der Gemeinde, eine Naturaliensteuer. »*Wohl nirgendwo wird deutlicher, wie hoch die Eingeborenen das Geben und Nehmen von Geschenken um seiner selbst willen schätzen*«, schrieb Malinowski im Zusammenhang mit der Festzeit »Milimala«.

Rituelles Geben und Nehmen – Schenken und Gegenschenken – ist uns bereits auf vielen Inseln Melanesiens begegnet, zuletzt auf der Begräbnisfeier der Tolais in Matupit und beim Willkommensfest auf Uvol. Doch auf den

Trobriands hat sich der Brauch durch komplizierte Gaben-Zirkel mit ausgeklügeltem Netzwerk an Pflichten und Verpflichtungen zu einer wahren »Schenk-Kultur« entwickelt – einer Lebensform, bei der dieses System sowohl Antriebskraft als auch Gewähr für sozialen Zusammenhalt ist.

Seit jeher werden während der Erntezeit die größten Feste gefeiert – im Grunde der Sieg über Hunger und Tod zumindest für das eine Jahr. Im allgemeinen Freudentaumel nehmen es die Trobriander beiderlei Geschlechts nicht so genau mit Tabus und Treue: daher der Name »Liebesinseln«. Aber deshalb sind sie noch lange kein sexuelles Paradies, schon gar nicht für weiße Spanner, über die man sich lustig macht.

Jedenfalls gibt es genug Geschichten, die belegen, womit diese rechnen müssen, wenn sie sich daruntermischen. So erinnerte sich Jürgen in Rabaul an eine deutsche Männergruppe, die zum Yamsfest auf den Tobriands gerne von den Frauen vergewaltigt werden wollte. Ihre »Unschuld« konnten sie zwar nicht mehr verlieren, aber Kleidung, Papiere und die ganze Barschaft war bei dem kleinen Abenteuer weg. »Nie wieder!«, sollen sie danach gesagt haben.

Solche Männerträume basieren auf Malinowskis Bericht über die »yausa«, die Jätezeit. Die Frauen sollen dann *»wie eine Schar von tauva'u (böser Geister)«* auf jeden Fremden losstürzen, der sich in der Nähe der Gärten blicken lässt. *»Der Mann ist Freiwild für die Frauen, geschlechtliche Gewalttätigkeiten, unzüchtige Grausamkeiten, widerwärtige Beschmutzung, grobe Behandlung – alles muss er über sich ergehen lassen …«*

Natürlich wollte der Forscher die Aussagen der Einheimischen durch Tatsachen belegen. Von seinen Gewährsleuten jedoch eindringlich davor gewarnt, sich selbst dem Yausa auszusetzen, sah er schließlich davon ab. *»Wäre ich persönlich hingereist, so wäre ein negatives Ergebnis in ethnologischer Beziehung enttäuschend und ein positives entschieden unerfreulich gewesen«*, erklärte der Ahnvater der Trobriand-Ethnologie. Er schloss deshalb nicht aus, dass es sich vielleicht nur um eine beliebte Sage handelt, *»die sich durch lebhaftes Interesse und festen Glauben am Leben hält. Sie verschafft den Frauen den Ruf kriegerischen Wesens, umgibt sie zur Jätezeit mit einem absoluten Tabu und verleiht ihrer Gemeinschaftsarbeit in den Gärten den Charakter eines geschlechtlichen Vorrechts.«*

Kein Weißer hat je die Yausa-Sitte persönlich miterlebt, die Ernte-Festzeit dagegen viele. Die Ethnologen schreiben von einer Nacht sexueller Ausgelassenheit mit frenetischem Tanz, bei dem sich die Paare jagen, fassen und im Busch verschwinden, um sich zu lieben. Dabei betonen sie jedoch, dass diese Nacht sich vollständig unterscheidet vom Verhalten der Jugendlichen während des übrigen Jahres. Denn außerhalb dieser Freudenzeit gelten strenge Regeln. Malinowski: *»Jeder Bruch der ehelichen Treue wird auf den Trobriand-Inseln ebenso streng verdammt wie durch christliche Lehre und europäische Gesetze; strenger könnte selbst die puritanischste öffentliche Meinung nicht sein …«*

* * *

Nicht alles dreht sich um Yams. Daran werden wir erinnert, als wir einigen Einheimischen über die Schulter schauen, die mitten auf dem Weg ein großes, dreiecksförmiges Pandanussegel ausgebreitet haben und schadhafte Stelle mit Bast und Pflanzenfäden übernähen: Früher nahmen sie Knochen von Flughunden als Ahlen, heute benutzen sie Kupfernadeln.

Auch die Kula-Boote selbst werden noch in althergebrachter Weise gebaut, wenn auch mit Metallwerkzeugen. Ebenso stellen einige Männer auch heute noch Muschel-Armreifen und -Halsketten her und bringen sie als neuen Kula-Schmuck in Umlauf, allerdings noch ohne Tauschwert, denn der wächst ihnen erst mit dem Alter zu und vor allem mit Geschichten über die vorherigen Besitzer!

Dieses auf der Welt einzigartige Tauschsystem interessiert uns ganz besonders, und wir würden auch die Schmuckstücke gern einmal aus der Nähe sehen. Sapel führt uns deshalb ins Dorf Kumwaga zum Bruder des Hexers.

Bikman Mwakuniga ist ein freundlicher Mann, spricht aber leider nur Kilivila. Aus seiner Hütte holt er bereitwillig einen Korb mit den fast heiligen Schätzen, die sich zurzeit in seinem Besitz befinden: »soulava« genannte Halsketten mit einem Anhänger aus einer polierten Perlmuttscheibe mit Schweinezähnen, weißen Porzellanmuscheln und bunten Glasperlen, meist noch aus den Zeiten der ersten weißen Händler, und »mwali«, aus Kegelschnecken geschnittene, polierte Oberarmreifen, ebenfalls dekoriert mit Porzellanmuscheln und Glasperlen.

Nur die Einheimischen kennen die Geschichten, die damit verbunden sind und die den Liebhaberstücken ebenso anhängen wie ihre Verzierungen: Geschichten von bestandenen Abenteuern, großzügigen Festen, Ruhm und Ansehen, aber auch von Unfällen, Kriegen, Hexerei und Tod: Mit solchen Unglücksträgern können nur die »bikmen« umgehen …

Mwakuniga ist stolz auf seine angesammelten Pretiosen, bekommt jedoch, als Erich sie fotografiert, plötzlich Bedenken.

»Tambo«, flüstert er und schaut sich um, als fürchte er, von jemandem gesehen zu werden.

Für die Partner im Kula-Ring sind diese Tauschobjekte von großem, zumindest ideellem, Wert. Und doch gehören sie keinem und niemand darf sie behalten. Halsketten werden im Uhrzeigersinn weitergereicht, Armreifen gegen den Uhrzeigersinn, so ist es seit jeher Brauch.

»Wenn sie Kitava verlassen, kann es viele Jahre dauern, bis sie wieder zurückkehren, denn der Kula-Ring ist groß«, erklärt uns Simon, der einzige einheimische Geologe unter den Wassersucher, anschließend auf der BARBARIAN II. »Er umspannt die Trobriands, die Marshall Bennetts, das Egum-Atoll, die D'Entrecasteaux-Gruppe und die nördlich davon gelegenen kleinen Amphletts.«

Alle ein, zwei Jahre reist der Kula-Teilnehmer mit Leuten seines Clans zur Insel seines Kula-Partners (in beiden Richtungen die nächstgelegene Nachbarinsel), um dort Geschenke zu erhalten … und alle ein bis zwei Jahre wird er auch von einem anderen Partner besucht, der in vergleichbaren Feierlichkeiten Geschenke entgegennimmt.

»Das ist ein ausgefeiltes Ritual. Die Kula-Freunde kommen und werfen Steine auf dein Yamshaus. Dabei zerstören sie einen Teil – das gehört dazu. Damit sie aufhören, zeigst du ihnen deinen Kula-Schmuck. Am nächsten Tag stiftest du vielleicht ein Schwein und Yams und bereitest ein Essen für sie. Anschließend, und das ist besonders schön, geht es um den Kula-Schmuck. Wenn der Handel abgeschlossen ist, geht man zum nächsten Haus, um dort vielleicht noch ein Schmuckstück zu erstehen und damit eine neue Kula-Freundschaft zu schließen.«

Der Handelsring bestehe schon sehr lange; wer ihm das zeremonielle Gepräge verlieh, sei nicht genau bekannt. Es hatte wohl den Zweck, Frieden auf die Inseln zu bringen. Denn früher sei es schwer gewesen, eine Unterkunft auf einer anderen Insel zu finden. Man lief immer Gefahr, getötet zu werden. Also setzten sich einige alte Leute zusammen, um zu besprechen, wie man Freundschaften schließen kann. Sie sandten eine Botschaft an alle Dorfchiefs, und die hatten dann ein großes Treffen auf Fergusson-Dobu Island. Zusammen lösten sie das Problem. Das war der Beginn des Kula-Handels mit Geschenken, die den Partner im Kula-Ring zu Gegengeschenken verpflichten und damit zu Frieden und Freundschaft. Und noch einen Grund gab es für die Unternehmungen: Neben den eigentlichen Kula-Artikeln werden Ernteüberschüsse, Fisch etc. getauscht und dadurch Waren von den Partnerinseln nach Hause gebracht, aber das wird heute auch von anderen Schiffen übernommen.

* * *

Für morgen haben wir uns wieder mit Sapel verabredet: Er will uns noch einiges über die Inseln berichten, die dem Kula-Ring angehören, und über Egum, dieses einsame Atoll in der Salomonen-See. Denn nun folgt der Endspurt für die GEOs in Papua-Neuguinea, und dafür haben wir uns das Egum-Atoll aufgespart, von dem wir uns noch einiges mehr an ursprünglichem Südseeleben versprechen. Vom Egum-Atoll aus soll es, wie von langer Hand geplant, zum Zielhafen Alotau gehen. Dort ist für die GEOs die Expedition zu Ende und die Arbeit getan.

Aber es gibt kein Morgen auf der Insel für Erich und mich. Dafür sorgt wieder eine von Georges Überraschungen: Er will möglichst sofort aufbrechen und zum Egum-Atoll. Das ist für uns zwar schade, aber wenn die GEOs ihre Arbeit getan haben, geht es eben weiter. Anschließend will er wieder nach Kitava zurück – dort würde in den nächsten Tagen ein australisches Kreuzfahrtschiff erwartet – und dann sogar noch einmal nach Kiriwina! Die beiden haben ihren Flug bereits gebucht und stellen uns vor vollendete Tatsachen: Statt von Alotau aus beginnt ihr Rückflug nach Deutschland, beziehungsweise Amerika, nun von Kiriwina aus.

»Drei Mal die Strecke …«, Erich kann's nicht glauben. Das bringt uns in

Zeitnot, weil wir den Termin in Alotau unbedingt einhalten müssen. Dorthin haben wir Freunde aus Deutschland bestellt, die uns bei der Überführung der FREYDIS nach Australien helfen sollen und die alle nur einen sehr begrenzten Urlaub haben.

Und natürlich soll alles wieder sehr schnell gehen: über Nacht nach Egum, einem unbekannten, von gefährlichen Riffen umgebenen Atoll.

Doch das Wetter hat ein Wörtchen mitzureden: Jedenfalls meint Rod, er habe es in der Nase, dass es heute Nacht Sturm gibt – besser, wir liefen nicht aus. »Schaut euch lieber eines meiner Videos über Tauchgänge zu Bomberwracks aus dem Zweiten Weltkrieg an!« Rods ruhige Art tut gut nach der Hektik, die George und Peter verbreiten. Gerade sind sie am Strand, um in der Abendsonne »Kula-Handelsware« zu fotografieren. Aber Peter winkt schon wieder, um abgeholt zu werden.

* * *

In der Nacht bläst Starkwind aus Südost und auch noch am nächsten Morgen. Obwohl Erich zu bedenken gibt, dass wir unter Maschine gegen den Wind höchstens zwei Knoten Fahrt machen, will George aufbrechen. Peter, der nicht ganz so seefest ist wie George und seine Geschichte in Kiriwina enden lassen will, ist eher geneigt zu bleiben. Aber unser Eisenmann lässt sich nicht umstimmen. Während wir das Boot zum Auslaufen klarmachen, geht die Sonne auf und legt ein so wunderschönes Licht auf die Insel, dass George doch noch einmal zur Kamera greift. Helmut bringt ihn mit dem Dingi rasch zum Strand. Ich schöpfe wieder Hoffnung:

»Ich habe noch so viele Fragen, vor allem hätte ich gerne noch ein bisschen mehr über die Gesellschaftsstruktur der Trobriander erfahren …«

Helmut: »Das tolle Yamsfest im Juni haben wir leider auch verpasst! Da soll's noch aufregender zugehen als im Kölner Karneval!«

Erich flapsig: »Vor allem sind wir noch nicht zum ›Kern‹ der Sache vorgedrungen, dem Sexualleben, das schließlich die Inseln berühmt gemacht hat: zum Beispiel zu den zahlreichen Varianten der ›pazifischen Stellung‹.«

Aha, er hat Malinowski gelesen: »*Vor allem verachten die Eingeborenen die europäische Stellung als unpraktisch und unschicklich. Sie ist den Eingeborenen natürlich bekannt, denn es kommt häufig vor, dass weiße Männer mit eingeborenen Frauen Verkehr haben, ja manche sind sogar mit ihnen verheiratet. Aber die Eingeborenen sagen: ›Der Mann liegt schwer auf der Frau; er drückt sie schwer nach unten, sie kann nicht mitmachen …‹ Kurz, die Eingeborenen sind davon überzeugt, dass der weiße Mann den Geschlechtsakt nicht wirksam auszuführen vermöge. Tatsächlich ist es ein besonderes Kunststückchen der eingeborenen Küchenjungen und Diener, die eine Zeitlang bei weißen Händlern, Pflanzern und Beamten bedienstet waren, die Beischlafsmethoden ihrer Herren nachzuahmen …*«

Die Trobriander lieben sich in sitzender Stellung, Mann darunter, Frau darüber, hat der Forscher herausgefunden. Ob aber pazifische oder Missionarsstellung: Das ist eine Frage, bei der sich wahre Abgründe zwischen den Kulturen auftun. Sie muss offen bleiben, denn schon nach einer Stunde kehrt George mit einem Einheimischen im Kanu zurück.

* * *

Es ist keine Friedensfahne, die George uns bringt, sondern ein kopfüber an einer Stange hängender Fliegender Fuchs (oder Fliegender Hund). Einheimische haben ihn mit einer Steinschleuder vom Baum geholt und mit einer Angelschnur um die Füße an die Stange gefesselt. George hat das Tier abgekauft und ein paar Aufnahmen von ihm gemacht.

»Willst du's?«, fragt er mich. »Wenn nicht, landet es im Kochtopf.«

Der kleine Kerl hat eine Wunde am Rücken und versucht mich zu beißen. Er ist zwar Fruchtfresser, hat aber spitze Vampirzähnchen. Was soll ich mit einem verletzten, wilden Tier, noch dazu während wir gerade bei ungünstigen Bedingungen in See stechen? Und wer weiß, was für Krankheiten er überträgt. Aber habe ich eine Wahl? Wir kennen Fliegende Füchse von den Komoren und Madagaskar her. Diese großen Fledertiere jagen keine Insekten wie ihre kleinen Verwandten; sie saugen auch kein Blut wie ihre Vettern in Südamerika, und sie verwenden auch keinen Ultraschall, um nachts ihre Beute zu orten. In der Nacht schlafen sie lieber und verlassen sich über Tag auf ihre feine Nase und ihre Augen, die so scharfsichtig sind wie die einer Katze. Im Übrigen sind sie keine Schädlinge, sondern sorgen für die Aufforstung der Wälder, indem sie Pollen weitertragen und Saatgut verteilen.

So weit, so gut, aber die Tiere leben gern in großer Gesellschaft von ihresgleichen. Zu Bordmaskottchen eignen sie sich kaum.

Egum-Atoll

Nächtliche Notoperation – Grasrock und Seismograf – Kein Ort für Schildkröten – Wie das Böse in die Welt kam – Parfüm für die Angebetete – Paradies und Gefängnis

20. November. Um 08.30 Uhr laufen wir aus, bei kräftigem Wind aus Südost und entsprechend hackiger See. Unser neuer Passagier hängt an seiner Stange, die wir zwischen die Achterstagen gebunden haben, und schaukelt im Wind. Wo soll ich ihn sonst unterbringen? Dort kann er wenigstens kleckern, so viel er will. Dass das Tier mit dem Kopf nach unten frisst und trinkt, daran muss ich mich erst gewöhnen. Bisher leckt er nur an den Obststückchen, die ich ihm anbiete. Ich kann's ihm nachfühlen: Auch mir ist hundeelend! Morgen sehen wir weiter: Vielleicht kann ich ihn auf Egum aussetzen. Vor allem will ich ihn möglichst bald von seinen Fesseln befreien.

Peter sitzt im Cockpit am Laptop und sucht dann unten seine Koje auf.

George hat sich auf Erichs Koje ausgestreckt und legt Karten (»solitary«), bis er schließlich einschläft.

Über Tag machen wir kaum Meilen; erst in der Nacht, als der Wind etwas abflaut, geht es unter Maschine mit vier Knoten vorwärts.

Müde wanke ich nach meiner Wache in die Koje. Immer wieder höre ich im Halbschlaf ein hohes, durchdringendes Pfeifen. Was ist das, denke ich, verfalle aber gleich wieder in Tiefschlaf.

Seit 02.00 Uhr liegt die FREYDIS beigedreht vor dem Egum-Atoll. Meine Wache beginnt um 04.00 Uhr. Als ich das Cockpit betrete, wird mir plötzlich bewusst, woher das alarmierende Pfeifen kommt: von unserem kleinen Passagier. Weder Erich noch Helmut hatten es gehört!

Ich turne übers vollgestellte Achterdeck und leuchte mit der Taschenlampe: Der arme Kerl! Mit einem Fuß hat er sich von der Angelschnur befreit, die Schlinge hat sich jedoch um das andere Bein dichtgezogen. Angeschwollen und bewegungslos hängt er an seiner Fessel. Das sieht nach Notoperation aus! Ich schlucke meine Seekrankheit hinunter, hole Nageletui und Desinfektionslösung und wecke Erich, damit er mir assistiert. Er hält das schmerzgeplagte, um sich beißende Wesen mit Arbeitshandschuhen fest, während ich mit Hautschere und Lupe im Scheinwerferlicht die Knoten der tief ins Fleisch eingeschnittenen Schnur durchtrenne – beides nicht gerade einfach, noch dazu bei den plötzlichen und ungerichteten Bewegungen des beigedrehten Bootes. Endlich haben wir's geschafft. Die Platzwunde am Rücken ist nicht weiter schlimm, aber die Verletzung am Bein macht mir Sorgen. Zitternd klammert sich der Kleine, jetzt ohne seine Fesseln, mit der gesunden Pfote an der Stange fest, leckt seine Wunden und verkriecht sich dann in seine schwarzen Flügel, als wolle er von der Welt da draußen nichts mehr wissen. Ich nehme mir vor, mich morgen mehr um ihn zu kümmern.

Nun geht die Sonne über Egum auf, einem der größten Atolle der Erde. Als ihre sanften Strahlen die flache, bewaldete Außenriffinsel Yanaba vor uns enthüllen, nehmen wir wieder Fahrt auf, behalten aber vorsichtshalber das Echolot im Auge: Tiefe nicht messbar. Um so größer unser Entsetzen, als die FREYDIS gegen etwas Hartes stößt. Krachend und rumpelnd schrammt sie an einer Riffkante entlang, die ein paar hundert Meter weit vom sichtbaren Riff ins Meer hinausragt und senkrecht aus der Tiefe wächst. Eine böse Falle und ein Geräusch, das Tote weckt: Stumm beugen sich alle Köpfe über die Reling, schauen hinunter zu den messerscharfen Kanten, die sich knapp unter der Wasseroberfläche abzeichnen. Nach einer kleinen, aber schrecklichen Unendlichkeit ist die FREYDIS wieder frei. Und wieder einmal danken wir dem Himmel, dass sie aus Stahl ist und einen Drehkiel hat.

Eilig setzen Helmut und die GEOs im Dingi über zum Strand an der Westküste von Yanaba. Auf der schmalen Insel wird es leicht sein, das Dorf an der Lagunenseite zu erreichen, um einen Ortskundigen aufzutreiben. Nicht lange und sie kehren mit einem Führer und einer jungen Dolmetscherin zurück, die uns den Weg durch den nordöstlichen Einlass in die Lagune weisen. Kurz darauf ankern wir vor dem Blätterhüttendorf Yanaba, das sich malerisch am breiten Strand entlangzieht. Wie uns der Chief der 170 Bewohner, der kurz an Bord kommt, stolz versichert, ist es sogar auf dem Werbeplakat der Air New Guinea abgebildet. Peter und George stürzen an Land. Erich und ich holen derweil ein wenig Schlaf nach.

Mittags sind die Ausflügler wieder an Bord und auf geht's nach Egum oder Yeguma, wie die Insel im Zentrum des Atolls hier genannt wird.

Schon bald nähern wir uns dem kleinen Landflecken, auf dem sich schwarze Basaltfelsen türmen (sie sollen der Basaltschlot eines untergegangenen Vulkans sein) und der von einem breiten Korallenriffgürtel und glasklarem, in den unwirklichsten Türkis- und Blautönen schillerndem Wasser umgeben ist: Eine Südseeinsel, wie wir sie uns schöner nicht hätten erträumen können.

Am Strand reihen sich mehrere geschmückte Kula-Boote an eine Flotte kleinerer Auslegerkanus. Dahinter erkennen wir, von Busch und Kokospalmen umrahmt und etwas höher gelegen, eine Ansammlung kleiner Blätterhütten, etwas geräumigere schmiegen sich an einen Felsvorsprung.

* * *

»Aseli«, stellt sich der junge Mann vor, der sich mit dem Kanu nähert und uns einen Ankerplatz in einer kleinen Riffnische zeigt. Es ist kurz nach vier Uhr nachmittags: eine gute Zeit für einen Besuch auf der Insel.

Wenn man, wie uns Jürgen versicherte, den Zivilisationsgrad einer Insel an der Zahl der Grasröcke ablesen kann, welche die Frauen tragen, so sind wir hier goldrichtig auf unserer Suche nach Ursprünglichkeit. Trotz der üblichen herablassenden oder spöttischen Haltung, die einige Bewohner auch hier den Dim Dim gegenüber zeigen, lässt sich der Aufenthalt recht gut an. Nicht zuletzt, weil Chiefsohn Aseli, 18 Jahre alt und wie fast alle Männer auf der Insel von Beruf Fischer, von typisch melanesischer Freundlichkeit ist: bemüht, uns alles zu zeigen und zu erklären. Zunächst führt er uns zu seinem Vater Timothy, dem gewählten Chief des 200-Einwohner-Dorfes. Dort haben sich bereits die GEOs auf der Matte niedergelassen. Sie führen gerade schwierige Verhandlungen über die Möglichkeit, eine Nacht im Dorf verbringen zu können. Sie wollen das Dorfleben möglichst authentisch studieren.

Nach kurzer Begrüßung, Timothy spricht kein Englisch, ziehen wir uns deshalb zurück und lassen uns von Aseli über die Insel führen. Erst einmal klettern wir auf einen etwa fünfzig Meter hohen Hügel, der in seinem unteren Abschnitt mit Cassava (Maniok) und Yams bepflanzt ist, weiter oben aber in schwarze Basaltfelsen übergeht, die uns einen grandiosen Blick über die blaugrüne Lagune bieten. Für Aseli sind diese Felsen ein Ort für die Toten, die dort seit jeher dem Wind und der Sonne ausgesetzt werden: In einer Felshöhle ruhen die Knochen und Schädel der Ahnen. Neben Mystik und Magie hat sich auf dem dunklen Gestein jüngst auch der Geist der Wissenschaft niedergelassen in Gestalt von Solarpanelen, Seismograf und GPS. Der Seismograf registriert ca. dreißig Erdstöße pro Jahr, die meisten allerdings unter der menschlichen Wahrnehmungsgrenze. Laut Aseli gibt es deshalb hier auch nur etwa ein Erdbeben pro Jahr.

Unten kommen wir an einer der drei Wasserstellen auf der Insel vorbei. Angeblich spendet sie Trinkwasser. Doch eine kleine Schlange und viele Moskitos tummeln sich darin und verderben uns den Appetit. Dann zu einem Volleyball-Spielfeld und zahlreichen Gärten mit einer Reihe geflochtener Matten im Südosten gegen den Wind. Im Januar ist sogar ein Taifun übers Atoll gezogen und hat die Felder mit Salzwasser überspült. Landnot gibt es trotzdem nicht auf der nur sechs Hektar kleinen Insel, denn weitere Gärten liegen auf den fünf umliegenden Inselchen, die den Bewohnern gemeinsam gehören.

Aseli deutet auf eine ältere Frau, die im Yamsgarten arbeitet:

»Das ist meine Großmutter.«

»Ich würde mich gerne einmal mit ihr unterhalten und etwas aus ihrem Leben erfahren.«

Wenn sie am Abend von der Arbeit zurückkehrt, will Aseli fragen, ob sie einverstanden ist.

Bäume gibt es nur wenige auf der Insel. Das Holz für den Hüttenbau und sonstigen Bedarf holen sie aus Yanaba. Dort befindet sich auch die Elementarschule. Doch die wichtigste Schule ist für die Kinder immer noch das Dorf und der Ozean. Hier lernen sie, wie man Felder bestellt, Hütten baut, Kanus durch die Wellen steuert und aus Derriswurzeln ein Gift gewinnt, das die Rifffische aus ihren Verstecken treibt. Vor allem aber lernen sie sich in eine Gemeinschaft einzuordnen, in der alle Mitglieder aufeinander angewiesen und voneinander abhängig sind. Auffällig ist, dass ältere Kinder ungewöhnlich selbstständig sind.

Am Abend gehen die GEOs von Bord; sie wollen sich zwei Tage im Dorf aufhalten. Sonnenuntergang in kräftigen Farben, tintenblau, lila, rot, dann – wie bestellt – ein praller Vollmond und darunter die Insel in versilberter See. Soviel Schönheit ist für uns Mitteleuropäer kaum zu ertragen. Der Traum vom Südsee-Paradies, hier scheint er, wenigstens für ein paar Stunden, Wirklichkeit. Und so viele Sterne in der Nacht – nie habe ich mehr Sterne gesehen als in der Wüste und auf dem Meer.

Als ich im Cockpit nach Füchschen schaue, hängt es kläglich krächzend an einem der beiden Autoreifen, die wir als Notfender unten am Heck fahren. Wollte es fliegen? Ist es von der Stange gestürzt? Es hätte nicht viel gefehlt und es wäre im Wasser gelandet. Ich greife es mit einem Lederhandschuh, desinfiziere nochmals die Wunden und füttere es, so gut es geht.

»Was mache ich nur mit dir?«, frage ich den Knirps mit dem kleinen Hundegesicht und den traurigen Knopfaugen. »Hier ist nicht der richtige Ort, um dich auszusetzen. Hier laufen die Jungs mit Schleudern über die Insel und schießen auf alles, was fliegt. Du würdest im Kochtopf landen oder zum ›Spielzeug‹ für sie werden.«

Am Morgen geht es Füchschen sehr schlecht; es frisst und trinkt nicht mehr, hat fiebrig glänzende Äuglein, struppiges Fell und kann sich kaum noch an der Stange halten. Den verletzten Fuß hält es auf dem Bauch. Auf der Wunde sitzen Fliegen. Ohne Antibiotika hat es keine Chance. Bleibt nur eine »Rosskur«. Ich kann nur hoffen, dass eine Fledermaus Doxycyclin verträgt, denn davon habe ich Kapseln. Eine davon löse ich in Saft auf. Den Cocktail fülle ich in eine Einmalspritze (zwei Milliliter ohne Nadel) und schiebe ihm die Öffnung ins Mäulchen. Die Dosis ist zu hoch und das Zeug mag er bestimmt nicht. Aber ich hoffe, dass er wenigstens etwas davon aufnimmt. Während ich den Stempel ganz langsam herunterdrücke, schluckt Füchschen jedoch so tapfer, als wüsste er, worum es geht. Zu meiner Überraschung leert er den gesamten Inhalt, und das alles kopfunter. Nachdem ich die Wunde noch mit Flüssigverband besprüht habe, um die Fliegen fernzuhalten, kann ich nur noch hoffen.

George hat sich an Bord einen Block (Umlenk-Rolle) und eine lange Leine ausgeliehen und ist bereits wieder in Aktion: Ein Junge ist auf eine Palme geklettert und hat oben den Block befestigt, und einige Dorfbewohner ziehen George nun in die Krone. Kein Einsatz ist ihm zu hoch für ein gutes Foto – ursprünglich hatte er sogar einen Ultraleichtflieger auf der FREYDIS mitnehmen wollen, was die Redaktion allerdings nicht genehmigte. Natürlich ist auch kein Einsatz zu tief: Mit einer wasserdichten Kamera taucht er das Riff um die Insel ab und fotografiert die Fischer bei ihrer Arbeit mit Netzen unter Wasser.

Wir interessieren uns für die Kula-Boote am Strand, die mit Grasmatten bedeckt sind und deren Rumpf ein Junge immer wieder mit Wasser besprengt, damit sie nicht austrocknen. Wie auf Kitava sind sie bemalt und mit Muscheln, hier sind es meist Eiermuscheln, und Schnitzereien verziert, vor allem Heck- und Bugbretter. Sie werden auf Gawa (Marshall Bennet Archipel) gebaut. Wegen der rauen See außerhalb der Lagune, in der sie segeln, wird das Freibord an den Auslegerkanus durch Planken hochgezogen und mit Leim aus bestimmten Baumwurzeln, vermengt mit Salzwasser, abgedichtet.

»Letzten Monat sind 22 Bewohner der Insel zum Kula-Handel nach Kitava gesegelt. Mein Vater hat eine schöne ›soulava‹ (Halskette) bekommen«, berichtet Aseli.

* * *

Das kleine Aluminiumboot, das am Abend zuvor neben uns geankert hat und in der Nacht auslief, ist wieder zurückgekehrt. Zwei große Meeresschildkröten liegen darin auf dem Rücken. Nicht einmal hier können die Tiere in Ruhe am Strand ihre Eier ablegen. Sie wurden in der Nacht vor dem Riff, ganz in der Nähe der Insel, gefangen. Am liebsten würde ich sie aus ihrer misslichen Lage befreien. Welches Schicksal ihnen bevorsteht, haben wir gestern auf dem Felsvorsprung gesehen: Dort wurde einer Artgenossin bei lebendigem Leibe der Panzer geöffnet, die Eier aus der Bauchhöhle geschöpft und in stundenlanger Prozedur Fett und Organe herausgeschnitten. Dabei hielten die Frauen und Kinder das vor Schmerzen zischende, weinende, um sich schlagende Tier an den Flossen fest. Die Eingeborenen sind unglaublich grausam zu Tieren, ihre Leiden berühren sie nicht im geringsten. Wenn ich sie frage, warum sie die Tiere nicht vor dem Ausweiden töten, verstehen sie mein Anliegen nicht. Und schon gar nicht, wenn ich ihnen erkläre, dass die Tiere vom Aussterben bedroht sind. Sie lächeln nur, was wohl heißen soll: Ihr seid Dim Dim und habt keine Ahnung von unseren Dingen.

Die GEOs wollen heute Nacht mit auf Schildkrötenfang gehen. Ich bin entsetzt: »Wie könnt ihr nur, nach diesem Gemetzel! Außerdem ist es illegal!« Es fällt mir schwer, freundlich zu bleiben. Von wegen, es diene nur dem eigenen Bedarf der Bewohner, wie Peter argumentiert: Vor unseren Augen wird eine der großen Schildkröten lebend auf eine kleine Barkasse aus Alotau verfrachtet und auf dem Heck zum Transport festgebunden. In Alotau gibt es dafür einen Schwarzmarkt, wie wir später erfahren. Einer Studie zufolge wurden 18650 kg Schildpatt (tortoise shell) zwischen 1983 und 1990 als Handelsware exportiert. Das entspricht 20000 Schildkröten.

* * *

»Meine Großmutter ist einverstanden«, meldet Aseli, »sie will deine Fragen beantworten.« Er hat ein Treffen mit ihr arrangiert: Wir sitzen auf der Holzveranda der Hütte seines Bruders, mit dem zusammen er dolmetscht, denn die Großmutter beherrscht nur die Inselsprache. Sie ist eine schlanke Frau von vielleicht sechzig Jahren mit einem hübschen, hellen, polynesisch geschnittenen Gesicht und großen Löchern in den Ohren.

»Als ich jung war, hatte ich dicke Schildpattringe darin«, lächelt sie und kramt aus ihrer kleinen Basttasche die Betel-Trias samt einem fein verzierten Kalkspatel. »Außerdem trug ich einen Grasrock und Blumen im Haar, der Oberkörper blieb unbedeckt.«

Jetzt ist sie mit Wickelrock und T-Shirt bekleidet, obwohl viele Frauen auf der Insel weiterhin Grasröcke tragen und barbusig gehen.

»Meist haben wir Tapioka und Fisch gegessen«, fährt sie fort, während sie ihr Stimulans in den Mund schiebt. »Mein Mann kam von einer der Nachbarinseln, Tawaita hieß sein Dorf. Wir verliebten uns und baten meine Eltern um Erlaubnis zu heiraten. Mein Bräutigam musste meinen Eltern fünf Halsketten und andere wertvolle Dinge für mich geben.«

Ich hätte gerne noch etwas persönlichere Fragen an sie gestellt, etwa nach der Stellung der Frau in der Familie, nach ihren eigenen Erfahrungen und Gefühlen usw. Weil aber die Enkel dabei sind und auch Personen aus der Nachbarschaft, ist das nicht möglich. Stattdessen erzählt mir die Großmutter eine Legende, in der eine Schlange (sie ist ein Symbol der Kula-Boote) die Hauptrolle spielt.

Die große Schlange »Mwatetawaga« (wie mir Aseli erklärt, ist sie ein »guter Geist«, der »gute Dinge« auf die Inseln bringt) kam in einem Kula-Boot von der Insel Misima (Insel im Louisiade-Archipel). Mit an Bord waren der Fisch (papisi), der Vogel (kio kio), die Ratte (silimnau) und die Rebe (kouliu), aus der man »Buschleinen und Tauwerk« herstellt, und auch ein Tontopf voller Moskitos, deren Inhalt die Schlange ihren Mitseglern nicht verriet und den zu öffnen sie ihnen streng verbot. Sie segelten zur Insel (Egum) und weiter nach Yanawa. Dort ging die Schlange an Land, um auszumessen, ob die Insel groß genug für sie und ihre Mitsegler war und um nach Wasser zu suchen. Die Passagiere warteten an Bord. Weil sie schon mehrere Tage unterwegs und sehr durstig waren, kam einer von ihnen auf die Idee, im Tontopf sei Wasser und die Schlange habe nur deshalb verboten ihn zu öffnen, weil sie es für sich allein haben wollte. Gemeinsam beschlossen sie, ihn einen Spalt zu öffnen, um nachzuschauen. Als sie es aber taten, kam sofort ein Moskito heraus und stach die Rebe, die vor Schreck den Topf fallen ließ: Er zerbrach und alle Moskitos schwirrten aus. Als die Schlange mit einem Topf voll Wasser auf dem Rückweg zum Boot war, wurde sie von Moskitos überfallen und wusste, dass ihre Passagiere den Tontopf geöffnet hatten. Daraufhin verbannte sie den kleinen Fisch papisi auf das Riff vor Egum, den kleinen Vogel kio kio auf die Insel Yanaba, die Ratte auf eine Insel, wo keine Menschen leben. Die Rebe kouliu aber sollte nur noch dort wachsen, wo die Kanubauer ihre Leinen und ihr Tauwerk holten. Nachdem sich die Schlange auf diese Weise ihrer Crew entledigt hatte, segelte sie einsam weiter nach Kiriwina, wo sie die Kula-Muschel »Mwali« fallen ließ.

Später unterhalte ich mich noch einmal mit Aseli über den Sinn der Legende.

»Die Passagiere haben das Vertrauen gebrochen«, erklärt er. »Sie haben den Topf geöffnet, der für sie tabu war. So haben sich die Moskitos über die Inseln verteilt.«

Dieser Mythos ähnelt sowohl dem der Vertreibung aus dem Paradies als auch der Geschichte von der Büchse der Pandora mit Übertretung eines Verbotes. Die Kula-Muschel am Ende der Geschichte könnte dagegen, bedenkt man die friedensstiftende Wirkung des Kula-Rings, ein Symbol der Hoffnung sein. Wie sich die Vorstellungen so weit entlegener Kulturen doch gleichen können!

Die »papisi« lernen wir schon bald darauf kennen: Während Helmut stundenlang die GEOs im Dingi zum Fotografieren um die Insel schippert, greifen wir zu Schnorchel und Flossen und entdecken, gleich neben dem Boot, fantastische Korallengärten mit überraschend vielen bunten Fischen.

* * *

George erfährt über Satellitentelefon, dass das australische Touristenschiff MELANESIAN DISCOVERER nun doch nicht nach Kitava kommt – es ist irgendwo auf ein Riff aufgelaufen. Er will deshalb nicht, wie vereinbart, am nächsten Tag auslaufen, sondern einen weiteren Tag auf Egum verbringen. Der Skipper ist einverstanden, obwohl die Zeit drängt. Er besteht aber darauf, am 24. November gleich morgens zu starten, denn wir müssen unbedingt die Südspitze Kiriwinas vor Sonnenuntergang erreichen. Nachts können wir nicht durch die Riffe. An dem kleinen Dorf, an dem wir George auf der Hinfahrt abgeholt hatten, wollen wir die beiden dann absetzen. Doch George will sich nicht festlegen. Wir seien schließlich bis Ende des Monats unter Vertrag. Das stimmt zwar, gilt aber für den Zielhafen Alotau, und der liegt drei bis vier Tagesreisen von Kiriwina entfernt und zwar durch Inseln und Riffe voll unbekannter Strömungen. Von Egum aus hätten wir dagegen Tag und Nacht übers offene Meer segeln können.

Georges Verhalten hat wohl mit seinem Beruf zu tun, mit dem gnadenlosen Konkurrenzkampf im Fotogewerbe. Trotzdem fällt es uns auf die Nerven: Schließlich war es seine Entscheidung, dass wir von Egum wieder zurück müssen nach Kiriwina. Außerdem liegt anschließend noch eine lange Reise über die Korallensee vor uns, um das Boot nach Queensland, Australien, in einen sicheren Hafen zu bringen, sowieso reichlich spät im Jahr, denn die Taifunsaison hat schon begonnen. Wie unser Wetterexperte Christian über Funk berichtet, sind auf den Satellitenbildern schon die ersten »Taifunwellen« im Norden und Osten von Australien zu erkennen. Auch unser Freund Günther Hirschberg in Deutschland mahnt über Kurzwelle zur Eile: In der Solomonen- und Arafura-See brauen sich bereits Wirbelstürme zusammen.

Chief Timothy und Sohn Aseli kommen mit ihrem Kanu an der FREYDIS längsseits. Timothy hat einen schlimmen Schnupfen; nach Aspirin und Nasentropfen aus der Bordapotheke, die ich ihm geschickt habe, fühlt er sich aber schon besser. Ob wir ein wenig Farbe für sein Boot hätten, lässt er Aseli fragen. Erich kramt einen Eimer mit drei Litern grauer Bootsfarbe aus. Dafür bekommen wir anschließend zwei gute Holzpaddel. Auch Aseli hat ein Anliegen: Parfüm!

»Haben wir nicht«, entgegne ich. »Wozu brauchst du es denn?«

»Morgen findet eine Brautschau statt«, erklärt er etwas verlegen. »Ein großes Kanu bringt zehn Mädchen aus Yanaba. Sie bleiben einen Tag und eine Nacht.«

»Ist deine Angebetete dabei?«

Aseli nickt: »Sie war im vergangenen Jahr schon einmal hier.«

»Ist das Parfüm für sie?«

»Ja, ich will mich damit einreiben.« Auch Federn will er ins Haar stecken und Muschelketten anlegen. Aber Parfüm – das wäre der Clou! Mir fällt eine Lösung des Problems ein: Eine noch unangebrochene Flasche Haarwasser aus Erichs Berufsjahren in seinem Schapp! Wer hätte vorausgesehen, dass sie nach anderthalb Weltumseglungen eines Tages einem Häuptlingssohn in Melanesien zu seinem Glück verhelfen würde? Aseli macht die Flasche auf und seine Augen leuchten.

Frisches Blut ist für die kleine Insel wichtig. Auch Mädchen anderer Inseln werden bald zu Besuch kommen, und später machen die jungen Männer ihren neuen Freundinnen auf deren Inseln Gegenbesuche.

Kurz darauf legt das Kanu noch einmal an der FREYDIS an – diesmal mit Aseli und Iskel: Sie hätten keinen Zucker mehr, und sie bräuchten Pinsel, um die Farbe aufzubringen. Wir geben ihnen beides als Abschiedsgeschenk.

»For free?«, freuen sie sich.

»Wenn wir losfahren, ist das Boot leer«, lacht Helmut.

Und da ist auch schon das nächste Kanu mit zwei jungen Männern aus Yanaba. Sie bieten uns die geschnitzte Heckplatte eines ausgemusterten Kula-Bootes zum Kauf an: Sie ist wunderschön und so leicht, als wäre sie aus Balsaholz.

»Viel zu sperrig!«, winkt Erich ab.

Schließlich willigen wir doch ein und verstauen das Teil in der Vorpiek.

Anschließend unterhalten wir uns noch ein wenig mit den beiden aufgeweckten jungen Männern, fragen, ob sie glücklich sind in dieser paradiesischen Abgeschiedenheit.

Wie viele Bewohner ihres Dorfes fühlten sie sich von der Welt da draußen ausgeschlossen, meint Mikel, der ältere von ihnen. Immer wieder erführen sie erstaunliche Dinge und wollten gerne teilhaben, hätten aber nichts, um es sich zu ermöglichen. Wie sollen sie zu Geld kommen? Einmal im Monat kommt ein Fischereiboot der Nako Fisheries aus Alotau nach Yanaba und auch nach Egum. Dann fahren alle Bewohner mit den Kanus hinaus zum Fischen und liefern anschließend ihren Fang ab: einzige Erwerbsquelle auf dem Atoll.

Während die beiden wieder in ihr Kanu klettern, startet gerade die gesamte Egumflotte an Auslegerbooten vom Hauptstrand aus zu einer »Regatta« in die Umgebung der Insel. George hat sich mit Kamera und großem Teleobjektiv auf der Felsnase platziert, Erich am Bug der FREYDIS. Sie kommen beide auf ihre Kosten: Wie Schmetterlinge tanzen die blauen und orangefarbenen Nylonsegel der Kanus übers türkisfarbene Wasser der Lagune. Ein überwältigendes Bild!

Doch was uns vielleicht als Paradies erscheint, ist auch ein Gefängnis: Es gibt keinen Flugplatz, keine Fähre, kein Geld. Einziger Fortschritt: Segel aus Nylon statt aus Pandanusblättern. Irgendwann werden die Jungen fortziehen in die Städte. Aber vielleicht haben auch die übrigen Bewohner bald gar keine andere Wahl, als ihre Insel zu verlassen: Wenn die Ozeane durch die Klimaerwärmung noch ein klein wenig höher steigen, werden die Dörfer der flachen Atolle und Inseln weggespült und mit ihnen die alten Kulturen.

Helmut hat Lymphknotenschwellungen in der Leiste, 39° Fieber, Kopf- und Gliederschmerzen. Er bleibt in der Koje und bekommt Ampicillin. Jetzt schluckt schon die gesamte Mannschaft irgendein Antibiotikum wegen eiternder Wunden, einschließlich Peter, George und Füchschen.

Wieder nach Kiriwina

Ein dummer Zufall – Abschied – Durch die Riffe – Ein besonderes Wesen – Ende der Reise

Große Erleichterung: Helmut ist heute fieberfrei und auch bei Füchschen zeigt sich eine Wendung zum Guten. Die Wunde am Rücken ist fast abgeheilt und der verletzte Fuß sieht besser aus. Inzwischen bin ich zu der Überzeugung gelangt, dass es sich um ein ganz junges Tier handelt, das noch gar nicht fliegen kann, und habe den kleinen Kerl ins Cockpit umgesiedelt: Auf dem Achterdeck bekommt er zu viel Sonne und Wind ab und läuft Gefahr, wieder abzustürzen. Nun hängt er über einer Kunststoffwanne an der Lampe neben dem Niedergang. Um ihn herum baumeln Mango-, Papaya- und Bananenstücke. Ananas und Mango mag er besonders gern. Er schnappt auch nicht mehr nach meiner Hand, sondern leckt sie, wenn ich ihn füttere. Komme ich mit der Spritze, wird er richtig munter, denn er weiß, in der Spritze ist Kokossaft. Und wenn er sich einmal in den Kletterleinen verfängt, die ich für ihn in der Cockpit-Ecke gespannt habe, pfeift er nach mir.

Um 08.00 Uhr erscheint Peter an Bord, ohne George. Der war in der Nacht mit auf Schildkrötenjagd, und nun fotografiert er ein weiteres Mal das Martyrium ihres Todes auf dem Felsvorsprung. Über das Hand-UKW, das wir ihm mitgaben, fordert er eine Leine von Bord an: Mit ihr könnten die Einheimischen die schwere Schildkröte besser auf den Felsen ziehen. Erich kurz: »Nein, das mache ich nicht.«

Erst um 10.00 Uhr erscheint George an Bord: Jetzt ist es zu spät, um noch bei Tageslicht durch die Riffe im Süden Kiriwinas zu kommen; wir müssen den Umweg um die Nordspitze der Insel nehmen.

Wir schlucken unseren Ärger herunter. Nur Füchschen fletscht die Zähne und gabelt mit der Flügelklaue geschickt Georges Mütze auf, die er neben die Wanne geworfen hat.

Geradezu akrobatische Verrenkungen vollführt er, wenn er mal »muss«. Damit er sich nicht beschmutzt, macht er eine halbe Rolle rückwärts am Reck und presst dann einen kräftigen Strahl heraus. Um unsere Außenlautsprecher in Sicherheit zu bringen, habe ich nach drei Seiten eine Palmblätterkulisse aufgebaut. Weil Füchschen gern ins Cockpit schaut, geht der Strahl ins Palmengrün und in die Wanne.

Ein dummer Zufall, dass es ausgerechnet anders herum passiert, als George auf der Fahrt ein wenig Schlaf auf der Cockpitbank nachholt. Der Strahl trifft ihn voll. Danach muss Pi-Männchen auf die andere Seite des Niedergangs umziehen.

* * *

Kurz vor Mittag haben wir Yanaba und die Riffpassage (5 m Wassertiefe) hinter uns. Wieder auf offener See setzen wir das Großsegel, zeitweise auch die Genua dazu, und segeln bei leichten Südostwinden zurück nach Kiriwina: bei Tag an den Marshall Bennet-Inseln (Gawa, Kwaiawata, Dugumeno und Iwa) vorbei, die alle zum Kula-Ring gehören, bei Nacht am Riff von Kitava entlang, wo wir am Strand ein paar Feuer sehen.

Nun, als es dem Ende der Melanesien-Expedition mit GEO zugeht, erscheint mir unsere Reise durch PNG als der interessanteste und facettenreichste Abschnitt: Die vielen Volksstämme auf ganz unterschiedlichen Zivilisationsstufen, ihre oft steinzeitlichen Kulturen voller Kraft und Überlebenswillen, das Selbstbewusstsein ihrer Mitglieder, deren Fähigkeit, sich neuen

Gegebenheiten anzupassen und fremde Elemente in ihr Brauchtum einzubauen, und nicht zuletzt die Natur, geprägt von ozeanischen und vulkanischen Kräften, die dem Land soviel Schönheit und Reichtum spenden. Natürlich gilt das alles auch für Vanuatu und die Salomonen, nur eben nicht in solcher Fülle. Die schönste Insel war für uns vielleicht Egum: Die Lage inmitten der riesigen Lagune, das Korallenriff mit den blühenden Unterwassergärten und reichen Fischgründen und die vollkommene Abgeschiedenheit und Autarkie der Bewohner des noch sehr ursprünglichen Dorfes haben mich tief beeindruckt und sich als ein paradiesischer Ort in mein Gedächtnis eingegraben – wenn auch mit ein paar sehr hässlichen Flecken.

Um Mitternacht umsegeln wir die Nordspitze von Kiriwina – Bomatu Point liegt eine halbe Seemeile backbord querab –, und um 04.00 Uhr früh ankern wir wieder einmal vor der Barre Losuia. Die Barkasse der Lodge, die George gestern über das Satelliten-Telefon für den frühen Morgen angefordert hat, ist um 06.00 Uhr zur Stelle und übernimmt die GEOs, die noch bis zum 28./29. auf der Insel bleiben werden, mit all ihrem Gepäck.

Es ist vollbracht! Die 120 Tage mit den GEO-Teams sind abgeschlossen. Aber kein Jubel, kein Hochgefühl will sich einstellen, denn wir sind alle übernächtigt. Wie gern würden wir hier erst einmal ausschlafen und das Unternehmen GEO ein wenig sacken lassen. Aber wir beide plus Helmut und Füchschen sind noch nicht am Ziel: also noch einmal zusammenreißen, bloß keine Stunde wertvollen Tageslichts verschenken auf unserer Reise nach Alotau – leider tagelang gegen den Südost-Passat.

* * *

Aufgewühlte See. Während der Wache dreht sich in meinem Kopf ein buntes Karussell an Erlebnissen der letzten Wochen und Monate, immer wieder unterbrochen von dem etwas schmerzlichen Resümee, dass die drei seglerisch unerfahrenen Reporter-Teams an Bord Unterschlupf nahmen wie in den Hütten der Einheimischen – nur der Authentizität ihres Berichtes zuliebe und weil die anachronistische Art der Fortbewegung nun einmal zu dieser Expedition gehörte. Das Übelkeit erregende Schaukeln, die Hitze, die Enge, der Mangel an Service, kein klimatisiertes Einzelzimmer, in dem sich jeder von ihnen nach der harten Tagesarbeit zurückziehen, seine Gedanken ordnen und sich auf den nächsten Tag vorbereiten konnte: Keine günstigen Voraussetzungen für ihre anspruchsvolle Arbeit, das muss ich zugeben. Kaum, dass Land in Sicht kam, packten die Teams ihre Koffer und verschwanden ins nächste Sternehotel, soweit vorhanden. Ich kann's ihnen nicht verdenken, obwohl ich mich gefreut hätte über eine beide Seiten inspirierende Zusammenarbeit. Aber das geht wohl zu weit. Es ist schon schwer genug, sich auf den jeweiligen Team-Partner einzustellen. Was gestand uns Michael Stührenberg, der Journalist auf der zweiten Etappe, beim Vorstellungsgespräch in der Redaktion? »Außer mit meinem Freund Pascal Maitre kann und will ich mit keinem zusammenarbeiten. Dann lieber ganz alleine.« Sei's drum, es war bis zuletzt eine Reise ins Ungewisse, bis zuletzt ein Abenteuer, aufregend, riskant, unvergesslich, für sie wie für uns. Aber nun ist es auch ein gutes Gefühl, wieder Herr auf dem eigenen Boot zu sein.

Kurz vor Sonnenuntergang ankern wir für die Nacht in einer kleinen Bucht vor Urasi Island mit Blick auf weitgehend gerodete Hügel, ein paar Bananen- und Papayagärten und einen kleinen Palmenstrand. Kein Kanu, niemand, der etwas von uns will. Aus dem verbliebenen Wald tönt abendliches Vogelkonzert und an Bord wütet Füchschen wie ein Berserker an der Papaya, die ich ihm an die Lampe gehängt habe; im Übrigen herrscht himmlische Ruhe – eine Kostbarkeit, die wir an diesem Abend ganz besonders zu schätzen wissen. Leider bleibt uns die Ankerwache nicht erspart, denn die Bucht bietet kaum Schutz. Auf meiner Wache weht es auflandig, aber nur schwach, kein Grund, die schöne Bucht zu verlassen.

06.00 Uhr morgens Regenschauer, kurzes Frühstück. 06.45 Uhr Anker auf, SE 5. Wir starten die Maschine und setzen dazu das Großsegel. Vor uns liegt unter regenschweren Wolken eine See voller Riffe. Einer von uns dreien ist ständig am Tiefenmesser, brüllt: »Zehn, fünf, drei, zwei Meter, langsam!« Immer wieder das gleiche Spiel, zum Glück erfolgreich.

Wir brüten über den Seekarten: In Melanesien kann man ihnen weit weniger trauen als in der übrigen Südsee, wobei Vanuatu noch am besten abschneidet, weil es häufiger von Schiffen und Yachten besucht wird. Die Salomonen und die Inselwelt Papua-Neuguineas dagegen sind mancherorts noch gar nicht kartografisch erfasst. Gerade hier, in unserem jetzigen Segelrevier, ist mit unvermessenen Küstenstreifen und Riffen jederzeit zu rechnen.

Im letzten Tageslicht biegen wir vom Dobu Pass in die Dawson Strait und ankern zwischen Guletabutabu und Normanby Island. In der Nacht dreht der Wind auf Nord 5–6. Die Fallen trommeln gegen den Mast und die Ankerkette rasselt über die Korallen.

W 4–5 am nächsten Morgen. Mittags runden wir Cape East. Eine schwarze Gewitterfront erreicht uns ausgerechnet im flachen Hornbill Channel. Blitz, Donner, stundenlange Regengüsse und miserable Sicht: ein Segen nur für unsere Süßwasserreserven.

Am späten Nachmittag ankern wir hundemüde zwischen den Killerton Islands, sieben flachen, dicht bewaldeten Inselchen auf der Nordseite des Eingangs zur Milne Bay.

In der Bucht entdecken wir zwei Segelyachten – ein ungewöhnlicher Anblick! Auf der ganzen Reise durch PNG haben wir kaum weitere Yachten getroffen.

Abends Funkgespräch mit Christian von der Donella: Südlich von uns braut sich in der Korallensee eine »tropical disturbance« zusammen. Morgen will er genauere Angaben darüber machen.

Auf unserer Reise durch Melanesien habe ich die Angst vor Stürmen fast vergessen. Nun ist sie wieder da. Auch wenn ich in Alotau die Freydis erst einmal verlasse und nach Deutschland fliege, so zittere ich doch um Skipper und Crew auf dem Weg nach Australien.

Was mache ich bloß mit Füchschen? Von Tag zu Tag wird der kleine Kerl mobiler, hangelt sich unbemerkt durchs Cockpit an die entlegensten Winkel im Boot. Jedes Mal bekomme ich einen Schrecken. Dann suche ich ihn, fange ihn ein und hänge ihn wieder an seine Stange. Ich glaube fast, er macht sich einen Spaß daraus. Am Fliegen zeigt er noch kein Interesse – zum Glück: Er würde im Wasser landen und ertrinken.

Als George und der Einheimische das Tierchen vor Kitava an Bord brachten, war es mir so fremd wie eine Vogelspinne. Aber nun ist das kleine zerbrechliche Wesen etwas ganz Besonderes für mich. Immerhin sind Fledermäuse (um die 950 Arten sind bekannt) die einzigen Säugetiere, die das Meisterstück des Fliegens gepackt haben. Dafür musste die Evolution allerdings tief in die Trickkiste greifen und die vier Finger zu grotesker Länge wachsen lassen, ebenso die Häute dazwischen. Die kleinen Finger verband sie mit den Fußknöcheln, und den Daumen gab sie lange Krallen: Fertig war der Flattermann. Einen verkümmerten Unterkörper und Knie, die sich nur nach hinten beugen lassen, musste er in Kauf nehmen; aber was bedeutet das schon, wenn man dafür fliegen kann? Mir ist der kleine Kerl richtiggehend ans Herz gewachsen. Die bevorstehende Trennung von ihm macht mich ganz traurig.

* * *

28. November. Sonntag. Leichte westliche Winde. Nur noch 15 Meilen und wir sind am Ziel. 11.45 Uhr Ankern im Hafen von Alotau, wo unsere zweite Pazifiküberquerung nach insgesamt 18 Monaten und über 16 000 Seemeilen endet. Kein Teilnehmer wurde ernsthaft krank oder verletzte sich, und das Schiff überstand die Reise ohne nennenswerte Schäden.

Einmal tief Luft holen. Schon um 13.00 Uhr trifft die Australiencrew mit dem Flieger ein und nimmt die FREYDIS in Beschlag. Helmut und ich ziehen ins Resort. Von hier aus fliege ich nach Deutschland, um meine alte Mutter endlich wieder in die Arme zu schließen. Außerdem habe ich eine Pause dringend nötig. Die Reise ist nicht spurlos an mir vorübergegangen, wobei es nicht nur die vielen bei Wind und Wetter gesegelten Seemeilen sind, die an den Kräften zehren. Es ist auch die Enge, die mangelnde Bewegung, überhaupt die geringe Beachtung eigener Bedürfnisse wie Schlaf, Nahrung, Körperpflege, dazu die Hitze in den Tropen, die plötzlichen Wetterwechsel, die Krokodile, die Moskitos, die Malaria, die nicht heilen wollenden Wunden bei Erich und unseren Mitseglern, meine Rückenschmerzen, die Sorge um das Boot, die Verantwortung für die Menschen, die uns anvertraut wurden; es sind die Nachtfahrten, die zahllosen, nur unzureichend in den Karten eingezeichneten Korallenriffe auf dem Weg, die immer wieder fremden Menschen, fremden Kulturen, auf die man sich einstellen muss, die Unsicherheit mit Behörden und Rebellen; es ist die Sorge um die Nahrungsmittel, die Eile und der Stress durch das GEO-Projekt und nicht zuletzt meine Seekrankheit. Und da ist noch etwas ganz Entscheidendes: Privatleben und Zweisamkeit kamen viel zu kurz für mich – nur wenige Tage zwischen Kieta und Uvol waren wir wirklich allein. Nun ja, es ist eben das Leben an Bord unter den erschwerenden Bedingungen einer Expedition, die zum Erfolg verdammt ist und die den gewaltigen Aufwand rechtfertigen muss.

Weil die GEOs keine seglerische Erfahrung hatten und ihre Arbeit auch kaum Zeit ließ, um uns zu unterstützen, war unser dritter Mann (auf einer Etappe sogar noch ein vierter) um so wichtiger für uns – nicht nur auf See, sondern vor allem auch an Land. Sie waren ein Teil dieses Abenteuers, zu dem jeder auf seine Weise beitrug, und sie haben es auch genossen, trotz mancher Rücksichten, die natürlich auch sie auf die GEOs nehmen mussten.

* * *

Unser Fledertier ist endlich an Land. Hilda, die einheimische Managerin des Resorts, verwies mich an eine junge Bekannte mit großem Garten. Dort sei er gut aufgehoben. Der jungen Frau gebe ich ein paar Dollars. Sie verspricht, nach Füchschen zu schauen, bis er fliegen kann, und ihn zu füttern, bis die Früchte reif sind. Trotzdem zieht es mich mehrmals am Tag mit Obst zu meinen Schützling. Immer klettert er den Baum hinunter und frisst aus meiner Hand. Einen Tag vor meinem Abflug nach Port Moresby rufe ich Füchschen vergebens. Die junge Frau kommt aus dem Haus: Bei seinen Flugversuchen hätten Hunde das Tier erwischt und gefressen. Sie kann sich vor Lachen kaum halten.

Ich drehe mich um und laufe los – den Berg hoch. Es regnet in Strömen. Oben lasse ich mich auf einen umgestürzten Stamm fallen und weine, bis ich keine Tränen mehr habe. Nachts wälze ich mich schlaflos hin und her. Ich vermisse die Geborgenheit der FREYDIS, das Wiegen und die Geräusche, die einen begleiten – das Schlagen der Wellen an den Rumpf, das Brodeln und Glucksen, wenn sie sich unter dem Boot hindurchwühlen. Und ich vermisse Erich, der längst unterwegs ist. Monatelang Vertrautes ist plötzlich weg, einfach davongesegelt …

Hilda klopft an die Tür. Sie hat von dem Missgeschick gehört, es täte ihr sehr leid, ob sie etwas für mich tun könne?

Ich raffe mich auf, nehme im Speisesaal mit Helmut das Abendessen ein, für den die Reise ebenfalls in Alotau zu Ende ist. Sein Job in Berlin geht weiter. Am Tag des Abflugs fährt Hilda uns zum Flugplatz. Dort fällt mir ein, dass mein Ticket noch im Tresor der Lodge liegt. Was ist los mit mir?

Hilda – ich bin ihr unendlich dankbar – bittet den Flugplatzdirektor, einen überaus hilfsbereiten Verwandten, das Ticket zu holen und auch gleich noch mein Übergepäck bis Frankfurt durchzuchecken. Alles läuft glatt. Auf dem Flugplatz in Port Moresby treffen wir Peter Sartorius, und ein paar Stunden später fliegen wir alle drei nach Deutschland. Ende der Reise …

Nachspiel

Was haben die GEO-Teams aus dem anspruchvollen Unternehmen mit nach Hause gebracht? Mit Spannung erwarten wir die Bilder und Berichte.

Unterwegs kann man zwar den Journalisten bei seiner Arbeit, bei seinen Recherchen sehen. Doch wie er seine gesammelten Bausteine letztlich verwendet – ob als tragende Elemente, Füllstoff oder auch gar nicht –, kann man zu diesem Zeitpunkt nicht erkennen. Die Arbeit der Fotografen ist da schon etwas transparenter, weil man weiß, wo und wie die Bilder entstanden sind. Da jedoch durchweg noch konventionell fotografiert wurde und die Filme in Deutschland entwickelt werden, bleiben sie zunächst ein Geheimnis.

Erst in der Redaktion wird es gelüftet. Das Ergebnis kann sich sehen lassen: Alle drei Teams haben hervorragende Arbeit geleistet. Genug Material für vier Folgen in den sogenannten »Grünen Heften« (von August bis November 2000), zahlreiche Beiträge im neuen GEO-Special *Südsee* (erschienen 2000), und zwei Jahre nach der Expedition erscheint als krönender Abschluss ein umfangreicher Bildband: *ARCHIPEL SEHNSUCHT – Geschichten aus der Südsee.*

Aber damit ist das Thema noch nicht erschöpft: Das Museum für Völkerkunde in Hamburg und GEO präsentieren 2004 ein halbes Jahr lang gemeinsam die GEO-Fotoausstellung *Archipel Sehnsucht.* Zusammen mit bislang noch nie ausgestellten Kunstobjekten aus der museumseigenen Sammlung der Ozeanien-Abteilung wird eine Auswahl der schönsten Bilder der GEO-Fotografen und Erichs von dieser Reise gezeigt.

So hat sich die Reise mit all ihren Widrigkeiten und ihrer Mühsal doch gelohnt.

Danksagung

Mein Dank gilt der GEO-Redaktion und besonders ihrem Wissenschaftsjournalisten Uwe George, ohne die wir wohl kaum diese Region der Erde bereist und so intensiv erlebt hätten; ebenso Kirk W. Huffman, Ethnologe aus Oxford und Honorar-Kurator des Kulturzentrums in Port Vila, der mir für viele kulturelle Details die Augen öffnete, dem Vulkanologen Michel Lardy, Direktor von IRD, weil er mich über die Aktivität der Vulkane von Vanuatu und über die von ihnen ausgehenden Gefahren informierte, und Sir George Lepping, Ex-Generalgouverneur der Britischen Krone für die Salomonen, für die vielen Insider-Informationen über sein Land und über Papua-Neuguinea. Dank schulde ich auch Prof. Wulf Schiefenhövel, Arzt und Anthropologe am Max-Planck-Institut für Verhaltensphysiologie in Andechs, für die wissenschaftlichen Informationen, die er mir gab, und dem Ethnologen Prof. Jürg Wassmann von der Universität Heidelberg, weil er mir einen Gastaufenthalt an der Universität in Honolulu, Hawaii, ermöglichte. Dadurch konnte ich in der Hamilton Bibliothek Einsicht nehmen in seltene Bücher und Unterlagen über Polynesien und Melanesien. Dank gebührt ferner Jean Louis Max Herman (Rural Tourism Adviser), weil er uns in eine fremde Welt einführte und viele Hinweise für unsere weitere Reise gab; ebenso Thomas Euting für seine wertvollen Ratschläge und seinen Film über die Trobriander und natürlich Kessia und Jürgen Ruh für Gastfreundschaft und Insidertipps, ohne die diese Reise um ein paar Höhepunkte ärmer gewesen wäre. Einen Rundumdank will ich hinzufügen an alle nicht namentlich genannten melanesischen Gesprächspartner, die offen und freundlich meine neugierigen Fragen beantworteten, und natürlich an unsere Mitsegler auf dieser Reise: Sie haben die Arbeit an Bord und die Reiseerfahrungen mit uns geteilt und mir ihre Notizen und Aufzeichnungen darüber großzügig zur Verfügung gestellt. Ein besonderen Dank gilt meiner Freundin Dr. Dagmar Obermüller für ihre kritische Durchsicht des Manuskripts und ihre Ermahnungen, wenn sich die eigentliche Geschichte wieder in allzu viele Richtungen zu verzweigen drohte. Last but not least danke ich meinem Mann Erich, der auch auf dieser Reise wieder ein hervorragender Skipper war, für seine Anregungen zu diesem Buch, vor allem aber für seine Toleranz während der uns trennenden Zeit des Niederschreibens, eine Zeit, die sich durch private Veränderungen und erneute Segelreisen ungeahnt in die Länge zog.